Cleopatra - A Life

クレオパトラ

ステイシー・シフ
Stacy Schiff

近藤二郎［監修］
（早稲田大学文学学術院教授・早稲田大学エジプト学研究所所長）

仁木めぐみ［訳］

早川書房

アレクサンドリア再現図。カノープス通りを西に見下ろしたところ。柱廊が街の隅々まで走り、日よけにも、噂が流れるかっこうのルートにもなっていた。本物とは思えないほど青い海に面している街アレクサンドリアは、クレオパトラの時代には、ファッションの都であり、学術的な研究の中心地でもある「文明世界の第一の街」に位置づけられていた。

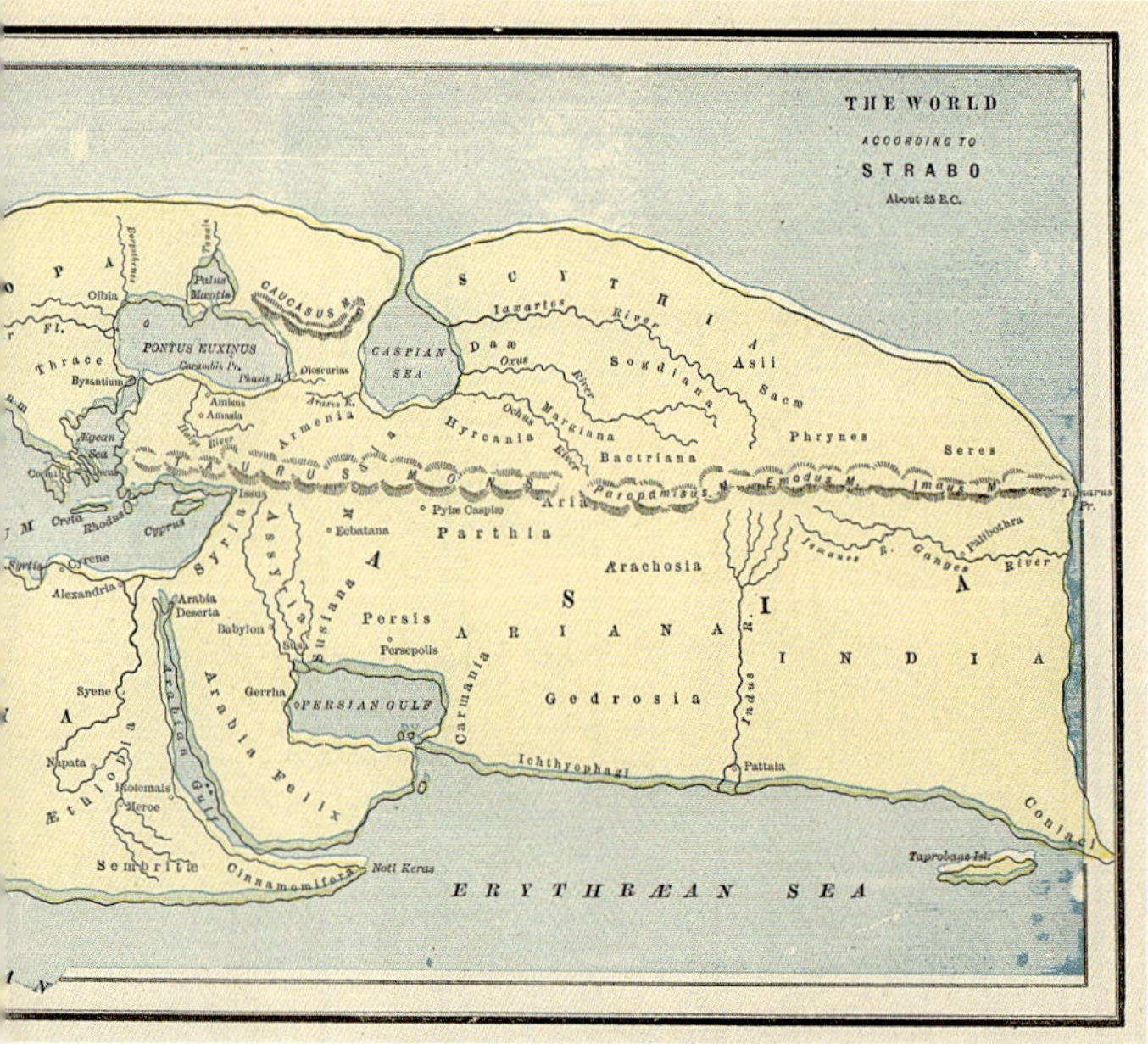

THE WORLD
ACCORDING TO
STRABO
About 25 B.C.
SCYTHIA
CASPIAN SEA
PONTUS EUXINUS
CAUCASUS M.
Palus Mæotis
Olbia
Thrace
Byzantium
Dioscurias
Armenia
Hyrcania
Sogdiana
Asii
Sacæ
Phrynes
Seres
Margiana
Bactriana
Paropamisus M.
Emodus M.
Imaus M.
Aria
Parthia
Pylæ Caspiæ
Ecbatana
Issus
Syria
Assyria
Susiana
Cyprus
Rhodus
Creta
Cyrene
Alexandria
Arabia Deserta
Babylon
Persis
Persepolis
Arachosia
ASIA
ARIANA
INDIA
Ganges River
Palibothra
Indus R.
Gerrha
PERSIAN GULF
Carmania
Gedrosia
Ichthyophagi
Pattala
Coniaci
Arabian Gulf
Arabia Felix
Syene
Napata
Meroe
Æthiopia
Sembritæ
Cinnamomifera
Noti Keras
Taprobane Isl.
ERYTHRÆAN SEA

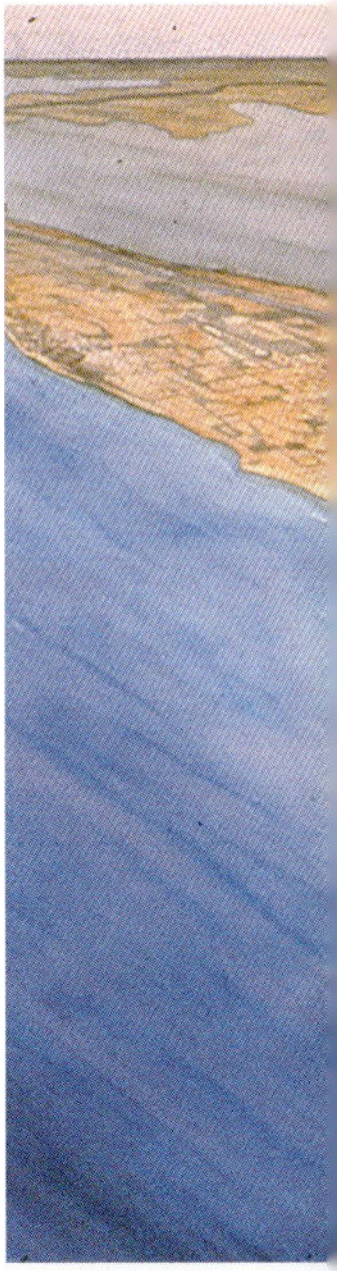

空から見たアレクサンドリア。２つの波止場が突き出していて、街の左手には宮殿の敷地が、１つの独立した都市のように広がっている。内陸にはマレオティス湖があり、この湖の広大な港からカエサルとクレオパトラはナイル・クルーズに出発した。街の手前にある人工の通路の突端には、あるアレクサンドリア市民が「山のようで、ほとんど雲に届きそうな」と形容した、あの有名な灯台がある。こんなに高い建造物をそれまで見たことがなかったユリウス・カエサルも同じ感想を持ったことだろう。

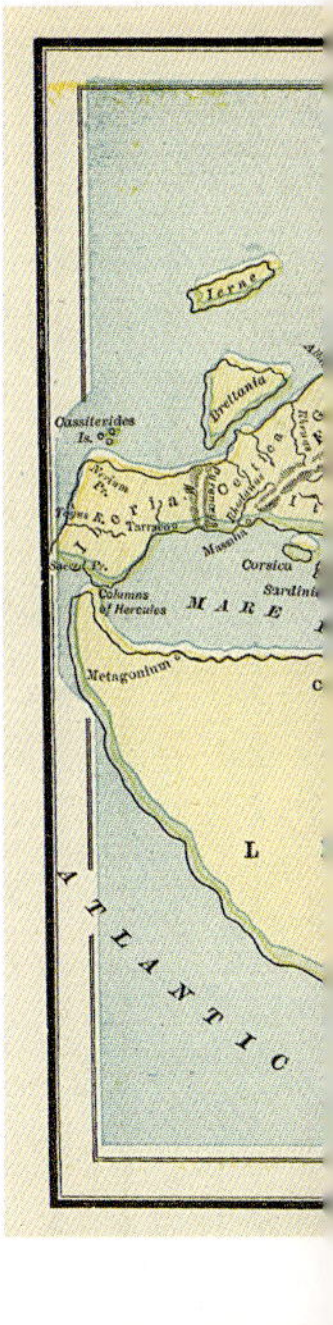

クレオパトラの時代にわかっていたかぎりの、人が住んでいる世界の地図。経度と緯度の概念はすでに知られており、地球が丸いということも知られていた。

クレオパトラ、あるいは彼女によく似た女性の胸像４体

［←］こちらは高価なパロス島産大理石製の像で、硬貨に刻まれたクレオパトラの肖像に非常によく似ている。もっとも似ていると言っていいかもしれない。パスカルの「クレオパトラの鼻がもう少し低かったら、世界は変わっていただろう」という警句を思うと皮肉だが、この像は鼻が欠けている。

［→］４体のうちでもっとも美人に表現されている像。プトレマイオス家の女王たちの中で、髪を後ろでまとめ、前髪がカールしているように描かれているのはクレオパトラだけだ。高い鼻としっかりしたあごは硬貨の肖像とも一致する。しかし、この像がクレオパトラであるかどうかだけでなく、古代のものであるかどうかにも異論がある。

［←］こちらの像はこれまでの２体に比べ、繊細さに欠けるし、ダイアデムをしていない。これはローマに向かうクレオパトラ一行の中のお付きの女性か、あるいはローマ人の服装をしたクレオパトラを描いたものかもしれない。にもかかわらず、かぎ鼻と力強いあご、首や耳にかかる巻き毛などの特徴は、驚くほど似ている。

［→］厳しい表情のクレオパトラ。への字に結ばれた口、鋭く突き出た頬骨、厳格な雰囲気という、おなじみの特徴が描かれている。この像もまたダイアデムをしていないので、エジプトの女王に扮した女性の像と思われる。

ヘレニズム期の芸術家は普通の女性の生活も立派な題材として扱っていた。かつては鮮やかに彩色されていたこの作品は、紀元前３世紀の女性２人が動物の指の骨で作ったさいころで遊んでいる様子をあらわしている。

複数の蠟板を重ねた書字板を膝に置いた少女。アレクサンドリアの少女たちの中には読み書きができる者も多く、その後、家を買ったり、金を貸したり、製粉所を経営したりすることもよくあった。最高の教育を受けたクレオパトラは、後の記録者に、「学問への愛まで感覚的な楽しみだと考えるような女」と書かれている。

クレオパトラの父、〝アウレテス〟ことプトレマイオス12世。彼女はこの父親と親しかった。この像ではディオニュソスに扮し、ダイアデムにつたを絡ませて身につけている。豪勢な宴会で知られているアウレテスだが、ローマでは交渉の達人として手腕を発揮し、元老院でビラを配り、さらには気前よく、効果を考えながら、街中に贈り物を配り歩いた。

アレクサンドリアから出土した象牙製のゲームの駒。クレオパトラの夫でもあった弟の片方、おそらくプトレマイオス14世の肖像が刻まれている。エジプト人らしい横顔だが、服装はギリシア風だ。クレオパトラは紀元前48年にまだ11歳だった彼と結婚した。その4年後、彼女は彼を殺させた。

アレクサンドリア東部で発見された、カエサリオンと思われる花崗岩の彫刻。ギリシア系らしい豊かな髪が表現されている。この彫刻の下には、もともとクレオパトラ像があり、対になっていたと思われる。クレオパトラは最期に、エジプトをカエサリオンに遺したいと願い、彼の命が危険にさらされることをおそれていた。母親というものは、自分のことは気にかけずに、子どものことばかり心配するものだとセネカは述べている。

女神イシスに扮したクレオパトラ。アレクサンドリアの神殿で発見された。コブラとワシの頭飾りをつけているので、イシスの正装を身につけていたと思われる。この正装はアントニウスと共に、アレクサンドリアで儀式を行った際にも身にまとっていた。この彫刻は大きさ（耳だけでも約 30 センチの長さがある）においても迫力においても堂々としている。

［←］クレオパトラとマルクス・アントニウスの末子、プトレマイオス・フィラデルフォスの像。マケドニア風の帽子にエジプトのコブラがついたものをかぶっている。アレクサンドリアの寄贈を祝うために紀元前34年から紀元前30年の間に彫られたものと思われる。このとき彼は2歳から6歳という年齢だった。

玄武岩製のクレオパトラ像。型通りのかつらとダイアデムを身につけ、透き通り、身体にぴったりとした布地をまとっている。この像の彼女は少し太っており、伝統的な錫を手にしている。同じような像で、豊穣の角を手にしているものもある。プトレマイオス朝の女王たちは民衆に気前のよさを示すのを好んだ。彼女は臣民たちを養うことを真剣に考えていた。

［←］アレクサンドリアで発見された王者然としたポーズを取る子どもの像。クレオパトラとアントニウスの間の第一子、アレクサンドロス・ヘリオスの像である可能性が高い。衣服はアジア風で、冠はアルメニア風、子どもの年齢は5、6歳であり、すべての特徴がアレクサンドリアの寄贈でアルメニア、メディア、パルティアの統治権を与えられたときのアレクサンドロス・ヘリオスに合致すると言われている。クレオパトラが、この出来事を祝うためにこの像を造らせたのかもしれない。まるまると太った幼児と子どもの中間のように表現されているこの像の頭には、アントニウスにそっくりな、くるくるとした巻き毛が表現されている。

右側は男装のクレオパトラ。赤ん坊を抱いた女神イシスに供物を捧げている。即位した月に刻まれた石碑であり、クレオパトラの治世のもっとも古い証である。このとき彼女は弟と共同統治を行っていたが、弟の名が刻まれていないのが目立つ。クレオパトラの名は２行目に記されている。この石灰岩製の石碑は、父親のものであったのをクレオパトラが彫り直させた可能性が高い。混乱した時代だったプトレマイオス朝の石工たちは、彫り直すのが得意だったことだろう。上部から垂れ下がっている２匹のヘビに注目。

紀元前 180 年２月に死んだ、戦いの神の化身である聖なる牡牛ブキスを記念した石碑。クレオパトラの曾曾祖父が牡牛の前に立ち、牡牛の目の高さに捧げ物を差し出している。王妃クレオパトラ１世はヒエログリフで名前が刻まれているが、彫刻には描かれていない。ブキスは 15 年近く生きたが、書記は不注意にも計算を間違え、聖獣の生涯を実際より短く記してしまっている。この石碑は、紀元前 51 年にクレオパトラが次のブキスを任命するために南部へ旅した際に設置されたと思われる。

花輪をつけたカエサル。アレクサンドリア人が好んだ図柄で、街の祝祭の際には何百も作られた。カエサルは月桂樹の冠を戴き、ギリシア風のローブを身につけ、肩のところでピンを用いて留めている。この肖像のあらゆる特徴——こけた頰も含めて——がアレクサンドリア戦争とナイル・クルーズが行われた春より後に描かれたものであろうという説を裏づけている。

珍しく表情豊かなカエサル。彼の死後に制作されたもので、クレオパトラに出会った頃にはすでになくなっていた髪が復活している。広い額にはしわが刻まれ、頰はこけて、垂れはじめている。スエトニウスはカエサルの回顧録は「むき出しのシンプルさがあり、直截だがおもむきがある」と褒め讃えているが、同時に本人に都合のよい記録でもあった。回顧録の中でカエサルは、自分の唯一の息子の母親である、エジプトの女王について、一度だけ述べている。

マルクス・アントニウス。男性的な容貌を見ると、ヘラクレスの血を引いていると主張していたのもうなずける。大胆でむこうみず、いつも上機嫌でごまかしのない彼は、兵士たちの心をつかむ司令官だった。プルタルコスによれば、部下たちは「彼の高貴な生まれ、雄弁さ、率直で気さくな振る舞い、日頃の物にこだわらない気前のよさ、誰とでも話をする人なつっこさ」に魅了され、彼に心酔していたという。

クレオパトラと過ごしていた時代のアントニウスの特にすばらしい肖像。赤碧玉製。たくましい首、豊かな髪、つぶれた鼻が非常にはっきり描かれている。アメジスト製の同じ肖像も残されている。

クレオパトラの現存するもっとも正確な肖像は硬貨に刻まれたものだ。広く崇拝され、綿密に調べられたこれらは、プロパガンダの手段だったと思われる。彼女自身が臣民たちに自分をどう見せようとしたかを示しているのだ——

紀元前47年から紀元前46年のはじめにかけて、カエサリオンの誕生を記念し、クレオパトラの所有するキプロス島の鋳造所で発行された銅貨。象られた肖像はクレオパトラであると同時に、アフロディーテあるいはイシスをも表わしている。彼女は幅広のダイアデムをつけ、カエサリオンを抱いている。背後にはぎこちなく錫が突き出している。

アレクサンドリアで鋳造された80ドラクマ銅貨。クレオパトラは長い間使用されていなかった銅を再び導入し、歴史上はじめて、額面金額を刻印した。これにより、この硬貨は重さにかかわらず、決められた価値を持つことになったので、彼女は大きな利益を得た。

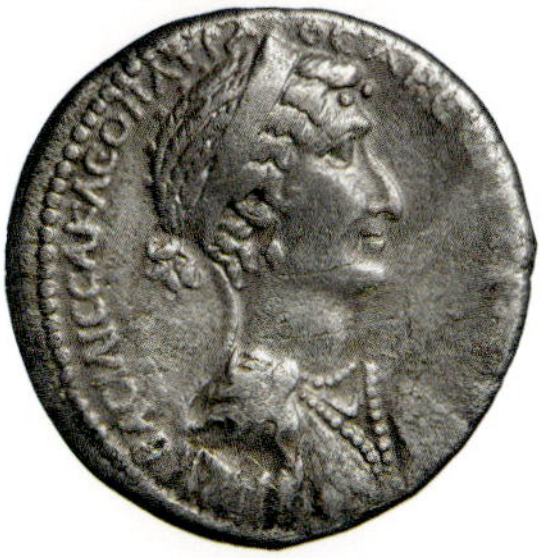

紀元前36年の4ドラクマ銀貨。アントニウスとクレオパトラの政治的な同盟を記念してアンティオキアで鋳造された。イシスとの同一性を表わすため、「女王クレオパトラ、新しい女神」と書かれている。彼女の首には立派な真珠のネックレスが描かれ——彫刻家にとっては大変な作業だっただろう——髪にも真珠がちりばめられている。彼女は驚くほどアントニウスに似ている。あるいは、これまでに言われているように、彼が彼女に似ているのかもしれない。

ユダヤの都市アスカロンの銀貨。アスカロンはクレオパトラに統治されてはいない。この4ドラクマ銀貨が、彼女の復位を支援するために発行されたものだとすると、10代のクレオパトラが追放の身にあった、紀元前50年か紀元前49年に鋳造されたと思われる。あるいは彼女の治世を讃えるために発行されたものかもしれない。彼女の統治下にない数多くの都市で、彼女を記念する硬貨が発行されている。肖像の唇にはかすかな微笑みが浮かんでいる。

伝統的なコブラと日輪と牡牛の角の頭飾りをつけたプトレマイオス朝の女王。数本のネックレスと身体にぴったりとしたシンプルなドレスを身につけている。おそらくイシスの衣装を身につけたクレオパトラであろう。そうであれば、前向きに描かれた右胸の説明がつく。彼女の容貌の特徴は胸像や宝石で複製され、臣民に広く知られていた。

ギリシア風の衣服を身につけ、額にダイアデムをつけて後ろで結び、エジプトのコブラの冠を戴いた女性。よく知られている彼女の特徴がなくても、クレオパトラ以外の人物とは考えがたい。青いガラスに彫られた彫刻。コブラたちは日輪と戯れている。

クレオパトラと（その手前の）カエサリオンが神に捧げ物をしている。デンデラのハトホル神殿の南側の壁に彫られた彫刻。８歳から11歳だったカエサリオンが描かれていると思われる。クレオパトラは賢くも、息子を前面に立たせている。前述のように、２人がハトホル神に捧げ物をしているのはとても適切だ。ハトホル神も別の土地をおさめる神と結婚した。プロパガンダとして効果的な作品であるこの巨大な彫刻は、神殿の裏の壁面の下部全体を占めている。

偉大なる弁論家キケロ。クレオパトラが知っていた頃の年齢の像。彼女がローマを去ると、キケロは「私はあの女王が嫌いだ」と吐き捨てるように述べた。彼は自分と同じように、「相手を思わず笑わせられる」女を快く思わなかった。彼女の傲慢さには特に逆上したが、キケロ自身が「存命の人物の中でもっともひどい自慢屋だ」と言われていた。

若き日のオクタウィアヌスの銅像。クレオパトラの6歳年下の、頑固で容赦ない敵。クレオパトラを打ち負かした後、彼はエジプトじゅうのクレオパトラ像を撤去して、自分の像を置かせた。

オクタウィアヌスの姉であり、アントニウスの4人目の妻であるオクタウィア。「驚異の女性」である彼女はクレオパトラが自殺した後、生き残った子どものうち3人を育てた。

紀元前２世紀か紀元前１世紀はじめのモザイク画。クレオパトラの宮殿からそれほど遠くない場所で発掘された。銅と木でできた水差しを倒してしまって申し訳なさそうにしている2000年前の犬（首輪をしている）は、今日の犬と変わらないように見える。

紀元前３世紀か紀元前２世紀のイヤリング。エジプトの王冠をかたどり、日輪から白黒の羽根が生えている。クレオパトラの装身具は手の込んだ細工を施した黄金に、珊瑚や紅玉髄やラピスラズリやアメジストや真珠をはめこんだ豪華なものだっただろう。裕福さにおいて他国の王たちに勝ろうとしたプトレマイオス朝のある王は、「贅沢な宮殿に、あらゆるところから刻一刻と流れ込んでくる」富で、それをいとも簡単にやってのけた。

ローマのエジプト併合を記念して発行された硬貨。裏面にはオクタウィアヌスの肖像が刻まれている。刻印されている文字は「エジプトは捕らえられた」。

クレオパトラ

CLEOPATRA

A Life

by

Stacy Schiff

Japanese edition supervised by
Jiro Kondo
Translated by
Megumi Niki
First published 2011 in Japan by
Hayakawa Publishing, Inc.
This book is published in Japan by
arrangement with
Little, Brown, and Company, New York, New York, USA
through Tuttle-Mori Agency, Inc., Tokyo.

ようやく、マックス、ミリー、ジョーに

目次

クレオパトラ時代の
アレクサンドリア
0 1/4 1/2 3/4 1
マイル（＝1.6km）
灯台（ファロス）
ファロス島
イシス神殿
港
イシス神殿
宮殿
王宮専用港
ティモニウム
（東港にあった小神殿）
宮殿
図書館？
ユダヤ人地区
エウノストトス湾
王宮地区
戦車競技場
（ヒッポドローム）
カエサレウム
（ユリウス・カサエルを讃えた神殿）
ムセイオン
西門
カノープス通り
カノープス門
イシス神殿
エジプト人地区
パネイウム
（ギリシアの神パンの神殿）
セラペウム
（セラピス神を奉った神殿）
古代の周壁
マレオティス湖

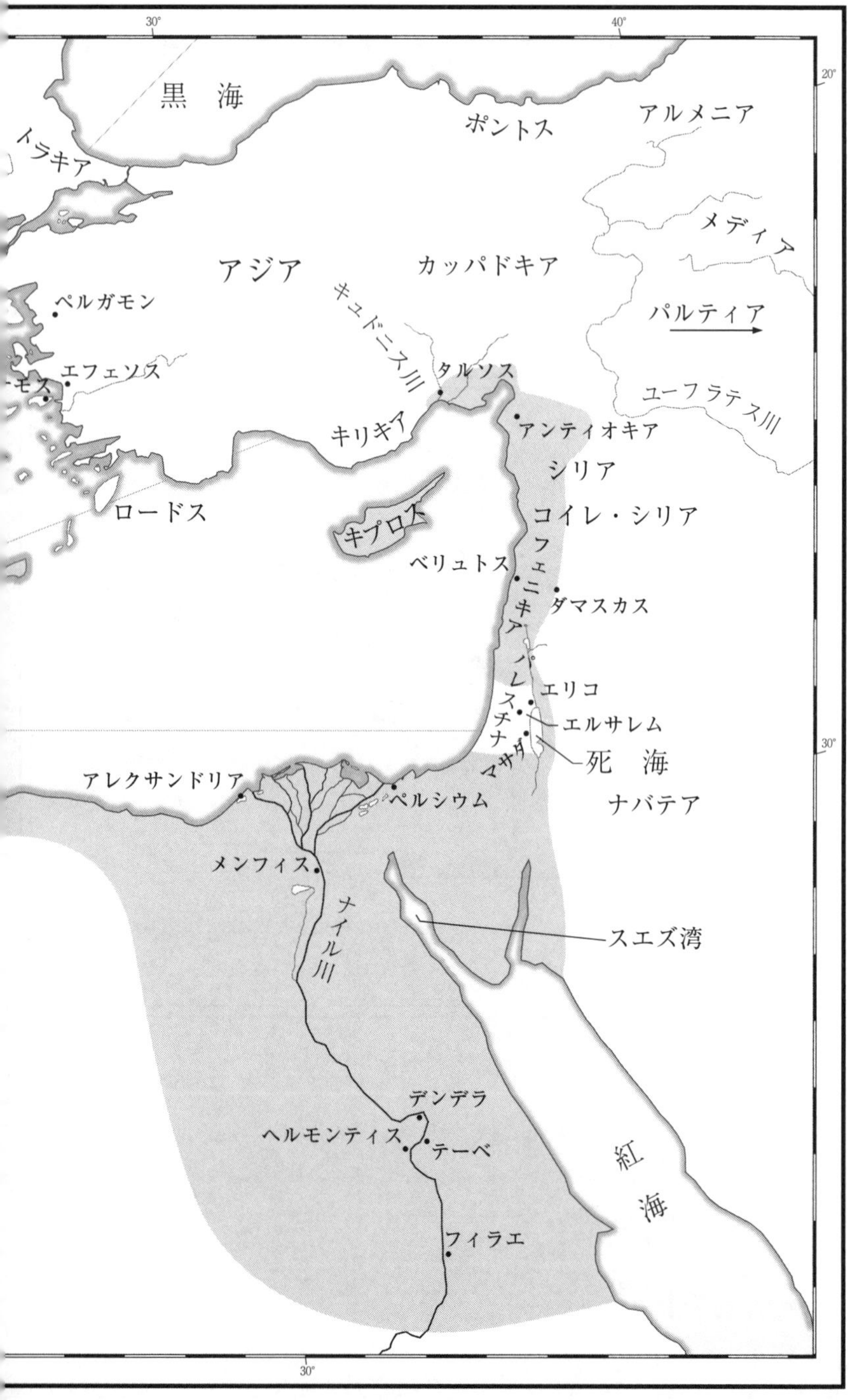
30°
40°
20°
黒 海
ポントス
アルメニア
トラキア
メディア
アジア
カッパドキア
ペルガモン
キュドニス川
パルティア
エフェソス
タルソス
ユーフラテス川
キリキア
アンティオキア
シリア
ロードス
キプロス
コイレ・シリア
ベリュトス
フェニキア
ダマスカス
パレスチナ
エリコ
エルサレム
マサダ
死 海
30°
アレクサンドリア
ペルシウム
ナバテア
メンフィス
ナイル川
スエズ湾
デンデラ
ヘルモンティス
テーベ
紅 海
フィラエ
30°

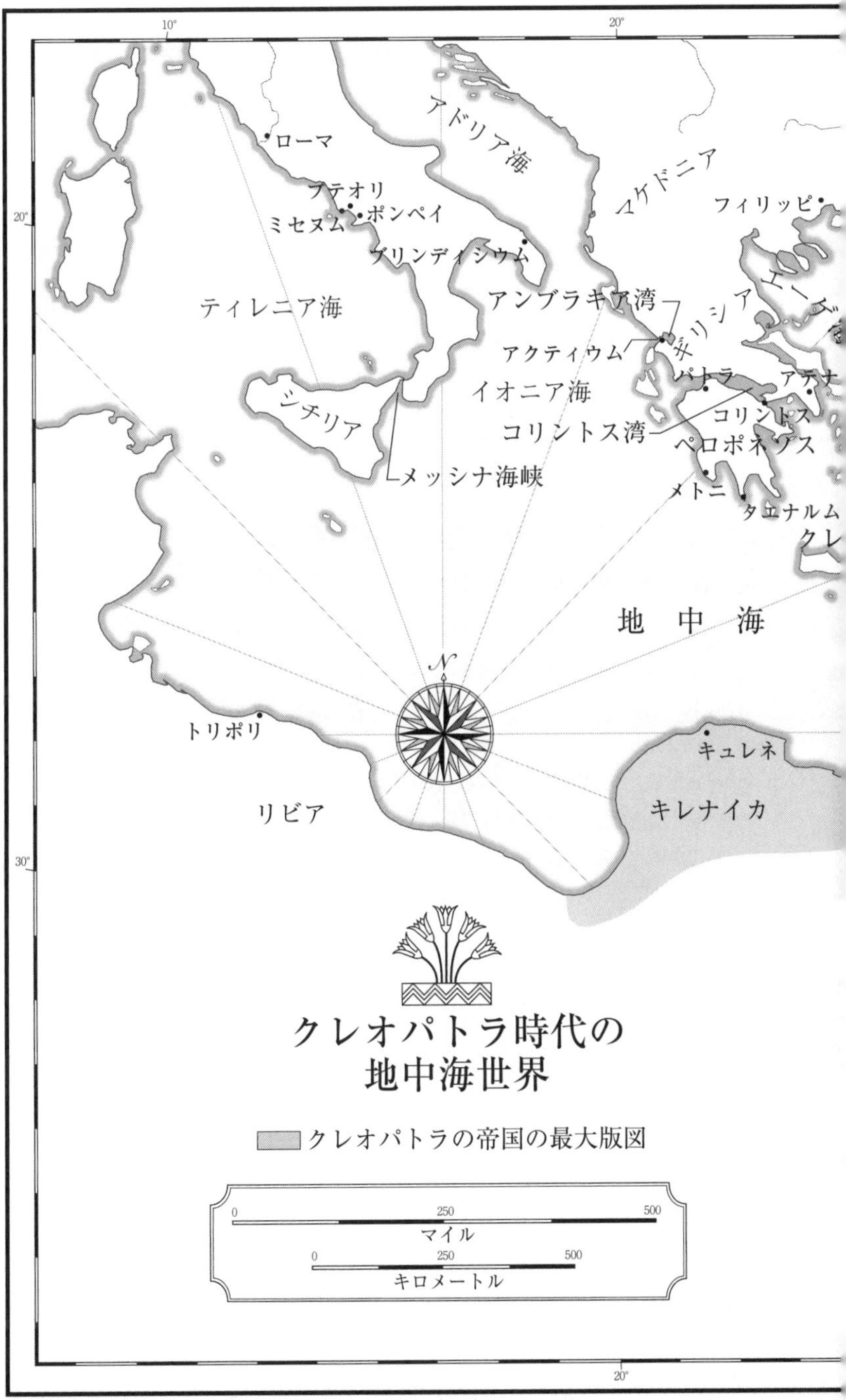
10°
20°
30°
ローマ
アドリア海
マケドニア
フィリッピ
プテオリ
ミセヌム
ポンペイ
ブリンディシウム
ティレニア海
アンブラキア湾
ギリシア
アクティウム
パトラ
イオニア海
シチリア
コリントス
コリントス湾
ペロポネソス
メッシナ海峡
メトニ
タエナルム
地中海
N
トリポリ
キュレネ
キレナイカ
リビア
クレオパトラ時代の
地中海世界
クレオパトラの帝国の最大版図
0 250 500
マイル
0 250 500
キロメートル

プトレマイオス家系図
〈プトレマイオス朝　323／304–30年〉

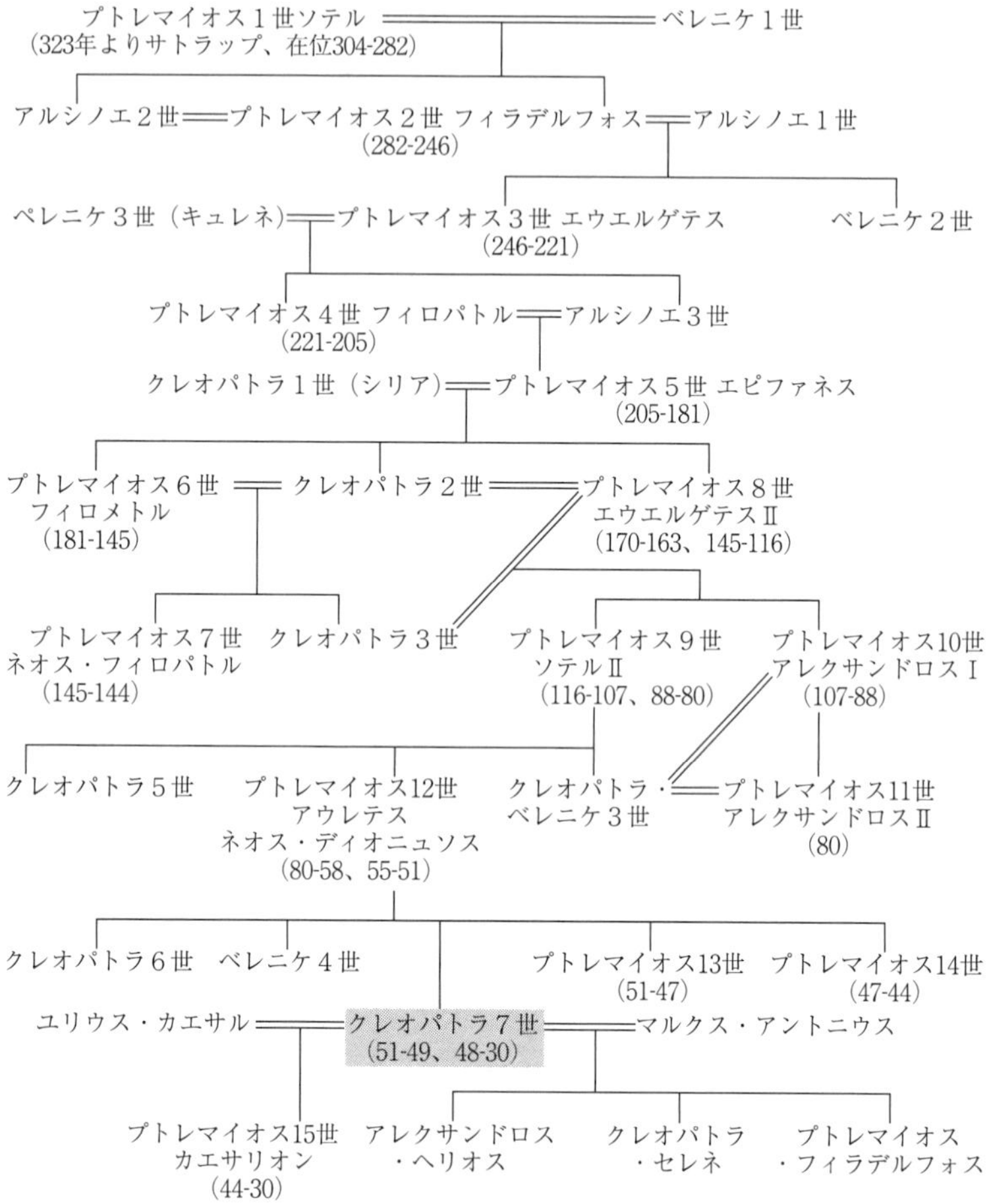

（　　）内の数字は在位年代。いずれも紀元前。

E・M・フォースター『アレクサンドリア』（ちくま学芸文庫）、J＝Y・アンプルール『甦るアレクサンドリア』（河出書房新社）、日本オリエント学会編『古代オリエント事典』（岩波書店）をもとに構成（早川書房編集部）。

第一章　あのエジプト女(1)

人間のもっとも貴重な特質は、信じてはいけないものを判別する賢明さだ。

エウリピデス(2)

いまなぜ、クレオパトラなのか？

歴史上もっとも有名な女性クレオパトラ七世は、エジプトを二二年にわたって統治した。彼女は一度は王国を失い、その後に取り戻し、再び失いそうになった後に、帝国を作り上げ、最後にはすべてを失った。子どもの頃から女神としてあがめられ、一八歳で女王に即位し、すぐに人々の注目の的になった彼女は、同時代のうちから尊敬とともに様々な憶測を集め、ゴシップや伝説の対象になっていた。クレオパトラは、その権力の絶頂期には事実上地中海の東部沿岸をすべて支配した、大エジプト王国最後の統治者だった。さらに彼女はつかの間、西洋世界の命運をその手に握った。妻のいる男性の子どもを産み、別の男性との間にも三人の子どもをもうけ、キリスト誕生の約三〇年前、三九歳で亡くなったが、その悲劇は名声を不動のものにした。あまりに突然でセンセーショナルな最期だった。それ以来、彼女はずっと我々の想像力を刺激しつづけてやまない。偉大な劇作家や詩人など数多くの人々が彼女のストーリーを語り、あれから二〇〇〇年が過ぎたいまも、彼女に台詞を語らせつづけている。そう、クレオパトラは歴史上もっとも忙しい死後の人生を送ることになった。小惑星にもゲームにも常套句にもタバコにもスロットマシンにもストリップクラブにもその名を貸し、大女優エリザベス・テイラーの別名にまでなっている。シェイクスピアは自分でも知らぬうちに、クレオパトラの無限の可能性を示していたのだ。

妖婦の実像

クレオパトラの名は忘れられることがないのに、その姿形ははっきりしない。クレオパトラは歴史上もっとも有名な人物に数えられるだろうが、具体的にどんな容姿をしていたのか、ほとんどわかっていない。想像の根拠にできるものは、本人に似ていると言われる、生前に発行されたコインの肖像しかない。我々は彼女を誤った理由でも記憶している。しかし、彼女は先を見通せる有能な国王であり、艦隊の編制にも、反乱の鎮圧にも、貨幣のコントロールにも、飢饉の解決にも、優れた手腕を発揮した。ローマのある高名な将軍は、彼女は優れた軍事的掌握力を持っていると保証している。当時、女性の統治者は珍しくなかったが、その中でもクレオパトラは抜きん出ていた。古代において、独力で統治を行い、その役割を果たした女性は西洋世界で他にいない。また彼女は、地中海世界では他に並ぶ者がないほどの富を持ってもいた。そして、同時代の女性の誰よりも羨望を集めた(3)ので、ある短気な王は彼女を招いたとき、自分の邸宅にいる間にひそかに殺してしまうことを考えたという(女王の名声を考えると、それは不可能なのだが)。クレオパトラの家系には長い殺人の伝統があり、彼女自身もその血を忠実に受け継いでいたが、彼女の生きた場所と時代の基準を考えると、かなりお行儀がいい方だった。それにもかかわらず、クレオパトラは奔放な妖婦として後世に伝えられ、真に力を持つ女性どころか、男を誘惑する恥知らずな女というイメージにつくり変えられてしまった。

その人生を、詩の素材に提供している人物たちはみなそうだが、クレオパトラの真実の姿には、これまでのイメージを裏切り、人々を困惑させる部分がある。彼女はこの上ない贅沢を尽くして育ち、衰えゆく王国を受け継いだ。彼女の家系は、一〇代にわたってファラオを名乗ってきた。しかし、プトレマイオス家は実際はマケドニアのギリシア人なので、クレオパトラはエリザベス・テイラーと同じで、まったくエジプト人の血を引いていない。クレオパトラは一八歳のときに一〇歳の弟と共に、重い過去の栄光を引きずり、不安定な将来を抱えるこの国の統治を受け継いだ。クレオパトラとネフェルティティの時代は一三〇〇年も離れている。クレオパトラがユリウス・カエサルをピラミッドに案内したことは事実とほぼ確認されているが、このとき、ピラミッドにはすでに落書きがあったし、スフィンクスには一〇〇〇年ほど前に大規模な改修が行われた跡があった。そしてかつて華々しかった大プトレマイオス帝国の輝きは色あせていた。クレオパトラが物心ついたときには、すでにローマの影が忍び寄り、彼女が子どもだった間に、ローマはじわじわとエジプト国境を越え、その支配域を広げていた。クレオパトラが一一歳のとき、カエサルは自軍の士官たちを鼓舞するために、戦争を仕掛けず、富を獲得することも、他国を支配することもしない者はローマ人ではない、と言っている。ローマと壮絶な戦いを繰り広げたあるアジアの君主は、クレオパトラを苦しめることになるローマ人のこの特質を、別の言葉で表現している。ローマ人は狼の気質を持っている、と。ローマ人は強大な権力を持つ王たちを嫌った。ローマ人が所有するのは奪い取ったものばかりだった。ローマ人はすべてをつかもうとし、「そのためにはすべてを破壊し、殺すことも厭わなかった」[4]。この言葉は、ローマの勢力圏内に最後に残った富裕な国の運命を明らかに示していた。エジプトは巧みな交渉術で知られ、領土の大部分の自治権を保持しつづけていた。それがすでに、ローマの政争に自ら巻き込まれていたのだ。

クレオパトラの父親は莫大な金と引き換えに、「ローマ人の友人であり味方」という立場を保っていた。娘クレオパトラは、ローマ人や元老院議員と友人であるだけでは十分でないことを知った。当時、もっとも力を持っていたローマ人との友達づきあいは、最低限のことでしかない。内乱で壊滅状態になり、後期共和制を敷いていたローマは、クレオパトラとの関係に困惑させられた。クレオパトラが生きている間に繰り返し騒動が起こり、ローマの歴代指導者たちは、彼女のせいで互いに争うことになった。これはもともとローマの指導者たちが、個人的な野心に燃え、頭に血がのぼりやすい性格の者ばかりだったことと、エジプトの領土について、二度ほどあまりに予想外の決断がなされたことが原因だった。地中海世界はこの動乱のたびに震撼し、忠誠心をかき集め、貢ぎ物をすることを何度も強いられた。優秀なローマの総司令官であり、いつまでも並外れた強運に恵まれているかと思われた大ポンペイウスとクレオパトラの父は同盟を組んだ。ポンペイウスはプトレマイオス王家の守護者になった。そのポンペイウスがユリウス・カエサルと内戦を戦っていた頃、地中海を挟んだエジプトでは、クレオパトラが王座に就いた。紀元前四八年の夏、カエサルはギリシア中部でポンペイウスに手ひどい敗北を味わわせた。ポンペイウスはエジプトに逃走したが海岸で刺殺され、首をはねられた。このとき、クレオパトラは二一歳だった。彼女には、ローマ世界の新たな支配者に気に入られるしか道がなかった。彼女は、他の同盟国の王たち――彼らの名前は今日では忘れられているが、これは偶然ではないだろう――とは違ったやり方をした。それから数年の間、彼女はかき消すことのできないローマの波を自国に有利な流れに変えようと画策し、カエサルが殺されると、庇護者を次々に替え、最終的には彼の秘蔵っ子だったマルクス・アントニウスにたどりついた。遠くから見ると、エジプトは救われたように見えたが、本当は彼女の物語は始まる前に終わっていたのだ。もちろん彼女自身はそう思ってはいなかったが。クレオパトラの死により、エジプトはローマの属州となり、二〇世紀になるまで、自治権を取り戻すことはなかった。

その時代に、もっとも強大な権力を握っていた男性二人と関係した女性に、擁護できるところはあるだろうか？　あるかもしれない。しかし、歴史を語る権利をローマ人が独占しているうちは、擁護などありえなかった。クレオパトラは、どんな時代においても危険な組み合わせを持っていた。女性と権力だ。エウリピデスが何百年も前に警告したように、賢い女は危険だ。あるローマ人の歴史家[5]は、嬉々としてあるユダヤ人の女王を単なるお飾りのように書いておきながら、そのわずか六ページあとでは、彼女の無謀な野心と権威とのみだらな抱擁を非難している。もっと警戒心を解かせるような権力者にも、彼らは同じ感情を抱くだろう。紀元前一世紀のある結婚契約書[6]では、花嫁が忠実で愛情深くいることを約束している。それからさらに、花嫁は夫の食事や飲み物に媚薬《びやく》を入れないことを誓っている。クレオパトラがアントニウスやカエサルを愛していたかどうか、我々にはわからないが、彼女がどちらの男性も思い通りに動かしていたことはわかっている。古代ローマ人の目から見ると、彼女は二人のどちらも〝虜《とりこ》〟にしていた。それは、女の力が男の策略に魔法をかけるゼロサム・ゲームだった。初代ローマ皇帝アウグストゥスの妻は、夫への影響力をどのようにして獲得したのかを問われた際に、「身持ちを堅くし、控えめにし、夫が喜ぶことをなんでもし、夫の浮気を騒ぎ立てず、そして一番大切なのは、夫が情熱を傾けているお気に入りについて、聞いたこともなければ、気づいてもいないふりをすることです[7]」と答えたと言われている。このルールを、そのまま受け入れる必要はない。クレオパトラは、まるで違うタイプの女性だった。アレクサンドリアのけだるい太陽の下で釣りを楽しんでいたとき、彼女は当時ローマでもっとも優秀だった将軍マルクス・アントニウスに、自分の責任を果たしてほしいとたくみにほのめかした。

ローマ人にとって、気ままと無頼はギリシア人に任せておくべき分野だった。「人を欺く生来の才能[8]」を持つギリシア人の血を引き、アレクサンドリアに住むクレオパトラは、二重の意味でそう思われていた。ローマ人はエキゾチックとエロチックを見分けることができなかった。クレオパトラはオカルティズムや、錬金術がはびこるアジア、邪悪で官能的な血を体現する存在で、あの驚くべきナイル川と同じように、他に類を見ず、一筋縄ではいかないと思われていた。彼女に近寄った男はみな正気を失うか、そこまでいかなくても、重要な判断を翻してしまう。彼女はギリシアの歴史家プルタルコスの『英雄伝』でも、アントニウスと駆け落ちしたことになっている。一九世紀の歴史家が、カエサルに会ったときのクレオパトラを「一六歳のみだらな娘[9]」と書いたのも、同じようなイメージの影響を受けていたのだろう（本当は、高い目的意識を持った二一歳の女性だった）。甘い歌声で男を誘う東洋の魔女というイメージが長年先行しているが、これは事実ではない。彼女はセックスと不謹慎があふれる刺激的な国からやってきたと思い込まれていた。カエサルは歴史になったのに、クレオパトラが伝説になったのはそのせいだ。

　クレオパトラの物語を語るローマ人たちが、古代の歴史を知りすぎているのも、我々のイメージをさらに曇らせている。それは彼らの記述のあちこちに表われている。圧倒的に装飾過剰なバチカンを訪れたマーク・トウェインのように、我々もオリジナルよりコピーを好ましく思うときがある。古代ギリシア・ローマの著述家たちも同じだ。彼らはいろいろな記述をつなぎあわせ、古い話を磨き直した。彼らはクレオパトラに、異端者などといった新たな悪徳をつけ加えたのだ。歴史は語り直されるために存在し、そのたびに詳細がつけ加えられていくが、正確になっていくとは限らない。古代の文章では悪人は必ず、とても悪趣味な紫色を着ているし、孔雀《クジャク》の肉を食べてばかりいるし、珍しい香油や溶かした真珠にやたらに身を浸している。権力に飢え、法を超越したエジプトの女王だろうが、ならず者の海賊だろうが、みな「嫌らしいほど贅沢[10]」なアクセサリーを身につけているのも、お決まりのパターンだ。富には不法行為がつきものであり、悪人の周囲は紫色と金色で彩られている。歴史が神話と混じりあい、人間と神々が共演しているのも、ことを面倒にしている。クレオパトラの物語の舞台は、オルペウス（ギリシア神話に登場する竪琴の名手。冥界に下った妻を迎えに行った）の竪琴《たてごと》の遺物や、ゼウスの母親が生まれたという卵の殻（これはスパルタにある）を見にいくような場所でもあるのだ。

歴史は後世の者のために記録されるばかりでなく、後世の者によっても記される。現存するクレオパトラに関するまとまった記述は、クレオパトラに会ったことのない人々によって書かれているのだ。プルタルコスが生まれたのはクレオパトラの死から七六年後だ（彼は福音書書記者のマタイ、マルコ、ルカ、ヨハネと同時期に活躍した）。二世紀のローマの歴史家アッピアノスは一世紀という時を隔てて書いていたし、ディオン・カッシウスにいたっては二世紀が経っていた。ほとんどの女性の物語では、ストーリーを形作るのは男性だが——彼らはそういうつもりではなく、勝手に振る舞っているだけだが——クレオパトラの場合はそれとは異なり、男性たちは、彼女の役割を消すどころか拡大させた。彼女の人生の中では、マルクス・アントニウスとの仲がもっとも長いのだが、そのライバル、アウグストゥスとはさらに長い腐れ縁だった。アウグストゥスは、アントニウスとクレオパトラを打ち負かした。そしてローマの人々には、自分の栄光をさらに増すために、エジプトの女王は強欲で裏切り者で、血に飢え、権力に固執する女だとする、タブロイド紙のゴシップのような情報を流した。クレオパトラの実態を誇張することで、自分の勝利を強調したのだ。本来敵であったかつての義兄を、世間の目から隠し、抹殺するためでもあった。それは、毛沢東が一九世紀イギリスのナポレオンの生活や二〇世紀アメリカの歴史を書いたようなものだった。

この偏った歴史家チームには、まださらにあやしげな要素がある。アレクサンドリアのパピルスは、一枚も現存していないのだ。あの古代都市のものは何一つ地上に残されていない。クレオパトラに関して残っているものは、おそらく彼女が書いた言葉一片だけだろう（紀元前三三年に彼女自らが、あるいは書記が、王の命令として「それを実行せよ」という意味のギリシア語「ギネストイ」という言葉を書いている）。古代ギリシア・ローマの著述家たちは統計など気にしないし、ときには論理にさえもこだわらない。それぞれの著述には矛盾があるし、一つの著作の中でも事実に食い違いがあったりする。アッピアノスは細部に無頓着だし、一世紀のユダヤの歴史家ヨセフスは、年代に関してまったく信用できない。ディオンは正確さよりもレトリックを優先させている。抜けている部分があまりに多く、故意ではないかと思えるほどだ。ここまでの沈黙は、ほとんど陰謀のようだ。あれほどリアルで洗練された肖像画が描かれた時代に、クレオパトラの信頼できる半身像が一つもない、などということがありえるだろうか？　カエサルとクレオパトラが共にローマにいた、紀元前四四年のはじめに書かれたキケロの手紙は公開されていない。ヘレニズム期においてもっとも長いこの時代、騒ぎが続いたこの時期を適当にごまかしているのだ。我々の知らないことが、どれだけあるのかわからない。アッピアノスはエジプトの歴史についての四巻本に、もっとカエサルとクレオパトラの物語を書くと約束しているが、その四巻本は現存していない。紀元前一世紀から後一世紀のローマの歴史家リウィウスが語る歴史は、クレオパトラが登場する一世紀前で突然終わっている。クレオパトラのお抱えの医師が詳しい記録を残したようだが、プルタルコスの言及からその存在を知ることしかできない。デリウスの記録は、クレオパトラが彼に宛てて書いたという扇情的な手紙と共に失われている。腹立たしいことに一世紀のローマの詩人ルカヌスの叙事詩でさえ、アレクサンドリア戦争が始まり、カエサルがクレオパトラの宮殿に閉じ込められているところで、ふいに途切れている。そしてデータがないところには、すぐに神話がはびこってくるのが歴史の常だ。

欠落した記録の周辺には、思いがけない事実が浮かび上がってくる。政治問題はどこかへ消え、魂の問題が残るのだ。政治、外交、統治に精通した、堂々とした女性の姿が見えてくる。九カ国語を流暢に話し、雄弁な舌を持ち、カリスマ性があるクレオパトラは、ローマの偏向した書き手とハリウッドの監督たちが共同で作り上げたクレオパトラ像からはほど遠い姿だ。クレオパトラは古くから我々が知っているもの、つまり強烈にセクシーな女性という古めかしいレッテルを貼られたままだ。そして彼女はタイミングも悪かった。その歴史を敵が書いたというばかりでなく、ラテン語の詩が出現したばかりの頃に、人々の記憶に残っていたというのも不運だった。彼女は、まさに敵意に満ちた言葉の中に生き残ったのだ。彼女にまつわるフィクションばかりが増殖していった。ジョージ・バーナード・ショウは『シーザーとクレオパトラ』の参考文献のリストの中に、〝自らの想像力〟も加えている。たくさんの歴史家がシェイクスピアの解釈に従う気持ちは理解できるが、それはアメリカのパットン将軍について、映画で彼の役を演じたジョージ・C・スコットの意見を鵜呑《うの》みにしているようなものだ。

　クレオパトラを本当の姿に戻すには、いくつかの事実を掘り起こして、真実を覆い隠す神話や古いプロパガンダをはぎとる必要がある。クレオパトラはギリシア人女性だが、その歴史を書いた男たちは、ほとんどがローマ帝国の役人であり、その将来はローマにかかっていた。どのようにして歴史を語ったのか[11]は我々にはわかりにくい。彼らは出典を明かすことがほとんどない。大部分を記憶に頼っている[12]。彼らは現代の基準からすると、論争好きで、言い訳ばかりし、説教めいていて、うそつきで、古い素材を使い回し、他人の文章を切り貼りするハッカーだ。彼らは探求こそさんざんしたが、クレオパトラのエジプトに関わった歴史家の中に優秀な者はいなかった。それを念頭において読むしかない。こうした記述は、出典が示されていないものばかりかもしれないが、他に資料がないのだ。彼女の人生の基本的な事実に関して、広く議論された試しがない。彼女の母親が誰かとか、クレオパトラがローマに滞在した期間はどのくらいだったのかとか、彼女の妊娠回数とか、アントニウスとは正式に結婚していたのかどうかとか、彼女の運命を決めたあの戦いでなにがあったのかとか、さらには最期の状況についても、広く意見が一致しているものはない*。私は今回、誰が元図書館司書であり、誰がゴシップ記者であり、誰がエジプトを実際に目にし、誰があの国を嫌い、誰があの国に生まれ、誰が女性との関わりに問題を抱え、誰がローマへの熱心な改宗者で、誰が恨みを晴らそうとしており、誰が皇帝のご機嫌取りで、誰が六歩格の詩を完成させようとして書いているのかを念頭に置いて、彼らの記述にあたってみた（私はルカヌスを少し頼りにした。彼はプルタルコスやアッピアノスやディオンよりも早くに現場にいた。ルカヌスも詩人であり、扇情的な文章を書いているが）。書き手が特定の立場を擁護していたり、なにかの企てを抱いていたりしなくても、よく読んでみると、記述をふくらませすぎていることが多かった。先ほど書いたように、古代にはシンプルで率直な語り口などありえない。(13) 飾り立てすぎて要点がわからなくなっているのだ。私は空白を埋めようとはしなかった。ときどき考えられる可能性を挙げてはみたが。その際にありえたとしか見えない選択肢は、ありえそうだと述べるしかない。その確率についての意見でさえ、非常に異なっている。一致しないものは矛盾するままにしておいた。私は事実関係を並べ直してみた。クレオパトラは実際にきょうだいを殺したが、ユダヤのヘロデ王は自分の子どもを殺している（彼は後に、自分が「もっとも不幸な父親(14)」であると嘆き悲しんでいる）。そしてプルタルコスが思い出させてくれるように、こうした行動は、国王にとってはよくあることだった。クレオパトラは美しくなかった可能性もあるが、あるローマ人が、その富と宮殿を見て息をのんだことは間違いない。地中海の対岸から見ると、すべてはとても違って見える。この数十年の古代女性およびヘレニズム期のエジプトの研究の進展により、その様子はかなり解明されてきた。私は彼女の最期の場面からメロドラマのかすみを取り去ろうと努力した。扇情的な色合いは、まじめな年代記まで安っぽいドラマに変えてしまうからだ。しかし、劇的な盛り上がりが論理を圧倒するときもある。クレオパトラのドラマの舞台は桁《けた》外れの個性を持った、興味深い人々が生きた時代だった。その終わりの場面で、あの時代のもっとも偉大な俳優たちが突然退場する。そして世界は崩壊した。

神話を覆す

クレオパトラについて、現在わかっていないことはたくさんあるが、彼女自身が知らなかったこともたくさんあった。彼女は自分が、紀元前一世紀とかヘレニズム期[15]と呼ばれる時代に生きていたことを知らなかった。どちらもあとになってつけられた名前だからだ（ヘレニズム期とは、アレクサンドロス大王が死んだ紀元前三二三年からクレオパトラが死んだ紀元前三〇年までを言う。〝ギリシア時代〟という意味のこの名前は、ギリシアという国がまったく何の役割も果たさなかったこの時代を、よく表わしているのかもしれない）。彼女は自分がクレオパトラ七世であることも知らなかった。その理由はいくつかあるが、そのうちの一つは、彼女が本当は六人目のクレオパトラだったからだ。彼女は「オクタウィアヌス」などという名前の人物は知らなかった。彼女を打ち負かし、退位させ、自殺へと追い込み、後世の評価を大筋で決めてしまった男は、ガイウス・オクタウィアヌスという名前だった。クレオパトラの人生に、彼が意味のある関わりを持ったとき、彼はガイウス・ユリウス・カエサルと名乗っていた。これは偉大なる大おじであり、クレオパトラの愛人であり、遺言により彼を養子に迎えたカエサルにちなんだ名前だった。現在、彼はアウグストゥスと呼ばれている。これはクレオパトラの死後わずか三年で獲得した称号だ。彼は本書で、オクタウィアヌスとして登場する。カエサルは二人もいらないからだ。

地名はほとんどが古代以来変わっている。多くの場所で、地形が変わり、海岸が沈み、沼地が干上がり、丘が崩れ去った。現在のアレクサンドリアは、クレオパトラの時代よりも平らになっている。古代の街路図の面影はない。もう白く輝いてはいないのだ。ナイル川は約三キロ東へのびた。しかし、

＊フィクションの書き手たちの間でさえ、カエサルとクレオパトラの仲についての意見が食い違っている。彼は彼女を愛している（ヘンデルの歌劇『ジュリアス・シーザー』）、愛していない（バーナード・ショウの戯曲『シーザーとクレオパトラ』、愛している（ソーントン・ワイルダーの戯曲『三月十五日』）。

砂埃と熱っぽく湿った海風、アレクサンドリアの溶けていくような紫色の夕日は変わっていない。人間の性質も驚くほど変わらず、歴史がつくられていく過程も不変のものだ。今でも目撃証言がどんどん変化したりする。* 二〇〇〇年以上経った今でも、神話を覆すことはできるし、神話を事実より長生きさせることもできるのだ。

*これは有史以前からずっと変わらない。古代ギリシアの歴史家トゥキュディデスは、クレオパトラの四〇〇年近く前に、「こうした事実の確認は、骨の折れる難事業だ。いくつかの出来事を目撃した者たちが、同じ出来事についてそれぞれ伝えているが、どちらの側の誰を擁護しているかによって内容が違ってくるし、記憶自体も食い違っているからだ」と不平をもらしている。(16)

第二章　死者は嚙みつかない[1]

親戚が少ないということは神がもたらした本当の幸運だ。

メナンドロス[2]

追　放

その年の夏、クレオパトラは、シリアのどんよりとした太陽に灼かれる砂漠の野営地に傭兵を集めていた。彼女は二一歳で、親を亡くし、追放の身にあった。すでにその莫大な富と、すぐに不幸な結末にいたった派手な結婚で広く知られる存在だった。彼女は当時としてはこの上ない贅沢に慣れ、黒檀《こく　たん》材のドアからオニキスの床の邸宅まで三〇〇キロもある宮殿を持っていた。それがこの一年は――。住まいといったら人里離れた砂漠の真ん中のテントしかなかった。この一年間、クレオパトラは絶体絶命の危機を逃れ、中エジプト、パレスチナ、シリア南部を逃げ回ってきた。そしてほこりっぽい空気の中で過ごしたひと夏の間に軍隊を組織したのだ。

クレオパトラの家系の女性たちは、みな軍隊を編制するのが得意だった。もちろん彼女も追手がやってきたときには十分応戦できるだけの軍隊を擁していた。ペルシウムの海沿いにある城塞からさほど離れていないエジプトの東の国境地帯に、二万人の戦い慣れた兵士たちが、一触即発の距離に迫っていた。二万人というのは三世紀前、アレクサンドロス大王がアジア遠征の際に率いていた軍勢の半分にものぼる規模だ。海賊や山賊、無法者、流れ者、逃亡奴隷などを集めたこの手強い軍隊を率いるのは、クレオパトラの一三歳になる弟プトレマイオス一三世だ。クレオパトラはこの弟と共にエジプトの王位を継ぎ、やがて彼を排除した。弟はその報復に、姉弟で夫婦として共同統治するはずだった国から彼女を追放した。弟軍はペルシウムの赤煉瓦の城壁と、六メートルある巨大な半円形の塔二つを支配した。クレオパトラはずっと東の荒涼たる海岸にいて、いぶしたような琥珀色の砂の海のただ中に野営していた。戦いが迫っている。どう考えても彼女に希望はない。しかしこのときを境に、クレオパトラ七世は二〇〇〇年以上経った今も、舞台から姿を消していない。この数日後、彼女は歴史の表舞台に登場し、避けられない事態に立ち向かい、ありえないはずの予想を覆す。紀元前四八年の出来事だった。

このとき、地中海一帯の空気には「奇妙な狂気」が漂い、予兆や前触れや途方もない噂がそこらじゅうにあふれていた。一種の神経質ないらだちのような雰囲気があった。ある一日の午後の短い間に、人々は不安を感じて高揚し、力を得たあとに怯えるという一連の事態をすべて経験した。いくつかの噂が本当だと判明したことさえあった。七月のはじめ、クレオパトラはローマで起こった内紛——不敗のユリウス・カエサルと不屈の闘志を持った大ポンペイウスの戦いが、自らの戦いにもかかわってくると耳にした。警戒すべき知らせだった。クレオパトラが記憶している限り、ローマはエジプト王朝の庇護者の役割を果たしてきた。プトレマイオス家がエジプトの王位に就いていられるのは、圧倒的な軍事力を持つローマのおかげであり、そのローマがこれから数世代のうちに地中海の大半を支配するようになる。それに、クレオパトラが記憶している限り、ポンペイウスは彼女の父と特別な友人関係にあった。名将ポンペイウスは何十年にもわたって、地上戦でも海戦でも勝利を重ね、アフリカ、アジア、ヨーロッパの国々を次々と征服してきた。クレオパトラも、現在の敵である弟プトレマイオス一三世も、ポンペイウスには多大なる恩義があった。

この数日後、クレオパトラは自分に恩がある相手に殺される確率は、肉親に殺される確率と同じぐらいだと知ることになる。九月二八日、ポンペイウスはペルシウムの沖に姿を現わした。カエサルとの戦いから敗走してきたのだ。絶望したポンペイウスは避難場所を探していた。そんなときに、かつて支えてやった、彼に深い恩義がある王家の若い王のことを考えたのは、ごく自然なことだったろう。どんなことを頼んでもかつての恩があるから断られないだろう、そうポンペイウスは考えた。このとき、実質的には若いプトレマイオスの代わりに三人の摂政がエジプトを統治していた。その摂政たち、すなわち修辞法の教師テオドトス、勇猛な護衛隊長であるアキラス、子ども時代の家庭教師から宰相に抜け目なく昇進を果たした宦官《かんがん》ポティヌスが、それに同意しなかった。ポンペイウスが不意にやってきたことで、難しい選択を迫られた彼らは、激論を繰り広げた。意見は分かれていた。ポンペイウスの要求を無視すれば、彼を敵に回す。彼を援助すれば、カエサルを敵に回す。ポンペイウスを排除したら、クレオパトラに支援を求めるかもしれず、そうしたらポンペイウスとクレオパトラが近づいてしまう。それどころか、ポンペイウスがエジプトの王座に就いてしまうかもしれない。「死者は嚙みつかない」と笑顔で言ったのは、論破されることのない修辞学の教師、摂政テオドトスだ。テオドトスは簡単な演繹的論法で、ポンペイウスと近づくことも、敵対することも彼らにとって危険だと証明してみせた。そしてテオドトスは、ポンペイウスに歓迎のメッセージと共に「みすぼらしい小舟」(3)を出した。ポンペイウスは、ペルシウムの岸近くの浅瀬で、プトレマイオスの軍隊の全景と紫色のローブをまとった王の小さな姿を遠くに見ながら刺殺され、首をはねられた。陸地にはまだ一歩も足を踏み入れていなかった。*

カエサルは後に、この残虐行為に筋を通そうとしている。困難な状況下では、友人が敵になるのはよくあることだ、と彼はエジプト側を赫《ゆる》した。困難な状況下では、敵が突然友人に戻ることもあると彼はよく知っていた。プトレマイオス家の摂政たちがポンペイウスの首をはねたのは、カエサルにおもねるためだった。いまや疑いなく地中海世界の唯一の支配者となったカエサルによく思ってもらうには、それ以外にどんな手だてがある？　三人は同じ論理で、クレオパトラの問題も単純化した。ローマの内紛は、単なる武装した兵士による戦いとは思えぬ、疫病や洪水や炎のように激しく熱い争いだった。そしてクレオパトラは、どうやら負ける側を支援してしまったようだ。[4]

三日後、ライバルを追ってきたユリウス・カエサルはエジプトに首都から上陸を試みた。[5]彼は大部隊よりも先に到着した。巨大なメトロポリス、アレクサンドリアは、悪知恵やあやしげな道徳観や重窃盗がはびこる都だった。住人たちは様々な言語を駆使し、早口でいっぺんに話す。移ろいやすく緊張感に満ち、敏感な心を持つ人々が住む、激しやすい都市だ。街はもともと十分に沸き立っていたのに、王家の二度の裏切りで情勢がさらに悪化していた。カエサルは勝利の喜びを注意深く抑えていた。テオドトスが三日前にはねたポンペイウスの首を差し出したときは、おぞましさのあまり顔をそむけ、それからわっと泣き出した。カエサルが本当に悲しんでいると思った者もいただろう。ポンペイウスはかつて、彼の唯一の味方であったばかりでなく、義理の息子でもあった。プトレマイオスの摂政たちはこのぞっとするような歓迎をすれば、カエサルがエジプトを放っておいてくれるだろうと考えていたが、それは間違っていた。ポンペイウスを殺害したエジプト側は、カエサルの味方につこうとしているのだと、エジプト側が彼について考えていたとしたら、それも間違いだった。少なくともアレクサンドリアの市民には、そんなつもりなどなかった。上陸したカエサルを迎えたのは暴徒だった。ローマ人、それも権力をかさに着てやってきたローマ人ほど、歓迎されない客はいない。カエサルはよくても彼らの国の政治に口を挟みにきたのだし、最悪の場合は征服をもくろんでいる。かつてローマは、人気のない王を復活させ、さらに悪いことに、彼らがそんな余計なことをしたせいで、市民たちは王が復位のためにした借金を清算する目的で税を課された。そもそも帰ってきてほしくもなかった王のために、金を払いたいわけがない。それに、ローマに従属するために金を払うつもりもなかった。

カエサルは、プトレマイオス王家の宮殿の庭に設置されたあずまやに、無事に身を落ち着けた。その宮殿は街の東側にある王家の波止場に隣接していた。外では騒ぎが続き、列柱が並ぶ街路にはわめき声やつかみあいの物音が響き渡っていた。しかし宮殿の中にはそうした物音も届かず、カエサルは安全だった。彼は即座に援軍を呼んだ。そしてその後、反目しあっている姉弟も召喚した。カエサルは、自分には二人の争いを仲裁する責任があるように感じていた。一〇年ほど前、ポンペイウスと共に彼らの父アウレテスの復位を働きかけていたからだ。ローマにとってエジプトの安定は望ましいことだった。エジプトがまだかなりの負債を抱えていたので、よけいに安定してもらわねばならなかったのだ。その頃、カエサル自身がライバルのポンペイウスに、「彼らの頑固な態度を改めさせ、武力による小競り合いをやめさせて、これ以上幸運を損なうことがないようにしなければ」[6]と語ったばかりだった。クレオパトラとその弟は、自分たちのことも自分たちの国のことも、もっと考えるべきなのだ。

召喚されたクレオパトラは、なんらかの弁解をしなければならなかったし、自分のための計算もしなければならなかった。なんとしても、弟の摂政たちが彼女の立場を悪くする前に、素早く自分の苦境を訴えねばならない。エジプト領内への道は、弟軍に完全に塞がれている。カエサルは弟に軍を撤退させるよう命じた。しかしプトレマイオスは、それに従う動きをまったく見せていなかった。クレ

＊プトレマイオス一三世は海岸から見ていただけだったが、ダンテの『神曲』ではこの殺害に関与したせいで、第九圏の地獄に永遠に留め置かれることになった。彼はカインやユダと共に過ごしている。

オパトラが自軍を西へ移動させ、金色の砂を越えて、国境と高い塔があるペルシウムに向かえば、戦闘になるおそれがあった。ある記述によると、クレオパトラは仲介役を使ってカエサルに連絡を取ろうとしたが、裏切られたと確信した（クレオパトラは宮殿の廷臣たちには人気がなかった）ので、自ら訴え出ようと決心したのだという。そうなると、彼女は敵陣をすり抜ける方法を考えなければならない。厳重に監視されている国境地帯を抜け、封鎖された宮殿内に、生きてひそかに侵入しなければならないのだ。後世では、クレオパトラは派手な見せ場を作る才能に定評があるかもしれないが、このはじめてにして最大の政治的な賭けにおける一番の問題は、いかに自分を隠すかだった。現代人から見ても、これは興味深い難題だ。彼女がこの賭けに成功し、自分の物語をはじめるためには、自分の家である宮殿に、ひそかに運び込まれねばならなかったのだ。

　クレオパトラは、間違いなくかなり熟考したことだろう。プルタルコスは「見とがめられずに宮殿に入る方法を考え、途方に暮れた[7]」と記している。そして彼女、あるいはその側近の誰か――彼女にも相談役はいたので――が、すばらしい作戦を思いついた。この作戦には予行演習が必要だったことだろう。そしてその実行には、非常に優秀な協力者が数人必要だったはずだ。そのうちの一人が、忠実なシチリア人の従者アポロドロスだった。クレオパトラが野営しているシナイ半島と、彼女が育ったアレクサンドリアの宮殿の間には、足場の悪い湿地帯が広がっていて、ダニや蚊もうようよいた。この沼沢地帯によって、エジプトは東の侵入者から守られていたのだ。湿った重い砂が、軍隊をまるごと飲み込んでしまうことから、この辺り一帯は「ずるいほど危険[8]」と言われていた。プトレマイオスの軍勢は沿岸地帯を支配していて、ポンペイウスの死体は、その沿岸地帯に作られた間に合わせの墓の中で腐りつつあった。こうなると、西へ向かう一番確実で単純な経路は、ペルシウムの泥沼を渡る道でも、地中海沿いを進む道でもない。海沿いを行けば、移動中に身を隠すことができないし、強い海流に逆らって進まねばならなくなる。南に回って、ナイル川をメンフィスまでさかのぼり、そこから地中海沿岸部まで船で下る方が合理的だ。この経路だと八日間はかかる。川を船で行くのには危険がないわけではなかった。行き交う船で混雑していたし、税関の役人たちが常に目を光らせている。一〇月半ばのナイル川は水が濁り、水上を強風が吹き、蚊の大群がいる。一方、プトレマイオスの助言者たちは、その頃カエサルの要求に驚き、動けずにいた。ローマの将軍の分際で、王を呼び出すとはどういうことだ？　低い身分の者が高い身分の者を訪ねるべきで、カエサルもそれをよく知っているはずではないか。

そしてかのアポロドロスは、小さな二本のオールがついた船を静かに操り、アレクサンドリアの東の波止場に入ると、日暮れ直後に宮殿の城壁の下につけた。岸に近づいたとき、辺りは暗く、古代世界の不思議の一つに数えられる一二〇メートルの立派な灯台に照らされたアレクサンドリアの低い岸辺が遠くに見えた。クレオパトラは、この強い光を放つ人造の柱があるファロス島から、八〇〇メートルほどの地点にいた。しかし、その光の中に彼女の姿は見えない。アポロドロスが船を波止場につける前から、彼女は麻か革製の大きな袋に潜り込んでいたのだ。この袋は彼女の身長に合わせて作られていた。アポロドロスはその袋を巻き上げると革ひもで留め、肩にかついだ。この記述は、後世の我々がクレオパトラの身体の大きさを推測するための唯一の手がかりだ。寄せては返す穏やかな波に打たれながら、彼は宮殿に潜入した。宮殿には複数の庭園と鮮やかな色に塗り分けられた屋敷と列柱が並ぶ歩道があった。この歩道は街の中から一・六キロ、あるいは街の四分の一ほどの長さを占めていた。アポロドロスは宮殿の中のことなら熟知していた。砂漠から船を進めてきた漕ぎ手はアポロドロス一人ではないだろうが、彼が女王の帰還作戦の首謀者だったのかもしれない。彼の肩にかつがれてクレオパトラは宮殿の門を抜け、まっすぐにカエサルがいる場所、つまり彼女自身が所有する部屋へと運ばれていった。これこそ歴史上もっとも異常な帰宅だ。名もない生まれから女王になった者ならたくさんいるが、普通ならパピルスを入れたり、ひと財産分の黄金をおさめたりするような丈夫な袋の中から世界の表舞台へと登場した女王は、クレオパトラしかいない。策略や変装はクレオパトラにとってお手のものだった。後に彼女は、危機に陥った別の女性と共謀し、棺桶の中から脱出させている。

クレオパトラが袋から出たのがカエサルの目の前だったのかどうか、現代の我々にはわからない。どちらにしても、彼女が「見事な」[9]姿（ある資料にはそう書いてある）や宝石や黄金をまとった姿（別の文書）で現われたとは思えないし、おそらく髪さえきちんと整っていなかっただろう。しかし、五世紀分の美術史や、英文学史上もっとも偉大な戯曲二篇分の男性の想像力に反して、彼女はきちんと服を着ていたと伝えられている。後に出てくるように、袖無しで丈の長い亜麻布のチュニックだ。アクセサリーは、エジプト女性の中で彼女一人が身につけることを許されているものだけで十分だった。ギリシア人支配者の象徴である、ダイアデムというはちまきのように頭に巻きつける幅広の白いリボンだ。ユリウス・カエサルの前に現われる際に、クレオパトラがこのダイアデムをしていなかったとは考えにくい。きっと額につけ、後ろで結んでいたことだろう。一方で、我々はクレオパトラが「どんな相手にも好感を持たれる方法を知っている[10]」ことについては、十分な証拠を持っている。彼女と言葉を交わした者はみな、すぐに魅了されてしまうのだという[11]。若い女王が自分の宮殿の豪華に彩られたホールに突然現われるという、カエサルでさえ見抜けないような大胆な作戦自体も、彼を魅了したはずだ。現代の我々から見れば、カエサルが受けた衝撃は個人的なものだけでなく、政治的なものでもあったようだ。二つの文明が突然、交錯した瞬間の衝撃だったのだ。

瞬発力にも直感力にも恵まれていたユリウス・カエサルは、簡単に驚く男ではなかった。彼はいつも予期せぬところに、その到来を伝える伝令に先んじて現われた（自分の軍勢よりも先にエジプト入りしてしまったのも、そういう登場の仕方をしたせいだった）。彼の成功の大部分が「素早さと予想外の動き[12]」のおかげだとしたら、その残りはめったに動揺せず、すべての可能性に備えている、冷静で緻密な戦略家であるおかげだろう。カエサルはそのせっかちさのおかげで生き延びてきた。「来た《ウェニ》、見た《ウェディ》、勝った《ウィキ》」は、まだ一年ほど先の言葉だが、これは効率への讃歌と言ってもいいのではないだろうか？　カエサルは人間の性質をしっかりと把握していたので、この年の夏、運命を決する戦いに際し、兵士たちに槍は投げずに、ポンペイウスの兵士たちの顔に向かって突き出すようにと命じた。敵兵たちの勇気よりも見栄の方が大きいだろうから、と彼は保証したのだ。その通りだった。ポンペイウス軍の兵士たちは顔を覆って逃げ出した。過去一〇年間、カエサルはもっとも越えがたい障害を乗り越え、もっとも驚異的な離れ業をやってのけてきた。その運命に逆らうようなものは一つもなく、いつも運命は自分を後押ししてくれると感じていた。彼はある種の楽観主義者で、完全に幸運だけですばらしい驚異を成し遂げていた。少なくとも巧みな戦略や大胆な判断においては、彼は同じ精神を持っていた。

　他の分野では、若いエジプト女王と、この「すでに盛りを過ぎ、愛には飽きた男」[13]（カエサルは五二歳だった）に共通点はあまりなかった。カエサルの恋愛における征服歴は有名で、その戦績と同様にバラエティに富んでいる。上品で角張った顔を持ち、黒い目は輝き、ほお骨が突き出ていたカエサルは――これらの描写に関しては、間接的で誇張された記述しかないが――街では「すべての女の男であり、すべての男の女である」[14]と噂されていたという。クレオパトラは弟と結婚して三年が経っていたが、この弟はどの記述でも「まだ少年にすぎない」[15]と書かれている。古代の標準から考えると一三歳までに思春期を迎えていたとは考えがたく、さらに、彼はいつも彼女を殺そうとしていた。後世の批評家たちは、クレオパトラを「プトレマイオスのみだらな娘」とか「並ぶ者がいないほどの妖婦」や「不誠実な売女」であり、彼女の「不身持ちがローマにひどい犠牲を払わせた」と書いている。[16]そうした評価とは非常に矛盾しているが、紀元前四八年一〇月、カエサルの目の前に現われたこの「売女女王」は、性的にはまったくの未経験だった可能性が高い。

詳しく分析すれば、彼女の心を一番に占めていたのは、誘惑よりも生き残ることだった。その二つを分けることができればだが。弟の摂政たちが十分に示してくれたように、ご褒美はカエサルのお気に入りになれることだった。それには、クレオパトラがポンペイウスではなく、カエサルと手を結ぶことが不可欠だった。王家の恩人であり、クレオパトラが軍事行動を支援し、いまや首なし死体となって地中海の浜辺で腐敗しつつあるポンペイウスではなく。ただし、現在の状況では、カエサルが彼女のことを好意的に取りはからってくれると考えられる理由は一つもない。カエサルの目から見れば、意のままに動かせる軍勢を従え、アレクサンドリア市民の信頼も得ている若き王の方が、手を組むべき相手に見える。しかし、プトレマイオスの手は、まだポンペイウスの血で濡れていた。カエサルは同国人を殺した王と同盟を組んだ場合と、追放されて無力になっている女王と組むのと、ローマの国内情勢を考えに入れると、どちらがマイナス点が大きいかを、天秤にかけて考えたかもしれない。彼はずっと前から「すべての人間は友人のために協力するより、敵に相対する方が熱心に動く」[17]ことをつかんでいた。少なくとも当初は、クレオパトラの命は彼女自身の魅力よりも、むしろカエサルがプトレマイオスを非難し、その摂政たちを好ましく思わなかったこと――彼らはどう見ても金銭的な事柄をスムーズに取り決められそうな相手ではなかったので――にかかっていた。彼女は幸運でもあった。ある記録者が指摘しているように[18]、相手がプトレマイオス以外の男だったら、ポンペイウスと彼女の命を引き換えにしたかもしれない。カエサル側も同じように彼女の首をはねたかもしれないのだ。

ローマの将軍は概して穏やかな性格の者が多い。カエサルは一万人を殺すことができたのと同時に、寛大さを見せることでも有名だった。もっとも激しく敵対する相手にさえ慈悲を見せることがあったし、同じ相手を二度赦すこともあった。ある司令官はこう書いている。「彼にとって嘆願者を赦すことほど大切なことはなかった[19]」王家の血を引く、勇敢で、弁の立つ嘆願者は、まさに一番に赦されるべき人物だった。カエサルにはもう一つ、この嘆願者に目をかける理由があった。彼も若い頃、逃亡者だったことがあるのだ。このときの彼も大きな政治的失策を犯した。クレオパトラを迎えいれるという判断は、このときは筋が通ったものだったかもしれないが、カエサルのキャリアを最大の危険にさらすことになった。カエサルに会ったときのクレオパトラは、身の安全を確保するのに必死だった。秋になる頃には二人とも必死になっていた。それから数カ月の間、カエサルは見知らぬ街で包囲され、数では圧倒的に負ける中、彼にはじめてとなるゲリラ戦を味わわせようと執拗に仕掛けてくる狡猾な敵に襲われることになった。二人が固い同盟を結んだのは、プトレマイオスとアレクサンドリア市民が、この大胆で古兵《ふるつわもの》の将軍と、若く頭の回転が速い女王を、六カ月もの間、急ごしらえのバリケードの奥に閉じ込めて、神経が壊れそうな思いをさせたせいもたしかにあった。そしてこの半年の間、二人があまりに近くにいたせいで、一一月のはじめに、クレオパトラは自身の妊娠を知ることになる。

プトレマイオス家

よく知られているように、莫大な財産の陰には犯罪がある。プトレマイオス家には、途方もない富があった。プトレマイオス家はエジプトのファラオの血を継いでいない。そのファラオたちが取るに足らない貧しい土地だと思っていたマケドニアの出身だ（荒々しい土地からは荒々しい人物が生まれるとヘロドトスが警告していたのに）。マケドニアは、アレクサンドロス大王の出身地でもある。アレクサンドロスの死から数カ月のうちに、アレクサンドロスの部下の中でもっとも進取の気性を持つ将軍、正式な毒味役であり、子ども時代の影武者で、遠い縁続きだという記述もあるプトレマイオスが、エジプトの所有権を主張した。プトレマイオスは一族に受け継がれることになる演出の才を早々に示し、アレクサンドロス大王の遺体を強奪する。(20)遺体はマケドニアに向かって輸送されてゆくところだった。若きプトレマイオスは、葬列がエジプト国内にいるうちに奪取した方が、はるかに使い道があると考えたのだ。偉大なる大王がわずか数十年前に築いた都市アレクサンドリアで葬列を止めると、プトレマイオスはそこから行き先を変え、黄金の棺、遺物、護符、保険証券を、けっきょくこの街の真ん中に展示した（クレオパトラの子ども時代には棺が雪花石膏《アラバスター》かガラスで作られていた。大王が死後に必要とするだろう資金が革ひもでくくりつけてあったが、クレオパトラの大おじが軍隊と交換してしまった。彼はその報いで命を落とした）。

プトレマイオス王朝の正統性は、古代世界でもっとも多く語られた人物との、頼りないつながりだけが根拠だ。ポンペイウスは、大望を抱く者がみな自分をなぞらえるアレクサンドロス大王の衣にくるまったのだ。カエサルはアレクサンドロス大王の偉業を思い、自分の不適格さに涙を流したと伝えられている。アレクサンドロス熱はどこでも共通だ。ローマ人と同様に、プトレマイオス王朝の人々の想像の中でも、大王は重要な役割を果たしていた。エジプトの家の多くには大王の彫像が飾られていた。(21) 彼のロマンはとても強烈で、紀元前一世紀には歴史にどんな尾ひれもつけられたので、アレクサンドロス大王がエジプトの魔法使いの子孫であるというバージョンまである。すぐに彼はプトレマイオス王家と血のつながりがあると言われるようになった。自意識の強い成り上がり者の御多分に漏れず、プトレマイオス家の人々には歴史を改変する才能があった。* 彼らはマケドニア出身という出自を捨てることなく、王朝の創設者が正統性の根拠になるような過去を金で買った。ちょうど現代人が通信販売で紋章を買うようなものだ。本当のところは、プトレマイオスはマケドニアの貴族の出だ。これは激しいドラマと同義語だ。だから、エジプトにいる者は誰一人として、クレオパトラをエジプト人だとは考えていなかった。アレクサンドロス大王を生んだことで世界に最大の貢献をした、紀元前四世紀のオリュンピュアスを含む、恨みがましくておせっかいで、狡猾でときにねじがはずれている、マケドニアの女王たちの子孫であると彼女は名乗った。彼女らはみなとても残酷だった。

エジプトの外で、プトレマイオスがアレクサンドロス大王の物語に固執したとしたら、国内での正統性はファラオとのつながりを捏造することで導かれたことだろう。そうすることで兄弟姉妹間の結婚がエジプトの習慣であるとして正当化される。マケドニアの貴族には、自分のきょうだいを殺した前例は豊富にあっても、結婚した例はなかった。ギリシアには「近親相姦」という言葉さえなかった。プトレマイオス家は極端なまでに近親婚を繰り返した。一族の一五組ほどの結婚のうち、一〇組は完全な兄弟姉妹の組み合わせだった。姪《めい》やいとこと結婚している者も二人いた。これほどまでに近親婚を繰り返したのは、ことを複雑にしないためだったのかもしれない。王位継承権を持つ者が減るし、面倒くさい義理の家族も増えないからだ。見知らぬ地で自分たちにふさわしい配偶者を探す手間も省ける。それに、一族のカルト的なつながりを強化し、プトレマイオス家の特別で高貴な地位も固められる。これもまたでっちあげだが、近親婚は神の印だと主張できることもメリットになったのだとしたら、さらに受け入れられやすくなっただろう。エジプトの神々とギリシアの神々はどちらも兄弟姉妹と結婚している。ゼウスとヘラがもっとも模範的な夫婦だとは必ずしも言えないが。

近親婚が原因の身体的な欠損こそ起こらなかったが、家系図は不格好な灌木《かんぼく》のような形になった。クレオパトラの両親はおそらくきょうだいなのだが、そうだとすると、彼女には祖父母が一組しかいないことになる。そしてその祖父母も、おじと姪の間柄だったりする。そしておじと結婚したクレオパトラの祖母にとっては、父親が義理の兄弟でもあるのだ。血族結婚は一族の絆を強くするために行われるが、それとは矛盾する作用も表われる。プトレマイオス家にとって、王位継承権は永遠の問題

＊これは彼らだけではない。ある文書では、アレクサンドロス大王はさる有名な神託所で、自分の血統について質問した。彼にはいくつか心配な点があった。あなたは母親が蛇と交わってできた子どもですと言われたら、どうしたらいいのだろうか。彼は賢明にもお付きの者たちを神殿の外に待たせておき、神託所には先に賄賂を渡しておいた。その結果、彼はゼウスの息子であると、神託によって保証された[22]。

になり、彼らは毒や刃物を使ってさらに事態を悪化させた。一族の中での結婚は富と権力をたしかなものにするが、兄弟間の競争に新たな意味を与えてしまう。特に、いつもその称号にいかにも善人らしき墓碑銘を書き足してきた親類たちにとっては、それが顕著だった（公式な称号の話をすると、クレオパトラと彼女がこのとき命がけで逃げていた弟は〝Theoi Neoi Philadelphoi（テオイ・ネオイ・フィラデルフォイ）〟、つまり〝きょうだいを愛する新たな神〟という称号を持っていた）。一家の中では、親類を一人二人片付けたことがない者の方が珍しいし、クレオパトラ七世もその例外ではない。プトレマイオス一世は異母姉妹と結婚したが、その妻が息子たちと共謀して反乱を起こしたので、彼は息子のうち二人を殺した。生存中に女神とあがめられたはじめての女性だったこの妻は、プトレマイオス家の歴史の黄金期を取り仕切っていた。彼女も兄弟姉妹間の結婚の思わぬ産物だった。近親婚はよくも悪くも、プトレマイオス家の王女たちに付加価値をつけた。クレオパトラの先祖の女性たちはどんな点でも夫や兄弟たちと対等であり、自分の価値をよく知っていたので、どんどん自分の権利を主張するようになっていった。プトレマイオス家の名前の付け方は、後世の歴史家たちに優しくない。王家の女性たちの名は、アルシノエかベレニケかクレオパトラばかりなのだ。彼女たちを見分けるには、名前よりその陰惨な悪行の方がわかりやすい。しかし長い目で見ると、そちらも変わらずに受け継がれていることがわかる。たくさんのクレオパトラやベレニケやアルシノエが夫を毒殺し、兄弟を惨殺し、母親に関する文書を法律によって破棄させ、そして後にこうした親類を記念して立派な記念碑を建てている。

プトレマイオス家の人々は何代にもわたって、乱暴なマケドニア人の目から見ても「略奪や殺人のやり放題[23]」としか言いようのない行状を繰り広げてきた。この一族の中で目立つのは難しいが、エジプト王国の最盛期の王プトレマイオス四世はそれをやってのけた。紀元前三世紀の後半、彼はおじと兄と母親を殺した。妻は子どもを産んですぐに廷臣が殺したので、妻殺しだけはしていない。母親たちは息子たちと戦うために軍勢を送った。姉妹は兄弟に戦争を仕掛けた。クレオパトラの曾祖母のはじめての内戦の相手は両親であり、二度目の相手は自分の子どもたちだった。一番被害を被ったのは記念碑に碑文を刻む係だろう。即位とほぼ同時に暗殺された場合などにも対応せねばならないし、面倒な日付の問題もある。新たな体制が始まるたびに暦が変わり、だいたいそれと同時に支配者の称号も変わる。王家の者たちが勝手に争い、勝手に決着するたびに、ヒエログリフを刻むたくさんの手が止まる。さらに前の時代には、ベレニケ二世の母親がベレニケの外国生まれの夫と関係を持った。二股をかけたこの夫を、ベレニケは殺させた（彼女も最後には殺されることになるのだが）。クレオパトラの大 - 大おばである、紀元前二世紀の女王クレオパトラ三世も、プトレマイオス家の女性たちの中で同じぐらい目立つ存在だ。彼女はプトレマイオス八世の妻であり姪だった。思春期の頃に彼女は、当時母親の夫だったプトレマイオス八世にレイプされた。二人は争った。プトレマイオスは彼女との間にできた一四歳の息子を殺して死体を切り刻むと、切り落とした手足を入れた箱を彼女の誕生日の前夜に宮殿の門まで運ばせた。彼女はそのばらばら死体を、公衆に見えるように広げておくという仕返しをした。一番の驚きはこのあとに起こる。ちょうど一〇年後に、この二人が和解したのだ。プトレマイオス八世は、八年にわたって争いつづけた母娘二人の女王と共同統治をした。*

そのうちに、虐殺を繰り返すのは彼らに定められた運命のようになってくる。クレオパトラのおじは妻を殺し、それによって義母（と異母姉妹）を排除した。不幸なことに彼は、共同統治者二人のうち、自分の方が人気がないということを知らなかった。彼は即位からわずか一八日後に、暴徒によるリンチで殺された。これによって紀元前八〇年、二世紀にもおよぶ暴走の結果、プトレマイオス家の

＊血族結婚だらけの家系を整理すると、プトレマイオス一三世はクレオパトラにとって、三重に曾祖父にあたり、二重に曾曾祖父にあたる。

正統な血筋が絶えてしまった。特にローマが台頭しはじめたこの時代は、速やかに後継者を見つける必要があった。クレオパトラの父、プトレマイオス一二世が、二三年前に身の安全を図るために避難したシリアから呼び戻された。王になるための教育を受けていたかどうかは不明だが、他に候補がいなかったことはたしかだ。彼は神聖さとアレクサンドロス大王とのつながりを強めるために「新しいディオニュソス」という称号を名乗る。でっちあげの狂気じみた家系図であっても、その正統性を重視していたアレクサンドリア市民は、クレオパトラの父である彼のことは、二つの名前のどちらかでしか呼ばなかった。それは「庶子」、あるいは〝笛吹き〟という意味の「アウレテス」(24)というあだ名だった。彼がオーボエのような笛を好み、よく吹いていたからだ。彼は政治よりも笛を吹く方を好んだようだが、残念なことに、彼の音楽的な好みは二流の娼婦と同じだった。彼は音楽競技会を非常に愛したが、一家の血塗られた歴史を途切れさせはしなかった。ただし、彼には選択肢がほとんどなかったとは言えるかもしれない(彼は母親を殺す必要はなかった。彼女は王家の血を引いていなかったからだ。おそらくマケドニア人の廷臣だった)。どちらにしても、アウレテスは親類の邪魔をするよりも大きな問題を抱えていた。

これが、包囲されたアレクサンドリア宮殿の中に、ユリウス・カエサルと共に立てこもった若い女性の一族の歴史だった。彼女は、エジプト人ではなかったし、歴史的に言えば、ファラオでもなければ、アレクサンドロス大王とのつながりも疑わしく、プトレマイオス王家の血という意味でも完全に正統な後継者ではなかった。それでも、マケドニアの貴族であることは間違いなかった。彼女の名前は、その遺産と同じように、たしかに誇り高きマケドニアのものだった。「クレオパトラ」は、「祖国の栄光」という意味のギリシア語だ。* 彼女は後世に呼ばれているクレオパトラ七世という名前でさえなかった。プトレマイオス家の歴史がずたずたになっていることを考えると、誰かがどこかで数え間違えたとしてもおかしくはない。

プトレマイオス家の歴史は奇妙でおそろしいものだが、二つのことは一貫していた。ベレニケやアルシノエたちの悪行が、夫や兄弟たちと肩を並べるほどひどかった原因の大部分は、彼女らが大きな権力を握っていたからだ（伝統的に彼女たちは夫や兄弟よりは優先権がなかった）。クレオパトラはこの伝統を無視した）。クレオパトラには有力な母親はいなかったが、神殿を建て、艦隊を編制し、軍事作戦を実行し、配偶者と共同でエジプトを統治した女性という前例は、先祖の中にたくさんいた。間違いなく歴史上の女王の中で、強大な力を持つ女性のお手本に、もっとも恵まれていたと言えるだろう。これは一般的に言われているように、家系の中で全般的に男性たちが疲弊していたからなのかどうかはわからない。疲弊の理由は女性たちにもすべてあてはまるからだ。しかし、クレオパトラのすぐ前の数世代において、視野の広さでも野望においても知性においても、傑出していたのは女性たちばかりだった。

さらに、クレオパトラが生まれた時代のエジプトは、女性の役割に関して特殊な考え方を持つ国だった。彼女が生まれるずっと以前、プトレマイオス家の人々がやってくる何世紀も前から、エジプト女性たちは、自分の結婚を決める権利を持っていた。時とともに女性たちの自由は拡大し、古代世界では類を見ないレベルに達していた。男性と同等に遺産を相続し、自分の財産も所有していた。既婚の女性は夫の命令に従う義務はなかった。女性は離婚の権利も謳歌していたし、離婚後の援助もあった。離婚後、持参金が返されるまで家にとどまっている権利もあった。[25] 自分の財産は結婚後も自分のものであり、浪費家の夫に無駄遣いされることはなかった。夫が妻子の利益に反する行動をとった場合、法律は妻子の味方だった。ローマ人は、エジプトでは女児が遺棄されて死ぬことがないのに驚い

＊アレクサンドロス大王の家系には二人のクレオパトラがいる。アレクサンドロスの父親の最後の妻と、アレクサンドロスの二歳年下の妹だ。二人とも親族に殺された。

た。ローマでは、女児は一人目以外は育てる義務がなかった。エジプトでは近隣の国々よりも女性の結婚が遅く、クレオパトラの年齢ではまだ半分ほどしか結婚していなかった。独身女性たちは金を借り[26]、平底の荷船を操っていたし、エジプトの神々の神殿で聖職者をつとめてもいた。訴訟を起こすことも、笛の奏者を雇うこともあった。既婚の女性や未亡人や離婚した女性たちも、ぶどう園、ワイナリー、パピルスが生える沼、船、香水事業、製粉の機器、奴隷、家屋敷、ラクダなどを所有していた。プトレマイオス朝のエジプトでは、国家の三分の一を女性が所有していたようだ。

　さらに、エジプトでは自然の法則に逆らうような現象が起きることも、外国人を驚かせた。しかし彼らは、命を生み出す堂々たるナイル川が南から北へと逆流し、南に上エジプトを、北に下エジプトを作り出したこの国とのつきあい方を、よく心得てもいた。ナイル川は、さらに自然の法則に逆らい、夏に増水し、冬には水が引く。だからエジプト人たちは四月に収穫し、一一月に種を蒔く。種の蒔き方さえ逆さまだった。エジプト人は最初に種を蒔き、それから、その種をやわらかい土で覆うために耕す。足でパンをこね、右から左に文字を書く逆さまの王国では、それはとても理にかなったことだった。エジプトでは、男性が家で機《はた》を織っている間、女性たちが市場で投機をしていると、ヘロドトスが推測したのも不思議ではない。ヘロドトスのこの記述を、クレオパトラもよく知っていたはずだ。彼女が、豊かなユーモアのセンスの持ち主だったことを証言する記述がたくさんある。クレオパトラは機知に富み、悪ふざけが好きだった。もっとも、エジプトでは「女が立って小便をし、男は座ってする」[27]というヘロドトスのさらなる想像を、クレオパトラがどう考えたかはわからない。

　ヘロドトスは、別の記述ではまったくもって正しい。「これほど多くの不思議を持つ国も、これほど説明通りでない現象が多い国も他にはない」[27]と彼は驚嘆している。プトレマイオス王朝よりはるか昔から、エジプトは世界を魅了してきた。古い文明や数多くの自然の驚異、当惑を覚えるほど巨大な建造物を誇り、世界の七不思議のうちの二つを有する国なのだ（クレオパトラの時代は、現代よりも驚異を感じやすかっただろうが、ピラミッドそのものも、今より約九メートル高かった)。プトレマイオス王家は血なまぐさい争いの合間に、アレクサンドロス大王の計画を利用し、ナイル川のデルタ地帯に奇跡のような都市アレクサンドリアを作り上げた。建築の大半は、プトレマイオス朝が自らの悪行によってよろめきはじめる紀元前二世紀より、ずいぶん前に行われた。アレクサンドリアはあかぬけない人々が築いたにもかかわらず、都会的で洗練された都市だった。きらきら光る大理石で贅沢に覆われ、灯台がはるか高くにそびえ立つ街は、遠くから見てもきらめいていた。このすばらしい高層建造物は、ランプやモザイクやタイルに模様として描かれた。アレクサンドリアの建築物には、寄せ集めの精神と狂気じみた勢いででっちあげた文化が表われている。この地中海最大の港では、イオニア式の列柱の上にパピルスの葉がそよいでいた。ギリシア神殿に続く道には巨大なスフィンクスとハヤブサの像が並ぶ。ドーリア式の墓はローマ風の衣装をつけ、ナイルワニの姿をした神の像で装飾されている。「世界一の立地条件の場所に建設された」[28]アレクサンドリアは、名高い富と幻想的な生き物たちとローマ人が大好きな謎を秘めた大地エジプトを守る、門番の役を果たしていた。ユリウス・カエサルは、エジプトにやってくる前にすでに広く旅をしていた。しかしそんな彼に、旅行者の袋の中から登場した頭の回転が速い若い女性は、これまでにないほどの驚きを与えた。

帝王教育

クレオパトラは紀元前六九年、三人姉妹の真ん中の娘として生まれた。その後、二人の弟が生まれたが、彼女はこの二人と相次いで短い結婚をする。プトレマイオス王家の人々にとって、生まれてくるのに特に安全な時代などないが、紀元前一世紀は最悪だったかもしれない。なにしろ五人きょうだい全員が変死している。その中でクレオパトラはただ一人、死を迎える状況を自分で指図している点で、兄弟姉妹とは違う。これはローマ人にとっては重みのある、非常に大きな違いだった。カエサルが到着したときまで生き延びていたという事実が、なによりも彼女の性格を物語っている。彼女は一年近くにわたってこの計画をあたため、数カ月の間は精力的に、さらに夏の終わりの数週間は、夜も寝ないで活動していたようだ。きょうだいたちより何十年も長生きした事実も、同様に重要だ。弟たちは二人とも、成人するまで生き延びることができなかった。

クレオパトラの母親については[30]、その姿についても言葉についても、まったく何も伝わっていない。母親はクレオパトラがまだ幼いうちに人前から姿を消し、クレオパトラが一二歳のときに亡くなった。クレオパトラ自身も、母についてそれ以上のことを知っていたかどうかわからない。母親はプトレマイオス家の女性としては珍しく、一族のメロドラマからは一歩身を引いていた*。このクレオパトラ五世トリュファイナは、兄弟か異母兄弟であるアウレテスより二〇歳以上年下で、二人はアウレテスが王に即位した直後に結婚している。アウレテスのおばが、彼の王位継承権に異議を唱えていた[29]。このおばは、そのためにローマまで赴いて訴訟を起こしているが、一族の人々が並外れた行動力を持っていることを思えば、たいしたことではない。しかし、このことがクレオパトラの政治的な本能に影響を与えた可能性は高い。多くの人々の目には、アウレテスは政治よりも芸術にばかり興味を持っているように映った。アウレテスは二二年にわたって国を治め、その間中断したことは一度しかなかったのに、人々は彼のことを、エジプトが崩壊していくのに笛を吹いていたファラオとしてしか記憶していない。

カエサルの若い頃の記録はほとんど残っていないが、クレオパトラはその上をいき、まったく残っていない。もし、彼女が子ども時代を過ごした家が、その後水深六メートルの海中に沈んでいなかったとしても、アレクサンドリアの気候がもっと古代のパピルスに優しかったとしても、彼女について、さらに多くのことがわかっていたとは思えない。古代世界では、運命や生まれが性格形成に影響をおよぼすと考えられていたので、子ども時代のことはあまり重要視されなかった。古代史の登場人物は、最初から完全に成長した姿で現われることが多い。クレオパトラは、アレクサンドリアの宮殿で生まれたと考えてもはずれてはいないだろう。乳母が彼女の面倒を見て、最初の食事は住み込みの従者が、嚙み砕いてから、よだれでべとべとの彼女の口に入れたのだろうし、子どもの間ずっと、毒味を経ていない物はその口に入ったことがないだろうという想像も、はずれてはいないはずだ。そして、「義兄弟」と呼ばれ、王家の側近になることが決まっている、貴族の血を引いた子どもたちばかりの中で遊んでいたことも間違いないだろう。列柱が並ぶ歩道を走り回るときも、噴水や魚のいる池の横を過ぎるときも、緑豊かな木立や動物園――プトレマイオス王朝の初期にはキリンやサイやクマ[31]や一三メートル半もあるニシキヘビが飼われていた――を歩くときも、彼女はいつも従者たちに囲まれていたはずだ。彼女は小さな頃から、政治家や大使や学者といても緊張せず、紫のローブを着た廷吏に囲まれていてもリラックスしていられたことだろう。素焼きの人形や人形の家やお茶道具のセットやミニチュア家具、さいころや揺り木馬や動物の指の骨で遊び、ペットのネズミとも遊んだ。しかし、彼女が人形とどんな遊びをしたのか、クレオパトラもインディラ・ガンジーのように、人形に暴動や戦争ごっこをさせたのかどうかはわからない。

　クレオパトラとその姉は、どちらも王になるための教育を受けていた。プトレマイオス家では、すべての可能性に備えておくのだ。クレオパトラは定期的にナイル川をさかのぼって、メンフィスにある港に面した王家の宮殿に赴き、エジプトの伝統的な祝祭行事に参加していた。こうした祝祭は注意深く演出され、王家の人々や摂政や将校団などの豪華なメンバーが行列を成した。アレクサンドリア

＊彼女がクレオパトラの母親であるかどうかもはっきりしていない。クレオパトラが正当な嫡子でないとしたら、彼女を非難する者たちが、それを見逃したはずはないのだが。

から三二〇キロ上流にあるメンフィスは、聖なる街であり、神官たちに支配されていた。死こそ、この街の一番の産業だと言われていた[32]。街の中心部の地下には広大な動物のカタコンベが広がっており、磁石のように巡礼者たちを引き寄せていた。彼らは参拝をし、土産物の露店でタカやワニなどのミイラのミニチュアをたっぷりと買い込んでいく。持ち帰ったこのミイラを、自宅で崇拝の対象にするのだ。こういう祝祭のときに、クレオパトラは儀式用の衣装を身につけていたかもしれない。伝統的なファラオの羽根飾りと日輪と牛の角がついた、エジプト風の王冠はまだ身につけていなかったはずだが。そして彼女は早い頃から、ギリシア世界で望みうる限り最高の教育を受けていたことだろう。彼女の教師としては、もっとも才能ある学者たちがいて、学ぶ場所としては、間違いなく史上最大の学問の中心地があった。そう、文字通り彼女の家の裏庭に、アレクサンドリア図書館と付属の博物館が建っていたのだ。もっとも名声のある学者が彼女の教師であり、もっとも名声のある科学者が、彼女付きの医師だった[33]。処方箋《しょほうせん》も賞賛の演説も機械じかけのおもちゃも地図も、みな遠くまで行かなくても手に入った。

クレオパトラは、小アジア北東部で育った父親を、はるかに上回るレベルの教育を受けていたかもしれない。しかし、どんな点から見てもそれは、古典的なギリシア式の教育、つまりアレクサンドリアで学んだ家庭教師がついていたカエサルと同じ教育だったことだろう。ギリシア教育は文学に非常に優れていた。ギリシア世界では文字は非常に重要であり、数字と音符と同じ役割も果たしていた。クレオパトラはまず、ギリシア語のアルファベットの歌で読み方を習ったはずだ。それから、教師が細い木製の板に刻んだ文字をたどって練習する。優秀な生徒はその後、連続した文字を横書きに書く練習をし、その次に縦書きに、次には逆向きに、最後には最初と終わりからアルファベットをペアにしてたどり、大文字と筆記体で練習する。それから文字を卒業し、音節に進み、難解で発音できないような言葉を学ぶ。風変わりな言葉であればあるほどよかった。その後に習う意味不明のたわごとのような詩も、やはり難解だった。これを解読できれば何でも読めるようになるからという理屈だ。それに続くのは格言と韻文で、神話や伝説をテキストに用いた。生徒はイソップ物語を自国語に翻訳することを求められる。最初はシンプルな文体で、次にはもったいぶった言い回しで。その後はさらに複雑なものの模倣を続けさせられる。彼女は〝死ぬ直前のアキレウスのように〟書きなさいという注文に応じたり、エウリピデスの筋立てを語り直して書いたりしたことだろう。課題は簡単ではなかったし、簡単にできるように考えられてもいなかった。学習は真剣なことであり、果てしない数の制限に縛られながら、際限ない反復練習を、長時間がんばって続けねばならなかった。週末などというものはない。祝祭の日以外は、毎日勉強しなければならなかった。アレクサンドリアには定期的に祝祭という慈悲が訪れる。アポロンのために月に二度、すべてが中止されるのだ。規律は厳しかった。「若者の耳は背中についている。打たれるときに耳に入るのだ[34]」という言葉が書かれた初期のパピルスが発見されている。劇作家メナンドロスは、その格言に因果関係を加えてアレンジした。「打たれなければ学べない[34]」何世代にもおよんで生徒たちは、この言葉を木製の板の真ん中にある赤い蠟の部分に、象牙の尖筆で律儀に刻んだ。

　クレオパトラは文章に進む前、まだ読むことを習わぬうちから、ホメロスに夢中になっていた。「ホメロスは人間ではなく神だ」という例文が習字の入門篇のレッスンに登場するし、『イリアス』の第一章も登場する。『イリアス』ほど、クレオパトラの世界に浸透していた物語は他にない。歴史に魅了され、その栄光の大きさを確かめている時代だった当時、ホメロスの作品は、まさにバイブルだった。ホメロスは「文学界の王子《プリンス》[35]」と呼ばれ、彼が残した一万五六九三行には、倫理的、政治的、歴史的、宗教的事情、偉大なる功績と統治のための原則、そして知的な図解と道徳的指針がある。教養のある男性はホメロスの詩句を引用し、言い換え、暗示するものだった。ホメロスに近い時代のクレオパトラのような生まれの子どもが「ホメロスを学ぶ中で育てられ、彼の詩句をおくるみにしていた」(36)と言っても、言い過ぎではないだろう。アレクサンドロス大王は、常に枕の下にホメロスの本を置いて寝ていたと言われている。教養あるギリシア人はみな『イリアス』や『オデュッセイア』を暗唱できたものだが、クレオパトラもできた。クレオパトラの時代のエジプトでは『イリアス』の方が人気が高かった。波乱の時代に読むと、より真に迫って感じられたからだろう。しかし彼女は二一歳で実際に体験することになる、戦いたくなるときもあれば、とにかく家に帰らねばならないときもあるという教訓を、『オデュッセイア』という文学を通して幼い頃に知っていたかもしれない。

教科の最初の段階は神々や英雄や川などの単語のリストから始まる。さらに高度な課題が続く。セイレーンたちが歌っていた歌はなに？　ペネロペイアは貞節を守りとおしたのか？　ヘクトルの母親は誰か？　もつれあった神々の家系図も、プトレマイオス家の王女には、さほど難しくなかったのかもしれない。プトレマイオス家の歴史の前には神々の物語も色あせて見えるし、途切れ途切れにしか事件が起こっていないかのように見えるだろう。クレオパトラは神々と人間の境目を流動的に感じていたことだろう（教室でも断然一番人気の英雄、アレクサンドロス大王についての勉強についても、教室で習ったことが、彼女の個人的な歴史と混ざってくる。クレオパトラは、大王の物語ならすっかり熟知していたことだろう。プトレマイオス家の先祖の功績についてなら、なんでも知っていたはずだから）。初歩の質問は紋切り型で、記憶力を高めるものだった。暗記が非常に重視された。どの神がどの人物を応援している？　オデュッセウスはどんなルートを通った？　クレオパトラの頭には、こうした知識が詰まっていたはずだ。彼女の時代には、こういうことを知っていると博識だといわれた。それに、こうしたことに触れずに育つ方が難しかった。王家の側近である哲学者や修辞学者や数学者が彼女の師、かつ使用人であり、知的な会話を楽しむ相手であり、信頼できる助言者だったのだから。

ホメロスで価値観が形成されると、続いて数多くの様々な文学を学ぶ。メナンドロスの喜劇は身近で、生徒たちのお気に入りだったはずだ。しかしメナンドロスは同じ理由で、その後すぐに読まれなくなっていったことだろう。クレオパトラはイソップの寓話を知っていたし、ヘロドトスやトゥキュディデスも知っていた。彼女は散文よりも韻文を読んだ。我々が、旧約聖書の伝道の書やマカベア第一書と呼ぶものも、彼女は読んだかもしれない。劇作家の中ではエウリピデスが人気を確立していた。逸脱した女たちがストーリーを動かす頭脳となる彼の作品は、なんとなく当時の世の中に合っていた。クレオパトラもたくさんの場面を暗記していたのかもしれない。アイスキュロスとソポクレス、ヘシオドス、ピンダロス、サッフォーはみな、クレオパトラやその周辺の育ちの良いお嬢様たちにはなじみがあったことだろう。彼女もカエサルと同じぐらい、ギリシアのものにしか関心を持っていなかったのかもしれない。クレオパトラはおそらく自国エジプトの歴史さえ、ギリシア語の三巻物のテキストで学んでいただろう。文学に続いて、算術、幾何学、音楽、占星術、天文学（音楽と天文学はあまり区別されていなかった）の授業が行われる。そのため、クレオパトラは星と星座の違いを知っていただろうし、竪琴を爪弾くこともたぶんできただろう。しかし、こうした学問はすべて、文学に従属するものとしてしか扱われなかった。だからエウクレイデス（ユークリッド）でさえ、幾何学にどんな使い道があるかと生徒に訊かれたときには答えられなかった。

クレオパトラは、こうしたテキストを一人で勉強したわけではない。朗読するか、教師や使用人に読み上げてもらっていた。黙読は、一人のときだけでなく、公共の場でもまだ一般的ではなかった（二〇枚分の長さがあるパピルスの巻物は、扱いにくいし破れやすかった。読書は両手を使わねばできなかった。右手で巻物のバランスを取り、左手で読み終わった部分を巻き取るのだ）。彼女がはじめて書いた文章を読み解くのは文法学者かその従者たちだったが、なにせ空白もなく、句読点を入れたり、段落に分けたりすることもなく書かれているからいらいらする仕事だったことだろう。当然、文章を初見で読むことは難しいとされていた。そして、朗読に、気持ちをこめたり、表現力をつけ、発音に注意を払い、効果的なジェスチャーを添えられれば、さらにすばらしいとされていた。クレオパトラは一三歳か一四歳で修辞学か演説の勉強へと進み、同時に、もっとも偉大でもっとも大きな力を持つ学問――これはポンペイウスの到着時に弟の教師たちが実証した――哲学も学びはじめていた。テオドトスはクレオパトラの教師をつとめたことがあったかもしれない。彼女にはもっと献身的な教師がいたかもしれないが、その教師は宦官であった可能性がとても高い。

修辞学の師は本当にすばらしい成果をあげた。クレオパトラの時代には演説が花盛りであり、女の子にとってはそうでもなかったかもしれないが、筋道の通った議論や、説得や論破という高度な技術は高く評価されていた。演説の練習は、体系だった言葉遣いと様々なジェスチャーを駆使し、詩の法則と議会の議事進行の規則の両方を学ぶような形で行われた。自分の考えを正確に整理し、それを芸術的に表現し、そして優雅に伝えることも学ばなければならなかった。その際、おそらく内容は二の次だった。キケロはこう述べている。「理性は人間の誇りであり、理性のたいまつは雄弁さだ」[37]クレオパトラもぐっと顔を上げ、目を輝かせ、声を注意深く調整して、賞賛や非難や比喩を盛り込んで演説する方法をマスターしたことだろう。簡潔かつ力強い言葉で語り、豊かな逸話や隠喩を駆使し、異論の多い問題を論じる方法も身につけたことだろう。キューピッドはなぜ、翼が生えた男の子が矢を持っている姿で描かれるのか？　田舎と都会、どちらの暮らしがよいか？　神意は世界を支配しているのか？　もし自分が王女メディアだったら、子どもを虐殺する直前になんと言うか？　どこでも同じ議題が論じられていたが、出る答えはそのときによって違っていた。たとえば「母親が父親を殺したら、自分がその母親を殺しても正義に反しないか？」のような、クレオパトラの家庭では他とは違う答えが出そうな議題もあった。このディベートの練習は定型の問題ばかりのはずだったが、過去の出来事も扱うようになる。すぐに生徒たちは、「死者は嚙みつかない」という造語を作った人物テオドトスを罰するべきだったかどうか、というような話題を議論しだした。プトレマイオスによるポンペイウスの殺害は、本当にカエサルにとってありがたかったのか[38]？　名誉の問題はどうなる？　カエサルはポンペイウスの仇を討つためにプトレマイオスの摂政を殺すべきだったのか？　そうすると、ポンペイウスは死ぬべきではなかったと示すことになるのか？*　こういう情勢のときに、エジプトと戦争するのは賢明か否か？

こうした議論は、決まった仕草を正確に入れながら行わなければならなかった。クレオパトラは、どのタイミングで息継ぎをし、言葉を切り、身振りを入れ、速度を速め、声を抑えたりはりあげたりするべきかを指導されたことだろう。背筋は伸ばすこと。親指をもてあそんではいけない。最近の話題を取り上げるのも悪くない。こうした指導を受けることで、表現力と説得力のある演説ができるようになり、訴訟手続きのような公的な場で、頭の鋭さや機知を示す方法も学べる。クレオパトラより後の時代の記述では、「話し方の技術は、努力と継続的な学習、様々な練習、長い経験、知識の豊富さ、確実な戦略的センスに負うところが大きい」[39]と述べられている（別の記述には、こうした厳しい学習を積むことは、裁判にも、舞台にも、狂人になって支離滅裂なことを言うのにも、等しく役立つと書かれている）。

紀元前五一年、クレオパトラの教育がもうすぐ終わるという頃に、父プトレマイオス一二世が亡くなった。自然死だった。エジプトの大司祭が執り行う厳粛な儀式によって、クレオパトラは弟とともに王位に就いた。おそらく春の終わりの頃だろう。伝統にのっとって儀式が行われたとしたら、エジプトの中心的宗教都市メンフィスで行われたのだろう。砂丘の中にスフィンクスが並ぶ参道が、石灰岩のヒョウやライオンの彫像がある主神殿まで続いている。ギリシア式とエジプト式の礼拝堂がある神殿は燃え立つような色に塗られ、目にも鮮やかなのぼりがひるがえっていた。香の煙が漂う中、長

＊テオドトスはペルシウムの海岸から逃げたが、その後、捕らえられた。教室の話題にのぼる頃には、彼はすでに礫刑に処されていた。

いリネンのガウンをまとった神官が、クレオパトラの頭に上下エジプトを象徴するヘビの王冠を載せ、ヒョウの毛皮を肩にかけた。クレオパトラは聖域の中でエジプト語で誓いを立てた。ここでやっと、ダイアデムをつけられる。こうして生まれた新たな女王はまだ一八歳で、プトレマイオス一三世はさらに八歳年下だった。一般的に言っても早い即位だ。アレクサンドロス大王は一六歳のときに司令官になり、世界の支配者になったのは二〇歳のときだった。後に、クレオパトラに関連して述べられた言葉に、「七〇歳になっても、たいていの一七歳よりも若く見える女性もいる」[40]というものがある。

彼女がどう統治していたかは非常にわかりやすい。当時のギリシア世界は口頭の文化だ。クレオパトラは話すことなら得意だった。彼女を批判する者たちでさえ、その会話術の巧みさには高い評価を与えている。クレオパトラの「きらきらした目」[41]は、いつもその雄弁さやカリスマ性と共に褒め讃えられている。彼女は生まれつき演説に向いていた。やわらかく深みのある豊かな声、圧倒的な存在感、聴衆を観察して、彼らに合わせる能力も持っていた。この点ではカエサルよりも優れていたと言える。アレクサンドリアはギリシア世界に属していたが、位置する場所はアフリカ大陸だ。そして同時に、エジプトの領内にあるが、エジプトそのものではない。アレクサンドリアからエジプトに入る者は、今日で言うと、マンハッタンからアメリカへ入るようなものだ。古代エジプトでは、言語まで違っていた。クレオパトラは最初から、二カ国語を話す聴衆を相手に演説することが当たり前だった。プトレマイオス家は古代世界においても、その古さで人々を驚かせるような国を統治してきた。古代エジプト語は記録に残っている中でもっとも古い。堅苦しくてぎこちない言葉であり、筆記文字は特に難しかった(この筆記文字はデモティックという民衆文字だ。ヒエログリフ[42]は儀式的な用途にしか用いられていなかったので、読み書きができる者でも一部しか解読できなかった。クレオパトラもすらすらと読めたとは思えない)。クレオパトラの時代にビジネスや役所の手続きに使われていたエジプト語は、ギリシア語よりもずっと難しかったが、エジプト人の話し手にとっては簡単に出てくる言葉だった。エジプト語を話す者はギリシア語を学ぶが、その逆はとても稀だ。しかし、クレオパトラはエジプト語の習得を勧めるため、自らが模範を示した。プトレマイオス家で、統治する七〇〇万人[43]が話すエジプト語を学んだ者はクレオパトラしかいないと言われている。

その効果は十分に現われた。それまでのプトレマイオス家の王たちは、通訳を介して軍を指揮していたが、クレオパトラは直接話ができた。シリア人やメディア人やトラキア人の傭兵を使うには非常に有利だったし、帝国を築こうという野心を持つ者にとっても有利だった。アレクサンドリアという移り変わりが早く、多様な民族が居住し、地中海中から移民がやってくる国際都市を本拠地とする上でも、とても有利だった。アレクサンドリアでなにか交渉をしようとしたら、七カ国の人間[44]がかかわってくる可能性がある。街で仏教の僧を見かけることは珍しくなかったし、ユダヤの外地では最大のユダヤ人コミュニティもあり、アレクサンドリアの人口の四分の一近くを占めていた可能性もある。エジプトはインドとの間の贅沢品の貿易で利益を上げていた。光沢のある絹、スパイス、象牙、それに生きた象が紅海を渡り、隊商《キャラバン》のルートを通ってやってきた。クレオパトラが沿岸部の言葉に特に熟達していたと考えられるのはこのためだ。プルタルコスは、彼女がヘブライ語などの九つの言語を知っていたとしているが、その中にはエチオピアの言葉であるトログロダイトも含まれていた。この言葉はヘロドトスの記述を信じるなら、「どんな民族の言葉とも異なり、コウモリの金切り声のように聞こえる[45]」言葉だったという。もちろん、クレオパトラの話し声は、もっとなめらかで美しかったようだ。プルタルコスはこう書いている。「彼女の声を聞いているだけでも心地よかった。たくさんの弦《げん》のある楽器の音色のような声で、違う言語へと切り替えながら話すことができたので、通訳を通さねばならない国はごく一部の蛮族の国しかなく、あとは彼女自身が会話をしていた[46]」

プルタルコスは、クレオパトラのラテン語について何も語っていない。ローマの言葉であるラテン語は、アレクサンドリアではほとんど話す者がいなかった。クレオパトラとカエサルはどちらも傑出した演説家だったから、間違いなく、よく似たギリシア語で話していただろう[47]。しかし、言葉の違いはクレオパトラが置かれたような監禁状態では大きな問題であり、彼女の遺産や将来に大きな影響を与えかねない。一時代前のローマ人たちは、できるだけギリシア語を話さず、わからないふりまでしていた。「賢い人間はギリシア語を覚えるが、ギリシア語にさらに詳しくなると悪党になる[48]」ということわざもある。ギリシア語は高尚な芸術について語る言葉であると同時に、道徳心に乏しい者の言葉でもあり、性のマニュアル[49]が書かれ、「それ自体が手を持っている[50]」言語だった。ギリシア語ではありとあらゆることが述べられていて、後の学者が「教室で語ろうとは思わないものも含まれている[51]」と言うほどだった。*カエサルの時代には、ギリシア語による教育や二カ国語をどちらも完璧に操るギリシア人の家庭教師が根づいていたので、はるかに表現力が豊かで、ニュアンスに富み、たくみで甘く、適応範囲の広いギリシア語がいつも適切な言葉を提供していた。クレオパトラが生まれた頃からあとは、教養のあるローマ人は、ギリシア語とラテン語を両方身につけるようになった。東洋と西洋にギリシア語圏が生まれることも、わずかの間だが可能になりそうだった。二〇年後、クレオパトラは彼女の言葉に対して落ち着かないローマと交渉することになる。後に、彼女は最期の場面をラテン語で演じることになるが、その発音は間違いなくなまっていたことだろう。

唯美主義者であり芸術のパトロンであったアウレテスの許で、アレクサンドリアは知性の復興を謳歌した。アウレテスは、娘が第一級の教育を受けられるように取りはからった。クレオパトラはその伝統を受け継ぎ、自分の娘にも優秀な家庭教師をつけたことだろう。そうしたのは彼女だけではない。世界には女子に教育を施さない場所もあるが、古代エジプトでは女子も学校に通い、詩の競技会に出場し、学者になっていた。紀元前一世紀の生まれのいい女性で、修辞学の厳しい練習を積むまではいかなくても、学業で優秀な成績をおさめた者も少なくはなく、その中には王座に就くべく教育されているわけではない者も含まれていた。ポンペイウスの娘は優秀な家庭教師に教わり、父親の前でホメロスを暗唱した。キケロは教育のプロとして、自分の娘が「非常に博学だ(52)」と述べている。ブルトゥス（ブルータス）の母親も、ラテン語とギリシア語両方の詩人たちに精通していた。アレクサンドリアは、女性の数学者にも医者にも画家にも詩人にも恵まれていた。しかし、こうした女性たちが疑いの目で見られないというわけではない。どこでも同じように、教育のある女性は危険な存在だ。もっともエジプトでは、他の場所よりも不快感を持たれることが少なかった。†ポンペイウスの美しい妻であり、夫がペルシウムの海岸で首をはねられたとき、わずか数キロの距離にいて、恐怖のあまり悲鳴をあげたコルネリアも、クレオパトラと同じ特徴を持っていた。「高い教育を受け、竪琴の演奏がうまく、幾何学を理解し、哲学の講義を聴いて学ぶ習慣があった。それなのに、若い女性がこうした学問を追究するときにありがちな、無愛想になったり、もったいぶった感じになったりすることはまったくなかった(54)」かなり持って回った賛辞だが、賛辞であることには違いない。ローマ総督の妻に認められていたことが、この直後の秋、クレオパトラがカエサルの前に登場したときには、その危険な才能を指してこう述べられた。「彼女はなみなみならぬ才能を持っていた。詩を書き、軽口をたたきあ

＊フランスとアメリカの歴史に似ている。植民地時代のアメリカでは、自堕落な旧世界の言語は悪影響を与えるものでしかないと考えられていた。フランスでは、堕落と軽薄さはもちろん続いた。一九世紀には、フランス語が洗練された文化やより充実した表現、豊富な語彙を伝えるために、なくてはならない言語になっていて、ニュアンスや適応力においては腹立たしいほど勝っていた。その優勢さに憎しみに近いほどの憧れを抱いたものの、けっきょくは英語がフランス語を圧倒した。後の波乱の世紀の間に、フランス語は流行遅れで、饒舌で、場違いで、気取った言語だと思われるようになった。

†ヘレニズム期版の「女は家庭にいるべき」とも言うべき言葉がローマの墓碑銘に刻まれている。「彼女は夫を愛し、二人の息子を生み、家事をこなし、羊毛を紡いでいた(53)」

い、慎み深くも優しくも奔放にも話すことができた。要するに、彼女はすばらしい知性と魅力の持ち主なのだ(55)」

知性と容姿

つまり、カエサルにとってクレオパトラは、どこかとてもなじみ深かった。それにアレクサンドロス大王との生きたつながりであり、高度に洗練された文明が生んだすばらしい女性でもあり、ぞくぞくするような知的な伝統を受け継いでいる。ローマがまだ村に毛の生えたような場所だった頃、アレクサンドリアではすでに天文学の研究が行われていた。クレオパトラの祖先たちが築いたアレクサンドリアの様々な面が、知的活動の復興と共に復活していた。野蛮で知的な内容の乏しかったマケドニアの文化的記録しかなかったにもかかわらず、プトレマイオス家はアレクサンドリアを、アテナイが放棄したままになっていた、当時のもっとも大規模な知性の都の座につけた。プトレマイオス一世は図書館(56)を建設した際、その当時存在していたすべての書物を集めようとし、その計画は、実際にかなりのところまで進んでいた。書物の蒐集に関しては貪欲で、アレクサンドリアに到着した書物はすべておさえ、原本を手放さず、写本を作ってそちらを返していたという（また、献本には褒美を与えていた。そのせいで、アレクサンドリア図書館の蔵書には偽物が含まれている）。古代の記述では大図書館は五〇万巻の巻物を収蔵していたとなっているが、これはまったくありえない誇張だろう。一〇万巻が真実に近い数字だと思われる。どちらにしても、既存の図書館など、みなかすんでしまうほどの規模であり、その書物はすべてギリシア語で書かれていた。その蔵書はアレクサンドリアのどの図書館よりも簡単に閲覧でき、どこよりも整然と並べられていた。アルファベット順や分野別にそれぞれの小部屋におさめられていた。

この蔵書は、ほこりをかぶる心配もなかった。図書館の近くか宮殿の敷地内に、国が支援する研究機関、ムセイオンがあったからだ。当時のヘレニズム世界の他の土地で雇われている教師たちは、それほど尊重されていなかった。「彼は死んでいるか、どこかで教師をしている」[57]という言い回しがあるくらいで、教師は技術を持たない労働者に毛が生えた程度しか稼げなかった。しかし、アレクサンドリアでは王自らが学問に金を出していた。国に大事にされているこの学者たちは、無税で豪華な宿舎を与えられ、広々とした共有の食堂で食事をすることができた（少なくともクレオパトラが生まれる一〇〇年前まではそうだった。彼女の曾祖父が政治的に騒々しい彼らに愛想を尽かして人数を減らしたので、優秀な人材が古代世界中に拡散した）。クレオパトラの前後数百年は、アレクサンドリアで訓練を受けた医師だと言うと、もっとも尊敬された。アレクサンドリアで学んだ家庭教師こそ、子どもの教師として理想的だとされていた。

アレクサンドリア図書館は文明世界の誇りであり、存在していた当時から伝説になっていた。クレオパトラの時代には、すでに図書館の最盛期を過ぎており、当初の研究から発展し、一種の分類狂、あるいはカタログマニアのようになっていたのだが、そのおかげで世界の七不思議が後世に伝わった（書誌学上の傑作である〝すべての分野の学問における卓越した人物〟というカタログがあり、分野別・アルファベット順に彼らの著作を網羅している。このすばらしい労作はなんと一二〇巻もある）。図書館は、相変わらず地中海の全域から偉大な頭脳を引きつけていた。図書館の守護聖人はアリストテレスで、彼が築いた学校と図書館が手本になっていた。子ども時代の友人だったアレクサンドロス大王とプトレマイオス一世は、どちらもアリストテレスに師事していたが、これは偶然ではない。地球の外周の長さが計算されたのはアレクサンドリアだし、太陽は太陽系の中心に常に位置していることや、脳の働きと脈拍が発見されたのも、解剖学と生理学の基礎が確立されたのも、ホメロスの決定版が定められたのも、みなアレクサンドリアだ。エウクレイデスはアレクサンドリアで幾何学を体系化した。古代世界の知恵が一カ所に集められていると言える場所があるとしたら、それはアレクサンドリアだ。クレオパトラはその恩恵をすべて享受したことだろう。彼女は海の波が月の影響を受けていることを知っていたし、地球は球体で、太陽の周りを回っていることも知っていた。赤道の存在も、円周率の値も、マルセイユの緯度も、線遠近法も、避雷針の機能も知っていた。一五〇〇年後まで実現されない、スペインからインドまでの船旅が可能であることも知っていた。ただし彼女は逆のコース、インドからスペインに旅しようと考えていた。

　カエサルのような、高い教養を持ち、アレクサンドロス大王の虜であり、豊穣の女神ウェヌスの子孫であると称している男にとって、神話の中でも歴史の中でも知的な探求においても、すべての道はアレクサンドリアに通じていた。クレオパトラと同様に、カエサルもまた第一級の教育を受け、猛烈な好奇心を持っていた。彼は詩に詳しかったし、雑読家だった。ローマ人は個人的な贅沢を好むと言われているが、カエサルはここでも人並みはずれていた。出陣先でも飽くことを知らずにモザイクや大理石や宝石を集めた。ブリタニアに侵攻したのは、淡水パールが好きだったせいだとまで書かれている[58]。東洋の宮廷の豊かな富と血筋に誘惑されて長居をしてしまったこともあり、生涯それを恥じていた。現在のトルコ北部、ビティニアの王との恋愛のせいで滞在を延ばしたことを責められることほど、彼を動揺させるものはなかった。カエサルは輝かしい血筋に生まれ、演説の才能があり、さっそうとした士官だったが、こうした長所も、でっちあげめいているとはいえアレクサンドロス大王の血を引き、エジプトでは王族であるばかりでなく神でもある女性の前には意味がなかった。カエサルは晩年神格化に近い扱いを受けたが、クレオパトラは生まれながらの女神だった。

　では、彼女の容姿は？　ローマ人たちはクレオパトラの奔放なやり方や、女性らしい手練手管や、無情な野心や、性的な堕落を伝えるエピソードを残しているが、彼女の美しさをたたえた記述はほとんど残っていない。ラテン語に形容詞がないからというわけではない。卓越した女性たちは歴史的な記録に残っている。ヘロドトスの妻がその一例だ。アレクサンドロス大王の母もそうだ。第三ピラミッドを建造したとされている、第六王朝の女王について、クレオパトラは、「同時代のどんな男性よりも勇敢で、どんな女性よりも美しかった。その肌は白く、頰は赤かった[59]」と知っていたはずだ。三度結婚した三世紀の陰謀家アルシノエ二世はすばらしく美しかった。これよりも前の時代に、美しさが世界を騒がせたこともあった。絶世の美女トロイのヘレンにたとえるという手法はいつでも使えたのに、あるラテン語の詩人一人が使っているだけで[60]、しかもその詩人も主にクレオパトラの悪行を強調するために使っている。プルタルコスは、クレオパトラの美しさは「それ自体はそれほどすばらしいものではないが、彼女と比べられる者はおらず、彼女を見た者はみな必ず魅了された[61]」とはっきりと書いている。「その存在に触れ、彼女と一緒に過ごすと、抗《あらが》いがたい魅力を感じる」のだ。彼女の性格や仕草は、まさに「うっとりさせる」と彼は主張している。クレオパトラに関しては、時が経つにつれて伝えられる魅力がしぼんでいくのではなく、増している。その数年後には容姿も美しくなっている。三世紀には彼女が「人目を引く[62]」美しい容姿だったと書かれている。中世になると、クレオパトラは「美しさしか有名なところはな[63]」かったことになっていた。

本人に似ていると証明された完全な肖像画はなく、アンドレ・マルローの「ネフェルティティは女王というより単なる美しい顔で、クレオパトラは顔のない女王だ」という皮肉は一部は当たっている。どちらにしても、ほとんどなにも解明されていない。プトレマイオス家の男たちは、肥満とまではいかなくても太り気味だったが、彼女はしなやかな身体を持つ小柄な女性だったと言ったら、みな驚くだろう。彼女が女王の権威を広めようとしたイメージと、二級の彫刻家のせいだとしても、コインに刻まれた肖像は、彼女がいわゆる美女ではなかったというプルタルコスの主張を裏づける。その鼻は父親のかぎ鼻を小さくしたようなものだし（ギリシア語にはかぎ鼻を表わす単語があるぐらい一般的だった）、唇は厚く、あごは突き出て尖っており、額が広い。その目は大きいが落ち窪《くぼ》んでいる。プトレマイオス家には金髪で肌が白い者もいたが、クレオパトラ七世はどうやら違ったようだ。世界が、「あのエジプト女」が金髪だったと噂しつづけていたというのは信じがたいことだ。彼女の親類についての記述にある「蜂蜜色の肌」という言葉が思い浮かぶ。これは彼女の母親や父方の祖母にはあてはまらないが、彼女にはあてはまるかもしれない。クレオパトラは間違いなくペルシア系の血を引いていたが、エジプト人の愛人はプトレマイオス家の中では珍しい存在だった。彼女の肌は浅黒くなかったのだ。

もちろん、女性の見かけにはうるさいカエサルと親密になったのだから、彼女の顔は、そのすばらしい魅力や気さくなユーモアやしなやかな説得力を損なうものではなかったはずだ。カエサルには他に考えなければならないことがあった。ポンペイウスの心はお世辞でつかむことができ、カエサルの心は賄賂によってつかめるということがずっと知られていた。カエサルは予算などおかまいなしに自由に金を使った。愛人に、一二〇〇人の正規の兵士を一年間雇える額の真珠を買い与えたこともあった。一〇年以上におよんだ戦争のあとで、彼は兵士たちに給料を支払わねばならなかったのだ。クレオパトラの父親は莫大な借金を残していたが、カエサルはエジプトにやってきた際にそれを取り立てると言っている。半額にまけたが、それでも三〇〇〇タラントという天文学的な金額が残った。カエサルは贅沢に出費をするし、贅沢な趣味を持っていた。しかしエジプトにはそれをまかなうだけの財宝があるのを彼は知っていた。目の前にいる女性は魅力的で――印象的な話し方をし、とても気さくに笑い、古いすばらしい文明の血を受け継ぎ、贅沢な富の中で暮らしている。彼女を見ると、田舎者である彼はいてもたってもいられなくなった。しかも彼女はあんなにも賢く軍隊を出し抜いた――その上、世界で二本の指に入る富豪だった。

そんな中、宮殿に帰ってきたもう一人、プトレマイオス一三世は、姉がカエサルと一緒にいるのを見て衝撃を受けた。すぐに外へ走り出た彼は、街路でかんしゃくを爆発させた。

第三章　クレオパトラ、魔術で老人を魅了する(1)

金払いのいい女は褒めるべきだ。そうでなければ、あとは気前よく身体を許すかどうかだ。

クインティリアヌス(2)

策謀

紀元前一世紀についての記述で、当時のものは少ない。古代の書物はだいたい、よく知られた題材を何度も使い回すことで有名だった。だから、カエサルという、ずっと年上で機転がきき、分別盛りの男の前に、情熱的でほっそりとした若い女性、クレオパトラが現われたとき、誘惑したのは彼女の方だということになっている。しばらくすると、二人の出会いの状況がこうだったと、まことしやかにささやかれはじめ、そのまま二〇〇〇年が過ぎた。本当のところ、どちらがどちらを誘惑したのかはわかっていないし、二人が抱き合うまでにどのくらいの時間がかかったのかもわからない。どちら側にもかかっているものが大きかった。プルタルコスは、不敗の将軍カエサルが二一歳の娘の魅力にひとたまりもなく屈したのだとしている。カエサルはさっと二歩で彼女に歩み寄り、彼女の策略に「はまり」、その魅力に「降参した」(3)、そう書いている。次の記述はアポロドロスだが、カエサルが彼女を見て、クレオパトラが彼を魅了したという一連の出来事を、彼女に有利に解釈する必要はこの著者にはない。アポロドロスは一〇〇年以上前のプルタルコスの記述を基にしているのだろう。ディオンも、クレオパトラの魅力が、倍以上の年齢の男を捕らえたとしている。彼の記述に登場するカエサルは、あっという間に、すっかりクレオパトラの虜になっている。しかし、ディオンはカエサルの責任も少し認めている。カエサルが有名な女好きだったからだ。カエサルは異性が「とても好きで、これまでとても多くの女性、間違いなく目の前に現われたすべての女性に手を出してきた」(4)と彼は書いている。だからカエサルはずる賢く魅力的な魔女に手も足も出なかったというより、自分からなにか行動に出たのだろうと考えられる。ディオンはもっと複雑な設定を用意した。アレクサンドリアの宮殿で、クレオパトラは登場前に身支度を整える時間があったことになっている。彼女は「とても堂々としていながらも、同情心をそそるような身なり」で現われた。なかなか難しい注文だ。ディオン版のカエサルは「彼女の姿を見て、その言葉を聞き」、考えを変える。彼女はきっと、とても慎重に言葉を選んで話したのだろう。ローマ人の将軍に会ったのははじめてだったし、これからどうなるのか予想もつかなかった。わかっているのは、最悪のシナリオとして、捕虜になるなら、弟よりもユリウス・カエサルの方がましだということだけだった。

*

どの記述でも、クレオパトラはいとも簡単にカエサルと友好関係を築き、すぐにカエサルが「裁くはずだった女性の代弁者になる」ほど親密になった。誘惑には少し時間がかかったかもしれない。少なくとも伝説のように一夜にして、というわけではなく、もっと時間がかかったのではないだろうか。二人がすぐに男女の仲になったという証拠はない。カエサルは明るい昼の光の中で――彼の心をつかんだ型破りな登場の翌朝でなくてもよければだが――クレオパトラとプトレマイオスの仲直りを提案した。「彼女が弟と共同で王国を統治する」(5)という条件だった。プトレマイオスの摂政たちは、こんなことはまったく寝耳に水だった。彼らが優位なはずだったのに。彼らはペルシウムの海岸でカエサルとの同盟を確立したと思っていた[6]。それに、クレオパトラが不意に宮殿に現われるとはまったく想像もしていなかった。

若きプトレマイオスは宮殿でクレオパトラを見て、カエサルと同じぐらい驚いた。出し抜かれたことに腹を立て、わっと泣き出した。まるで自分には彼女がとても必要だと言わんばかりの行動だ。彼は怒りに駆られたまま門から走り出て、外の人ごみの中に飛び込んだ。臣下たちに囲まれた中で、彼は頭から白い布をむしり取って地面に投げ捨てると、姉に裏切られたとむせび泣いた。カエサルの部下たちが彼を捕らえ、宮殿に連れ戻し、そのまま監禁した。街では暴動が起こり、鎮めるのに長い時間がかかった。クレオパトラ追放に向けて動いていた宦官ポティヌスが、その後数週間の間、この暴動をあおっていた。もしもクレオパトラがカエサルの好意によって守られていなかったら、彼女の輝かしい人生はここで終わっていただろう。陸と海の両方から攻められたカエサルも、ここで命を落としていたかもしれない。彼は自分がプトレマイオス家の根深い反目の仲裁をしているものだと信じており、自分の行動が、薄汚れ、疲れきった二つの軍隊[8]を、本格的な暴動に駆り立てているとは認識していなかった。クレオパトラも、自分がアレクサンドリア市民に支持されていないことを、カエサルに伝えた様子はない。

察しのよいカエサルは民衆の前に出る手配をした。安全な場所——おそらく上階のバルコニーか宮殿の窓——から、彼は「彼らの望みをなんでもかなえると約束した[9]」という。ここで磨き抜かれた修辞の才能が役立った。クレオパトラがアレクサンドリア市民へのアピール法をアドバイスしたのかもしれないが、明確で説得力のある演説をするのにカエサルにコーチはいらなかった。彼は特に、力強

＊どちらの記述も、当時生きていた者の記憶に基づいたものではない。カエサルがクレオパトラを誘惑したかもしれないという衝撃的な主張をあえてしているのは、六世紀のある間違った、たった一片の記述だけである[7]。

く手を動かして要点を強調するのが得意だった。彼は自他ともに認める演説の天才であり、完璧に声の高低をコントロールし、簡潔かつ荘重な言葉で語り、余人の追随を許さぬ「聴衆たちの心に火をつけ、必要な方向へその意見を変えさせる力[10]」を持っていた。彼は驚きは後々まで口にせず、プトレマイオスとの話し合いについて語り、彼自身、「友人であり仲裁人として非常に心配している[11]」と述べた。演説はうまくいったように見えた。プトレマイオスは、クレオパトラとの和解に同意した。摂政たちはそれでも変わらずに戦いつづけるのがわかっていたから、たいした意味のない和解だったが。摂政たちはこのとき、プトレマイオスの軍勢を秘密裡にアレクサンドリアに呼び戻していた。

それから、カエサルは正式な会議を召集した。この会議には姉と弟も出席した。カエサルは鼻にかかった独特の声で、アウレテスの遺言を読み上げた。姉弟の父はクレオパトラとプトレマイオスに、ローマ帝国の庇護の許で共に生き、共同で統治することをはっきりと指示している。そうカエサルは指摘した。だから二人にこの王国の統治権を与える、とカエサルは言った。そこにクレオパトラの影響がなかったとは思えない。カエサルは続けた。自分の善意（ディオンは民衆の暴動を鎮めるためではないか、と考えていたが）を示すために、キプロス島をクレオパトラとプトレマイオスの残り二人のきょうだいである一七歳のアルシノエと一二歳のプトレマイオス一四世に与える、と。このジェスチャーには大きな意味があった。プトレマイオス家の真珠とも言えるキプロスはエジプトの沿岸地帯の主《あるじ》だ。エジプトの王に木材を献上していたし、銅の市場をほぼ独占していた。キプロスはプトレマイオス家の伝統的な弱点でもある。一〇年前まで、クレオパトラのおじがキプロスを統治していたが、ローマが彼に法外な額の金を要求した。おじは金を払わずに毒を飲むことを選んだ。おじの財産は没収されてローマに持ち去られ、ローマの街でその財産を見せびらかすパレードが行われた。アレクサンドリアで、彼の兄であるクレオパトラの父アウレテスは、卑怯にも黙ってそれを傍観していた。そんな王に怒ったアレクサンドリア市民たちは、彼を国外に追放した。クレオパトラ一一歳のときの出来事だ。彼女はこのときの暴動や屈辱感を忘れなかったに違いない。

カエサルは民衆を鎮めることに成功したが、ポティヌスの敵意を和らげることはできなかった。元家庭教師のポティヌスは、すぐにアキラスの軍を煽動した。ローマ人の提案はごまかしだと彼はたきつけた。あの提案の裏にクレオパトラの長く美しい腕がちらついたのが見えなかったか？　かつての家庭教師であり、彼女の人となりをよく知っているポティヌスが、彼女がローマ人に入れ知恵することをおそれていたという事実そのものが、ある種の反証だ。ポティヌスは、カエサルが「民衆を鎮めるためだけに、姉弟の両方に国を与えるふりをしている[12]」と断言した。カエサルはできる限り早く、王権をクレオパトラ一人のものにするだろう、と。二つ目の危険も潜んでいた。プトレマイオスにはクレオパトラのような意志の強さがないことだ。もしも宮殿に監禁されている間にプトレマイオスがクレオパトラに誘惑されてしまったらどうする？　民衆は王家の血を引く者同士のカップルには、片方が不人気なローマ人の援助を受けていたとしても、反発することはないだろう。そうなったらすべてが水の泡だ、そうポティヌスは訴えた。彼は陰謀を企てたが、それを多くの協力者に話しすぎた。和解を祝う祝宴が開かれ、その席でカエサルの理髪師――プトレマイオス朝のエジプトでは、ある理由から理髪店は郵便局も兼ねていた――が驚くべき発見をした。好奇心が強く、いつも「忙しく聞き耳を立てている[13]」理髪師は、ポティヌスとアキラスが、カエサルを毒殺しようともくろんでいることを知った。彼らはそれだけでなく、クレオパトラの殺害も計画していた。カエサルは驚かなかった。彼はすでに、暗殺から身を守るために長時間連続して眠らず、細切れに睡眠を取っていた。クレオパトラもきっと、どれほど護衛が目を光らせていても、不安な夜を過ごしていたに違いない。

カエサルは宦官ポティヌスを解雇せよと命じ、それはすぐに実行された。アキラスの方は、プルタルコスの控えめな推測によると「やっかいで困惑するような戦争[13]」になるはずの企てにさらに集中した。カエサルには四〇〇〇人の軍勢がいたが、みな元気だとは言いがたかったし、無敵という雰囲気でもなかった。アキラスの軍勢はカエサルの五倍の規模で、アレクサンドリアへと力強く進軍しつつあった。そしてクレオパトラがどんなヒントを出してくれたとしても、カエサルはプトレマイオス家の策謀の深さを把握しきれていなかった。彼は、和解を提案する二人の使者を若き王の名で送った。この二人は名声も経験もある人物だった。二人ともクレオパトラの父に仕えた有能な人物で、カエサルとはこれ以前にローマで会っていた可能性が高い。アキラスについては、カエサルは「たいした度胸を持った男」[14]と認めていた。そのアキラスは和解を弱い手だと読んだ。アキラスは使者がメッセージを手渡す前に彼らを殺した。

エジプトの軍勢がアレクサンドリアに到着すると、アキラスはカエサルがいる宮殿へ押し入ろうとした。ローマ人たちは暗闇にまぎれて必死で塹壕を掘り、高さ三メートルもの防壁を築いて宮殿を要塞化した。カエサルはしっかりと守られていたが、彼自身は戦うこともやむなしとしていた。アキラスが国中から外人部隊を集めていることはわかっていた。一方で、アレクサンドリア市民たちは街中に巨大な軍需工場を作り上げていた。裕福な者は、自分の代わりに戦わせる奴隷に武器と金を与えていた。毎日、小競り合いが起こった。カエサルがもっとも心配していたのは水の蓄えがあまりないことと、食糧がまったくないことだった。ポティヌスは事前にかびた穀物を運び込んでいた。不敗の将軍カエサルはいつもの通り、戦術家の才能を発揮した。彼はアレクサンドリアの街の南部にある第二の港マレオスティス湖から離れず、南からの攻撃には断固として対処した。マレオスティス湖は淡水の青い湖で、アレクサンドリアとエジプト内陸部を運河でつないでいる。地中海の二つの波止場と同じように、豊かで重要な港だった。心理戦の面では、もう一つ不安があった。カエサルはあらゆる手を使って若き王の機嫌を取った。これは「人々にとって王家の名前が大きな権威を持つ[15]」ことを理解していたからだ。カエサルは聞いてくれる者になら誰でも、この戦争はプトレマイオス家の戦いではなく、ならず者の側近たちが争っているだけなのだと言ってまわった。しかし、その意見に耳を傾ける者はいなかった。

カエサルが物資の供給と要塞化を試みているうちに、宮殿の中では次の計画が実行に移されていた。宮殿内、特に争っているきょうだいの間には、すでに緊張した空気が流れていたのだろう。妹のアルシノエにも賢い家庭教師がついていた。宦官であるこの教師はこのとき、アルシノエの脱出を図ろうとしていた。この行動は、クレオパトラの注意がそれていたことを示唆している（この状況ではありえないことだが）。弟のことや自分の生き残りばかり考えていたのか、アルシノエ側が抜け目なく彼女を出し抜いたのか。クレオパトラが一七歳の妹を見くびっていたとはあまり思えない。アルシノエは野心に燃えていた。[16] 彼女は自らの現状に満足しているような少女ではなかった。姉クレオパトラに忠実というわけではなかったし、その本心を数週間、誰にも言わずに隠していたようだ。* 宮殿の外に出ると、彼女は多くを語った。彼女はプトレマイオス家の人間であり、外国人の奴隷などではない。彼女こそアレクサンドリア市民たちが望む存在そのものだ、と。彼らは彼女を女王に指名した。これで、きょうだい全員に順番が回ったことになる。大勢の市民たちが彼女のために集まった。アルシノエはアキラスに味方し、軍隊を率いる立場に就いたと思われる。宮殿内にいるクレオパトラには、自分の家族よりもローマ人を信じるべき深い理由があったのだ。これも、紀元前四八年にはすでに知られていたことだった。エウリピデスはこう思い出させてくれる。「一人の忠実な友人は一万人の親類に勝る」[17]

＊アルシノエの目的はまったくわかっていないが、アレクサンドリア戦争についての現代でもっとも優秀な研究でさえ、憶測をやめようとしない。ある歴史家は、姉がたくみにカエサルを誘惑したことに嫉妬を感じていなかったら、「彼女は女ではない」と断言している。

ローマとエジプト

クレオパトラの誕生から一年後、古い王国ポントスのミトリダテス大王が、隣国パルティアの王に同盟を持ちかけた*。それまでの数十年間、ミトリダテスはローマに侮辱と最後通牒を投げつけつづけていた。[18] 彼はローマが着々と世界を飲み込みつつある気がしていた。その報いがいまやってきた、とミトリダテスは警告した。「どんな法律も人間も神も、ローマ人が味方や友人を、自分に遠い者も近い者も、弱い者も強い者も捕らえて滅ぼし、彼らにまつろわぬ国、特に王国を敵とみなすことを妨げない」[19] だからこそ、と手を組むことが賢明ではないか？ 彼はクレオパトラの父親のちょこちょこした歩調についていく気はなかった。アウレテスは「毎日金を払うことによって、敵意をかわしている」[20] 状態だった。ミトリダテス大王はあざ笑った。エジプトの王は自分が狡猾だと思っているかもしれないが、本当はことを遅らせているだけで、何も避けられてはいない。ローマ人たちはエジプトの金を受け取ってはいるが、なにも保証してはいない。彼らは王を敬っていない。彼らは友人でさえ裏切る。社会を破壊するか、その途中で滅びるかのどちらかだ。その後二〇年間、ローマ人は現実に広大なプトレマイオス帝国の大部分を蹂躙しつづけた。クレオパトラはこうした出来事をじっと見つめていたはずだ。キレナイカ、クレタ、シリア、キプロスははるか昔に消滅していた。彼女が受け継いだときには、二世紀前にプトレマイオス一世が王座に就いたときのエジプトよりも、わずかに広いだけの領地しか残っていなかった。エジプトは「属国の防壁」[21] を失っていた。いまやローマの領地にぐるりと囲まれていたのだ。

ミトリダテスは、エジプトが自治権を保っていられるのは、アウレテスの金のおかげというよりも、ローマ国内での勢力争いのせいだと正しく見抜いていた。矛盾するようだが、エジプトはその資産のおかげで属州化されずにいたのだ。クレオパトラが七歳のときに、ローマではユリウス・カエサルによって、まずエジプトの属州化が提案されていたが、各派の利害が衝突するせいで議論は棚上げになっていた。どの派閥もこれほどすばらしく裕福で、共和制をひっくり返すための理想的な基盤になる王国の統治権を、他のどこかの派閥に握られたくはなかった。ローマ人たちにとって、クレオパトラの国は長年のやっかいな存在のままだった。現代の歴史家の言葉を借りれば、「破壊されれば損失であるし、併合すれば危険で、統治するには問題がある」[22]土地だったのだ。

最初から、アウレテスはローマと自身の名誉を傷つけるように踊らされていた。この不面目は娘クレオパトラに、若い頃にずっとつきまとった。地中海中で、統治者たちは、王位が自分のものであることを訴えられる街を探していた。アレクサンドリアはトラブルに見舞われた王たちの避難場所だった。一世紀前には、プトレマイオス六世がぼろぼろの姿でやってきて、屋根裏部屋に住まいを構えた。そのすぐあとに、彼の弟であるクレオパトラの曾祖父で、息子をばらばらにして殺した者が同じようにしてやってきた。彼は元老院で、プトレマイオス六世によってつけられたという傷を見せ、情けを乞うた。ローマ人たちは虐げられていたにせよいないにせよ、延々と訴えを続ける嘆願者をうんざりした目で眺めた。元老院は彼らの嘆願を受けて、いくつかの決定を下した。ある時点で、元老院は彼らの訴えを聞くのを法律違反にまでした。一貫して外国の法律を採択する理由はまったくなかった[23]。もう困惑させられることのないよう、エジプトをローマの貧困者のための居住地にしてしまえばいいと考える者もいた。

もっと最近のことで、もっと問題だったのは、クレオパトラの別の大おじが、陰謀を企むきょうだいから身を守るために巧妙な計画を思いついたことだった。プトレマイオス一〇世は、自分が死んだ

＊パルティアは、現在のイラン北東部にあたる。ポントス王国は、黒海の南岸から現在のトルコにかけて広がっていた。

ら王国をローマに譲るよう遺言していた。この遺言がアウレテスの頭上に重くのしかかった。彼はその他にも、王位継承権の正統性やアレクサンドリアに住むギリシア系の人々への不人気という問題も抱えていた。王位が危うくなったとき、彼は地中海の対岸のローマの機嫌を取るしか手がなかった。その結果、ローマ人たちには彼が媚《こび》を売っているようにしか見えず、臣民たちからは、外国の足下に必死でひれ伏しているようで不快だと思われた。アウレテスはさらに、アレクサンドロス大王の父親が広めた知恵に従った。それは、どんな城塞も攻められれば、黄金を背負ったロバがのぼれる道があるというものだ。アウレテスは、このロバの積み荷を作るためにさらに重い税を課したので、ローマにいながら必死で国民の忠誠を買おうとしていたのに、逆に彼らを怒らせてしまった。

アウレテスは、カエサルが紀元前四八年に身をもって発見したことを、知りすぎるほど知っていた。それはアレクサンドリアの市民たちは、彼ら自身が一つの勢力であるということだ。アレクサンドリア市民について言える褒め言葉は、なんといっても才気に富んでいるというものだった。彼らのユーモアにはスピード感があり、辛辣だった。市民は笑いをよく知っていた。アレクサンドリアには四〇〇もの劇場があったことからわかるように、彼らはドラマを激しく求めていた。市民はいうまでもなく扱いにくい相手だった。楽しみを求める気持ちが行き過ぎるあまり、陰謀を好み、なにかと言うと反乱を起こすようになった。アレクサンドリアの生活を垣間見たある訪問者は「ずっと続いているお祭り騒ぎのようだ。甘く優しいお祭りではなく、残酷で容赦なく、踊り子や密告者や殺人者がみな参加しているお祭りだ(24)」と述べている。クレオパトラの臣民たちは、宮殿の門に集団で押し掛け、大声で要求を叫ぶことが悪いなどとは、まったく思っていなかった。彼らはほんの小さなきっかけで爆発する。二〇〇年の間、彼らは野放しでやりたい放題の状態でプトレマイオス家の人々を王座から追い落とし、追放し、暗殺してきた。クレオパトラの曾祖母は息子の一人と国を統治しようとしていたが、彼らが無理に別の息子と統治させた。クレオパトラの大おじを追放したのも市民たちだ。プトレマイオス一一世が妻を殺したときには、彼を宮殿から引きずり出して八つ裂きにした。ローマ人から見ると、エジプトの軍隊も同じようなものだった。カエサルは宮殿から眺めてこう述べた。「彼らは常に、王の友人を処刑するべきだと要求したり、富裕な者の家財を略奪したり、給料を引き上げさせるために王の邸宅を包囲したり、誰かを王座から追い落として、別の者を即位させたりしている」[25] クレオパトラとカエサルには、宮殿の外で騒ぐ彼らの声が聞こえていた。自分が彼らに好かれていないことをクレオパトラは知っていた。市民たちのローマ人に対する気持ちもはっきりしていた。クレオパトラが九歳か一〇歳のとき、エジプトにやってきた役人が、エジプトでは聖なる獣とされる猫を過って殺してしまった。* これに対して寄り集まり、怒り狂った暴徒たちをアウレテスの代理人が説得しようと試みた。これはエジプト人にとっては犯罪だが、外国人には特別の免除があってもいいのではないか？　と。血に飢えた群衆は、そんな説得には応じなかった。

クレオパトラは父アウレテスから、危なっかしくもバランスを取る性質を受け継いだ。ある支援者を満足させれば、他の支援者に不満が出る。ローマに立ち向かうことができなかったせいで、暴動が起こったのだ（アウレテスは、クレオパトラ以外の者にはあまり愛されていなかったようだ。クレオパトラはエジプトの政治的な損失につながったにもかかわらず、いつも父の思い出に忠実だった）。様々な危険があった。おじであるキプロス王と同じように、ローマによって王座から追われてしまうかもしれない。あるいは自分の家族によって、刺殺か毒殺か追放かばらばらにされるか、なんらかの

＊ローマ人にとって、エジプト人の動物崇拝は言葉にできないほど原始的で邪悪なものだった。二世紀のキリスト教徒は違った見方をしている。ギリシアの神々と比較すると、エジプトの神々は品行方正だった。キリスト教神学者であるアレクサンドリアのクレメンスはこう認めている。「彼らは理性のない動物かもしれないが、不義は犯さないし、好色でもないし、自然に反するような快楽を追い求めることもない[26]」

手段で排除されるかもしれない。暴力的な市民たちに愛想を尽かされて、退位に追い込まれる可能性もあった（これに関しても様々なパターンがあった。プトレマイオス家の人間の中には、臣民に嫌われ、廷吏に愛されていた者も、臣民に愛され、家族に裏切られた者も、アレクサンドリア在住のギリシア人に忌み嫌われ、エジプト人に愛された者もいた。クレオパトラはこの最後のパターンだった）。アウレテスは、二〇年にわたってローマのご機嫌を取っていたが、けっきょく、自国での人気取りをしておくべきだったと思い知らされる羽目になる。キプロスに介入しないと決めたときなど、ローマに抵抗して弟を救出するよう要求する臣民に包囲された。すぐにパニックが広がっていく。これはエジプトに対する警告ではないのか？　アウレテスはローマに逃亡し、それから三年の間、ほとんどの時間を復位のための交渉に費やした。この頃に父が世話になったために、今回クレオパトラの許にカエサルがやってきたのだ。アウレテスは、ローマでもみなに歓迎されたわけではなかったが、賄賂を持ってきたギリシア人に抵抗できるのは、カエサルやポンペイウスなど、ごく限られた者しかいなかった。多くの者は、アウレテスに喜んで金を貸した。アウレテスは熱心にその金を受け取り、賄賂に使った。彼に金を貸した者が増えるということは、それだけ彼の復位に懸ける者が増えたということだった。

　紀元前五七年当時の厄介な問題は、放逐された王の要求にどう対応するか、それどころか、そもそもそれに対応すべきかどうか、というものだった。偉大な弁論家キケロは、ひそかに「ある人々によってかき乱され、王自身や助言者たちも黙認した[27]」この王位問題を、友人たちに講ずるという余分な仕事もこなしていた。この問題は、しばらく行き詰まったままだった。アウレテスは、歴史的には浪費家の操り人形として記憶されたかもしれないが、ローマでの彼は、粘り強さと抜群の交渉力を発揮し、ローマ人たちをうろたえさせた。彼は公会場《フォルム》や元老院にビラをまいた。人目につくように街を移動する、屋根付きの寝椅子である輿《こし》に乗った支援者たちに手渡したのだ。アウレテスを支援して、うまみの多い報酬を得ようとする政治家たちの敵対関係のせいで、事態は複雑だった。アウレテスの復位は、手っ取り早く金を得るための手段と化していた。紀元前五六年一月には、キケロがこの一件について、「ねたみによる悪評をかなり買っている[28]」と不満を述べている。元老院では叫んだり押しのけたり、つばを吐いたりという小競り合いも起こっていた。そして、事態はさらにややこしくなる。ポンペイウスらがアウレテスのことを支援するのを、阻止するかのような神託の存在が明らかになったのだ。エジプトの王をローマ軍によって復位させるべきではない、それは明らかに神に禁じられている、という警告だった。元老院はこの口実を尊重した。それについてキケロは、「信仰心からでなく、王の行き過ぎた贈り物が呼んだ悪意と反感のせいだ[28]」と不平を述べている。

このアウレテスの海外での活動も、思春期のクレオパトラには貴重な教訓になったことだろう。アウレテスがエジプトを離れるとすぐに、第一子ベレニケ四世が王位に就いた。アウレテスがあまりに信用できなかったので、アレクサンドリア市民たちは、喜んで一〇代の娘に交代させたのだ。ベレニケはエジプト土着の人々に支持されたが、配偶者の問題を抱えていた。これは、クレオパトラも後に悩まされる問題だが、クレオパトラはまた別の対応をした。ベレニケは、結婚して共同統治ができる相手が必要だったのだ。家柄の良いマケドニア系のギリシア人は数が少なかったので、これは当然難しい注文だった（なんらかの理由でベレニケは王位継承権を持つ弟たちとは結婚しない方がいいとされた）。そして、セレウコス王家の王子を呼んでくることが決まった。ベレニケは彼を嫌った。結婚から数日のうちに、彼は絞殺された。次の候補者はポントスの神官で、野心家の彼には誇るべき点は二つしかなかった。ローマに敵意を持っていること、それに貴族として通る家柄だ。紀元前五六年の春に、共同統治者の座に就いた彼は、セレウコス家の王子よりはうまくやった。一方で、アレクサンドリア市民たちはローマに一〇〇人の使節団を送り、アウレテスの残忍さを訴え、彼の帰国を阻止しようとした。アウレテスは、使節団のリーダーを毒殺した。残りの使節たちも告訴する前に暗殺されたり、賄賂で懐柔されたり、街から逃亡したりした。都合のいいことに、ポンペイウスも共謀していたと思われる、この大量殺人の捜査は行われなかった。これも、アウレテスの気前のよさのおかげだった。

紀元前五五年、ローマの軍団《レギオン》がアウレテスをエジプトに帰国させた。そもそもこのあやしげな任務に心が躍る者など誰もいなかったが、灼熱の砂漠を行軍し、続いて流砂や悪臭を放つペルシウムの湿地帯を抜けなければならないので、みななおさら気が重かった。シリアの総督でありポンペイウスに特に目をかけられていたアウルス・ガビニウスは、もっともな理由からしぶしぶこの任務の指揮を引き受けた（彼はベレニケの新しい夫が統治するエジプトをおそれていた）。エジプトの年間歳入に近いほどの賄賂を受け取ったことも、ガビニウスの部下である、熱意に燃える若い騎兵隊長が、すっかりアウレテスの虜になっていたこともその理由だった。この騎馬隊長はぼさぼさの髪をしたマルクス・アントニウスという男で、彼は後に偉大な名前を残すことになる。アントニウスは勇敢に戦った。それにアウレテスに、エジプトの前線にいる軍の不誠実さを赦すよう促した。ここでもまた、王は無能な美術愛好家のような様子で「怒りと恨みをもって[29]」彼らを処刑することを選んだ。ガビニウスはと言えば、下された神託を細部に至るまで信じていた。彼はアウレテスが必ず安全なように、実際の戦いよりもあとから来るように気をつけていた。そうしなければ、軍によって元に戻すという神託を文字通り実現できないからだ。こうしてエジプトの王は、史上はじめてアレクサンドリアに足を踏み入れたローマのレギオンに伴われて宮殿に帰還した。

家族との再会については一部しか伝わっていない[30]。アウレテスはベレニケを処刑した。宮廷でも復讐をし、廷吏たちを降格させたり、それに伴って財産を没収したりした。高官を入れ替え、自分に敵対した軍を再編制した。同時に、ガビニウスが残していったレギオンに土地と年金を与えた。彼らはエジプトに仕えるようになった。これは魅力的な申し出だった。プトレマイオス王に仕えた方がローマの将軍でいるより給料がよかったのだ。カエサルはのちに、この兵士たちが「アレクサンドリアの無秩序な生活に慣れ、ローマ人としての評判と規律正しい行いを忘れていった」[31]と述べている。彼らは驚くほどあっという間に忘れた。ポンペイウスは最期の瞬間、自分を殺そうとしている者たちの中にローマの古参兵がいることに気づいていた。

アウレテスと次女クレオパトラとの再会は、違う雰囲気だったことだろう。長女ベレニケが行き過ぎた振る舞いをしていたことを考えると、もっとも王位に近い位置にいるのは一三歳のクレオパトラだった。彼女はすでに演説、修辞学、哲学に加えて多くのことを学んでいた。政治教育は紀元前五六年には完成していたと言える。彼女は一〇年後、このとき学んだことを十分に活かすことになる。ファラオになることは問題ない。ローマの友人かつ味方になるのはもっといい。問題はローマの権力と戦うのに、ミトリダテスのようにローマ人を苦しめて大量虐殺するのではなく、どうしたらローマを操縦できるのか、だった。幸い、ローマの政治は個人に負うところが非常に大きい。これは元老院議員たちの野心のせいだった。うまくやれば重要人物同士を争わせることはとても簡単だった。早い時期に建前と本音が違うということを学んだクレオパトラは、その後、陰謀の実行についても第一級の手ほどきを受けている。彼女はエジプト軍が父親の帰還に備えて緊張を高めていたときにも宮殿にいた。紀元前四八年、彼女はアウレテスから以前に受け継いでいた計画にのっとって行動していたし、そして宮殿で二度目の包囲を受けていた。カエサルとの同盟はポンペイウスと組んだ父親をなぞる行動だった。一番の違いは父が二〇年費やしたことを、たった数日でやってのけたことだ。

アウレテスは帰還の五年後に自然死した。年齢は六〇代の半ばだったから、王位継承の準備をする時間は十分あった。最後の数カ月、生きている中で最年長の子どもであったクレオパトラと短期間だけ共同統治をした可能性もある。アウレテスを含むプトレマイオス家の先祖たちとは違って、クレオパトラは実際に王になるための教育を受けてきた。アウレテスはそれまでの伝統から離れて、二人の子どもを即位させた。これはクレオパトラが幼い頃から明らかに非凡な能力を見せていたので、アウレテスが権力闘争になるのを防ぐつもりで共同統治をさせたのか、それともクレオパトラとプトレマイオス一三世は離すことができないと考えていたのか。後者はほとんどありえない。一番ありそうなのは、父娘がとても近しかったということだ。彼女はわざわざ自分の称号に「父を愛する」という言葉を入れ、配偶者が変わってもその言葉は残している。即位後最初に行ったことの中には、父の葬儀の手配もあった。この葬儀というのは香と軟膏《なんこう》の匂いでむっとする中で執り行われる長々とした儀式で、何度も犠牲が捧げられ、儀式的な嘆きの声で騒々しいものだ。こうして、さわやかで活力に満ちた一八歳のクレオパトラは女王の座に就いた[32]。

すぐに父の教えが役に立つ。アウレテスはエジプトに到着した際、小さな村や崇拝の中心地でエジプトの神々に捧げ物をした。無法地帯アレクサンドリアの市民はアウレテスを試そうとしていたが、これらの住民たちはファラオを完全にあがめていた。賢いプトレマイオスはエジプトの神々に神殿を捧げ、その崇拝に同調した。クレオパトラには土着の人々の支援も人手も必要だった。クレオパトラの即位のずっと以前に聖牛ブキスが死んでいた。数頭いた聖牛の中でも、ブキスは太陽と戦いの神に非常に密接な関係があった。ブキス崇拝は上エジプトのテーベ付近で盛んであり、非常に崇拝されていたこの牛には、献身的な世話係が付き添って、専用の船で移動した。公式行事に参加する際には黄金とラピスラズリで身を飾っていた。野外にいるときは、蠅《はえ》に悩まされないようにぴったりとした網を顔にかぶせられた。ブキスは二〇年ほど生き、その後白い身体に黒い顔という聖獣に特有の模様がある後任が慎重に選ばれた。アウレテスの死後数週間のうちに、クレオパトラは中心的な支援者たちの忠誠を強化する機会をつかんだ。彼女は正式な儀式用の衣装に身を包み、王家の艦隊を引きつれて、ナイル川をテーベまで約九七〇キロさかのぼった。見事な水上の行列だった。エジプトじゅうから神官たちが、この満月の間に行われる重大な儀式のために集まってくる。巡礼の群衆の真ん中で、「二つの王国の女主人、父を愛する娘である女神」は新任の聖牛を住処であるナイル西岸に船で運ぶ。エジプトの土着民に対する支援を示す異例の強い意思表示だ。三日後、クレオパトラは神殿の聖域の中で、廷吏や白いローブを着た神官たちの列に囲まれ、牡牛の就任式を執り行った。彼女にとってこの聖域はなじみ深く、縁起のよい場所だった。紀元前四九年、逃亡者だったときにここに逃げ込んでいたのだ。

クレオパトラは統治の初期に何度かエジプトの神々の崇拝に自らかかわっている。彼女はメンフィス(33)にいるもっとも重要な聖牛の葬儀を支援した。その牛の信者たちに高額の寄付をしたばかりでなく、世話係である役人にワイン、豆、パン、油を与えた。この華麗な式典とプトレマイオス家には珍しい容姿が効果的に働いたのは間違いない。紀元前五一年、クレオパトラは「すべての人々に見守られながら」、ファラオとしてスフィンクスが並ぶ歩道を色鮮やかに塗られた神殿へと歩んだ。このときの様子の記録は、政治的な用途に使われる儀式用の文字ヒエログリフによる「一家の誇りが永遠になった(34)」という記述ぐらいしか残っていない。クレオパトラが統治の最初の年に、すでに野望を抱いていた証拠も残っている。公式な書類には、彼女より上位であったはずの弟の名前が残っていないのだ。彼女のコインにも彼の姿は刻まれていない。クレオパトラ一人が堂々とした姿で刻まれている。鋳造された硬貨は言葉のように意味を持つ。現代の我々がローマ人の通訳をはさまずに彼女の声を聞くことができるのは、この硬貨だけだ。そしてクレオパトラが臣民に対して自分の姿を見せたのもこの硬貨だった。

クレオパトラはベレニケの教訓をうまく活かした。ポティヌス、アキラス、テオドトスは、やけに熱心に単独統治を行おうとする、独立心旺盛な成り上がり者、クレオパトラを快く思わなかった。三人には新しい女王に協力しない頼もしい味方、ナイル川があった。エジプトの幸福は完全に増水期の水位の高さにかかっていた。干ばつになれば食糧の供給も社会秩序も危うくなる。この翌年、紀元前五一年の夏の増水量はあまり多くなかった。神官たちは食糧が足りないと儀式ができないと不平を言う。飢えた民衆がアレクサンドリアに流れ込むので、他の町が空になる。あらゆるところを泥棒がうろつく。物価が急騰し、国中が困窮する。紀元前五〇年一〇月には、大胆な対応策が打たれた。クレオパトラの弟が政治の場に復活したのだ。その月の終わりに、王と女王の夫妻は共同で緊急命令を発している。北の田園地帯から小麦や乾燥野菜を新ルートで送らせるという内容だった。飢えたアレクサンドリア市民は、飢えた村人よりも危険だったからだ。アレクサンドリア市民をなだめることは、みなのために最善の方法だった。この命令は、違反者は死刑にされるという昔ながらのやり方で強化されていた。密告が奨励され、密告者には多額の報酬が与えられた（自由民は密告された犯罪者の財産の三分の一を受け取ることができた。奴隷の場合は六分の一と、自由を得られた）。同時に、村に残って耕作を続ける者には、プトレマイオス一三世とクレオパトラから奨励金が出た。この数カ月間、宮殿の中でも抑圧と強制は行われた。二人のきょうだいはエジプトのために協力して働いたのか、プトレマイオスが姉を犠牲にし、自分の臣民を守るために彼女の臣民を飢えさせたのか。姉と弟は二人で緊急布告を発した。クレオパトラの名前はプトレマイオスの次に記されている。

裏切りという意味では、彼女は翌年だけでも二度、父親と同じ罠に落ちている。紀元前五〇年の六月の終わり、シリアの総督であるローマ人の息子二人がアレクサンドリアにやってきて、アウレテスを帰国させた部隊を口説いた。他の場所で彼らが必要になったのだ。兵士たちはエジプトを離れるつもりなどなかった。アウレテスは彼らの働きに対して十分に報酬をくれたし、彼らはエジプトで家庭を築いていた。彼らは誘いをきっぱりと断るため、総督の息子たちを殺した。これに対し、クレオパトラが自分の手で裁きを与えてもよかったのだが、彼女はそうせず、ローマ人の好意を失わないために派手な演出を選んだ。彼女は殺人者たちを鎖に繋いでシリアへと送ったのだ。これによって彼女は軍隊の支援を失うことを予想しておくべきだった。そして彼女は次々と脆《もろ》さを見せつづける。アレクサンドリアでローマ人が軍事的な支援を求めてくることは、ローマで王が支援を求めるのと同じくらいよくあることだ。アウレテスはポンペイウスの好意を得て軍隊を出してもらえたが、こうした要求は必ずしもかなえられるわけではない。紀元前四九年、ポンペイウスの息子がクレオパトラに同じ要求をする。父の対カエサル戦への支援を求めたのだ。クレオパトラはここでも、穀物、兵士、艦隊を提供した。農業はまたもや非常に大きな打撃を受けた。もっとも被害を被ったのは彼女の領地であるキプロスであろう。数カ月後にはすべての書類から彼女の名前が消えている。そしてクレオパトラは命からがら逃亡し、傭兵の一団とともにシリアの砂漠で野営をすることになった。

アレクサンドリア戦争

紀元前四八年一〇月にクレオパトラが現われると、そのすぐあとに、カエサルは宮殿の敷地内のあずまやから宮殿内に移った。プトレマイオス家の者たちが代々建て増しをした結果、宮殿は材質だけでなくデザインも立派になっていた。「ファラオ」という言葉は「もっとも大きな家」という意味の古代エジプト語なのだが、プトレマイオス家はまさにこの言葉を現実にした。宮殿には一〇〇をゆうに超える客室があった。カエサルは室内から噴水や彫像や客室が点在する緑豊かな庭園を眺めた。宮殿の建物から高台にある劇場まで、アーチ型の天井がついた歩道が伸びている。ギリシア系の君主で、プトレマイオス家ほどの富を誇るものはいなかった。プトレマイオス家はペルシア絨毯《じゅうたん》や象牙、黄金、鼈甲《べっこう》、ヒョウの毛皮の熱心な輸入者だった。宮殿内の飾ることができる面にはすべて、ガーネットやトパーズ、蜜蠟《みつろう》と樹脂を顔料に混ぜて作ったもので描く蠟画（エンカウスティーク）、美しいモザイク、黄金などで装飾されていた。区画に分けて飾られた天井には瑪瑙《めのう》やラピスラズリが、杉材のドアには真珠母貝がちりばめられ、門は金と銀でめっきされていた。コリントスの中心部の街は象牙と黄金できらめいていたが、クレオパトラの宮殿は当時のどこよりも贅沢に貴金属を使っていることを誇っていた。

だからこそ、包囲されていても快適に過ごすことができたのだろう。クレオパトラとカエサルが置かれた環境はすばらしかった。しかしこの隠れ家のどんなに贅沢な食器や豪華な家具も、ローマ人にエジプトの政治にかかわってほしいと思っている者は、事実上クレオパトラただ一人だという現実を忘れさせてはくれなかった。外から聞こえる、通りで争う声や野次、もみ合う音、投石が風を切る音がそれを思い知らせてくれる。もっとも激しい争いが起こっていたのは波止場で、アレクサンドリア市民が波止場を封鎖しようとしていた。すでに彼らはローマ人の貨物船に火を放っていた。クレオパトラがポンペイウスに貸し出した艦隊は、さらに復讐を受けた。アレクサンドリア市民とローマ軍は、四段あるいは五段に並んだ漕ぎ手が必要な大型船、四段櫂船と五段櫂船五〇隻を手中におさめようと争った。カエサルはこの艦隊を敵の手に渡すわけにいかなかったので、食糧や増援隊を手配するよう各方面に指令を送った。彼は乗組員を送り込むことすらできなかった。数では圧倒的に負けていたし、地理的にも不利だった。打つ手がなかったカエサルは、停泊している戦艦に火を放った。ロープに燃え広がり、デッキを飲み込んでいく炎を見て、クレオパトラがどのような反応を示したのかは想像しがたい。宮殿の庭に広がってくる、樹脂が燃える鼻をつくような煙に彼女が気づかなかったはずはない。炎は宮殿を照らし、夜になっても燃えつづけたはずだ。アレクサンドリア図書館の一部が燃えたのはこの波止場の火事のせいだったかもしれない[35]。この大火災に先立つ激戦を彼女が知らなかったはずもない。街中の人が外に出ていた。「そしてアレクサンドリアでは、ローマ人だろうと地元の住人だろうと誰もが、城塞がどれだけ防いでいるかや戦いの状況に夢中になり、一番高い建物にのぼって上から状況を見、自分の側が勝利するよう神に祈ったり、誓ったりしていた[36]」様々な叫び声やひどい騒ぎのただ中で、カエサルの部下たちはどうにかファロス島にたどりつき、灯台を制圧した。彼らはカエサルに多少の略奪を許されていた。そしてこの岩だらけの島に要塞が置かれた。

　クレオパトラが到着したすぐ後に、カエサルは後に『内乱記』という題名をつけられた本を書き上げた。彼はこの内乱をほぼリアルタイムで記録していたのだ。アルシノエの逃亡とポティヌスの殺人によって文学的、政治的理由から執筆を中断したのだろうとされている。[37] 東側の宮殿にいて、西側の共和制について語ることは難しかったのだろう。彼はこのとき、上下エジプトを手にしたと簡単に記している。圧倒されたというより、ただ単に書く時間が足りなくなったというのが真相のようだ。彼は円形闘技場の座席で手紙を口述したことで有名であり、ガリアからの旅の間にラテン語の書物を書き、スペインを回る際には長い詩を書いている。しかし宦官ポティヌスの殺害は反ローマ派を刺激した。すでにアレクサンドリアの女性も子どもも反対勢力に入っていた。木の枝でつくった障壁や大槌といった装備がなくても、投石機と石で、十分に思いを遂げられた。手作りの飛び道具によって投げつけられた石が宮殿の壁に降り注いだ。戦火は昼も夜も燃え上がり、アレクサンドリアは懸命な応戦と宮殿を包囲するための小屋と様々な大きさの弩《いしゆみ》で満ち満ちていた。三倍の幅がある一二キロの石のバリケードが街を横切るように作られ、アレクサンドリアをすっかり野営地に変えてしまった。

　カエサルは宮殿から、アレクサンドリアを有名たらしめ、同時にそのせいでアレクサンドリアを統治しづらい地にしているもの、市民たちを眺めていた。アレクサンドリアの市民はどこまでも工夫の才に富んでいた。カエサルの部下たちも、彼らを驚嘆と憤りの目で眺めていた。発明の才はローマ人の特長のはずだったが、アレクサンドリア市民たちは車輪のついた一〇階建ての攻城塔を建造していた。この巨大な発明物を家畜に引かせ、舗装されたまっすぐな街路を移動した。ローマ人が驚いたのは特に二つの点だった。アレクサンドリアではすべてがスピーディに成し遂げられること。そして人々がみな、模倣においては第一級なことだった。彼らは何度もカエサルの上をいった。あるローマの将軍は後にこう振り返っている。彼らは「我々がしているのを見ればなんでもうまく再現できるので、まるで我々の部隊の方が彼らの真似をしているようになった」(38)。どちらにとっても、自国のプライドをかけた戦いだった。カエサルが海の民アレクサンドリア市民たちを海戦で打ち負かすと、彼らは大きな衝撃を受けた。それを受けて彼らは艦隊を作りはじめた。王家の秘密の専用港には廃船になった古い船が何隻か停泊していた。列柱や体育館の屋根が取り外され、垂木《たるき》が魔法のようにオールに改造された。数日のうちに、二二隻の四段櫂船と五隻の五段櫂船が完成し、もっと小型の船も数隻作られ、乗組員もそろい、戦いの準備は整った。一夜のうちに、エジプト人たちはカエサルの二倍の規模の海軍を魔法のように作り上げたのだ*。

ローマ人たちはアレクサンドリア市民の二つの才能、詐欺と裏切りについて何度もこぼしている。武力紛争のただ中では、これはもちろん褒め言葉にしかならない。アルシノエの元家庭教師で新たな王家軍の司令官ガニュメデスは、自分の部下に深い池を掘らせた。そして街の地下を走る水道管の水をここに排出し、代わりにポンプで海水を送り込んだ。すぐに宮殿の水は濁り、飲めなくなった（ガニュメデスは知らなかったかもしれないが、カエサルも昔、この計略を使って同じようにポンペイウスを怒らせた）。ローマ人たちはパニックに陥った。すぐに撤退すべきだろうか？　カエサルは兵士たちを鎮めた。真水はそれほど遠くないところにあるはずだ。水道管の始まりは確実に海の近くをも走っているはずだから、と彼は言った。それは宮殿の壁のすぐ外にあった。撤退は望めなかった。レギオンがアレクサンドリア人に殺されずに船にたどりつくことは不可能だったからだ。カエサルは部下に徹夜で掘るよう命じた。その作戦は当たった。すぐに淡水が流れている管が見つかったのだ。しかしアレクサンドリア市民に、すばらしい賢さとあふれるほどの発明の才、それに自治権を守りたいという熱い思いがあることに変わりはない。彼らにはアウレテスを復位させたローマの将軍ガビニウスという忌まわしい記憶がある。カエサルを追い出すことができなければ、ローマの属州にされてしまう。カエサルは部下に彼らと同じだけの決意をもって戦うようにと言うしかなかった。

カエサルは気づくと防戦一方になっていた。これも彼自身ではなく上級士官の手によって、戦後の会話をベースに、カエサルの名が出てくるアレクサンドリア戦争の記述が書かれた理由の一つだろう。実際のところ、カエサルは宮殿と東側にある灯台を掌握していたが、街のそれ以外の部分ではプトレマイオスの司令官アキラスが優勢だった。これはつまり有利な地点のほぼすべてを握っていたことになる。それにアキラスの部下がローマ人への物資の供給をしつこく待ち伏せて襲っていた。カエサルにとって幸運なことに、アレクサンドリア市民に発明の才と同じぐらい明確な特徴があるとしたら、それは仲間割れをすることだった。アルシノエの家庭教師はアキラスが裏切っていると責め、言い争った。策略とその対抗策が相次いで立てられた。そして兵士たちにとってはうれしいことに、気前のよい賄賂が贈られ、反対陣営がさらにそれを上回る賄賂を贈るという状況が続いた。ついにアルシノエは疑わしいアキラスを殺すように家庭教師に命じた。クレオパトラは、父がいない間に姉ベレニケが犯した失敗をよく知っていた。ベレニケはアルシノエの逃亡を阻止できなかったのだ。

けっきょくのところ、アルシノエとガニュメデスは市民にまったく人気がなかった。それがアレクサンドリア市民が示した結論だった。一方でカエサルは、増援隊がやってくると、港で泳ぐ羽目になり、すでに多くの兵を失っていたが、戦況が自分に有利に傾いてきたと感じはじめた。一月の半ば、クレオパトラの二二歳の誕生日のすぐあとに、宮殿に使節団がやってきた。その目的は若きプトレマイオスの解放を求めることだった。王の解放はそれ以前にも求められていたが、かなっていなかった。そして彼らは今度は、クレオパトラはもう必要ないと主張したのだ。彼らは平和を望んでいた。「彼

＊彼らの熱意を後の時代のローマ人たちは忘れてしまった。二〇〇年以上後にディオンは、ローマ領であるアレクサンドリア市民が、「いたるところで高圧的な態度を決め込み、なんでも来いと言っていたが、戦争となると、彼らは怯え、まったく使い物にならなかった」と書いている。(39)

ら曰く、秩序を望み、休戦の条件について相談するために[40]」、プトレマイオスが必要だった。プトレマイオスは監視されている間はおとなしくしていたようだ。短気な性格にもかかわらず、不屈の精神も王としての指導力も発揮した様子がない。カエサルはプトレマイオスを解放することにメリットがあると気づいた。アレクサンドリア人は降伏するのなら、この外来の王を排除せねばならなくなる。プトレマイオスが姉と共同統治をすることはもうないだろう。プトレマイオスがいなくなれば、クレオパトラにアレクサンドリアを統治させるよい口実ができる。そしてプトレマイオスが戦いを続けるのなら――この理由づけがカエサルによってなされたものか、後に彼のものとされたのかは不明である――ローマ人は「避難民や逃亡奴隷の集団に対してよりも、王に対する戦い[41]」というはるかに名誉のある戦いをすることになる。

カエサルはクレオパトラの一三歳の弟を正式に呼んで話し合った。彼はプトレマイオスに「彼が先祖から受け継いだ王国のためを思うなら、炎と破壊に損なわれ、恥辱を受けている彼の輝かしき祖国を哀れに思うのなら、まず彼の臣民たちの目を覚まさせ、そして彼らを救うのだ。それからローマ人と私自身は、戦時体制になっている敵の許に送り込めるぐらいにあなたを信じている[42]」と語った。それからカエサルはプトレマイオスに出ていくように言った。プトレマイオスは動こうとせず、その場でわっと泣き出した。彼はカエサルにここから追い出さないでほしいと懇願した。プトレマイオスにとってカエサルとの友情はいまや王位以上に大切だ、と。彼の思いに動かされたカエサルは――目に涙を浮かべ――またすぐに会えると請け合った。それを聞いた若きプトレマイオスは戦いにおける立場を改めた。「カエサルと話しているときに流した涙は明らかに喜びの涙だった[42]」という。ことの成り行きに喜んだのはカエサルの部下たちだけだった。彼らは今回のことで彼らの指揮官のばかげた寛大さを発揮する癖が直ればいいと思っていた。クレオパトラはこの茶番にも驚かなかった。彼女は演劇の素養があったし、この場面を裏から操っていた可能性もある。カエサルがプトレマイオスを解放したのは、反乱軍にさらなる不和の種を植えつけるためだった可能性もある。もしそうだとすれば（これはかなり寛大な解釈だが）、クレオパトラもこの演出に一枚嚙んでいたことが考えられるのだ。

カエサルとクレオパトラにとって幸運なことに、大規模な援軍がアレクサンドリアに向かって急いでいた。一番の援助はユダヤ人の高官からのもので、完全武装したユダヤ人三〇〇〇人の分遣隊を率いてやってきてくれた。カエサルがこの分遣隊に合流しようとしたのとほぼ同時に、解放されたばかりのプトレマイオスが攻撃を仕掛けてきた。彼は少し前からエジプトの騎馬部隊にいらいらさせられていた。ナイル川西岸に全軍が集まり、激しい戦いが始まった。場所はちょうどアレクサンドリアと現在のカイロの中間地点だった。両軍とも多大な損害を被った。しかしカエサルはエジプト軍の重要な基地を早朝に奇襲する作戦を決行し、あっという間に勝利をおさめた。大勢のエジプト人が恐怖のあまり要塞の城壁から周囲の塹壕に飛び降りた。命を取り留めた者もいたが、プトレマイオスは生き延びられなかったようだ。摂政を含む誰も、それほど彼の死を嘆かなかったのだろう。プトレマイオスの遺体は発見されなかったので、カエサルは発見された彼の黄金の武具をわざわざ展示した。これまでにも袋に入った女王やかごに入った赤ん坊（モーセのこと）などを運んでいるナイル川には、魔法のような若返りの力があることがよく知られている。カエサルはあとで、プトレマイオスの生き返りにわずらわされることを避けたかった。しかし細心の注意を払っていたにもかかわらず、後にプトレマイオスの偽者はやはり現われたのだが。

騎馬部隊と共にアレクサンドリアに急いで戻ったカエサルは、ある種の歓迎を受けた。数カ月前に間違いなく受けるつもりでいた歓迎だった。「街中の人々が武器を置き、防御を解き、主人の許しを請う嘆願者のような態度で、不機嫌で立腹した君主に宗教的な畏敬の念をもって訴えるときに使う聖なる品をすべて持ち出し、戻ってくるカエサルを出迎え、彼に降伏した[43]」カエサルはこの降伏を丁重に受け入れ、民衆を慰めた。クレオパトラはきっとうっとりしていたことだろう。カエサルの敗北は彼女の敗北だったからだ。彼女はおそらく事前に聞いていただろうが、どちらにしても馬に乗ったカエサルが近づいてくるにつれて、騒々しい歓呼の声が上がるのを聞いたはずだ。宮殿ではレギオンが彼を拍手喝采で迎えた。三月二七日のことだった。彼らは非常にほっとしたことだろう。カエサルの部下たちは一〇年以上彼に仕え、アレクサンドリアに着く頃には内紛も終わっているはずだと信じてやってきたのだ。こんなわけのわからない苦しい戦いをさせられるとは思ってもみなかっただろう。驚かされたのは彼らだけではない。ローマには一二月以来、カエサルから何の連絡もなかった。なぜ彼はエジプトから帰ってこないのか？　ローマではすべての調子が狂っているのに。遅れている理由がなんであったとしても、なにもわからないことが一番不安を呼んだ。エジプトは、ポンペイウスだけでなくカエサルも飲み込んだのか。カエサルはポンペイウスとはまったく違うし方で飲み込まれたと主張する者もいたが、後にそれは現実になる。

なぜ彼はエジプトに居続けるのか？　この遅れを政治的に納得いくように説明することはできない。非常に論理的な男が非論理的な危険を冒したのだ。アレクサンドロス大王以来もっとも偉大な指揮官であり、どんなときにも「行動と予測の天才」[44]であったカエサルが、アフリカ大陸で不意討ちをくらい、急襲を受けたのだ。一番に言えることは、カエサルはアレクサンドリア戦争において愚かにもはまりこんだ状況[45]から、すばらしいやり方で脱出したということだ。彼自身は北風を例に挙げて、「アレクサンドリアから出ようとする者に逆らうように、非常にまっすぐに吹いてくる[46]」と言っている。まさにその通りだったろう。しかしカエサルは、アジアに援軍を送るようにという指示を出していたことを認めているし、その援軍のおかげで間一髪で窮地を脱することができた。この任務にはその他の国への派遣も含まれるはずだった。そして数週間のうちに、彼の望み通りの向きに強い風が吹きはじめた。カエサルは引き下がらなかった。疲弊し、士気をくじかれた軍を率いていても、彼は危険から逃げなかった。彼はアウレテスの膨大な額の借金に言及していないが、これはエジプトに上陸した理由であり、その後居続けている理由にはならない。世の中にはよくあることだが、問題は愛と金、どちらを選ぶかだった。前者を捨てるように説得するのは容易ではない。

そもそも、カエサル自身はこの件について完全に沈黙している。回想録にはなにも載っていないし、カエサル（とそのゴーストライター）は多くのことを省いている。彼の性格とはまったく合わないことだ。カエサルは自分自身について、三人称を用いて厳しく批判的な冷静さをもって書いている。彼の文章はとても明快で私情を交えないものであり、疑いなく真実のように見える。本人の記述では彼はルビコン川を渡っていないし、アレクサンドリア図書館に火を放ってもいないのだが、その通りなのかもしれない。特に放火については誇張されている可能性が高い。燃えたのは波止場の倉庫だけで、被害は穀物と多少の書物だけだった可能性がある。*同様に、カエサルの『内乱記』にはクレオパトラの劇的な登場は描かれておらず、エジプトに長居した原因は彼女の魅力ではなくて季節風だったことになっている。既婚であるにもかかわらず、東洋で長居をして笑い者になったこともあるカエサルだが、女王と過ごすうちに、彼女が原因ではないにしても、天才にあるまじき軍事上の大失態を犯した。これは詳しく述べたい事柄ではなかったのだろう。カエサルの記述の続きには、クレオパトラはたった一度しか登場しない。戦争の終わりに、彼がエジプトの王位を彼女に与えた理由について、彼女が「彼にずっと忠実であり、一致協力していたから」(47)だと述べている。クレオパトラがカエサルの歴史

＊カエサルの代わりに記述を続けた士官が、第一ページ目に、前後の文脈から離れて、妙に唐突に、アレクサンドリアの街には防火処置が施されていたとわざわざ強調していることも興味深い。他の早い時期の資料は、火が船から波止場へ、そして大図書館へと広がったとしているので、この記述と一致しない。カエサルの記述は、アレクサンドリア市民が屋根や梁や木材で作ったバリケードをたくみに操ったことにもふれていない。犯した罪が書かれていないのに、言い訳だけが記されているのだ。(49)

に記録された理由はたった一つ、おとなしく服従していたからだというのだ。

　もちろん、風向きが不利だったとか、従順な女性がいたとか以外にも理由があったのではないかと噂された。ローマでは、キケロが即座にみだらな中傷をしている。カエサルの死後すぐに、マルクス・アントニウスが、カエサルはアレクサンドリアで「快楽にふけっていたせいで」[48]長居しすぎたわけではないと抗議した。彼がそのように主張したことは興味深い。一世紀後には、プルタルコスが違う意見を述べている。「エジプトでの危険で不名誉で不必要な戦いは、カエサルのクレオパトラへの情熱のためだけに起こされたと言う者もいる」[50]（アウレテスの時代に下った、エジプト王をローマの軍隊が復位させることを禁ずるという不都合な神託は、早くも忘れられているようだ）。カエサルはクレオパトラに特別の愛情を抱いていたわけではなく、二人はただ単にあの不可解な内乱の際に利害関係が一致しただけだと考えることはできる。しかし、クレオパトラの方がカエサルに愛情を抱いていたわけではないと考える方が簡単だ。カエサルはクレオパトラを捨てて一時的にでも休戦していたら、これほど苦労はしなかっただろう。戦争が終わったときにエジプトを属州化することもできた。クレオパトラは説得がとてもうまかったのだろう。ポティヌスはエジプトの借金を返済しろと言われてひるんだ。一方、クレオパトラは間違いなくひるまなかった。これではカエサルがクレオパトラ側にいくらか傾くのは致し方ない。ディオンは、カエサルがクレオパトラの「ために戦い」[51]、彼女にエジプトを引き渡したのは明らかであるとしている。一方、ディオンは自説に難点があるのを認めている。内乱が終わったとき、カエサルはクレオパトラを王座に就けたが、その際に残っていたもう一人の弟との共同統治の形にしている。これは、自分が深い仲にある女にエジプトを与えることに対する、ローマ人の怒りを鎮めるためだ。ディオンによれば、これは「単なる見せかけであり、クレオパトラもこれに同調した。しかし彼女は実質的には単独で統治し、カエサルと共に過ごしていた」[51]。二人は離れられなくなっていた。プルタルコスも同様に感じていたが、もっとさりげない表現を選んでいる。

プルタルコスの文の行間には、カエサルは軍事的な問題だけでなく、クレオパトラとの夜ごとのベッドのことで頭がいっぱいになっているとほのめかされている。[52] 出発の日時など些細な問題だ。アレクサンドリア戦争は三月二七日に終結したが、カエサルはクレオパトラの許に六月の半ばまでいた。

祝宴

祝うべき理由があった。厚いバリケードの奥にほとんど半年間閉じ込められていたあとだからこそ、さらに祝ってしかるべきだった。ヘレニズム期のエジプトを訪れた者はみな目を大きく見開き、腹が張り裂けそうになり、旅行鞄がうなるほどいっぱいになりながら、プトレマイオス家の人々がもてなし方をよく知っていることを思い知らされる。[53] 戦後の祝宴でのクレオパトラに関する記述は、カエサルを悪鬼のように描き、クレオパトラにはさらにいい感情を抱いていない詩人たちのものしか現存していない。プトレマイオス家がどんなごちそうを振る舞ったのかはわかっている。自制というのはアレクサンドリア市民の得意分野ではなかったし、紀元前四七年の春、クレオパトラにはあえて自制しなければならない理由などなかった。彼女はもっとも大きな獲物を確保した。「カエサルの好意があるのだから、彼女にできないことはなかった[54]」のだ。カエサルは今までのどんなローマ人よりも、エジプト国王のためにわざわざ危険を冒した。プトレマイオス一三世、ポティヌス、アキラスはみな死んだ。テオドトスは追放され、アルシノエはローマで身柄を拘束されている。カエサルは、クレオパトラが王位に就くために邪魔になる人物を全員きれいに排除したのだ。彼女はファラオとして四年前よりもずっと確固とした地位を築き、数世代にわたるプトレマイオス王家の誰よりも強固にエジプトを支配した。彼女はもてなしには自信があったし、客人もまたもてなしに一家言を持っていることを知っていた。カエサルはかつてありふれたパンを出した職人を鎖で縛ったことがあるぐらいだ。もてなしがエスカレートしたことには、彼にも責任があった。エジプトの女王には彼を感心させ、満足させなければならない政治的理由がたくさんあったのだ。カエサルとのプライベートな関係のことは別にしても、彼女の心はプライドと安心と感謝が入り混じり、高揚していたことだろう。そして彼女にはローマ人を感心させるのに十分な財力があった。アレクサンドリア戦争はクレオパトラに望むものすべてを与えてくれた。そしてその費用は、ほとんどかからなかったのだ。

追放の身であったときでさえ、クレオパトラの周囲を召使いの一団が取りまいて、彼女が快適であるように取りはからっていた。紀元前四七年の春、この一団は大群になっていた。毒味係、筆写係、ランプ点灯係、専属のハープ奏者、マッサージ師、従者、門衛、書記、銀食器の管理係、油の管理係、真珠の細工師などが復帰したり、新たに任命されたりした。クレオパトラの傍らには新しい夫がいた。支配者夫妻はこうであってほしいという人々の好みに応え、同時におそらくカエサルの影を隠すために、一二歳のプトレマイオス一四世が王位に就いた。この結婚はアレクサンドリア市民が降伏した直後に執り行われた。どのように祝われたのかは伝わっていない。クレオパトラからすれば、偽りの結婚生活の相手が変わっただけだ。プトレマイオス一四世は、死んだ兄が使っていた称号を引き継いだ。彼は姉と一緒に硬貨に刻まれることはなかった。彼には自分なりの野心や意見があったかもしれないが、それを主張しないだけの分別は持っていたのだろう。もちろん、姉であり妻である女王が再構築している王国では彼に発言権などなかった。カエサルがエジプトの属州化を考えていようがいまいが、カエサルはクレオパトラが多くの面で祖国エジプトと似ていることに気づいていただろう。負ければ恥になり、征服するには危険で、統治しようとすれば頭痛の種になる。廷臣の中には長年忠実に仕えている者もいた。クレオパトラの取り巻きの中には父の助言者だった者も何人かいたのだ。そうでない者は早急にその行動を改めて評価された。このため、ギリシア系の貴族はおそらくクレオパトラのもっとも手強い敵になった。

クレオパトラには宮廷において障害があった。そのうちの一つはカエサルも気づくべきものだった。後のローマ人指導者の記述によると、「特に不利な状況にある場合、指導者は敵と友人が対立するよう仕向けて自分を守ることができるが、こうした友人たちから自分を守るために、信頼できる味方がいない」[55]のだ。クレオパトラの場合、友人たちのうち誰が自分の不幸を願っているかはだいたい把握していた。廷臣たちになると、ことははっきりしなくなってくる。けっきょく彼女は何カ月にもわたってローマ人とともに立てこもり、ローマ人に家の中にいてほしくない者たちやローマ人とつきあっていたという理由で父王を追放した者たちと戦っていた。そしてルールは変わった。アレクサンドリア戦争が古いルールを一掃するいい口実になったことだろう。クレオパトラに反抗した者は高い代償を払うことになった。反抗していたと噂された者も間違いなく同じ浮き目にあったことだろう。クレオパトラは高官たちを交代させ、他の者も排除し、その際に財産を没収した。アウレテスの復位の際と同じように毒殺や刺殺も行われた。軍隊が血みどろの追放劇をもたらした。円満な移行とは、とても言えなかった。

宮殿と波止場の周囲にはもっと退屈な仕事が残っていた。塹壕を埋め、柵を撤去し、瓦礫を片付け、建物の修理をせねばならなかったのだ。そしてその作業が終わると、アレクサンドリアは当時の旅行者の記述によれば「文明世界随一の、優雅さと豊かさと贅沢さでは他の都市を寄せつけない街」[56]に生まれ変わった。アレクサンドリアの街の規模と美しさのどちらがより印象的か、旅行者たちは悩んだ。しかしそれは、この街の住民たちの異常なほどの活力を知るまでの話だ。「街を見て、この街を埋めつくすことができるほど多くの人種がいるだろうかと思う。住民たちを見たときは、彼らをすべておさめることができるほど広い都市などあるのだろうかと思う。ちょうどバランスが取れているのだ」[57]と土地っ子が述べている。アレクサンドリアには畏敬の念をわきおこさせるような彫像が点在していた。そのほとんどはピンク色か赤色の花崗岩、あるいは紫色の斑岩から切り出したものだったので、街には鮮やかな色が躍っていた。アテナイを知っている者には、よくできたギリシア彫刻のプトレマイオス版がたくさんあるこのエジプトの街は、どこかなじみ深く感じられた。権力の衰退ぶりが巨大な象徴に表われている場所は、世界の中でエジプトが最初でも最後でもない。プトレマイオス王家の影響力が衰えるにつれて彫像はどんどん巨大化していった。アレクサンドリアの港では、一二メートルもの高さの薔薇色の花崗岩でできたクレオパトラ二世とクレオパトラ三世の彫像が新たな訪問者を迎えた。宮殿の壁の上には、少なくとも一つ以上の巨大なタカの頭をしたスフィンクス像がそびえ立っていたのが確認されている。九メートルもの長さがあるつやつやしたスフィンクス像が街の神殿を守っていた。

アレクサンドリアの大通りを見た旅人はみな言葉を失った。道幅が約三〇メートルもあり、古代世界には類を見ないスケールだった。大通りの隅から隅まで見て歩いたら一日かかってしまう。優美な彫刻が施された列柱、絹の天幕、色鮮やかに塗られたファサードのあるカノープス通りは戦車八台が並んで通れるほどの広さがあった。横道も広いものは六メートル近い幅があり、石で舗装され、きちんとした下水溝があり、一部は夜間、街灯で照らされていた。街の中心にある十字路――宮殿からは歩いて一〇分の距離――から見渡す限り、きらきらと輝く石灰岩の列柱が並んでいた。エジプト人の住民はほとんどが街の西側に住んでいた。その多くが亜麻布を織ることを仕事にし、彼らの住居はセラピス神の神殿セラペウムに続く一〇〇段の階段の周りにかたまっていた。紀元前三世紀に建てられたセラペウムは街を見下ろす場所にあり、図書館の分館もここにあった。岩だらけの人工の丘のてっぺんにそびえ立つ、神殿の四角形の建物は金箔、銀、銅の装飾でほぼ覆われ、周囲を公園やポルチコに囲まれていた。クレオパトラ時代の建造物のうち、現在、正確な場所が特定できるものは三つしかない。北東部の宮殿の隣にはユダヤ人の居住地区があった。ギリシア人は、街の中心部にある立派な三階建ての家々に住んでいた。業種によって分かれている地区もあった。香水の製造業者だけがいる地区、雪花石膏の製造だけが行われている地区、ガラス職人だけがいる地区というように。

　東西に六・四キロ近い幅があるアレクサンドリアの街は、浴場、劇場、体育館、宮殿、神殿、霊廟、シナゴーグがひしめく不思議の国だった。周囲を石灰岩の壁が取り囲む街には、塔が点在し、カノープス通りの両側を娼婦がうろついている。昼の間、アレクサンドリアの街には馬のひづめの音やおかゆ売りやヒヨコマメ売り、大道芸人、占い師、金貸しの声が響き渡っていた。スパイス売りの屋台から漂うエキゾチックな香りが湿っぽい潮風にのって街中に運ばれていく。どこの交差点にも白黒で足の長いトキが集まってパンくずをあさっている。朱色の太陽が波止場に慌ただしく沈み、すっかり夜になるまで、アレクサンドリアは赤や黄が渦巻き、音楽やカオスや色彩が渦巻く万華鏡のような場所だった。アレクサンドリアはどこまでも非常に官能的で同時に高い知性を誇り、麻薬のように気分を高揚させる、古代版のパリのような街だった。どこにも負けないオリジナリティがあり、すばらしい贅沢さを誇る街であり、人々はひと財産使うために、詩を書くために、ロマンスを見つける（もしくは忘れる）ために、健康を取り戻すために、自分を再発見するために、あるいは一〇年間の苦労の末に征服したイタリア、スペイン、ギリシアという広大な土地を再編成するために、ここにやってくるのだ。

　我を忘れるような美しさや恍惚となるような娯楽を提供する都市アレクサンドリアでは、受け身に流されてはいけない。ある訪問者は「訪問者にとって、これほどの群衆の喧噪や、何万人もの人々と顔を合わせることは、リュートや歌の演奏に来たのでもない限り耐えられない」[58]と述べている。アレクサンドリア市民は、軽薄だという評判を喜んで受け入れていた。そして戦争が終結したとき、宮殿の巨大な門を抜けて、アレクサンドリア市民の有志とローマ人の協力者たちの大群が押し寄せ、象牙の羽目板を張った玄関ホールに集まった。宮殿には宴会場が並んでおり、膨大な数の群衆も収容することができた。一番広いホールには、青銅の彫刻を施し、象牙やガラス細工をはめこみ、その他言い尽くせないほどの芸術をよせ集めた長椅子が、目もくらむほど数多く備えつけられていた。エジプトは銀を輸入していたが、長い間、古代世界最大の量の金を管理していた。だからホールの梁そのものにも金が張られていたかもしれない。アレクサンドリアの市民の数を過大に述べることは簡単だったが、この街の立派さは誇張のしようがなかった。アレクサンドリアでは多くの裕福な家庭が、レバノン杉材に象牙と真珠母貝で内張りをした家具や高度な技巧を駆使しただまし絵や、精緻でリアルなモザイクなどを誇っていた。外壁はキャラメル色の雪花石膏の石板で覆われていた。室内の壁はエナメルやエメラルドで輝いていたことだろう。壁の装飾から壁画が生まれ、多くは神話の場面が描かれた。その作品の質は驚くほどすばらしかった。

床のモザイクは特に驚異的な正確さで描かれていた。幾何学を駆使した模様は三次元的に見えることも多く、信じられないほど写実的に自然界を描いていた。宴のときにはこうした手の込んだ模様は、当時エジプトで数多く生産されていた百合や薔薇が描かれた贅沢な絨毯の下に隠されてしまう。ある記録者は感傷的に述べている。「概して言えるのは、薔薇だろうがマツユキソウだろうが、どんな花も、花開くのをやめることなどない」(59) 花々が床の上にたくさんちりばめられていると、まるで田舎の草原にいるかのようだった。食事の終わりにはその床に、牡蠣の殻や伊勢エビのはさみや桃の種が散らばっているのだが。宴の際に、三〇〇個の薔薇の冠や組紐で飾った花輪などが手配されるのは珍しいことではなかった(薔薇の香りは酔いを防止すると信じられていたので、薔薇はとても重要だった)。香水や軟膏はアレクサンドリアの特産品だった。音楽の演奏中や語り手が語っている間に、お付きの者がシナモンやカルダモンやバルサムの香水を冠に振りかけてくれる。香りはテーブルからだけでなく、宝石や香水やランプや靴底からも漂ってくる。食事にはどうしても油のしつこいにおいが残った。その他にも街の職人たちのすばらしい技を見ることができた。テーブルの上には銀のボウルや水差しや数百台の枝付き燭台が輝いていた。吹きガラスはギリシアで発明されたものだが、アレクサンドリアは例によって、それをすばらしく変身させ、もともと精巧に作られているガラス細工の百合にさらに金をかぶせている。アレクサンドリアのガラス職人は作品に金の線を入れる。何色もの色を使った器や銀の皿、網のように細工した象牙のパンかごや宝石をちりばめたタンブラーがテーブルの上に並ぶ。料理そのものは黄金の皿に載せて供された。プトレマイオス朝時代のある祝宴では、使われている食器だけでも三〇〇トンもの重さがあったという。[60] こうした食器にはクレオパトラの順応性と競争本能がどちらも反映されていた。アレクサンドリア式の贅沢がローマ世界にも知られるようになると、クレオパトラは自分のこうした立派な食器の名前を付け替えた。手の込んだ金や銀の食器セットを「普段の食器[61]」と呼ぶようにしたのだ。

ある客にとって、宮殿のごちそうは食事というよりひと財産のように見えた。彼は「銀の皿の上に置かれたどっしりとした金の皿は大きな子豚のローストを仰向けに置くのに十分な大きさだった。子豚の腹の中にはたくさんのおいしそうなものがいっぱいに詰まっていた。ツグミのロースト、アヒル、すばらしく質のよい鳴鳥の肉、それに卵黄や牡蠣やホタテ貝が入っていたのだ[62]」と驚いている。贅沢な食卓ではガチョウはよく使われる食材で、クジャクや牡蠣やウニやチョウザメやヒメジなどと並ぶ地中海世界のごちそうだった（スプーンが使われることはほとんどなく、フォークはまだ知られていなかった。みな手で食べていたのだ）。甘いワイン——シリア産かイオニア産が一番よいとされていた——を蜂蜜かザクロで味付けして飲む。クレオパトラがどんな服装[63]で一連の祝宴を執り行ったかはまったく記録が残っていないが、ふんだんに真珠を身につけていたことはわかっている。当時、真珠は現在のダイアモンド並みの価値があった。彼女は長くつないだ真珠を首に巻きつけ、さらに髪にも編み込んでいた。真珠を縫いつけたチュニックも着ていたという。それは足首まであるカラフルなチュニックで、素材は中国産の絹かガーゼのようなリネンで、伝統にのっとってベルトをするか、ブローチかリボンを付けていた。チュニックの上に透ける素材のマントを着ることも多く、下に着た明るい色の布地のラインがくっきりと見えた。足には宝石がついたサンダルを履き、靴底には模様があしらわれていた。歴史に名を残す大宴会のホストたちの中でも、プトレマイオス家の人々は特に、帰り道に客人がよろめくほどのみやげを持たせることで知られていた。銀のかたまりや奴隷やガゼルや黄金の長椅子や銀のよろいを着けた馬などのすべてを持たされて帰路に就くことは珍しくなかった。プトレマイオス家はその過剰さで有名であり、クレオパトラはこの点では王朝の伝統を完璧に受け継ぐつもりだった。スエトニウスが後に書く「夜明けまで続くパーティ[64]」というのは、それこそこういうものだったのだろう。

アレクサンドリア戦争後の祝宴には当然、勝利の行進があっただろう。これはカノープス通りを行進したものと思われる。クレオパトラは臣民を結束させ、自らの政治的な主権を明示し、批判に対する反論を固める必要があった。アレクサンドリアは長い間、パレードや壮観な行事で有名であり、プトレマイオス家の富は臣民たちの娯楽への情熱さえ上回った。何世紀も前、ディオニュソス祭の行列[65]の際には、六メートルの高さのある黄金の輿が街の通りに登場した。この輿一台につき担ぎ手として一八〇人の男性が必要だった。紫色に塗られたサテュロスと黄金の花冠をつけたニンフ、それに戯画化された王や神や街や季節などが続いた。驚異的な技術の都アレクサンドリアには、自動ドアや液圧を利用したエレベーター、人力で動くトレッドミル、コインを入れると動く機械などがあった。プトレマイオス家の人々は、見えないように仕込まれた針金やサイフォンや滑車や磁石を使って奇跡を起こしてみせることができた。火が燃え上がり、消える。彫像の目からちらちらと光が出る。ラッパが勝手に鳴り出す。プトレマイオス朝初期の行列では、街の器用な金属細工師たちが最高の仕事をした。きらきら光る黄色のチュニックを着た高さ四・五メートルの彫像が、通りを宙に浮いて行進したのだ。この彫像は直立し、捧げものである牛乳を注ぐと、魔法のように座り直し、群衆を熱狂させた。周囲は期待のざわめきや、賞賛のつぶやきやフルートの音色で騒然となった。観衆の頭上には香の煙——

要するに金がかかっている空気だ――がただよい、選りすぐりのすばらしい演《だ》し物が続いた。黄金のたいまつを掲げる者たち、チェストにおさめられた乳香と没薬《ミルラ》、金でめっきを施したヤシの木、ブドウのつる、よろいの胸当て、盾、彫像、水盤、黄金の装身具をつけた牡牛。一台の荷馬車の上にサテュロスに扮した六〇人の人間が乗り、ブドウを踏みながら歌い、笛吹きがその伴奏をする。巨大な革袋から香り高いワインが通りに注がれる。辺りの空気にはまず香によるかぐわしい香りが漂い、続いてこの高貴な香りの流れができる。なんとも高揚させる組み合わせだ。お付きの者たちが行列の間に足からリボンをたらした鳩を放つ。動物を行列に参加させるために各地からアレクサンドリアに集められた人々が、街の周囲何キロにもわたってテントを張っていた。紀元前三世紀の行列には、飾り立てられたロバの群れが参加していた。黄金の糸で刺繍した靴を履いた象、オリックスの群れ、ヒョウ、クジャク、巨大なライオン、エチオピア産のサイ、ダチョウ、アルビノのクマ、二四〇〇頭の犬。サフランとシナモンを背負ったラクダもいる。その後ろには角を黄金で飾った牡牛二〇〇〇頭がパレードする。竪琴奏者が武装した五万七〇〇〇人の歩兵連隊と二万三〇〇〇人の騎馬連隊を引き連れて続く。クレオパトラはこうした大部隊は引き連れていなかったかもしれないが、どちらにしてもとんでもなく派手な行列をやってのけたことだろう。大事なのはあまたの王者の中で、自分は「もっとも賢く富を集め、すばらしく気前よく金を使い、すべてにおいて立派である」[66]事実を示すことだった。豊かさと権力と正統性は、みな分かちがたく結びついていた。この数十年の動乱の後にはなおさら、クレオパトラが自分の正統性を確立することが必要だった。

　カエサルはおそらくこの祝宴の最後まで出席していたことだろう。エジプトの情勢を安定させることは、クレオパトラだけでなく彼にとっても重要だった。エジプトは自国の消費量よりも多くの小麦を生産する地中海地域でほぼ唯一の国だった。クレオパトラは独力でローマ全体に食糧を供給できた。これは反対のことも言える。そう、彼女はその気になれば独力でローマを飢えさせることができたのだ。だからカエサルはローマ人にアレクサンドリアを統治させたくなかったのだ。統治を任せるのはローマ人ではない、信頼できる人物が一番適任だった。カエサルはポティヌスのことは信頼できなかったが、クレオパトラを信頼していたのは明らかだ。さらに、彼女の統治能力を信じていたのも明らかだ。厳密に言えば、クレオパトラ時代のエジプトは紀元前四七年に個人的な関係から保護領になっていた。政治がとても個人的な仕事だった時代なので、この取り決めは別に変わったものではなかった。ヘレニズム期の同盟関係は何度も結婚によって是認されてきた。ローマでは金目当ての結婚は必要なものであり、安っぽくて打算的だと反対する潔癖な人々にとっては残念なことに、政治家が野心的になればなるほど、結婚は多様化していった。ポンペイウスは五回結婚したが、どれも政治的な理由による結婚だった。カエサルの激動のキャリアは四人の妻に密接にかかわっている。カエサルとクレオパトラの関係に近いのは、年齢こそ違うが、ポンペイウスとカエサルの娘の結婚だ。カエサルはポンペイウスに感謝のしるしのような形で娘を与えている。* 男たちの関係が悪化するのは、必ず二人を結ぶ女性が死んだときだ。これはすぐ後に、はるかに大きな規模になって繰り返される。

カエサルとクレオパトラの関係が珍しかったのは、国籍が違うだけでなく、クレオパトラが自分の意思でカエサルの許にやってきたからだ。いずれかの男性の親族に強制されたわけではない。これはローマ人にとって、とても不快なことだった。父王アウレテスが生前に彼女をカエサルと結婚させていたのなら(67)(年代的にどう考えてもありえないが)、ローマ人の見方は大きく違っていたはずだ。彼女の歴史を書いた者たちを落ち着かない気持ちにさせるのは、彼女の自立心や冒険心に富んだ魂だった。詩人ルカヌスはこの点でとてもわかりやすい。彼は「クレオパトラは魔術で老人を魅了した(68)」とポティヌスに叫ばせているが、これは彼女が自分の意思でカエサルに近づいたということを、あらためて述べているようなものだ。そして、すでにエジプトを手に入れている彼女が、彼の記述ではその後「ローマを得ようとする売女」にされてしまう。ここでまた彼女は教訓話の題材になっている。インドの初期の女王クレオピスとして、この物語は語られている。彼女は「アレクサンドロスに降伏したが、後に王位を取り戻した。これは彼と寝て、武器で得られなかったものをベッドで気に入られることによって得たものだ」[69]。少なくともローマの歴史家たちによると、クレオピスはその不面目な行動により、「売女女王」という名で呼ばれた。これはたぶん贋作のフィクションで、ローマ人による東洋のあやしい魅力に関するどぎつい妄想話の一つだ。これはクレオパトラのストーリーをねじ曲げたものかもしれない。しかしこの話からクレオパトラに関するあることがわかる。多くのローマ人たちはクレオピス同様にクレオパトラをあやしいと思ったが、クレオパトラの超自然的なオカルト的な力に惹きつけられてもいたので、屈折した賛辞を送ったのだ。

クレオパトラとカエサルとの間に強い愛情がないのに親密な関係になったとしても不思議ではない。クレオパトラの冷静さとカエサルの冒険心が取引を成立させたかもしれないが、二人は政治的な目的だけでなく、性格もぴったり合っていた。二人とも愛想がよく、カリスマ性があり、早口だった。しかし、クレオパトラの方だけがとても誘惑的で危険だということで、歴史に名を残すことになった。クレオパトラは人の心をつかむ術をよく知っていた。当時、お世辞には四種類あると考えられていて、プルタルコスは「彼女は一〇〇〇種類のお世辞を持っている」[70]から、なにか悪い企てをしているのではないかと常に警戒するべきだ、と中傷している。カエサルよりもクレオパトラの方が機知を愛した

＊このプレゼントは歓迎されたが、タイミングがまずかった。カエサルの娘ユリアは数日後にクィントゥス・セルウィリウス・カエピオと結婚することになっていて、すでに彼の許に遣わされていた。カエピオは非常に気分を害した。そこでポンペイウスはユリアの代わりに自分の娘を妻として差し出したが、この娘もすでに別の誰かと婚約中だった。ローマの女性たちは、概して政治取引の道具とみなされていた。プトレマイオス家の人々は親族の間で常軌を逸した陰謀を繰り返したが、このような考えを持つことはほとんどなかった。

という記述が多く残っている。カエサルはどんな言葉を言ったかよりも数多くの行動からその人となりが伝わってくる。彼は誘惑の達人で、特に貴族の妻がお好みだった。クレオパトラもカエサルも、当時の特徴である知的好奇心と、同時代人たちにはない気楽な雰囲気とユーモアのセンスを発揮した。プルタルコスは権力というのは反社会的で孤独なものであると書いている。(71) カエサルとクレオパトラの周囲にいるのはおべっか使いか、なにかを企んでいる者ばかりだった。カエサルが述べているように、「仲間たちより抜きん出ることはなんにせよ競争と嫉妬を呼ぶ(72)」ものであり、成功には大きな犠牲がつきまとうことを二人とも知っていた。この二人の場合、その犠牲とは超一級の権力による孤独だった。

二人とも権力を得るためにあえて危険を冒している。二人とも賽《さい》を投げているのだ。彼らは仕事でも遊びでも優秀であり、さらにその二つをほとんど区別していない。カエサルはゲームに興じている間にも手紙や嘆願への返事をしている。クレオパトラは国のためのゲームに参加した。二人とも舞台から退場することはなかった。どちらも生まれついての名優であり、その能力も自分が優れているという確信も揺るぎなかった。人を驚かせることが大好きだったクレオパトラは、いつも派手な演出を期待されていたが、それを裏切ることはなかった。カエサルはスタイルを重視し、どんなスタイルの才能も愛した。カエサルはアレクサンドリアではいつも、会話のうまい人物や言語学者や交渉術の専門家を同席させていた。こうした専門家はカエサルと同じように、初対面の相手をまるで古くからの親友のように扱うことができた。彼が相手に細心の注意を払うのには十分な理由があった。クレオパトラはちょうどいいタイミングで、彼に支配者としての振る舞い方を教えてくれた。一年後に独裁官《ディクタトル》になるカエサルは、はじめて味わう絶対的な権力を楽しんでいた。クレオパトラはさらに、今まで彼が知り合ってきた女性たちが触れたこともないような仕事を扱っていた。彼女と同じように軍隊を編制し、艦隊を貸し出し、貨幣を統制する女性をローマで探さなければならないとしたら、きっと途方に暮れていただろう。クレオパトラは見事な個性を持っているばかりでなく、優れた頭脳においても、すべてを見通す実際主義者としても、カエサルにまったくひけを取らなかった。違うのは、後世の人々に、カエサルなら戦略で通ることが、クレオパトラだと人を操ったと取られてしまうことだけだった。二人とも自分の行動にも性格にもまったく関係のない戦争から脱したばかりだというところも同じだった。二人は同じ市民たちを相手に、同じ困難に直面した。カエサルはローマの貴族には人気がなかった。クレオパトラはアレクサンドリアのギリシア人には愛されていなかった。二人は民衆から力を得ていた。野心的な人物は、同じ野心を持つ人物といるとさらに輝く。カエサルとクレオパトラが一緒になったということは、伝説的な幸運を受け継ぎ、人目を引く華麗さを持ち、自分の才能を十分に自覚し、自分をいくつもの側面から考え、三人称で自分を語ることに慣れた二人が出会ったということだった。

ナイル・クルーズ

クレオパトラの祝宴の間に、カエサルがエジプトの大司祭を質問攻めにした、とルカヌスは想像している。カエサルは非常に幅広いジャンルの物事を学んでいるし、尽きせぬ好奇心の持ち主だった。野心と同様に探究心も人並み以上だった。彼はエジプトの伝説と文化に惹かれていた。アレクサンドリアで彼は科学者や哲学者に教えを請うていた。彼の求めるものはただ一つだった。「あの川がこんなにも長い年月の間ずっと隠れていて、水源がわからないこと以上に知りたいことはなにもない」(73)と彼は訴えている。大司祭がナイルの水源を教えてくれるのなら、カエサルは戦争をやめていただろう。それほどの熱意を抱くのも無理はない。古代世界の謎の中でもこれほど人を引きつけるものは少ない。ナイルの水源は今日で言う火星の運河のようなものだろう。ルカヌスがカエサルとクレオパトラのナイル・クルーズについてはじめて述べたのは、一一〇年も経ってからのことだ。彼はその詩の中で、二人のどちらも褒めていない。「扇情的ジャーナリズムの父」(74)と呼ばれるだけのことはある。ルカヌスは、現存していない、彼にとっては古い記述を基に書いている。彼がこの旅をでっちあげたとは考えにくい。アレクサンドリア戦争の後に行われたクルーズがどれほど贅沢でも、後にシェイクスピアが不滅のものにする、五年後の旅よりも娯楽に満ちた旅ではなかったと考える理由はない。それよりも、ローマの歴史家たちが、あえて後の方の旅を思い出し、こちらの旅を忘れようとしたと考えるべき理由ならある。彼らはカエサルが戦争の終結後にエジプトに滞在したと書いてさえいない。* 彼らがこのように共通の利益のために動いていなかったら、シェイクスピアのクレオパトラ劇は違ったものになっていただろう。

ナイルの旅にはたくさんの前例があった。外国の要人をクルーズでもてなし、エジプトの驚異を体験してもらうのはこの国の伝統だった。二世代ほど前、ある高官は非常に苦労しながら、ローマの元老院議員が「最大限に丁重に迎えられ(75)」てエジプトを旅できているか、つまり贈り物をふんだんに受け取り、熟練した旅行ガイドがつき、ナイルワニに与える焼き菓子やローストした肉がちゃんと手に入っているかどうかを確認している。エジプトのどこまでも続く穀物畑は誰の目にも印象的で、ローマ人でさえ手が震えるほど感動した。燃えるような好奇心以外にも、旅をする正当な理由があった。新たな支配者が儀式的な旅をすることから未開の地を統治しはじめるのも伝統だった。クレオパトラにとって、これは自分の領地に対する所有権をアピールするツアーでもあったのだ。エジプトにいる者はみな彼女のために働いていた。国中のほぼすべての資源、野原も獲物も木々もナイル川とそこに棲むワニたちも、すべて彼女のものなのだ。彼女にとっては、この旅は観光旅行でも科学的な探査でもなく統治者としての義務だった。彼女はこの旅に出ることで臣民にはローマの軍事力を示し、ローマにはエジプトの豊かさを見せつけた。エジプトの人々はクレオパトラが孤立無援だったときに、弟王に逆らって彼女を支援した。カエサルを伴って戻ってきた彼女はどう見ても無敵だった。

アレクサンドリアから南へ向かう旅はギリシア語圏を離れてエジプト語圏に入る旅であり、ワインの国からビールの国への旅でもある。[76] ファラオを敬い、神官が強い勢力を持っている南部の文化に対してアレクサンドリア市民たちは優越感を持っていた。南部ではクレオパトラの権威は絶対的だった。アレクサンドリアの派手な街並は、瑪瑙や花崗岩がなくても、途方もない過去を示す途方もないモニュメントがあり、景観は十分に驚異的だった。同じコースを旅した後世の旅行者は、「私はロバがオートト麦を飲み込むように、周囲の色彩を飲み込んだ[78]」と書いている。クレオパトラはカエサルに世界一長く、世界一壮観なオアシスを見せた。ベルベットのようにつややかな緑色の川岸、川底のごつごつした黒い土、赤紫色の夕焼けとアメジスト色の朝焼けを彼に見せたのだ。二人は必須の観光スポットは見逃さなかったはずだ。ピラミッドはヤシの木の上にはるかに高くそびえ立ち、てっぺんはかすんでいた。メンフィスの聖域と神殿では、大司祭たちが出てきて彼らを出迎えただろう。石灰岩でできたラビュリントスには、地上と地下をあわせて三〇〇〇もの部屋がある。湖畔にあるワニの神の神殿では、ナイルワニが人間の指示通りに口を開けるように訓練されていた。灌漑により農地を復活させた閘門《こうもん》とダムのシステムにはカエサルも驚嘆したかもしれない。メムノンの巨像は淡いオレンジ色の砂に奇跡のように真っ白に映えていて、高さ二〇メートルのその姿は周囲数キロの場所から見えた。その後ろの丘を登ると、岩の奥深くに、墓地である王家の谷が隠れていた。ずっと南には端整なイシス神殿があった。クレオパトラの父が一部の建設と装飾を担ったこの神殿は、急流の中の浅瀬にあるフィラエという島に建てられていた。†

＊ある現代の歴史家は、ローマの歴史家たちが故意にこの事実を隠したのだ、とまで主張している。[77]
†カエサルとクレオパトラはスフィンクスを見ていない。スフィンクスはこの一〇〇〇年近く前から、砂に埋もれていた。

もっと驚異的なのは旅の設備だった。ここにも巨大さを好む傾向が表われている。感心させたいという思いと同時に、楽しませたいという気持ちがあったのだ。クレオパトラとカエサルはクレオパトラの遊覧船が停泊していたアレクサンドリアの南にあるマレオティス湖から出発した。この港は王家が所有する全長九〇メートルの平底船(79)も収容できた。船首は象牙でできており、手の込んだ列柱がデッキに並び、円柱の軸には精巧なイトスギの模様が彫られていた。高さ五・四メートルの黄金の彫像が船首から船尾までを飾っていた。船の金属部分はすべて磨きあげた銅で作られており、木造部分には象牙や黄金が埋め込まれていた。すべては鮮やかな色に塗られていて、二階分の船客の滞在と娯楽のためのスペースを飾る、たくさんの王家の彫像もそうだった。宴会場の一つは、天井に格間《ごうま》が施されていた。別の宴会場にはエジプト式の円柱があり、白と黒が交互にあしらわれた模様の地にアカンサスの葉と蓮の葉が彫られている。三つ目の宴会場には紫色の日よけが、アーチ形の梁に高く掲げられて張られていた。王家の平底舟には、体育室や図書室やディオニュソスとアフロディーテの神殿や庭園、岩屋、講堂、螺旋階段、銅製の浴槽、馬小屋、水槽があることも珍しくなかった。

どう見ても、地味な一行ではなかった。一〇人ほどの取り巻きを連れて旅をしたある中流の役人は、秘書も会計係もパン焼き係も風呂係も医師も銀製品管理係も武芸のコーチもいないと途方に暮れている。クレオパトラとカエサルはローマの兵士とエジプトの廷臣の大群に囲まれて南へ向かった。彼らの滞在を手厚くもてなすことは臣民の義務だったが、アッピアノスが書いているように、彼らだけでなく後ろに四〇〇隻の船がつき従っているのだとしたら、それは非常に大変な仕事だっただろう。もちろん、小舟の大半は女王の船についてきており、川沿いには石やワインの運搬船や、商人のガレー船や警備の軽装帆船がひしめいていた。統治者に食事を提供し、もてなすことは臣民の義務だった。彼らは山のような贈り物を貢ぎ、従者たちを楽しませ、交通の手配もせねばならない。このために宿泊、警備、食糧に関するあらゆる種類の問題が持ち上がった。王族に徴発されないように物資を隠すよう部下に指示する役人もいた[80]。要求される量を考えるとそれも当然だった。それほど重要な地位にいないある役人でさえ、まだ乳離れしていない子豚三七二頭と羊二〇〇頭を要求している。農民たちは必要なものを用意するために昼夜を問わず働き、ビールを醸造し、干し草を貯蔵し、休息所に必要な物を備え、ロバを集めた。ちょうど収穫の時期で忙しいのに、これだけ働かされたのだ。この二年後に自分の領地でカエサルをもてなしたキケロは、もっと資産があり、それほど状況が複雑でなかったら、喜んでカエサルに別れを言っていただろう。次に近くに来たときには、もうカエサルを招かなくてもよくなったキケロは、ほっとしていた。「一度で十分だ[81]」とキケロはため息をついた。領主ではなく、軍隊の補給係になったような気分だったのだ。

クレオパトラとカエサルは「水上の宮殿[82]」で追い風に乗ってナイル川を遡《さかのぼ》った。岸辺には、たわわに果実を実らせたナツメヤシの木や、色あせたシュロの葉が見えた。川の向こうには黄金に輝く穀物の海が広がり、バナナの木には黄色く光る果実が見える。アプリコット、ブドウ、イチジク、クワの実はもうほとんど熟していた。ちょうど桃の季節だった。頭上には鳩がつがっているのが見える。カエサルとクレオパトラの目の前に広がる景色のすべてが、豊穣の国エジプトの伝説とナイル川の魔法のような力を強調していた。古代世界中にその名を知られていたナイル川は、黄金が流れていると言われ、超自然的な力の源だと考えられていた[83]。ナイルの水は普通の水の半分の温度で沸騰すると信じられていた。驚くような姿の生き物が棲んでいるともいわれていた。プトレマイオス二世はシリアの王家に嫁ぐ娘に、多産になるようにとの願いをこめて容器に詰めたナイルの水を贈っている（彼女はすでに三〇歳だった。このお守りは効いた）。エジプトの女性たちの妊娠は通常より効率がいいとされていた。子どもが生まれるまでの期間が短いというのだ。また、双子を産む確率が高く、四つ子もよくいるといわれていた。ヤギは他の場所では一度の出産で二匹の子どもを産むが、エジプトのヤギは五匹産み、鳩は一度に一〇羽ではなく一二羽を産むとされていた。エジプト人男性は他の人種よりも頭蓋骨が丈夫だと考えられていた。これは禿《は》げている（さらにカエサルのようにその部分にすだれのように髪を載せている）男性がほとんどいなかったからだ。ナイル川そのものが自然に生命を生むのだと考えられていた。クレオパトラとカエサルは川に棲む伝説の生物、ネズミと泥のハーフは見られなかっただろう。背中に草が生えているヘビや、小舟ほどの大きさのカメの甲羅の下に住んでいる人々も見つけられなかっただろう。二人は生い茂るパピルスの藪や蓮の間に、サギ、コウノトリ、カバ、体長五・四メートルのナイルワニ、ローマでは珍しいがここには無尽蔵にいる魚などを見ている。古代の歴史家たちの記述は根本的な事実を間違えているのに、エジプトの生産能力についてだけは完全に正確だ。クレオパトラの祖国は地中海地域でもっとも生産力の高い農業地帯で、土地自体が作物を植え、水をやっているようなものだった。

それは有史以前から本当のようだった。この「有史以前」という言い回しはエジプトでは実際に意味を持つ。クレオパトラの時代でさえ、古代の歴史などというものはなかった。その頃、世界はもっと古く、伝説がたくさんあり、迷信もあふれていた。カエサルはクレオパトラの傍らで二八〇〇年ものの建造物に驚いていた。すでに盗掘者に押し入られ、あちこちに落書きされていたその建物は、王家の谷にある墓だった。* 紀元前四七年の春にはすでに、世界の七不思議のある場所は廃墟になっていた。世界の他の国々が、もしかしたら優雅な暮らしなどというものがあるのかもしれないと思いはじめた頃に、クレオパトラの国エジプトはすでにずっと以前から観光ビジネスを行っていた。同時に、彼らは何百年も昔のことを現在より身近に感じていた。アレクサンドロス大王はクレオパトラにとって、我々二一世紀の人間にとっての一七七六年より遠い存在なのだが、アレクサンドロスにはいつも生き生きとした存在感があった。当時もっとも人気があったストーリー、トロイの陥落は、クレオパトラにとっては一一二〇年も昔の話なのだが、常に引用されていた。過去はいつもすぐそこにあり、宗教に近いほどの畏敬の念が向けられている。これはエジプトには特にあてはまることだった。エジプトの人々は特に歴史に対して情熱を持っているし、この国にはすでに二〇〇〇年分の文字による記録がある。この年月の大半は、排他的で近寄りがたかったエジプトはほぼそのままで、その技術はほとんど変わっていない。クレオパトラの臣民たちが、時間とは一定の輪の無限の繰り返しだと考えていたことには十分な理由がある。最近の出来事もその考えをさらに強めるだけだった。プトレマイオス王朝の摂政たちは、少し前に少年王に彼の家族を殺させようとした。その前の女王は軍隊を集めるためにエジプトから逃亡した。[85]紀元前四七年にローマ人を征服したことの大半は、三世紀前にクレオパトラのマケドニア人の先祖にも言えたことで、この相似を彼女は見落としていなかったことだろう。

旅の間にクレオパトラは何度も、白い亜麻とダイアデムを身につけて、何千年もの昔から伝わる宗教的な儀式に参加した。彼女は完全に生きた神として振る舞った。臣民たちが女王に対してどのように服従を表わしたのかはわからないが、おそらく彼女のいる場でお辞儀をしたり、敬礼のしるしに手をあげたのだと思われる。カエサルとクレオパトラを一目見ようと岸辺や土手道に並んでいる人々にとって、二人はロマンスを表わしているのではなく別世界から魔法のように現われた存在、地上に現われた生き神だった。二人はとても立派な眺めだっただろう。金髪で肩幅の広いローマ人は筋肉とくびれの試作品のような身体を紫色のマントに包み、その隣に浅黒く華奢なエジプトの女王が寄り添っている。二人は数々の聖地や古代の王たちのモニュメント、川沿いの第二の宮殿などを訪ねた。二人はそろって、白いローブをまとった神官たちと民衆の歓呼に迎えられた。二人はそろって農場が点在する中、川をさかのぼった。二人は農場が点在する中をクルーズする。辺りには泥煉瓦で造られた塔や団地造りの家々、豊かな実を結ぶ果樹園とブドウ畑と金色に輝く穀物畑が広がり、半ば砂に埋もれたスフィンクスや岩を彫って作った墓がある断崖もあった。二人は共にナイル川の季節の贈り物、蚊

＊もっともよくある落書きは、「私は見た、そして驚いた」である。[84]

と闘った。二人がやってくるのはオールががちゃがちゃいう音や竪琴の調べで遠くからわかった。二人が去ったあとには、蒸し暑い空気の中に香の香りが余韻のように残った。

それまでの数週間と比べたら、この旅はバカンスのようだったのは間違いないだろう。しかし堕落した快楽のクルーズであり、浮かれ騒ぐハネムーンでもあったというのは、用意された待遇の豪華さからの想像でしかない。堕落にかけてローマ人はなんの世話もいらなかった。ラテン語の言葉の定義を見ていくと、贅沢という単語（luxury）は混乱するという意味の動詞（dislocate）から派生していて、その後何千年か後になってみだらなという意味のlasciviousと結びつけられている。アッピアノスによると、カエサルはクレオパトラとナイル川をさかのぼりながら、「彼女と他の方法でも楽しんだ」[86]という。クレオパトラがこの贅沢極まりない旅の針路を変えさせて、ローマの将軍を彼が引き裂こうとしているエキゾチックなエジプトのエキゾチックな中心に連れていったのではないかという嫌疑をかけるのは、アッピアノスの想像からそれほど飛躍はいらない。クレオパトラ、あるいはエジプトは哀れで無防備なローマ人たちにそれほどの影響をおよぼした。エジプトという国そのものが思わせぶりな誘惑に満ちていた。ナイル川クルーズは事前に計画していたルートの通りに行われたのだろうが、後世の人々はそうは考えなかった。カエサルはエジプトを離れがたくなり、クレオパトラは彼を放したがらなかった、と後の記述には書かれている。「彼女は彼をさらに引き留めようとしたか、あるいはすぐに彼とともにローマに出発しようとした[87]」というのがディオンの説だ。カエサルは部下たちになだめすかされて、しぶしぶながら帰国したのだという。スエトニウスのバージョンでは、カエサルはエジプトの女王にのぼせあがって、すっかり頭がいかれてしまい、部下の兵士たちに反乱を起こすと脅されなかったら、エチオピアの国境まで彼女についていくところだったとされている。二人は現在のアスワンの南にあるごつごつした断崖まで到達して満足し、行列は不格好に回れ右をした。ディオンはカエサルが徐々に正気を取り戻して、エジプトに予定外の長居をしたことが「信頼を生むようなことでも、自分の利益になるようなことでもなかった」[88]ことに気づいたが、なだめるような川のせせらぎが、その状況を忘れさせたとしている。カエサルには当時生きている子どもがいなかった。すでに三度の結婚を経験していたが、息子は生まれていなかった。次のことはエジプトの伝説的な評判を裏づけるものといえるかもしれない。この春クレオパトラは、まるで常に花が咲き、小麦が自然に実る自らの国の豊穣な繁殖力をたたえるかのように、臨月を迎えていた。豊かなるエジプトの伝説的な多産さを十分に実証してみせたのだ。二人はナイル川で三週間以上九週間以下の時間を過ごし、ナイルの最初の大瀑布の手前で帰路についた。帰り道はナイルの流れが彼らを優しく宮殿まで運んだ。アレクサンドリアに着くと、カエサルは反乱状態にあるアルメニアに発った。六月の終わり、クレオパトラはローマ人とのハーフになる子どもを出産した。プトレマイオス家の血を引き、カエサルの子どもでもあるという二重の意味で神である赤ん坊だった。カエサリオンの誕生はなにか新たなものの到来を告げていた。

第四章　黄金時代が今であったためしはない(1)

使用人「私が長い間家を空けるとしたら、どんな理由を言えばいいですか?」
アンドロマケ「口実ならいくらでもあるわ。だって、あなたは女ですもの」

エウリピデス(2)

カエサリオン誕生

カエサルは六月一〇日にエジプトを発った。本来ならもうとっくに発っているべきだった。一二月を最後に、彼からなんの連絡もこなかったローマは混乱状態にあったが、そのことを彼はわかっていたはずだ(3)。郵便制度に問題はなかった。政治的な理由だけでなく、個人的な好意から、彼はクレオパトラの妹で、まだ〝きょうだいを愛する神〟という行動の伴わない名前を名乗っていたアルシノエを捕虜として捕らえていた。カエサルに従ってきた一万二〇〇〇人のレギオンをクレオパトラ護衛のためにエジプトに残したのも、政治的、個人的な好意を示すジェスチャーだった。二人とも政情不安は望んでいなかった。カエサルは実際のところ、クレオパトラの許を去りがたかったようだが、クレオパトラがその夏ローマまでカエサルについていきたいといったという、ディオンの説は本当だとは思えない。カエサルがぎりぎりまで遅らせて、ついにどうにもならなくなって発つ前に、次にいつどこで会えるかという話はほぼ間違いなく出たはずだが。

二週間後、クレオパトラは出産の準備に入った。カエサルとの親密な仲の詳細がわかっていないのと同じように、この出産の実際の様子もほとんど伝わっていない。(4)* 椅子に腰掛けて分娩したのかどうかわからないが、助産婦たちが近くに控えていたはずだ。まず、赤ん坊を取り上げた助産婦が布でしっかりとくるんだことだろう。次に黒曜石の刃でへその緒を切る。新生児にはたっぷり乳を与えなければいけないので、王家専属の乳母が雇われていたはずだ。乳母の仕事は今日のベビーシッターと変わらない。乳母は健康で清潔でなければならなかった。「怒りっぽくてはいけないし、食事の際におしゃべりすぎても無愛想すぎてもいけない。そしてきぱきとして、分別がなければならない」(5) 理想的な乳母はギリシア人、つまり高い教育を受けた女性だった。だいたいの場合、宮廷の役人と結婚している幸運な女性が乳母を務めた。報酬がよく、人にうらやまれる仕事で、一度乳母になると数年間は続けた。乳母は何世代にもわたる知恵を受け継いでいる。乳歯が生えてこない？　一般的な対処法

＊ナイル・クルーズやローマ滞在やアクティウムの海戦でのクレオパトラの誠実さと同じように、この子どもの父親が誰かということと出産の時期については論争がある。カエサリオンの誕生はあまりに都合がよく、そのタイミングもあまりによすぎて信じられないほどだ。懐疑主義者たちは、カエサルが男性不妊だったのではないかという仮説をもとに嘘だと主張する。盛んに性的活動を行ってきたのに、彼には三六年間、後継者が生まれなかったからだというのだ。スエトニウスはすでに、父親の問題を取り上げている。さぞかし憤っているだろうと思われる人物の文書は、不思議なほど沈黙を守っているし、物的な証拠はなにもない。この沈黙は肯定的にも解釈できる。カエサリオンの誕生は、クレオパトラがカエサルをだましたというあまりに大きな証拠であり、気に食わなかったので、あえてそのことにはふれなかったのかもしれない。カエサルは明らかに、自分の子どもだと考えていた。アントニウスもアウグストゥスも、父親はカエサルだと信じていた。(6)

は子どもに油で揚げたネズミを食べさせることだった。泣きすぎる？　蠅の糞とケシを練ったペーストを与えれば、どんなにひどく泣いている赤ん坊も鎮める効果があった。

クレオパトラはその気になれば、避妊や中絶についての何冊もの本を参考にすることができた(7)。そこに載っているアドバイスの中には驚くほど効果的なものもあった。彼女が避妊の指南書よりも文学の本を読んで過ごしたことほど、科学と神話、啓蒙と無知の衝突を雄弁に物語るものはない。クレオパトラの時代には有効な方法と同じだけ、信じられないような迷信もあった。三〇〇年ほど前、ヒポクラテスは流産を促す処方として、飛び跳ねながら七回かかとを尻につけるという方法を紹介していたから、これと比べれば紀元前一世紀のやり方は格段に論理的に思える。日の出の前にシカの皮とクモの卵を身につけるとその後一二カ月間避妊することができる。これは左足に猫の肝臓をつけておくやり方よりも奇妙ではない（あるいは効果がある）が、その後で性交の途中でくしゃみをする方がすばらしく効果があると断言されている。クレオパトラの時代にはナイルワニの糞やラバの肝臓のスープや宦官の尿に避妊効果があるとして広く知られていた。概して、避妊よりも流産の起こし方の記述のバラエティの方が多い。古くから使用されて効果が証明されている〝緊急避妊薬《モーニングアフターピル》〟には、塩、ネズミの糞、蜂蜜、松やになどがあった。クレオパトラよりかなり後代になって、消したばかりのランプのにおいをかぐと流産するといわれるようになった。同じ頃に、クレオパトラの時代に広く行われていた薬草による治療が有効だったことが証明された。ホワイトポプラ、ジュニパーベリー、ジャイアントフェンネルには避妊効果があると実証された。その他に酢やミョウバン、オリーブオイルなども近年まで使われていた。毛織物に蜂蜜と油をしみこませた古代式のペッサリーも現存している。生理の前後がもっとも妊娠しやすいという、かなりあやしげな周期避妊法よりは、どれも効果的だっただろう。

二二歳のクレオパトラにとって、母親になる事は、たまたま政治的にもっとも都合のいい出来事だった。ユリウス・カエサルの子どもを産むことほど、彼女の将来を保障するものはなかったのだ。この赤ん坊の両親がどちらも他の男女と結婚しているという事実をはじめとして、いくつかやっかいな問題はあった（正確に言うと、クレオパトラは妊娠中に未亡人になって再婚している）。エジプト人にとってカエサルは、二つの点で理想的な父親とは言えなかった。プトレマイオス家の血を引いていないし、王族でもないからだ。そしてローマ人にとっては、彼が父親になったということを言いふらされることにはなんの利点もなかったし、むしろ恥でしかなかった。クレオパトラにとっては、この出産というまったく個人的な出来事が、なによりも効果的な外交政策になったようだ。彼女は自分が生き延びることしか頭になかったので、世継ぎのことをちゃんと考えていなかったのかもしれない。しかし、これでアレクサンドロス大王のように跡取りなしで死んでしまうという事態にはならないですむ。偉大なるプトレマイオス王朝を次の代につなぐことができるのだ。さらに、赤ん坊は男の子だった。エジプト人は女性のファラオにも喜んで従ったが、ベレニケ四世のややこしい結婚歴を見ればわかるように、女王には男性の配偶者が必要だった。その存在はバランチンのパ・ド・ドゥの相手役のバレリーナのように、支援者というよりもお飾りにすぎなかったかもしれないが。赤ん坊カエサリオン――リトル・カエサルという意味で、アレクサンドリア市民がつけたニックネーム。正式名はプトレマイオス一五世カエサル――を膝に抱いたクレオパトラには、女王につきものの統治の苦労はなくなった。カエサリオンはバブバブ言いはじめる前に、すでに見事な離れ業をやってのけていた。彼は無能なおじを王位から手もなく閉め出したのだ。プトレマイオス一四世が知っていたかどうかはわからないが、姉クレオパトラは硬貨に刻まれる肖像も政府の統治も完全に独占していた。

なによりもすばらしかったのは出産のタイミングで、まさに完璧だった。もっとも有利なときに子どもを産むために、なんらかの手段を使ったのか、それとも単に非常に運がよかったのか。カエサリオンが生まれたのは、ちょうどナイル川の夏の増水期と一致していて、心理的にも図像学的にも経済的にも、豊穣の季節にまさに入るところだった[8]。ナイル川が日ごとに混濁し、藻に覆われて緑色になり、それから北から南に向かって着実に水かさが増していくのとともに、クレオパトラのお腹の中では着実に妊娠から祝いの時へと進んでいったのだ。ブドウやイチジクやメロンが入ったかごが次々と届く。蜂蜜が満ちあふれる[9]。クレオパトラはこのとき、年に一度のイシスの祝祭を執り行った。数多くの儀式が行われる、ひときわ重要な時期なのだ。この全能の女神の涙がナイルの増水を呼ぶのだといわれていた。祝祭の日、臣民たちはクレオパトラに（義務である）捧げ物をする。この捧げ物をめぐって廷臣たちは激しい争いを始める。エジプトじゅうから果物や花を積んだ舟が宮殿に到着する。カエサリオンの誕生によって、クレオパトラとイシスのつながりはさらに強く認識された[10]。しかしクレオパトラは、この点において、もっとも個性的な先祖たちの例に習っただけだった。彼女らは二五〇年もの間、自分たちをイシスと同一視してきた。イシスはその当時、もっとも偉大な神と位置づけられていた。彼女はほとんど無制限の権力を楽しんだ。イシスがアルファベットを発明し（エジプト語とギリシア語両方のアルファベット）、天と地を分け、太陽と月の軌道を決めた。イシスは激しやすく、しかし深い憐れみの心を持つ神で、混沌から秩序をつまみ取った。優しく、安心感を与えてくれる存在だが、戦争や稲妻や海の女神でもある。病気の者を癒し、死人を生き返らせることもできた。恋愛をつかさどり、結婚を発明し、妊娠を管理し、親子の絆になる愛情を湧き起こさせ、家庭生活を見守る。慈悲と救いと贖罪を与える神。完全なる豊穣の女神、万物の源である地母神であり、多くの母親と同じように、思慮深く万能で、ひそかに奇跡を行う存在でもあった。

イシスは、二つの文化の気まぐれな合体の象徴としてもクレオパトラの臣民たちを惹きつけた。ギリシア語とエジプト語、どちらの名前で呼ばれてもみな返事をするこの国で、イシスは建国の女神であり、宗教上の偶像でもあった。デメテル、アテナ、アフロディーテを一人で体現していた。アレクサンドリアにはイシス神殿があちこちにあったし、ほとんどの家庭に素焼きの小さなイシス像があった。支配者であり、とても官能的な雰囲気を放つ女性であるイシスは、他国では当惑される存在だった。エジプトよりも好戦的なローマ世界には、アレクサンドリアの商人たちがイシス信仰を持ち込んでいたが、ローマ人たちはこの魔女にめんくらっていた。イシス信仰の神官がローマへ立ち入ることを、カエサル自身が禁止していた。紀元前八〇年にはすでに、ローマのカピトリウムの丘にイシス神殿があった。この神殿はクレオパトラが生きている間に何度も破壊されては再建された。イシスの人気は高かったので、紀元前五〇年に神殿の装飾を取り外せという命令が下されたとき、職人たちは誰一人として斧を手に取ろうとしなかったという。このときは執政官《コンスル》がトーガを脱ぎ、自ら最初の一撃を加えねばならなかった[11]。

イシスがエジプトの女性たちの最高位と見なされるようになったのが先か、プトレマイオス家の女王たちがイシスの地位を高めたのが先か、どちらかわからない*。しかしイシスが男女平等の先駆けになったのは間違いない。イシスが女性たちに男性と同じ強さを与えたという記述もある。いずれにしても、イシスはクレオパトラにとって、すばらしい恩恵だった。カエサリオンの誕生を祝うために、母になったばかりのクレオパトラは、カエサリオンをイシスの息子ホルスとして描いたコインを鋳造するよう命じた（このカエサリオン像は便利なことに二通りに解釈できた。アフロディーテの息子エロスと見ることも容易にできたのだ）。このあとの出来事もクレオパトラとイシスの同一性を強調するものばかりだった。彼女はそれまでのプトレマイオス家の女性たちよりもさらに完璧にイシスにな

＊これまでにも登場している不正確な文書は、クレオパトラと同時代のある歴史家の、エジプトの逆さまの社会階級はイシスのせいだという記述を伝えている。ディオドロスはイシスの偉大なる知恵を尊重し、エジプトでは、「女王は王よりも大きな権力を持ち、一般の人々の間では、妻は夫を思い通りにし、夫たちはどんなことでも妻に従うという結婚契約に同意すべき」だと決められている、と主張している[13]。

りきった。儀式の際にはイシスの衣装をまとった[12]。足首まである見事なひだのついた麻のマントを左の方から右の腰にかけてまとい、左右の胸の間で結んでいた。このマントには虹色にきらめく縞模様が入っていて、裾にはふさ飾りがついていた。マントの下にはキトーンというギリシアのゆったりとした肌着を身につけていた。くるくるしたカールが首の周りで揺れる。頭にはダイアデムをつけ、宗教的な儀式の際は伝統的なファラオの羽根冠と日輪の円盤と牛の角をつけていた。四七年後、変幻自在なイシスはまったく違うシングルマザーにその立場を譲り、この新たな女性がイメージの大安売りをすることになる。

当時のエジプトの女王は魔性の女というよりも大地の母という立場だったので、母になったことはクレオパトラの権威を強化したばかりでなく、エジプトの神官たちとのつながりを深めることにもなった。クレオパトラは彼らに大きな特権を与えた。こうした中で彼女は父の仕事を引き継いで続けた。アウレテスはエジプトを離れている間も休まずに神殿を建てつづけ、エジプトの神官たちとの交流を広げていた。神官たちはエジプト土着の人々を統率する中心的存在であり、国家の問題にも深くかかわっていた[14]。神官は宗教と商業の両方で中心的役割を果たしており、ギリシアの官僚制とエジプトの神官政治の融合的存在といえた。財務大臣が聖なる獣たちへの給餌状況の監督も担当していた。特別な儀式の際のお布施の管理担当者がアシの売買もしている場合があった。メンフィスの神殿のご大層な名前の役職に就いている神官が、商業の世界でもご大層な役職に就いており、さらにクレオパトラの宮廷で特権的な地位に就いていることもあった。いわば共生のようなものだった。地上の神であるファラオは神官たちにとって宗教上必要な存在だったし、クレオパトラにとって神官たちは、経済的にも政治的にも必要だった。神官たちは法律家や書記の仕事もし、神殿は一大工場であり、文化施設であり、経済ネットワークの中心でもあった。なにか契約を結ぶときも、医者の診察を受けるときも、穀物を一袋借りるときも神殿に行くのだ。神殿は敷地内に避難民をかくまうことができた。クレオパトラは紀元前四六年にイシス神殿が持つこの特権を拡大し、統治期間の終わり頃には、南のデルタ地帯にあるシナゴーグにも同じく拡張した[15]（こう書くとこの取り決めの半分しか伝えられていないかもしれない。デルタ地帯の兵士たちはとても優秀で、クレオパトラには当時この軍隊が必要だった）。原則として、聖域に逃げ込んだ者は誰でも、追い出されたり、引きずり出されたりすることはなかった。ストライキを決行する勢いがあるときにはここに逃げ込めばいい。神殿は金も貸しており、プトレマイオス家の者に貸すことさえときどきあった。

神官たちには、文字通りエジプトの運命の浮沈がかかっているナイル川のご機嫌を細かく観察するという仕事もあった[16]。ナイル川は惜しみなく豊かさを与えてくれるか、おそるべき災害をもたらすかのどちらかだった。増水により水位が約七メートル上がると、人々は狂喜乱舞した。約六メートルなら歓喜の声が上がる。約五メートル半の場合は、苦しい季節の始まりを意味した。青みがかった灰色の泥が川床にへばりつき、陸へ広がることを不機嫌に拒否するからだ。前年がこの状態の場合、ナイル川は世の中と同じぐらい調子が狂っている。紀元前四八年にクレオパトラがアレクサンドリアに向けてひそかに移動していた際に見た洪水の被害は甚大だった。けっきょく、約二・二五メートルにしかならず、史上最低記録を更新してしまった（渇水のせいでエジプトの経済は停止し、この年の秋、反ローマの新兵たちが集まりやすかった理由の一つはこれだった）。ナイル川は国の法律ばかりでなく、ごく近しい家族の関係も左右した。ある家の息子は母親との同意書にサインしている。それはナイル川の増水の水位がある数字を下回らなかったら、息子は母親にある分量の小麦、油、塩を提供し、その場合は母親が息子の家事を肩代わりするという内容だった。多くの神殿にはナイルの水位を測るための柱があり、神官たちがひそかに、憑かれたように観測しつづけていた。彼らは毎日計測値を去年の値と比べる。そしてその情報からクレオパトラの役人たちが収穫量を見積もり、税金を計算した。この計測値とデータ比較への情熱を見ると、エジプトで幾何学が発展したのも納得がゆく。

前例への執着は歴史を大切にする傾向にも見られる。この場合はそれほど正確に数字を追うわけではないが。人々を飢えさせないことがなによりも大切だという、自らが出した命令をクレオパトラは誇りに思っていた。自分のことを豊穣の女神になぞらえたのには十分な理由があった。彼女は臣民のために飢えに立ち向かったのだ。組織が硬直化していたことを考えると、蓄えはまったくできていなかっただろう。食糧危機がやってくると、クレオパトラは王家の倉庫にある食糧の分配を許可するしか方途がなかった。「私の治世の間はもう臣民を飢えさせない」というのは、どんな君主にとっても、神殿の壁に書きたくなる、気持ちのいい言葉だ。[17] しかしプロパガンダは古代でも現代と同じ結果をもたらす。気持ちよく断言したことと、実際の栄養状況はあまり関係がない。まったくかけ離れているというわけではないけれど。

王と官僚

紀元前四七年の中頃、クレオパトラは陰謀を企てた廷吏たちを自由の身にし、敵対する王族を解放した。行政への影響は最小限にとどめた。しかしそれでもクレオパトラは手一杯だった。クレオパトラより前の時代のギリシア系の王は、こう不平をこぼしている。「王に課せられるうんざりするような仕事に関して、どれだけ手紙を読んだり書いたりしなければならないかを知っている者ならば、地面に落ちたダイアデムをわざわざ拾い上げたりはしない[18]」この王はプトレマイオス王朝の官僚機構という立派な組織を知らなかった。これは、行政の職務に誇りを持ち、パピルスをふんだんに使い、中央集権の計画経済と記録や調査に対する不可解なほどの情熱を持ったエジプト文化から自然と生まれた賜物だった。ギリシアの歴史家ディオドロスは紀元前一世紀のある王のスケジュールを書き残しているが、クレオパトラの日常もその中のパターンに近いものだっただろう。朝起こされると、各地から送られてきた急ぎの書類の束に目を通す。助言者たちが国政のいろいろな問題の摘要を述べる。女王は大司祭や君主仲間と手紙で連絡を取り合っていた[19]。内容はお元気ですか、から始まり、彼らの公私における状況が進展しているかどうか、それから、紋切り型の挨拶のあと、私は元気ですと結ぶ。時に彼女は決定事項を言い渡す。たくさんの筆写人に口述したり、他の者の意見を承認したりした。時には「そのようにはからえ」という、たった一言の力強い言葉ですませることもあった。それからようやく風呂に入って着替えると、香水をつけて化粧をし、その後、煙で真っ黒にいぶした犠牲を神に捧げる。予約が入っている日は午後、政治や神殿や司法に関する用件の訪問者を迎えた。中には退屈な謁見者もいた。プトレマイオス家の先達の中には、話を聞いているうちに眠ってしまった王もいた[20]。クレオパトラはイシスに見まごうほど広範囲の責任を担っていた。裁判で正義をなし、陸軍と海軍を指揮し、経済を統制し、外国勢力と交渉し、神殿を統轄するだけでなく、原料の値段を決め、種まきのスケジュールを決め、種子の分配も、エジプトの運河も、食糧の供給も取り仕切っていた。彼女は裁判官であり、神官であり、女王であり、女神であった。一日一回かそれ以上、CEOの役割も果たしていた。彼女は現世と来世の両方の組織の長でもあった。エジプト一の大商人でもあった。詰め込まれた政治関係のスケジュールで一日のほとんどが過ぎてゆく[21]。先ほど登場したクレオパトラより前の時代の疲れたギリシア系の王は、絶対的な権力がとても体力を消耗するものであるのを知っていた。

クレオパトラの言葉に応えるのは、周囲に堀を張り巡らせた巨大な官僚集団だった。地方レベルでは、その地域の事務員と事務補助員、村長、書記、収税吏、警察が命令を執行する。国レベルでは、経済内務大臣《ディオケテス》が、大勢の部下と共に国政が機能しているかどうかを監督していた。身近なところでは、専属の書記、メモを書き留める係、側近である相談役、外務大臣と哲学者たちを雇っていた。ギリシア人とギリシア語を話すエジプト人が占めていたこうした特権的なポストには、この一族に特有な大げさな称号がついていた。特に力が強い者は王の友人という階級、あるいは後継者という階級に加わることになる。この一団にはクレオパトラが子ども時代からずっと信頼していた助言者たちや、父親の代からの者たちを雇いつづけていた。経済内務大臣などのいくつかの地位にある者と、クレオパトラは常に連絡を取り合っていた。彼女は書記がつけていた業務日誌を毎日チェックしていた。

政府はわずらわしく、様々な圧力がかかった組織からなっていた。政府は二つの設定のもとにつくられていた。クレオパトラの仕事は臣民に税金をかけることで、臣民の仕事はクレオパトラの金庫をいっぱいにすることだ。そのためにクレオパトラの先祖たちはありとあらゆる産業の、ありとあらゆるレベルに統制の手を差し挟んだ。これ以上の規模の官僚組織はどこにもなかった（カエサルはただただ驚いたかもしれない。ローマにはまだ官僚制度がなかった）。クレオパトラの許には地中海随一の量の収穫物が集まってくる。彼女はそれらによって臣民を養い、そこから力を得ていた。だから役人たちは収穫までのあらゆる段階で監視の目を向けた。まずは彼らが種子を分配する。そして収穫期に同じ量を返却させる。農民は栽培に関して誓いを立て、その宣言通りにやると王に誓わされる。収穫後の作物を「混じりけなく遅れずに」届けると誓わなければ、船に種子を積み込むことができないのだ。[22]クレオパトラの治世では、数十年間におよぶ混乱のあとだったので、積み出し人は種子の見本を封をしたまま、武装した警備兵同行のもとで運ばねばならなかった。プトレマイオス家の巨大な船は三〇〇トンもの小麦を載せて川を航行することができた。アレクサンドリア市民の食糧を運ぶためだけでも、少なくともあと二隻、これと同じ規模の船が小麦や大麦やレンズマメを積んで川を行き来していた。

こうした細かい監視は、経済活動のあらゆる部分に行き届いていた。プトレマイオス朝のシステムは、歴史上もっとも厳しく統制されていた計画経済のソビエト・ロシアと比べられてきた。エジプト人の農夫、ギリシア人の移住者、神殿の神官など誰が耕作していようと、どこもみな王家の土地だった。役人がその土地の用途を決め、実際の使用状況を監視する。木を伐り倒すときも、豚を繁殖させるときも、大麦畑をオリーブの果樹園に変えるときも国の許可が必要だった。耕作する者の利便性やより豊かな収穫のためでなく、すべては記録を取り、利益を監視する役人たちのために細かく決められていた。許可なくヤシの木を植えると告発された（ある進歩的すぎる女性が実際に告発されている）。養蜂家は行政区を越えて蜂の巣を移動させることができなかった。これは当局を混乱させないためだった。耕作期間中は誰も村を出てはいけなかったのだ。これは家畜にも適用された。すべての土地は調査され、家畜は台帳に記録されていた。隠しておくことができない増水期に家畜の調査が行われた。機織り機は遊んでいるものがないか、糸の太さは正しいかをチェックされた。個人が搾油機やそれに類する物を所有することは違法だった。役人たちは長い時間をかけて闇の売買をつぶした（神殿だけはこの法律の例外で、毎年二カ月間だけ闇の商売を行うことができた。その二カ月が終わると、閉店させられた）。ビールの醸造は免許を取り、ビールを造ると誓約したうえで政府から大麦を受け取った者しか行ってはいけなかった。できたビールを売ったら、その売り上げから原料と地代を差し引いた利益を、役所に報告しなければならなかった。クレオパトラはその結果によって、大麦の相場とビール醸造人の利益の両方を知ることができた。役人たちはすべての収入を綿密に監査し、クワやヤナギやアカシアが正しい時期に植えられているかを確認し、すべての運河の保全状況を調べていた。その過程で、「自分勝手なことをするのは誰にも許されない。すべては最良になるように計画されている」[23]という、なかなか励みになるスローガンを、ことあるごとに非常に熱心に説いた。この言葉はエジプト中に広まっていた。

歴史上類を見ないほど洗練されたこのシステムは、とても効果的に働き、クレオパトラに莫大な富をもたらした。小麦、ガラス、パピルス、麻、油、軟膏というエジプトの産業の大半を、王が独占していた。こうした日用品の取引において、クレオパトラは二重に利益を得ていた。王に油を売る際は、五〇パーセント近い税金がかかる。クレオパトラはその油を売って利益を得るが、この利益が三〇〇パーセントにものぼることもあった。臣民たちは塩にも水路にも牧草地にも税金を払っていた。だいたい、名前のついているものにはすべて税がかかっていた。風呂を所有している者は、国に総収入の三分の一をおさめなければならなかった。まったくの私物にもかかわらずだ。漁師は獲った魚の二五パーセントをおさめねばならなかったし、ワイン醸造業者はできたワインの一六パーセントの重量をおさめなければならなかった。クレオパトラは自身で奴隷の少女たちを使って、ウール工場と織物工場をいくつか経営していた。クレオパトラは全知の神のように思われていただろう。プトレマイオス家の者は「臣民の一人一人の価値と、彼らの毎日の行動の大半を把握している」と言われていた[24]。

これは濫用を呼ぶシステムで、実際に濫用されていた。プトレマイオス王朝の財政政策は内務経済大臣から局長や部長、大蔵大臣や書記や会計士などの膨大な人々の階級社会によって成り立っていた。それぞれが争いの仲裁をするのと同じくらい熱心に私腹を肥やそうとして機会を待っていた。職権濫用の機会はどこにでもあった。その痕跡は栄えあるアレクサンドリアの街そのものよりも長生きしたが、それは栄《は》えあるプトレマイオス王朝の組織のすばらしさのおかげだった。役人たちはせっせと汚職に励むうちに、ついに恨みを買うようになった。役人たち自身も農業や工業を営んでいることが多かったので、公私混同を起こしやすかった。工場の総括管理者と王の利害は一致しなかった。枕や蜂蜜や山羊の革製の水着に税をかけようと狙っている国と収税吏の利害は決して一致しなかった。様々な階級の役人たちも互いに意見が一致しなかった。担当が重複している怠惰な役人たちがたくさんいるので、個人的な好機はみなほとんど逃さなかった。プトレマイオス朝を研究するドロシー・トンプソンは、プトレマイオス家の人々は、よい役人の定義をするために非常にたくさんの時間を費していると指摘している。よい役人とは常に警戒を怠らず、高潔で、善意の指針となる者であるべきだ。あやしげな者ばかりの中にいても、みなを正しい方向へ導くべきだ。寄せられた苦情はすべて調査し、ゆすりやたかりに警戒し、監査ツアーの際には「みなを元気づけ、士気を高める」べきだ[25]。しかしそんな理想の役人の姿はほとんどが絵空事で、「我らがよい役人が、悪事を働いていないなどということはありえない」とトンプソンは証拠を調査した結果、断言する。[26] 誘惑があまりに多く、給与が安いかほとんどないような役人にとって、このシステムはあまりに融通がきかなかった。*

職権濫用のリストはなかなか見事だ。役人は土地を着服し、家を徴発し、金を横領し、舟を没収し、恣意的に人を逮捕させ、違法に税を取り立てた。彼らは洗練されたゆすり団のような組織を作り出していた。ギリシア人もエジプト人も神殿の神官も農夫も、みな平等に食い物にした。[28] クレオパトラは定期的に臣民と熱心すぎる役人の間を仲裁した。もっとも高位な役人でさえ、女王に戒められることがあった。あるときには、牡牛のミイラ製造主任が嫌がらせをされていると訴えている。紀元前四一年の春には農夫の一団が二重課税に抗議してクレオパトラの前に現われ、クレオパトラは後に彼らの税を免除している。報告書、陳情書、指示書、命令書などの膨大な量のパピルスの行き来の中には、苦情や譴責が頻繁に見受けられる。特にクレオパトラの治世の初年には、かなりの数の不平が殺到している。宮殿でも門番、猟犬係、侍従、ワイン給仕係、お針子、寝室付きの使用人までに不服従、気のきかなさ、不正直が蔓延し、彼女を悩ませた。

臣民たち

＊唯一の例外が警察組織だ。ギリシアほど高い身分にはおかれていないが、エジプトの警察は平等主義の組織であり、非常に優秀でよく仕事をし、時には役人を譴責することさえあった。法をまじめに執行していたのだ。基本的に自律的な組織であり、プトレマイオス家の王たちを「ロバの窃盗や老婦人たちへの脅迫」などの問題にわずらわされることから解放していた。[27]

彼女の善意や知性や正義への情熱に直接訴えようとするこうした苦情でさえ、彼女のもとに直接届くことはなかった。[29] イシスと同じようにクレオパトラは、神としてだけでなく、現世的な意味でも、臣民の慈悲深い保護者であると見られていた。エジプト人たちは屈辱的な目にあったり、なんらかの補償を求める際には彼女の名を叫んだ。クレオパトラには正式な代理人、嘆願を区分けする役人がいたが、それでも不当な扱いを受けた人々がクレオパトラに直接訴え出ることは止まらなかった。彼らは団体で訴え出た。賢い女王は監査ツアーや宗教上の祝祭で国内を移動する前に、臣民全体に対する大赦を行った。そうしておかないと、数えきれないほどの原告が押し寄せてくることになるからだ。みな、疑わしきは嘆願書を書けというポリシーで行動しているようだった。ありとあらゆる種類の軽罪とメロドラマが、クレオパトラを行く先々で迎えた。料理人が逃げ出す。労働者はストライキを組織し、税関の役人は巧みにごまかし、配達された商品は偽物だ。守衛の給料は支払われない。売春婦は未来の客につばを吐きかける。元夫の妊娠中の妻を襲撃する女たち。役人たちは豚を盗み、鳩小屋を没収する。徴税人が暴徒に襲われる。貸した金は返ってこない。墓泥棒や灌漑のトラブル、不注意な羊飼いに、不正請求に不当逮捕。浴室の係員が主人を侮辱し、衣服を持って逃げてしまうのはよくあることだった。権利のない父親が自分の世話を放棄したと娘を訴える。[30] 正直な納税者である、免許を持ったレンズマメ売りは出遅れたために、焼きカボチャ売りに客を取られてしまう。焼きカボチャ売りが「朝早くやってきて、私と私のレンズマメの近くに座ってカボチャを売り、私がレンズマメを売る機会を奪った」のだと言う。[31] 彼は使用料の支払いを待ってくれるよう、当局を確実に説得できるだろうか？ 税金をめぐる言い争いはあまりにありふれていたので、何世紀も前にプトレマイオス二世がこうしたケースを弁護することを法律家に禁じている。[32] 猫の神殿の管理人は肉体労働を免除されているが、本当に収穫の役に立っているのだろうか？ 彼らは祈願を行っていた。

よくあるトラブルはもう一つあった。ある女性がたまたま、おまるの中身を窓から外に空けたときに、ちょうど下を通りかかった通行人にかかってしまい、それに続いて起こったけんかで、彼の衣服をずたずたに引き裂き、顔につばを吐きかけたケースだ。こういったケースでは、国籍の違いが議論されるのは公平なことだ。浴室係が熱い湯が入った水差しを客に向けて空けてしまい、客が「腹と、左のももから膝にかけてやけどし、生命の危険があった」と主張した場合も同じだ(33)。主にギリシア人が治め、エジプト人が働く国であるエジプトでは、水面下で憤りがたぎるのは避けられないことだった（つばを吐いた女と浴室係はエジプト人で、被害者たちはギリシア人だった。エジプトには五〇万人以上のギリシア人がいたが、その大半はアレクサンドリアに住んでいた）。宗教的混淆《こんこう》やアレクサンドリアの街の国際性――アレクサンドリア市民に話しかけるということは、エチオピア人かスキタイ人かリビア人かキリキア人に話しかけるということだ――にもかかわらず、二つの文化は交わることなく存在しつづけた。これほど法体系がはっきりしていたところは他にないだろう。ギリシア語で交わされた契約はギリシアの法律にのっとっており、エジプト語の契約はエジプトの法律にのっとっていた。同様に、エジプト人女性はギリシア人女性にはない権利を謳歌し、いつも保護者に対して反論することができた。法規の適用も異なっていた。通行証なしでアレクサンドリアを出ようとしたエジプト人は、財産の三分の一を没収される。ギリシア人の場合は罰金を払うことになる。二つの文化はある意味でずっと隔離されていた。クレオパトラとカエサルが発見したように、移植することができない習慣もあるのだ。ギリシアのキャベツはなぜか、エジプトの土壌で育てると風味がすべて消えてしまう。

クレオパトラが父から受け継いだときのエジプトの経済状況はずたずたとしか言いようがない状態だった。「前任者から共和国を受け継いだとき、美しかった絵の色が歳月によって褪せているような感じだった」と、キケロはローマについて何年も前に嘆いている(34)。クレオパトラのエジプトではこれがさらにひどい状態で、繁栄の日々はもはや完全に過去のものになっていた。アウレテスの不人気の大きな原因は、自らのローマに対する借金を返すためにかけた煩雑な税にあった。クレオパトラは借金を片づけたが、あとに残ったのは目減りした財宝だった[35]（アウレテスの訃報を聞いたとき、ローマ人たちの頭に最初に浮かんだのは、「それでエジプトはいま誰が統治してるんだ？　そして俺の金はどうやったら取り戻せる？」という疑問だった）。ある記述では、アウレテスはプトレマイオス家が蓄えてきた資産をすっかり使い尽くしたも同然だったという。クレオパトラはどうしてやっていけたのか？　経済問題に関して、彼女は断固たる手段に出た。平価を三分の一に切り下げたのだ[36]。父が死の直前にしたように、金貨を新たに発行したり、銀貨の価値を落とすようなことはしなかった。彼女の統治期間はほとんど、銅を主に使った。大きな製品を銅で作らせたが、これはしばらく行われていなかったことだった。それから彼女は革新的なすばらしい手段を採択した。複数の種類のコインを導入したのだ。史上はじめて、硬貨の価値は表面に刻まれた模様で決まることになった。重さとは関係なく、表面に彫られた額面で価値が決まることになったので、彼女に莫大な利益をもたらした。

その利益を、諮問委員会がクレオパトラの経済状態を考えながら分配した。後にローマに支援を要請されたときに、クレオパトラはそれほど多くの金を出さなかったが、これは経済的に逼迫していた証拠だという者もいる。それでも、これは協力的でなかった証拠だという者もいる。彼女はローマの操り人形になるつもりはなかった。紀元前五八年、キプロス問題で王位を失ったときのアウレテスには傭兵で軍隊を編制する資金がなかったといわれている。その一〇年ほどあと、クレオパトラは王位に就いてわずか二年後だったが、弟に一撃をくらったときには、どうにかして父にはなかった資金を手に入れていた。彼女は経済を安定させ、エジプトの国全体をも安定した方向へと踏み出させた。後に政治的な目的で彼女に求婚をする者が何人もいたことからわかるように、彼女にはまだかなりの個人的資産があった。上エジプトの村々は繁栄していた。芸術も盛んだった。クレオパトラの統治下でアレクサンドリア市民の文化的な意欲はあらためて刺激され、質においても量においても、この数世紀なかったほどのすばらしい業績を残した。後世に残る雪花石膏《アラバスター》の見事な彫刻や、金の網をかけたガラス製品を見れば、政府が破産していたとはとても思えない。

彼女はどのくらい裕福だったのだろうか？　エジプトの総生産の約半分が彼女の金庫に入ってくる。現金による歳入はおそらくタラント銀貨で一万二〇〇〇から一万五〇〇〇枚ほどだっただろう。どんな国の君主にとっても天文学的な金額だ。ある現代の歴史家の言葉を借りると、「前年度のヘッジファンドマネージャーの給与を全員分合わせたのと同じぐらいの額」だ[37]（インフレは国中の問題だったが、クレオパトラの銀貨は銅貨より影響を受けなかった）。贅に贅を尽くした葬儀の費用は一タラントで、どれだけ飲めるかを競う宮殿で行われたコンテストの賞金として王が投げ出したのも一タラントだった[38]。半タラントは、エジプトの村人にとっては破産するほどの額の罰金だった。クレオパトラの時代に、人もうらやむ職業だった神官の年収は一五タラントだった。これは気前のいい額だ。プトレマイオス三世がアテナイからアイスキュロスとソポクレスとエウリピデスの公認の版を借りたときに設定した保証金が同額で、彼はこの金を犠牲にしても、この値がつけられないほど貴重な書物を返さないことにした。若い頃のユリウス・カエサルを誘拐した海賊は、二〇タラントという驚くような高額の身代金を要求しようとしたが、カエサル自身が自分の価値は五〇タラントは下らないといってそれに抗議した。五〇タラントの罰金を払うか、牢獄に入るかと言われたら、普通は牢獄に入るだろう。二〇〇タラントあれば、心から愛した女性のために立派なモニュメントを二つ建てることができる。クレオパトラにかかる経費は高額で、統治の最初の年はナイル川が非協力的だったこともあり、一層大変だった。しかしどんなに厳しい基準、つまり非常に裕福なローマ市民の観点から見ても、彼女はもっとすばらしく裕福だった。クラッススは、軍隊を維持できない者は本当に裕福だとは言えないと述べている*。

クレオパトラは国内を非常にうまく治めていた。洪水のように押し寄せてくる嘆願をうまくさばいていたのは確かだ。周囲の人々の支援もうまく利用していた。クレオパトラの治世の間、上エジプトで反乱が起こらなかったことは有名だ。一世紀半ぶりに、にわかに静まりかえったのだ。紀元前四六年の夏には、その後エジプト王国が安定し、生産力も安定すると考えてもいい出来事があった。ナイル川が順調に増水してきたのだ。クレオパトラは侍従や海軍士官や息子の乳母に指示を出しはじめた。彼らはタオルや食器や台所用品やランプやシーツやラグやクッションを集めはじめた。一歳のカエサリオンおよび大人数の従者たちと共に、ローマに発つ準備を始めたのだ。書記と筆耕人、伝令、護衛、それに夫である弟も同行した。賢明なプトレマイオス家の人間は、血縁の者を置いていったりしないのだ。ローマ行きの目的は政治のためか、恋のためか、あるいはカエサルにまだ見ぬ我が子を会わせるためだったのか。ローマを離れて三年になるカエサルからの便りを待ちわびたせいかもしれない。カエサルは北アフリカでポンペイウス派の残党を見事に壊滅させ、ローマに戻ってきた。その時期はクレオパトラがローマに到着した時期と一致している。とてもはっきりしていることが二つある。クレオパトラがエジプトを離れることができたのは、この上なく統治が安定していたからだ。そしてカエサルに望まれていなかったら、彼女はローマにあえて足を踏み入れようとはしなかっただろう。

ローマへ

クレオパトラは、はじめての地中海を渡る旅に気安く出たわけではないだろう。[40] もっとも穏やかな季節を選んでも航海には危険があり、同じように地中海を渡ったヘロデ王は難破した。[41] ユダヤ系ローマ人の歴史家で、クレオパトラのことを毒をもって書いているヨセフスは、この数年後に地中海で泳ぐはめになった。クレオパトラが海の上では落ち着かなかったことを示唆する記述もある。彼女は公式な旅でも私的な旅でも、医師、哲学者、宦官、助言者、お針子、料理人、さらにはカエサリオンの世話係全員を引き連れていた。そしてさらに高価な贈り物も携えていた。ナイル川の水が入った水差し、目にも鮮やかな布地、シナモン、タペストリー、雪花石膏の容器に入った香水、黄金のコップ、モザイク画、ヒョウ。彼女はエジプトが富裕な国であるというイメージを維持し、さらに広めなければならなかった[42]。この年の秋、ローマにはじめてキリンが上陸し、人々は色めきたった。このキリンもクレオパトラと共に南から海を渡ってきたのだ（この生き物は、斑《まだら》とそびえ立つような高さと脚と首以外、〝どこから見てもラクダに似ている〟と書かれている[43]）。クレオパトラは海軍のガレー船の中でも、エジプト艦隊に特にたくさん装備されていた、おそらく横帆艤装で船体が細い三六メートルの三段櫂船で海を渡ったと考えられる。ガレー船はスピードが速く、一七〇人の漕ぎ手が必要で、船尾に少人数の乗客を乗せることができる。随行団と贈り物は別の船であとからついてきたはずだ。

　支払いはエジプトですませてきたとしても、楽しい旅ではなかったはずだ†。ギリシア系の王朝が海外に出るのは、気まぐれなどではなく、明確な目的があるものだ。それにクレオパトラは父のように街をそっと抜け出したわけではない。編制された船団はこの数十年来なかったような目を引く眺めだった。地味だとか節約という言葉はどこにもあてはまらない。岸に集まった群衆はすばらしい船団をうっとりと眺め、刺激的で甘い乳香の香りが雲のようにただよう中、音楽と歓呼の声で女王を見送っ

＊現代に作られた歴史上の裕福な人物のランキングリストでは、クレオパトラは二二位で、ジョン・D・ロックフェラーやロシア最後の皇帝ニコライ二世よりはずっと下位だが、ナポレオンやJ・P・モルガンよりはずっと上位だ。彼女の純資産は九五八〇万ドル、あるいはイギリスの女王エリザベス二世の三倍と推定されている。もちろん時代が違うので、資産は概算でしかない[39]。

†よい王は国にとどまっているべきだとされた。貧しい者は王の不在を恨み、裕福な者は王に同行させられるので、まるで追放されたように感じるからだ[44]。

た。船上のクレオパトラにはその声が、群衆の顔が、ひょろひょろとしたヤシの木や、ごつごつした海岸、巨像、セラペウムの金色の屋根、そして最後に灯台がかすんで見えなくなるまで聞こえていただろう。クレオパトラが石灰岩の塔である灯台と、それについている鏡を風上から見たのははじめてだった可能性が高い。巨大なポセイドン像のてっぺんが銀色のもやにかすんで消えていく頃には、海に出てからたっぷり四時間は経っていた。

彼女の前には約三二〇〇キロの旅が待っていた。最短でもまるまる一カ月は海の上にいなければならない。長引いた場合には、一〇週間近くかかる場合もあった。ローマはアレクサンドリアのちょうど北西に位置し、常に向かい風の中を進まねばならなかった。海軍の船は地中海を無理に渡るより、まず北へ向かってから、西へ進路を取った。船団は夜ごとに港に入って休んだ。食料を載せるスペースが限られていたので、乗組員は船の上では眠ることも食事をすることもできなかった。寄港する村にはあらかじめ連絡が入る。そして波止場に水や食料を手にした住民たちが大挙して出迎えるのだ。こんな骨の折れるやり方でクレオパトラは地中海東部沿岸、小アジアの南部沿岸、ロードス島とクレタ島の北を通り、イオニア海へ入った。シチリア島を越えると、目の前に水平線が広がり、イタリア半島に到着する。クレオパトラは半島の西岸に沿って、穏やかなティレニア海を北上し、その頃贅沢な石造りの邸宅が点在するようになった人気のない海岸に沿って、すべるように航行していっただろう。この後一〇年ほどにわたり、魚が窮屈に感じると言われるほどの早さで、こうしたテラス付きの邸宅が増えていく。ポンペイを過ぎると、忙しく船が行き来する港や、エジプトの巨大な穀物船が停泊しているプテオリ（現在のポッツォーリ）の美しい波止場の眺めを、クレオパトラは楽しんだことだろう。波止場では、無事に到着したことを感謝して、いぶした犠牲を捧げる。クレオパトラの船のへさきにイシスの彫刻がなければ、甲板のどこかに航海の女神の像があっただろう。プテオリで船を降りると、今度は陸路を三日間かけてローマへと向かう。厳しい暑さの中、クッションを載せた輿か馬車に乗って砂や砂利を敷いたほこりっぽい道をガタゴトと揺られていくのだ。クレオパトラの場合、人目を引く道中でもあった。小アジアの監査ツアーに出かけたローマ人の役人一行は「戦車二台、馬車一台、輿一台、馬数頭、多数の奴隷、さらに小さな車に乗ったサル、数匹の野生のロバ」から成っていたという。(45)しかもこのローマ人は無名の人物だ。東洋では、荷物だけで二〇〇台の荷馬車を使い、廷吏を何千人も引き連れた旅というのも聞かない話ではなかった。

ローマの外れまでやってくると、カシスやミルラやシナモンのかぐわしい香りがただよってくる。つつましい墓や巨大な霊廟が道の両側に並んでいた。旅の守護神メルクリウスの神殿もあった。カエサルの代理人が、ローマの街の城壁に着くまでの間にクレオパトラを出迎え、木製の橋を渡り、テヴェレ川の西岸にあるカエサルの広大な領地に案内したはずだ。彼らの手を借りながら、クレオパトラはジャニコロの丘の南東部に腰を落ち着けた。(46)街の反対側にある丘ほどではないが、ここもなかなか高級な地区だった。カエサルの邸宅にはたくさんの絵画と彫刻のコレクションや、円柱のある中庭、みずみずしく緑あふれる周囲一・六キロもある庭園など、ローマ人にとっては贅沢なものに囲まれたが、エジプトの女王にとっては、それほどたいしたものではなかった。対照的に、彼女は眼下に広がる街の景色を楽しんだことだろう。松やイトスギの間から、黄色っぽいテヴェレ川ごしに遠くの丘や家々の赤いタイルの屋根が見えた。ローマの街のほとんどは、曲がりくねった小道やごちゃごちゃと密集する家屋で占められていた。ローマはこの頃、アレクサンドリアの人口を追い越していた。紀元前四六年には人口一〇〇万人の都市だった。他のあらゆる点においては、ローマは時代遅れの田舎だった。野良犬が人間の手を朝食のテーブルの下に置いていったり、牡牛がダイニングルームに飛び込んでくるようなところだったのだ。今回の旅は、ヴェルサイユ宮殿から、一八世紀のフィラデルフィアにやってくるようなものだ。アレクサンドリアでは過去の栄光が強く感じられた。ローマの栄光の未来は、クレオパトラの目にはどこにも見えなかった。どちらが旧世界でどちらが新世界なのか、まだ間違えても仕方がなかったのだ。

クレオパトラが、人目を避けていたことを示唆する記述がたくさん残っている。この特異な状況下で、できるかぎり人目を忍んでいたのだろう。「彼女は夫とともにローマにやってきて、カエサルの家に滞在した。このどちらの事実からも彼の評判は悪くなった」とディオンは批判している。広く知られていたことだが、カエサルは街の中心地、広場《フォルム》の近くに妻カルプルニアと共に住んでいた。クレオパトラとエジプトの影響は直接的なものも、間接的なものも、非常に大きく感じられていた。カエサルが戻ってくるに際して、彼のエジプト滞在のせいで延びていた改革が施行された。この間、彼が伝統の通りに革新を注意深く見守っていたことは間違いない。もっとも目立ったのはローマ暦の制定で、紀元前四六年には三カ月も季節に先んじて進んでいた。しばらくの間、ローマ暦では一年が三五五日と数えられていたので、当局が自分たちにとって都合のよいタイミングを選んで、不定期に余分な月を足していた。プルタルコスはこれについて、「時を告げることができるのは神官だけで、彼らは勝手に、なんの予告もなく、うるう月を差し挟む」と書いている(47)。そのせいでひどい混乱が生じていた。あるとき、キケロはいまが何年なのかわからなくなった。カエサルは一年が一二カ月、一カ月が三〇日で、一年の終わりに五日間の余分の日を入れるエジプト暦を導入した。これは後に、「人類史上唯一の知的な暦」と呼ばれることになる(48)。カエサルはアレクサンドリアで知った、一日を一二時間ずつの昼と午後に分けることも導入した。一般的に、ローマでは時間というものは曖昧で流動的な概念であり、常に言い争いのもとになっていた*。クレオパトラお抱えの天文学者や数学者たちがカエサルの計画に協力した。その結果、紀元前四六年に、急遽暦を修正することになった。「混乱した数え方の最後の年」になったこの年は、四四五日間もあり、一一月と一二月の間に余分な数週間が差し挟まれていたのだ。

カエサルはエジプトで見たものに大きな影響を受けていた。この先一八カ月におよんだ改革の間、唯一の懸案は、どの程度までやればいいかだけだった。彼が行った改革にはクレオパトラの王国への憧れがはっきりと見て取れる。ギリシア語とラテン語の書物を多くの人が手にできるよう、公立図書館を建てるための基礎をつくった。そして蔵書を集めるために、ある高名な学者を雇い、戦いで二度までも自分を救ってくれた者たちと同列に扱うほど大切にした。アレクサンドリア人の記録への執着は伝染する。カエサルは国勢調査のための役人を任命したのだ（この調査により、カエサルとポンペイウスの争いでローマが大きな損害を被っていたことがわかった。内紛によって人口がかなり減っていたのだ）。エジプトの精巧な閘門や堀にカエサルは感銘を受けていた。彼はイタリア中央部にある有害な沼地を干拓して質のよい農地として利用する計画を実行した。アドリア海とテヴェレ川を結ぶ運河を造るのはどうだ？　交易がもっと容易になるのではないか。カエサルは、当時は岩や浅瀬が邪魔をする小規模な港だったオスティア港を設計し直すことも計画した。アレクサンドリア式の土手道を造れば、街に大規模な船隊を迎えることができる。さらにカエサルは、文法、論理学、修辞学、算術、幾何学、音楽、天文学の自由七科の教師や医師なら、誰にでもローマ市民権を与えることにした。目的は「街の生活をもっと望ましいものにし、他の場所からも人々がやってくるようにするため」だった。[49]カエサルはローマの街から小ぶりな彫刻を取り除くことも提案した。アレクサンドリアの街を見たあとでは、どうしてもみすぼらしく見えたからだ。プトレマイオス朝エジプトに触れた者は誰でも、贅沢病にかからずにいるのは難しい。クレオパトラその人のように、カエサルが持ち込もうとしたものすべてが歓迎されるわけではなかったし、そもそも彼は筋が通らないものも持ち込もうとしていた。クレオパトラがやってきて以来、カエサルはディオニュソス崇拝を受け入れた。これはおそろしく裕福なエジプトの女王よりも、さらに賛成を得られないような、あやしげなギリシアの古代宗教

＊セネカは「二つの時計が一致することは、二人の哲学者の意見が一致することよりも難しい」と述べている。[50]

だった。カエサルはほとんどどの分野においても、膨大な活動量と異常なほどの仕事の能力を見せた。これこそ彼が長年ライバルに差をつけてこられた理由だった。

九月の終わりに、カエサルが勝利を祝したときほど、東洋の影響が強く感じられた場面はない[51]。ローマ人の将軍がこの手の込んだ、自己宣伝イベントほど輝かしいものを行ったことはかつてなかった。カエサルには、自らを大きく見せようとする特別の理由があった。ローマの情勢は長引く戦争とカエサルの不在のせいでずっと移ろいやすく、落ち着かなかった。それを鎮めるのに、過去に例を見ない一一日間ぶっつづけの公式の祝祭を執り行う以上の方法はないのではないか？　こういうとき、将軍は祭りの主催者に素早く変身する。カエサルはガリア、アレクサンドリア、ポントス、アフリカ、スペインからの凱旋を祝うため、これまで自分で行ったものを上回る規模の祭りを自ら執り行った。意識していたかどうかわからないが、アレクサンドリアで見た演出と張り合っていたのだ。大がかりな準備と、何度か延期されて人々をがっかりさせることが続いた末に、祝いの式典は紀元前四六年九月二一日に始まった。祭りが終わったのは一〇月初旬になってからだった。ローマは騒々しい見物客でいっぱいになったが、ちゃんと宿がある者はほんの一握りだった。多くの者が街路や道端にテントを張った。彼らは列をなしてごちそうやパレードや演し物に群がった。押し合いへし合いする群衆に踏みつけられて死ぬ者もいたし、神殿や通りは飾り立てられ、仮設の競技場が建てられ、競走路は拡張された。ローマは長い間栄光を誇ってきた。それでも、火のついたたいまつを鼻で掲げた四〇頭の象が、祭りの期間中、毎晩将軍の帰宅をエスコートし、その後ろを飲み騒ぐ者たちや音楽家がついていくようなことははじめてだった。六万六〇〇〇人分のごちそうとワインを用意した宴会なども、ローマ人ははじめて見た。

クレオパトラはカエサルがエジプトからの凱旋式を行った夏の終わりには、すでに彼の邸宅にいたのだろう。その日の朝、トランペットの音が彼の到着を先触れする。カエサルは紫色のチュニックを着て、禿げ頭に月桂樹の冠を載せ、四頭の白馬が引く戦車に乗って街の門を通り抜けた。群衆は彼を薔薇の花びらと拍手喝采で迎えた。カエサルの傍らを、ひだのある金属製のチュニックを着た兵士たちが勝ち誇った様子で、勝利をたたえる詩と外国での色恋沙汰での活躍を自慢するわいせつな歌を歌いながら行進していた。彼らの戯《ざ》れ歌ではクレオパトラの名前がおちになっていたが、からかわれてもカエサルはまったく打ち消せなかった。伝統的に、行列は戦利品や征服した相手を象徴する品を掲げて歩くものだ。街の北側のマルティウスの野からウィアサクラに向かって、コロッセウムを抜け、カピトリウムの丘を登る間、アキラスとポティヌスの人形、ナイル川を描いた巨大な絵、アレクサンドリアの灯台の模型が運ばれていた。群衆は賞賛の叫び声をあげた。エジプトの山車《だし》には、ローマにはじめて持ち込まれたカメの甲羅が貼りつけられていた。これはカエサルが外国でどれだけの富を獲得したのかを見せつける効果があった。それぞれの勝利を祝って、ごちそうや公開の余興が行われた。体育競技会や演劇や競馬、音楽競技会や野生動物の展示やサーカスのような芸当や剣闘士の試合などが、街中のいたるところで行われていた。この三週間の祭りの間、人々はみな家を空けて見物に行くので、ローマは泥棒の天国になった。エジプト凱旋式のあとには模擬海戦が行われ、このために人造の湖が設置されていた。この海戦には四〇〇〇人の漕ぎ手が出演し、カエサルがこのために地中海を引いて持ち帰ったエジプト船もあったとスエトニウスは述べている。

カエサルが人々にエジプトでの長居を弁明するよい口実として、外国でどれだけの戦利品を得てきたかを説明するとき、クレオパトラがそこに居合わせる必要はなかった。人々はカエサルの大盤振舞いに大喜びしていたが、その金は本当は彼女のものだったのだ。カエサルの兵士や士官たちは十分な給料をもらって暮らしていた。カエサルはローマ市民全員に、小麦とオリーブオイルのプレゼントと共に、当時のローマ人の三カ月分の収入に相当する四〇〇セステルシウスを与えていた。クレオパトラ自身がエジプトからの凱旋式に同席したいと希望したとは考えにくい。ローマにいるもう一人のプトレマイオス家の女性を思い出すからだ。行列の最後には必ずたくさんの捕虜がいた（捕虜の存在は欠かせなかったので、ポンペイウスは凱旋式に自軍のものではない捕虜を参加させていた。捕虜の数で、その将軍の成功の大きさが決まった）。捕虜はエキゾチックに見えれば見えるほどよかった。カエサルのアフリカ人の行列――紀元前四六年の最後の演し物だ――にはアフリカ人の五歳の王子もいたが、この王子はのちに奇妙な成り行きから、クレオパトラの娘と結婚することになる。*カエサルはエジプト凱旋の行列に、もう一つ新たな目玉を用意していた。ローマ人たちは、アフリカの小さな王子やエキゾチックな〝カメレオンとヒョウのハーフ〟ほど興奮してくれはしなかったが。クレオパトラの一〇代の妹、アルシノエが黄金の鎖を巻かれ、馬に乗せられて通りを行進したのだ。アルシノエのあとには、略奪した品々とエジプト軍の捕虜が続く。民衆を感心させるつもりだったのに、この異例の戦利品は彼らを当惑させてしまった。人々はアルシノエを見せ物にするのはやりすぎだと感じたようだ。ディオンは「一度は女王と呼ばれた女性が鎖につながれている――こんな光景は少なくともローマでは誰も見たことがなかった」と書いている[53]。驚きの念は憐れみへとつながる。人々の目に涙があふれた。アルシノエの姿は戦争が人間を犠牲にすることを人々に痛感させた。それはどの家庭でも他人ごととは思えなかった。クレオパトラは妹には同情できないままだったかもしれないし、カエサルが自分ではなく、先王の体制に勝利したのだと考えようとしていたのかもしれないが、エジプトが征服されたことをこんなふうに残酷にひけらかされても、なにも得をしなかった。クレオパトラ自身、あと少しで、同じ屈辱を味わわされるところだったのだ。

　残念なことに、豪華な捕虜と同様に、豪華な客にも問題があった。どちらのプトレマイオスがローマ人をより当惑させたかは判断が難しい。カエサルが公衆の面前で屈辱的な目にあわせた王家の捕虜か、彼が自分の邸宅においている交際中の女王か。アルシノエはこのあとすぐに追放され、エーゲ海を越えてエフェソスのアルテミス神殿に送られた。きらきら光る白い大理石造りの、世界の七不思議の一つである神殿だ。アルシノエの姉クレオパトラは、テヴェレ川のそれほどにぎわっていない側の川辺で冬を過ごした。アレクサンドリアからはなんの連絡もないまま航海のシーズンが終わり、三月まで海を渡ることはできない。一一月のはじめ、カエサルがふいにローマを離れてしまったので、クレオパトラはしばらく彼とは会っていなかったはずだ。カエサルの行き先はスペインで、ポンペイウス陣営との最後の戦いに赴いたのだった。クレオパトラは厳しい環境なら経験したことがあった。シナイ半島西部の砂漠がありありと目に浮かぶ。一方、美しいジャニコロの丘と見渡すかぎりのパノラマを楽しめるこの邸宅はとても居心地がよかった。彼女はすべての面で、心から歓迎されていたわけではなかった。ローマは寒く、湿気が多かった。ギリシア語を話すクレオパトラはラテン語をなかなかスムーズに話せず、言葉のうえでの苦労もあった。そしてローマの街では、女性の法的権利は子どもや鶏ほどにしか認められていない[54]。この環境に適応するには新たな能力が必要だった。クレオパトラは紀元前四六年の一年間を、歴史上でもっとも長い一年のように感じただろう。そもそも、変更された暦のせいで、実際にこの一年は長かったのだが。

ローマ人たち

クレオパトラはローマで、外国に滞在した有名人がみな抱える問題にぶつかった。こちらはほとんど知っている人がいないのに、誰もが自分を知っているのだ。彼女の存在感は歴然たるもので、カエ

＊プルタルコスはヌミディア王ユバ二世のその後を、「史上もっとも幸運な捕虜」だと述べた[52]。運命により、彼は自国である「野蛮な」国からローマへと連れて行かれ、教育を受けた。彼は著名な歴史家となり、ローマの古代史、神話、象の行動など様々な分野の書物を著した。

サルの妻カルプルニアは原因のごく一部だったが、侮辱にあうことはよくあった。カエサルは三番目の妻カルプルニアと紀元前五九年に結婚し、その後、ローマの街でも海外からも、不義の噂ばかりが流れてきた。彼は「帝王の妻たる者は世の疑惑を招いてはならない」と言ったが、彼自身は疑惑を招いてばかりいた。同僚の妻のほとんどと寝ていたし、あるときなど、とても美しい母親とその若い娘の両方と寝ていた。しかもその二人を立て続けに誘惑するほどの趣味のよさを発揮していた。アレクサンドリアからローマに戻るまでの間に、モーリタニアの王の妻といちゃつく時間まで見つけており、気絶するほどロマンティックな論理だが、クレオパトラがやってきたのはこの情事のせいだとする者もいる。妻との争いは問題の一つだった。さらにそれほど大物ではなかったが、ローマにやってきている他の東洋の君主との競争も大きな問題だった（この件に関しては時代や証拠から考える以上のことを、感情面から想像することができる）。そしてさらに問題なのは、ローマ社会の価値観とはかけ離れ、多くの意味で反してさえいるこの女性、クレオパトラにカエサルがはっきりとした愛情を抱いていることだった。

　クレオパトラには外国で愛情を抱かれる点は少なかったが、彼女のすべてが好奇心を刺激した。このために彼女の行動はある程度、制限を受けただろう。クレオパトラが無遠慮な目にさらされるローマの街に頻繁に出かけていたと考えるのは難しい。それよりも、カエサルが自分の邸宅にいるクレオパトラを訊ねていた可能性の方が高いだろう。これは必ず人目についたはずだが。プトレマイオス家には、以前にも客人としてローマに滞在していた者がいた。アウレテスはポンペイウスの家に住んでいたのだ。しかしそのときとは関係が違う。カエサルにとっても、クレオパトラにとっても、なにかをひそかに行うことは不可能に近かった。屈強なシリア人たちが担ぐ、目隠しの布をつけた輿に乗って通りを急げば、注目を浴びざるをえなかった（アウレテスは八人の男たちに担がれ、一〇〇人の武装した兵士を引き連れて移動していた。[55] 彼の娘であるクレオパトラが、父と違って立派な行列を嫌っていたと考える理由はない。彼女もきっとローマの街を護衛や助言者やお供の者とともに移動していただろう）。偉大なるカエサルは真紅のマントと従者の一団なしに移動することはありえなかった。紀元前四五年の終わりには、カエサルはさらに、くるぶしまである赤いブーツを履いて練り歩いている。そしてどんな記録にも、ローマは石までしゃべりだしそうな街だとある。ユウェナリウスは、裕福なローマ人が秘密を信じているとしたら、彼は自分を偽っていると書いている。「彼の奴隷が口をつぐんでいるとしたら、馬がしゃべるだろうし、犬も、ドアの側柱も大理石の床もしゃべるだろう」[56]考えられるかぎりの慎重さが必要だった。「どちらにしても、二番鶏が鳴くときに主人がなにをやっていたかは、夜明け前には最寄りの店の店主に知られているし、パン職人や料理人頭や彫刻家の作り話とともに伝わっている」幸運なことに、クレオパトラは自分の行動を隠す必要はなかった。夜、カンバスの袋に入って大冒険する計画は、このときの彼女の予定にはなかった。

カエサルは一度はクレオパトラをローマの生活にとけこませようとしている。彼は九月に、ウェヌス・ゲネトリクスに、カエサル広場にある飾り立てた神殿を捧げた。ウェヌス・ゲネトリクスは彼を勝利に導いてくれたユリウス家の守護神であると同時に、ローマの人々の母でもある女神だった。カエサルはウェヌスを「心から崇拝し」、「ウェヌスからある種の若さの盛りを与えられた」と同僚たちに熱心に説いていたという[57]。彼の頬はこけ、目の下の皮膚はたるみ、生え際は完全に後退していたのは間違いないのだが。彼はもともと仕事上の拠点でもあった、このお気に入りの神殿のウェヌス像の隣に、黄金でできた等身大のクレオパトラ像を置いたのだ。これはクレオパトラにとって非常に名誉なことであり、カエサルは自分自身の彫像をまだ建てていなかったのだから、さらに名誉なことだった。この贈り物にはいくつかの根拠があった。ローマ人は、イシスとウェヌスはどちらも母親の役割を持っているので、両者には密接な関連があると考えていた。この敬意の表明は行き過ぎだったし、人々を困惑させた。ディオンによると、クレオパトラを「ローマ人の友人や味方の一人として」公式に認めさせるうえで必要な、前例のないやり方だった。(58)この外交上の手順は重要だった――アウレテスの金と同じくらい貴重だ――が、しかしローマの中心にある聖なる場所に、外国の王の高価な彫像を置くことなど今までにないことだ。ローマでは人間と宗教上の偶像が混ざることはなかったので、この行動は不協和音のように感じられた。

クレオパトラが、カエサルのこの贈り物が、どれだけ異例なものであったのかを理解していたかどうかはわからない。黄金の像は、彼女にとっては目新しいものではなかった。カエサルの邸宅で彼女は状況の異常さを敏感に感じ取っていたかもしれない。ローマでは色合いそのものが違う。彼女がなじんでいたのは、目の前に広がる海と、さわやかな海風と、きらきらした白い壁と雲のないアレクサンドリアの空だった。今は窓の外には青緑色の地中海が光っていなかったし、一日の終わりにすべてが紫色に輝くこともない。ローマには色がなかった。うっとりするような建築物もなかった。すべてが木としっくいでできている。クレオパトラがなじんできた世界から比べると、ローマには色がなかった。すべてが木としっくいでできている。アレクサンドリアでは、暮らしの中にいつも音楽があった。フルートや竪琴、ラトルやドラムがどこにでもあった。ローマ人は仕方のないときしか自分たちの文化に軽々しさを許さない。踊れる者やフルートの演奏ができる者はそれを言い訳にした。「頭がおかしくないかぎり、しらふのときに踊る者はいない」と書いたのは興をそぐことではローマ一であるキケロだ。(59)*

クレオパトラがローマの中心にも出かけたとしたら、気づけば人でごった返し、曲がりくねった陰気な通りにいたことだろう。メインの大通りも中心となる計画もなく、泥だらけの豚や物売りや職人の店が歩道にごちゃごちゃと入り交じっている。どんな基準で見ても、ローマはアレクサンドリアよりも健康的ではなく、むさ苦しく不格好に広がり、風通しの悪い狭苦しい道がもつれあい、よろい戸をきしらせるような騒ぎが際限なく続き、夏の暑さでむせかえっていた。クレオパトラは木が生い茂る丘にこもっていたものの、その場所にも利点はあった。ひっきりなしに続く物売りの呼び声や値切る声や、鍛冶屋がたてるガンガンいう音や石工のハンマーの音、鎖がガチャガチャ鳴る音やその下の巻き上げ機のきしりを聞かずにすんだのだ。ローマはいつもどこかが建設中の街で、家々が常に崩れたり、取り壊されたりしていた。その騒音をやわらげるために、カエサルは日中の通りの通行を制限したが、その結果は予想通りだった。ユウェナリウスは「ローマで眠りたかったら、とても裕福になるしかない」と述べ、夜になると往来がどっと増えることに悪態をつき、外に出るたびに命を危険にさらしていると嘆いた[60]。輿の担ぎ手に踏みつけられたり、泥をかけられたりするのはたいしたことではなかったし、通行人が見えないくぼみに落ちるのはよくあることだった。窓があるところにはいつも危険があった。棚から頭の上に壺が落ちてくる頻繁さを考えたら、賢い男は、遺言状をしたためてから夕食に出かけるべきだ、とユウェナリウスは警告している。ラテン語の詩人がのちにクレオパトラの国を「表面だけ洗練された国」と表現したが、彼女にはその祖国が懐かしくなる理由がいくつもあったのだ[63]。

クレオパトラが訪れたときのローマは、まだ東洋から都市計画という概念が入ってきたばかりだった。有名な建造物を探してみても見つからない。「円形競技場《コロセウム》の決定版」である大競技場はまだ建てられていなかった[64]。パンテオンもカラカラ浴場もまだなかった。ローマで立派な建物といえば、ポンペイウス劇場しかなかった。この建物に着想を得たカエサル広場が、いまは本家のポンペイウス劇場をすっかりかすませていた。ローマはまだ田舎だったが、自らそのことを十分に自覚していた。文化

＊キケロよりも、さらに嫌う者がいた。ある男の笛の腕が優秀なら、彼は価値のない男だということになる、「そうでなければ、よい笛吹きにはなれないからだ」とプルタルコスは、その言葉を肯定的に引用している[61]。この原則はクレオパトラの父親には有利に働かなかった。その反対である十分な証拠としては、彼は「本物の男ではなく、笛吹きの食わせ者だ」と書き捨てられていることが挙げられる[62]。

や優雅さや芸術などは、まだギリシアのものだった。書記や動物の訓練士や石工を雇うときには、みなギリシア人を希望した。そして本屋に行きたいときは、自分がアレクサンドリアにいればいいのに、とみな強く思った。ローマではどんな本でも、ちゃんとした写本を手に入れるのが難しかったので、みなかなり劣等感を抱いていた。そして、その気持ちをローマの伝統的なやり方で表わした。ローマ人は自分より優れたものを打ち負かすのだ。自分たちが憧れている文明を嬉々として攻撃する文化はローマがはじめてだ。だから原始的な道具と原始的な計算方法で建造されたおそろしく正確な、技術の驚異であるピラミッドは「王家の富を誇示するための退屈でばかげたもの」と酷評される。[65]ローマ人はエジプトにいても、憧れを飲み込み、侮辱を追加して元気を出すために、畏敬の念よりも不快感を表明したのだ。ローマ人は贅沢は心身を損なうと書いたが、これはヨーロッパの誘惑に抵抗するマーク・トウェインと同じようにしか聞こえない。進んだ文明を目の前につきつけられたローマ人は、野蛮だとか頽廃しているなどとくさした。彼は自分たちの言語、ラテン語の辛辣さと直截さに逃げ込んだ。[66]けれど、あざ笑い、こきおろしている間でさえ、自分たちの言葉が遠回しで柔軟でなんでも言い表わすことができるギリシア語には劣っていることを自覚していた。ラテン語は話す者を直截で偏狭にさせる。残念なことに、ラテン語には「持っていない」という意味の言葉がない。[67]しかしありがたいことに、「黄金をちりばめた道具」[68]とか「暖かいナイル地方で作られた、彫刻が施されたガラス製品」というラテン語はある。

カエサルの海を越えての遠征や、ローマの伸びゆく権力と財産によって、ギリシア世界のすばらしさがイタリア半島にも浸透しはじめた。クレオパトラによって持ち込まれたものがおよぼした影響は、誇張しようがないほど大きい。[69]ポンペイウスがローマに紹介したものは黒檀だけだった。没薬とシナモン、ショウガと胡椒が新たに持ち込まれた。装飾のある柱がはじめて個人の家を飾るようになった。大理石の羽目板を使った壁のある家はローマに一軒しかなかったが、数年のうちに、一〇〇軒以上に増えている。芸術的な料理が流行し、ヒラメ、コウノトリ、クジャクがテーブルをにぎわすようになった。クレオパトラの滞在中に、シャコとアフリカマイマイの長所を比較する議論が白熱した。この時代のローマはちょうど過渡期にあった。贅沢な娯楽を楽しむ人々がいる一方で、高級なリネンのナプキンを盗む者もいた。[70]ラテン語の文学はまだ生まれたばかりで、ギリシアの文学は美しい花瓶に毒蛇がたくさん詰まっているようなものという隠喩そのままに、その価値が消えかけていた。[71]ラテン語は、ローマ人が着ていた天然のウールを使った簡素で着心地がいいが、実用的ではないトーガと同じで、制約が多かった。カエサルは楽しみの席では、ウィアサクラとカピトリウムの丘を登る道に絹の天幕を張って、観客たちの日よけにした。アレクサンドリアから持ち込まれたこの天幕は、すぐに「野蛮人の贅沢」と言われるようになった。

にわか成金たちが東洋のものを喜んで取り入れることにより、そうした文物をいちいち分析し、文明の終わりであり、頽廃への道だという人々が現われた。そのため、カエサルは長い間忘れ去られていた贅沢規制法を復活させ、個人的な支出に歯止めをかけようとした。カエサルは歴史上はじめて客人に四種類の上質のワインを供したホストなのだが、立派な物好きのカエサルにしてはできるかぎり、これに関しては厳しかった。市場に出回る贅沢な食べ物を押収し、家庭での食事の最中に飾り立てた食器を没収する要員を派遣した。ごくわずかな例外を除いて、輿や真紅の衣服や真珠は禁止された。世界のファッションの都アレクサンドリアに慣れている者にとっては、カエサルのローマに贅沢規制法が必要だという考えそのものがお笑い草だった。しかし質素な食器に取り替えるタイミングを知っている女性は、その場にあったファッションを選ぶこともできただろう。クレオパトラも衣服を地味にしたかもしれない。アレクサンドリアでは女性たちがカラフルな色の衣服を楽しんでいたが、ローマの既婚女性は白を着ていた。それにクレオパトラには、ユーモアを調整し、自国のものとは比べものにならないような食事をけなさないだけの分別もあった。二〇〇〇年以上にわたって、贅沢は否定されるより、非難されやすいことが観察されている。カエサルの布告はある特定の人々には人気があった。経済的に困窮しているせいでその冬はクジャクも巨大な牡蠣《かき》も海産のウナギも食べられなかったキケロは、この布告の一部を評価している（クジャクの肉は堅いことで有名だったが、それは重要ではない）。牡蠣とウナギについては不平を言っているキケロは、まるでカブのように消化器系に逆らわない男だ。

潔癖な人々はクレオパトラをどう考えていたのだろうか。噂でも本当のことであっても、彼女は我々が知らないような姿にされていた。彼らがクレオパトラをどう考えていたのかはよくわかる。結婚や女性にかかわることは、女性の権威者という概念そのものがなかったローマでは意見が異なっていた（同様に、女々しいと言われることは男性にとって最悪の侮辱だった）。ローマ人にとってのよい女性とは目立たない女性のことで、クレオパトラが受けてきた教育とは相容れないものだった(72)。アレクサンドリアでは、積極的に人を笑わせなければならなかった。ここでは求められることが反対だ。ローマでは女性に政治的な権利も法的な権利もなかったし、個人の名前さえなかった。女性はみな父親の名前の一部で呼ばれていたのだ。カエサルには二人の姉妹がいたが、二人ともユリアと呼ばれていた。ローマの女性たちは公の場では目を伏せ、口をきかず、後ろに下がっていた。女性は人を食事に招待することができなかった。知的な場では彼女たちの存在はまったく無視され、芸術作品に表現されることも少なかった。それに比べてエジプトでは、女性の労働者や女王が鳥を捕まえ、物を売り、神々に捧げ物をする姿が、絵画や彫刻や、墓や教会の壁画の中に描かれている。

贅沢規制法のような法律は*外国の支配者には完全には適用されなかったが、クレオパトラにとって居心地はよくなかったはずだ。いつの世も変わらないことだが、骨の折れる単調な仕事をすることで、女性の純潔は保たれるとされていた（ユウェナリウスは伝統的な決まり文句を披露している。「よく働き、あまり眠らず、［家事のせいで］すりむけて固くなった手をしている」というものだ(73)）。家庭を壊した者でありながら、ウェヌスの高貴な身分に無理矢理並んだクレオパトラはローマ社会をいくつかの点で不安にさせた。彼女はまず女性で、外国人で、東洋の王でありながら王を倒す共和国とされているローマにいて、イシスの生まれ変わりであり、あやしげで破壊的な宗教を信じ、神殿が暗殺の場として名高い国の人間なのだ。現代人の目から見ても、彼女は明らかにローマ社会に混乱を引き起こす。ローマの執政官の愛人である彼女は、ローマ社会全体をも手に入れたことになるのか？　どんなに彼女がつつましく振る舞っても――彼女はいつも自分の個人的なイメージを守るのが得意だった――そもそも社会のルールをすべて破っている。本国では女王でも、ローマでは高級娼婦だった。クレオパトラは経済的に独立していたというばかりでなく、ローマじゅうのどんな男よりも裕福だった。

彼女の桁外れの財産――まさにその財産で凱旋式の間のローマ人のごちそうがまかなわれていたのだが――のせいで、彼女の道徳心が疑われていた。硬貨に浮き彫りになったその肖像や、豪華な絨毯や、大理石の彫像を声を大にして否定することは、その人物を告発することと同じだった。女性にとって、そうしたほのめかしはさらに大きな意味を持った。「女性はエメラルドの首飾りを首に巻き、耳たぶが伸びるほどの大きな真珠の耳飾りをつければ、なにも深く考えず、なにかに嫌悪を感じるこ

＊当時の一般的な女性観は文学に残されている。『イリアス』では、女性はもっとも完璧な創造物だとされている。また、これまでに言われてきたように、みな「じらし、不平を言い、扱いにくく、矛盾したことを言い、人をだます」ものだとされていた[74]。ギリシアの戯曲では、女性たちが重要な役割を担っている。ローマの文学で女性主人公が特に重要な役割を果たすものは少なく、妻として登場する女性たちは二つのタイプしかない。裕福で非道な女性か、身を持ち崩した貧乏人だ。ローマの文学はみな短く、アリストファネスからモリエールまで喜劇には欠かせない存在である、裏切られた夫が必ず出てくるのも特徴である。

ともない」というのがその論理だ。[75] その点からすると、彼女の耳は鼻よりもその運命を左右したはずだ。*彼女がもっとも高価な宝石をアレクサンドリアに置いてきたという推測だけで、ローマでは世界一の「放縦な贅沢者」と呼ばれた。彼女が生まれながらに持っている権利についても同じだった（まともなローマ女性は我が子こそが自分の宝石だと考えていた）。ローマ人の基準からすると、クレオパトラの宦官でさえ金持ちだった。[76] ということは金持ち一家の許されざる悪徳すべてが、彼女に責任があることになる。彼女は伝説の魔女――無責任で軽率に男をだめにする――といわれるずっと前に、贅沢な東洋人であり、無責任で軽率に富を破壊するのではないかと思われていた。倫理観の堕落が貝から始まって、紫と真紅のローブに移っていくのだとしたら、けばけばしさの頂点は真珠であり、ローマでは一番の浪費のバロメーターとされていた。[77] スエトニウスはカエサルが贅沢に弱かったことでそれがわかると主張している。自分の主張が正しいことを示すために真珠を犠牲にする放蕩者の物語はよく語られるストーリーだが、これは紀元前四六年よりずっと以前から記録されており、他人を非難するためにそのままそこにずっと載りつづけるという悲しい運命を背負っていた。しかしこの物語は、まるで放埓なエジプトの女王のためにつくられたように見える（この物語にはでっちあげられた形跡も、二つ以上の話がつなぎあわされた形跡もある。数年もしないうちに、クレオパトラは「歴史上でもっとも大きい真珠を二つ」身につけているといわれるようになった。プリニウスはその真珠一つ一つに四二〇タラントの価値があるとしている。これはクレオパトラが地中海の邸宅一軒分ずつを両耳にぶらさげていることになる。二つ分を合わせた額はクレオパトラがメンフィスの牡牛の葬儀に寄付した金額と同じだった）。これほどばかげていて、おごっていて、いつも男を魅了しようとしている女が他にいるだろうか。彼女は片耳から真珠をはずすと酢の中に落として溶かし、それを飲み干した。これは男を魔術と乱行で惑わせるためではないのか？† これは後にクレオパトラについてまことしやかにささやかれた噂だ。

紀元前四六年の冬には、魔術も乱行もそれほど披露されなかったようだ。クレオパトラは流行に敏感な人々が集まる場所を何度も訪れたようだが、カエサルの邸宅から離れ、自分の助言者と従者だけに囲まれていることが多かったとは考えにくい。こうした廷吏たちの中にはローマの地理に詳しい者もいた。彼女の父親の復位を求めるあの悪名高いロビー活動を行ったからだ。彼女はローマで過ごした数カ月間、ラテン語を話していた。語学がどれほど上達していたかはわからないが、彼女は翻訳できない概念もあることを発見した。ユーモアの感覚まで違っていて、ローマでは下品で辛辣に語られることも、アレクサンドリアでは皮肉っぽく隠喩を用いて話した。ローマ人はすべてを文字通りに受け取り、何事も真剣に受け止めた。アレクサンドリア市民のように皮肉っぽく活力にあふれている者はほとんどいなかった。

＊一七世紀フランスの哲学者、物理学者、数学者であるパスカルはこう言っている。「クレオパトラの鼻がもう少し低かったら、世界の様相は変わっていただろう」

†この話に驚く者が多いが、実際にティファニーの真珠を犠牲にして研究所で実験した者は一人しかいない。真珠は本当に酢に溶けるのか？　非常にゆっくりとだが、溶ける、とB・L・ウルマンは報告している。ウルマンは一九五六年に実験した際、反応を進めるために、最後には熱を加えねばならなかった。「真珠を入れた酢を加熱しながら、探偵小説を読んでいると、三三分後に酢は蒸発した。酢のにおいがまだ鼻に残っているようだ。真珠にはなんの影響もなかったようだったが、私の目にはわずかに丸みが減ったように見えた」もっと強い酢を使うと結果はわかりやすくなった。もっとも明確な結果が出たのは、砕いた真珠を用いた実験で、詳細に観察しながら三時間二十分にわたって煮立てると溶けた。クレオパトラはこうしたことを後世の学者たちにやらせたのだ。そもそもクレオパトラはなぜこのように真珠を溶かしてみせたのか？　宝石そのものを飲み込んで見せた方が劇的に見えたのではないか？　ウルマンは真珠の主成分が石灰の炭酸塩、つまり古代版の重曹だったことを指摘している。よく効く制酸剤になったはずだ。[78]

春がやってきて海路がまた開くと、クレオパトラは船で一旦帰国し、その年のうちにまたローマに戻ってきた。この間ずっとローマにいたというより、間をあけずに二度やってきたと考える方が自然だ。エジプトでのファラオの座は安泰だとどんなに自信を持っていたとしても、一八カ月間国を留守にすることは正当化できなかったと思われるからだ。ということは、いやになるほどずっと旅をしていたことになる。南に向かう旅はそれほど大変ではないとしても、やはり負担は大きかったはずだ。彼女が紀元前四五年にアレクサンドリアに帰国したとすると、出発の時期は、北東部のスコールが弱まり、それとともに雷と稲妻がエジプトの沿岸から離れる三月の終わりから四月のはじめのどこかだろう。冬の強風を無視する者はいない。強風の中を航海するのは、春に「イチジクの木のてっぺんの葉がカラスが飛び立ったあとに残る足跡ぐらいの大きさになってから」怯えながら帰っていった。(79)クレオパトラが、本当に紀元前四五年のはじめにエジプトに船で帰国したとしたら、秋までにはローマに戻ってきていただろう。一時的にアレクサンドリアに帰ったと考えると、カエサルとクレオパトラがローマ以外の場所で会っているというスエトニウスの記述と一致する。カエサルにはそれを実現するタイミングはこのときしかない。

スエトニウスは、クレオパトラの時代の一〇〇年から一五〇年後に、膨大な資料を基にして、二人はナイル川の船上でしぶしぶ回れ右をして別れたと書いている。ローマの指導者カエサルは「たくさんの栄誉と豪華な贈り物を与えてからでないと、彼女と離れようとしなかった」という。(80)彼はカエサリオンを自分の息子だと認め、「子どもに自分の名前をつけることを彼女に許した」。それをためらう理由は彼にはない。紀元前四五年、跡継ぎでありアレクサンドロス大王への生きたつながりを東洋に得たカエサルの計画は、さらに広がっていたことだろう。そして彼は当たり前のことを認めている。二歳になるカエサリオンはまだそれほど父親似でなかったとしても、すぐに容貌も仕草も似てくるだろう。この認知こそ二人の再会の目的だったのかもしれない。カエサリオンの認知には地中海を何度でも越えるだけの価値がある。ある歴史家は、「もし彼女がカエサルに前回の同意か約束をはっきりさせようとしていたのなら、二人の子どもは彼女にとって最強のカードになった」と述べている。(81)この約束は、クレオパトラの父親が六〇〇〇タラントという驚くべき額を払って得たローマの友人の地位を公式に認めることではないとしたら、どういうものだったのか、我々にはわからない。

それ以外に、クレオパトラがローマに長居をした理由、あるいは二度もローマを訪れた理由を説明できるだろうか？(82)　政治より感情を優先させるには、かかっているものが大きすぎる。カエサルは以前に一度、クレオパトラを呼び出している。この一八カ月間の彼の目的こそ、歴史上もっとも探られているのにもっとも解明されていない謎だ。二人がなんらかの形で一緒に過ごそうと将来の計画を立てていたと考えることはできる。しかし、カエサルがそう考えるとは思えない、と多くの人が結論づけている。クレオパトラはその死のときに、情熱的に彼女を賛美するカエサルが書いた手紙の束を握りしめていた。(83)少なくともそのうちの何通かは紀元前四八年から四六年の間に書かれている。これこそ美しい壺に入った毒蛇の古代史版だ。クレオパトラがカエサルの同僚たちに個人的に自分の事情を打ち明け、認めてもらわなければと思っていた可能性はある。エジプトは彼女の治世に入っても、変わらずローマの友人であり味方だった。元老院はまるで団結力がなく、それぞれの個人的な野望にばかり燃えていて、カエサルの野望にはまるで協力するつもりがなかった。クレオパトラにとって海外での足場を固めることは、エジプト国内で王位を安定させるためにも必要だった（ローマに対するキケロの解釈はそれほど好意的でない。「これほど放埓な者たちの集まりは寄席にもない」と自分の仲間の陪審団たちに立腹している）。(84)クレオパトラが二度目のローマ訪問をしたのは、紀元前四五年の秋、ちょうどカエサルがスペインから戻った時期だ。この頃には、彼は東洋を再編成するのではないかと思われていた。(85)彼女はその話し合いに参加しないわけにはいかなかった。(86)かつては彼女の弟のものであり、彼女の統治に逆らいがちなキプロスのためだけにでも。クレオパトラはさらに大きな計画もあたためていたが、その内容は現代には伝わっていない。もちろん、はなばなしく野望に満ちた目的だと想像するのは簡単だ。ローマは、プトレマイオス家の人々の壮大な計画には慣れていた。現在、はっきりしているのは、クレオパトラとカエサルの再会がもたらした影響だ。それは破滅的だった。彼女はホメロスの作中に登場するオデュッセウスの妻ペネロペのように静かに過ごしていることもできたが、まるで災厄にとらわれたトロイのヘレンのように気をもむことになる。彼女は論理の通じない危険に巻き込まれることになるのだ。

第五章　人間は生まれつき政治的な生き物[1]

ああ、あの、女という生き物がどこにも見つからない。いや、私の膝の上にいた！

エウリピデス[2]

不平家キケロ

「少しでも分別のある男が、今のような時代にどうして幸せでいられるのかわからない[3]」クレオパトラがはじめてローマにやってくる少し前に、キケロはこう不平をこぼした。戦争によってひどい年月を過ごしたあとのローマには、不機嫌な雰囲気がただよっていた。もっとも著名で、もっともはっきりと不平を述べられる市民、キケロはさらに不機嫌だった。何カ月にもわたって、街は「常に動揺し、混乱している」状態にあった[4]。

クレオパトラはそれをはっきりと意識していた。彼女の知性はすでに詳しく知られていたことだろう。彼女も廷臣たちも上流階級の人々とのつきあいを楽しんでいた。政治的な状況を、詳しく知らずにいるわけにはいかない。街中に将来への不安がただよっていた。カエサルのローマ改革はうまくいきそうだったが、いつ頃、どうやって、共和国を元通りにしてくれるのか？　何年にもわたる戦争の間に、国全体が混乱し、政体は踏みにじられ、法に反する命令が気まぐれに出された。カエサルは伝統的な権利と規制を復活させるべく、いくつか行動を起こしていた。その一方で、彼の権力は増大している。任命のほとんどを行い、裁判のほとんどを裁定していた。彼は仕返しをし、支援者に報酬を与え、敵対した者の財産を競売にかけることに多くの時間を費やした。

元老院はますます実際の政治から乖離していた。自分たちは共和制の仮面をかぶった独裁国家に住んでいるのだと不平を言う者もいた。不満を募らせたキケロは、将来起こりうる三つのこととして、「終わりなき武力衝突、平和のあとの偶発的な再発、完全な壊滅」を予想している[5]。

カエサルはこの年の秋に、スペインでポンペイウス派の残党を全滅させてからローマに戻ってきた。内紛はついに終わった、カエサルはそう宣言した。そして、この一四年来で、もっとも長くローマに滞在した。そのつもりで準備をしていたのかどうかは別にしても、彼とクレオパトラは関係を続けた。多くの人々が、現代の我々と同じように、クレオパトラがローマに居続ける理由がよくわからなかった。彼女は不人気がどういうものか、経験から知っていた。今、その経験が役に立ったことだろう。好ましいとはとても言えない場所に住み、気まぐれに高慢だと思われたり軽蔑されたりしていた。同時に、人々の好奇心をいやというほど引かないわけがなかった。もちろん、ローマの人々が夢見るように憧れのまなざしで見つめてくれるわけではない。彼女はおそらく、父親と同じように贈り物をばらまいていただろう。アウレテスはあちこちに高額な賄賂を渡して、多額の借金を抱え込んだが、娘にも同じようにするだけの十分な理由があった。クレオパトラの頭の回転の速さは、いつもローマ人を驚嘆させた。

クレオパトラの存在が認められたきっかけは、ファッションだった[6]。クレオパトラのおかげで、きっちりした細い編み込みを束ね、後頭部でまとめてアップにする、手の込んだ髪型が一時的に流行した。ローマは階層化された、身分にこだわる社会だった。階級が物を言った。知性も物を言った。金も物を言った。クレオパトラはエリート階級の一員だったので、そうした価値観はよく知っていた。だから会話をするなかで、洗練されたローマ人の食事の席は、洗練されたアレクサンドリア市民の食事の席とは少し違っていることに気づいた。敏感で賢い客であるクレオパトラは、ローマの人々が大切にする政治的なゴシップやゆっくりとした会話に心がなごんだかもしれない。

ローマでは、どんな会話をするかによって、ワインの味がよくなると言われていた。ある博学な同時代人の定義では、理想的な食事の相手は「おしゃべりでも、だんまりでもない人」だという[7]。午後遅い数時間を過ごすなかで、彼は政治や科学や芸術など様々なジャンルについてよどみなく話し、昔からある疑問について論じたという。鶏と卵はどちらが先か？　年を取ると遠くがよく見えるようになるのはなぜか？　ユダヤ人が豚を食べないのはなぜか[8]？　クレオパトラはカエサルのお気に入りだったから、友人がいなかったわけはない（カエサル自身は、彼女の存在について自ら触れる必要はなかった。「しかし彼はこの件について、まったく気にかけていなかった」とディオンが請け合っている[9]）。

カエサルの邸宅で、クレオパトラは著名な知識人や経験豊かな外交家にかこまれていた。彼女は洗練されていて、気前がよく、人を惹きつける魅力があった。彼女に好意以上の印象を抱いた人々もいただろう。しかし現代に伝わっている唯一の証言は、ローマ人の中でももっとも能弁で辛辣なキケロのものだ。彼はいつも「たくさん不平をこぼす」ことで有名だった[10]。「私はあの女王が嫌いだ」とキケロは述べた。歴史は雄弁な者が決める。

クレオパトラが訪れたとき、偉大な弁論家は六〇歳の立派な老人だったが、老いて髪は白髪まじりになっても、たるんだのどの上には、ハンサムで端整な顔立ちがあった。盛んに書きまくっていたキケロは、クレオパトラのローマ滞在の間、多岐にわたる哲学的な作品を一つにまとめることに注力していた。

彼はその前年、裕福な一〇代の被後見人と結婚するために、三〇年間連れ添った妻と離婚したばかりだった。彼は議論の際に、クレオパトラがそもそもローマにやってきたのと同じ理由を挙げていた。「私の幸せや境遇を一番大切に思うべき立場にあった悪人のせいで、私は安心できなかったし、好奇の目から逃れることができなかった」彼にとって、その解決法は明らかだった。「だから古くからの関係における裏切りに対して、新しいつながりに忠実になることで自分を強くすることが賢明だと考えた」[11]つまり、田舎出身ながら輝かしい知性と才能によって名を上げ、たゆみない政治運動によってその地位を維持しているたたきあげの人キケロは、金のために再婚したのだ。

そもそもキケロがクレオパトラを訪ねたことの方が、その後何年にもわたって、厳しく残酷な言葉で彼女を非難するようになることよりも驚きだ。偉大なるキケロには、大きく分けて二つのモードがあった。おべっかを使うか、けちをつけるかだ。彼は一人の人物にこの二つのモードをどちらも使うことがあった。今日中傷した男に明日永遠の忠誠を誓うことなど、朝飯前だった。彼は偉大な著述家であったが、それはつまり自己中心的で、自我が肥大し、現実の場合もそう思い込んだだけの場合も含めて、軽蔑されることに異常なほど敏感であることを意味していた。

古代ローマ版のジョン・アダムス、キケロは常に後世のことも考えていた。彼は二〇〇〇年後に我々が彼の作品を読むことを期待していた。彼は雄弁術の達人であると同時におせっかいの達人でもあり、ローマの有名人みなが、どこの土地を所有しているか、どこに住んでいるか、どんな人々とよく会っているのかを細かく把握することを自らの任務にしていた。

彼はローマ政界の中心に三〇年間も立ち、第一線からはずれることは我慢ならなかった。彼はどうしようもなく権力と名声に惹かれていた。キケロの強烈な支配欲の対象にならなかった有名人はいない。特に、知的で、魅力にあふれ、国際的に評判が高く、軍を編制するだけの財力があり、ローマ人に語彙を酷使させるような有名人には、猛烈な興味を感じた。キケロは単調な生活にかなり倦んでいた。彼は間違いなく贅沢が大好きだった。

クレオパトラがローマで誤解され、そのせいでつらい日々を過ごしている間に、キケロに本か写本を贈るという約束をした。これはアレクサンドリア図書館から贈るはずだったのかもしれない。どちらにしても、けっきょく彼女はなにも贈らなかった。彼の気持ちなど考えていなかったのは明らかだ。そしてその彼の気持ちは、彼女からの使者が自宅にやってきたときに、さらに傷つけられた。使者はキケロに用があったわけではなく、彼の親友であるとても学のある人物に連絡を取るためにやってきたのだ。

この辺りの事情はあまりはっきりしておらず、二〇〇〇年後の我々も、この偉大なる弁論家の沈黙を様々に想像してみるしかないのだが、キケロがこの件について多くを語らないことと、その謎めいたほのめかしから考えると、彼は腹を立てたというより困惑していた。それからにわかに彼はむきになり、クレオパトラになにかを頼んだことや、そもそも彼女と関わりを持とうとしたことを悔やんだ。問題の友人には、自分とあの女王とのつきあいは、「文学的なものであり、私の立場にふさわしいものだ――彼らに公共の場で会おうと頼むことはかまわない」とわざわざ述べている[12]。都合の悪いことはなにも明かされていない。クレオパトラの代理人も、訊かれればこれは事実だと言ったはずだ。

しかし、キケロの威厳は傷つけられた。彼は激しい恨みを抱いた。彼はもうエジプトとは一切かかわりたくなかった。あの女も、その使者もいったいなにを考えているんだ？　本一冊のことを忘れただけで、これほど長期にわたる報いを受けた者はなかなかいない。クレオパトラはキケロの永遠の敵意の対象になった。彼がこの侮辱に対する怒りを募らせていったのは、クレオパトラがローマを離れ、もう戻らないだろうと思われてからだったが。そしてキケロは憎んでいるにもかかわらず、このエジプトの女王としげく交際していたことは間違いない。カエサルの邸宅を訪れたわけではなく、他の社交の場でのことだったようだが。この行動こそ彼の関心の表われだ。

本をめぐるこの一件は別にしても、キケロがクレオパトラを好きになれなかった理由はたくさん考えられる。まず、頑固なポンペイウス派だったキケロは、カエサルにまったく好意を抱いていなかった。カエサルはキケロに対して、偉そうに振る舞い、彼の英知を十分に評価していなかった。キケロはクレオパトラの父に対しても容赦ない言葉を記している。

彼はアウレテスと面識があり、王にはふさわしくない貧相な人間だと考えていた。[13]「アレクサンドリアの君主」は「血筋も魂も王にふさわしくない」と切り捨てている。しかし根っからの共和制支持者であるキケロは、それ以前に心ならずもエジプトに関することに時間を費やしていた。エジプト人たちはいつも人を小馬鹿にしたような態度を取っている。[14]キケロはクレオパトラの少女時代に、彼女の父親の宮廷の全権大使に任命されたいと思ったことがあったのだ。しかしその役職は歴史的に見てどうなのか、また偉大なるローマから見てどうなのかを心配していた。

キケロは女性に関してはやっかいな経歴を持っていた。彼は最初の妻が公務に興味を持ちすぎて、家庭のことに関心がなさすぎると不平をもらしている。強い心と強い意志を持ったその女性と別れたあとは、もうこのタイプの女性には好意を抱かなかった。そして対照的に、娘に情熱と深い献身を傾け、第一級の教育を贅沢に受けさせた。紀元前四五年二月、その娘が出産の際に急死してしまう。まだ三〇歳にもなっていなかった。キケロはそれから数カ月間、悲しみのあまりなにもできずに過ごした。その痛みは肉体的な痛みのようだった。わっと泣き出してしまうことがよくあり、友人たちは優しくなだめた。*娘を失っても、娘と同世代で、別の文化的背景を持つ冷静で将来のある若い女性を大切に思うようにはならなかった。彼の新しい一〇代の妻が、娘を亡くした彼にそれほど同情していないことに気づいたキケロは、結婚してまだ数カ月の彼女を離縁した。

「テヴェレ川の向こうの邸宅に住んでいたときの女王の傲慢さは、思い出しただけで血が泡立つ」とキケロは、紀元前四四年の中頃に怒りを爆発させている。[15]この点に関して、彼は女王といい勝負だった。彼は「私はどこかばかげた見栄を張りがちだ」と認めている。[16] 後にこの件について、プルタルコスがもっとはっきり書いている。[17] キケロは優秀で、彼の文章は数限りなく引用されているが、彼は嫌みなほど熱心に自分を激賞しているのだ。自分の作品に恥知らずな自己宣伝を加えてもいる。ディオンは、キケロについて遠慮なくこう述べている。「彼は存命中の人物の中で一番の自慢屋だ」[18]

彼はおそらく一番愛したものである蔵書に関しても、虚栄心を抱いていた。書物以上に彼が楽しんだものを挙げるのは難しい。贅沢規制法をちゃっかり逃れたことはさておくとして。彼は自分の蔵書に誇りを持っていた。キケロは自分が裕福だと考えるのが好きだった。つまり彼にはクレオパトラを嫌う理由がもう一つあったのだ。知的で、女性で、しかも彼よりも立派な蔵書を持っている、これだけで三つ、彼を不快にする要素があった。

キケロはクレオパトラを尊大だと非難したが、「尊大」という言葉は、おそらく彼の一番好きな言葉だった。カエサルは尊大だ。ポンペイウスも尊大だった。カエサルが信頼する友人、マルクス・アントニウス――キケロはアントニウスについてもかなり好意的でない記述を多数残している――も尊大だ。アレクサンドリア市民も尊大だった。内戦での勝利も尊大だった。

キケロは同席した人々の中で、一番弁舌さわやかであることに慣れていた。クレオパトラが自分と同じように皮肉を言うことは腹立たしかった。それに彼女は王として振る舞っているが、本当にその資格はあるのか？　キケロはクレオパトラが女王然として振る舞うことをあざ笑い、共和制の支持者であり、なによりも名家の出身でない自分への侮辱だと感じていた。

＊彼はこのままではいけないとは思っていなかった。悲しみに暮れながらも仕事熱心で多作だったので、よけいに言うことをきかなかった。彼は嘆き悲しみながら書いた著作を半ページしか読まずに、彼の悲しみをねたんでいる「幸せな者たち」に反抗した。

彼の意見にも一理ある。クレオパトラが横柄だと述べたのは彼一人ではない。クレオパトラは外交術よりも戦略において能力を自然に発揮できた。彼女は周囲の者たちに自分は長年、広大な王国を治めてきたのだと知らしめることが容易にできた[19]。追放の身にあると、常に人を見下すような心境になる。クレオパトラには、自分が特別な世界からやってきたのだと信じる理由が大いにあった。ローマには彼女に敵うほどの家系の者はいなかったのだ。彼女自身がそれをよく知っているように見えることが、キケロは気にくわなかった[20]。

そうこうしている間にも、誇り高き女王と陰気な哲学者を取り巻く政治状況は悪化していった。カエサルは軍事面に気を取られていて、長く放置されたままで、周囲からせかされている問題にほとんど注意を向けていなかった。予定はどんどん遅れていた。議会を復活させねばならなかったし、経費の削減、信用の回復、勤労倫理の復活、新たな市民を迎えること、公衆の倫理の向上、ローマの栄光を基盤にした自由をさらに広げること——つまり「もっとも有名で力のある都市を、破滅の瀬戸際から復活させること」が求められていた[21]。他のみなと同じように、キケロもカエサルの動機を分析していたが、紀元前四五年のこのとき以来、それは誰にも感謝されることはなかった。

この年の終わりには、カエサルには山のような名誉が積み重なり、ヘレニズム君主国で見られる神格化に近くなっていた。それから数カ月の間に、複数の神殿にカエサルの彫像が建てられた。象牙で作られた彼の像の後ろには、神の像と同じように行列が続いていた。彼の権力は人々を不安にさせるほどふくれあがっていた（キケロは後に喜んで非難を並べたてている。しかしこの頃は、偉大なる将軍がやってくると喜んでいた）。カエサルの態度に対する不満の声は多かった。クレオパトラの滞在中、カエサルは三〇二回の戦いに勝利を飾り、ガリアで三〇回以上戦い、「おそれることを知らず、どの遠征においても、最後は勝利を収める」男として、振る舞っていた[22]。

その一方で、彼には評価を危うくするような傾向もあった。彼は伝統を無視した。いかにも軍の司令官然とした振る舞いが多く、政治家らしさが足りなかった。人々の不満が爆発し、燃えあがることもたびたびあり、キケロをはじめとする元ポンペイウス派たちは、それをうまくあおっていた。

紀元前四四年二月、カエサルは終身独裁官に任命された。これにより、さらにたくさんの特権が彼にもたらされた。凱旋将軍の衣装である紫色のマントを普段も着用し、元老院で一段高いところにある象牙と黄金でできた椅子に座ることを許された。この椅子は王座に見まごうほどだった。彼の肖像がローマの硬貨を飾った。存命のローマ人としてははじめてのことだった。それと同時に、恨みが少しずつ蓄積していった。「彼をけしかけ、得意にさせておいて、まさにその同じ件について、彼の欠点を探し、彼がどんなに喜んで特権を受け、その結果どれだけ傲慢に振る舞ったかを中傷する噂を広めた」のは元老院そのものだった。[23] カエサルは、賛辞を額面通りに受け取るという過ちを犯しただけでなく、ある意味では難しい立場にいたのだろう。賛辞を拒否すれば相手に不愉快な思いをさせるかもしれなかったからだ。その重みが最後にはカエサルを葬ることになる、超人的な自我と超人的な名誉のどちらが先にあったのかはわからない。

この冬、カエサルが非常に強い野心をもって新たな遠征に臨もうとしており、そのせいで忙しかったことも事態を複雑にした。彼はこの遠征のために明らかに、またもやローマを見捨てようとしている。彼はパルティア征服を狙っていた。ローマの東部国境に接している国で、長年覇権をめぐって抵抗していた。この構想を聞いたらクレオパトラは不平を言うだろう。もうすでに言っていなければだが。体力が衰えてきて、運命論的な気持ちになりがちだったカエサルは、ローマがインドへと至るための道を整えておこうとしていた。五五歳のこのとき、彼は三年はかかる任務に乗り出そうとしていた。アレクサンドロス大王がもう少しでやり遂げるところだった事業だ。キケロはカエサルが文字通り首を取られるまで思いとどまらないのではないかと考えていた。

紀元前四四年の春、カエサルは一六のレギオンと大規模な騎馬隊をパルティアに先に送り込み、三月一八日に自分も出発すると宣言した。彼は自分の留守の間の手配をしていた。クレオパトラも同じように、荷造りを始めていたことだろう。

しかし、ローマの街には不安と疑惑が飛び交っていた。国内の問題はいつ解決されるのだろう？　カエサルがエジプトに滞在していたときに、マルクス・アントニウスが行った政治が混乱していたことを考えると、もっともな不安だった。カエサルが指名した代理アントニウスは、信頼できず、無能だった。アントニウスは不品行だともいわれていた。そもそも、カエサルはいつ共和制を復活させるのかという疑問を抱いている者たちにとって、その年の冬の神託は特に歓迎できないものだった。この頃に顕現したのか、ささやかれていたかした預言は、パルティアは王にしか征服できないというものだった。

この王という称号が、もうすぐカエサルに贈られるのではないかという風聞が立った。それは単なる噂よりもわずかに真実味があった。神託は使い勝手が悪ければ、なんの意味もない。しかし、この噂はそもそもなぜクレオパトラがカエサルの邸宅に住んでいるのかという、やっかいな問いを投げかけることになってしまった。カエサルには王になりたいという野望があったのかもしれない。あるいはなかったのかもしれない。彼は軽率にもローマとの連絡を絶ち、本来はもっと注力すべき内政を放置し、もっと細心の注意を払うべきところを独断的に処理した。王として見られたくないなら、まず手始めに、女王と仲間になって過ごせばいいというのは、悪いアドバイスだ。

カエサル死す

紀元前四四年まで、三月一五日は春の宴の日として知られていた。ローマの暦上に数ある痛飲する日の一つだ。物事のはじめと終わりをつかさどる古代の女神の祝祭として、この日は騒々しく酔っぱらう、元日のような日になっていた。酔っぱらいのグループが、夜になってもテヴェレ川岸をピクニックしていて、満月の下で仮設のテントを張る。この祝祭は九カ月後、忘れられない日として思い出されるようになった。

紀元前四四年のこの日は、夜明けから曇っていた。雲の多いこの日の昼前、カエサルは輿に乗って元老院に向かった。遠征で留守の間の手配を完了させるためだった。若くて有能なプブリウス・コルネリウス・ドラベラは、この間カエサルの執政官代理に任命されたいと思っていたが、ドラベラのライバルでカエサルのお気に入りであるマルクス・アントニウスも同じように望んでいた。

この日、元老院議員たちはポンペイウス劇場に隣接する広い部屋に集まっていた。頭に月桂樹の冠をいただいたカエサルが入ってくると、全員が立ち上がった。一一時頃、カエサルは新しい黄金の椅子に腰を降ろした。すぐに同僚たちが彼を取りまいた。その多くが彼の忠実な友人だった。一人が嘆願書を差し出し、突然手にキスをさせてほしいとしつこく求めはじめた。カエサルはこの要求を断った。これに対し嘆願者は、彼の言葉を途中で遮り、手を伸ばしてカエサルのトーガの肩の部分を乱暴に引き下ろした。

これが合図だった。これをきっかけに男たちがカエサルを取り囲み、短剣を引き抜いた。カエサルは最初の短剣からは身をよじって逃れたので、軽くかすめただけですんだが、続いて雨のように次々と繰り出される短剣は逃れようがなかった。暗殺者たち全員が襲撃に参加する約束になっていたので、彼らはその通りに、カエサルの顔や太ももや胸をめった刺しにした。互いを刺してしまうこともあった。カエサルは激しく抵抗して逃れようとし、筋骨たくましい顔を「野獣のように猛烈な叫びをあげながら」彼ら一人一人に向けた(24)。彼はついに一声うなると、トーガの布地で顔を覆った。エジプトの海辺でのポンペイウスの仕草とまったく同じだった。そして床に倒れた。

このときには襲撃者たちは部屋のドアに殺到していて、カエサルは床に力ない紫色のかたまりになって倒れていた。二三カ所を刺され、その衣服は「血まみれになり、ぼろ切れのようにずたずたになっていた」という。[25]暗殺者たちはトーガと元老院議員用の靴に血を飛び散らせたまま、王を、独裁者を殺したと叫びながら、ばらばらの方向に逃走した。

すぐに恐怖と混乱がわき起こった。騒ぎを見て、元老院全体が暗殺にかかわっていると考えた者もいた。休日だったので、剣闘士の試合に夢中になっていた人々が通りに出ていた。剣闘士が元老院議員たちを虐殺したというデマが飛び交った。街を略奪するために軍隊が控えていると思い込んだ者もいた。「走れ！　ドアに鍵をかけろ！　ドアに鍵をかけろ！」[26]という叫び声があがり、よろい戸が激しい音をたてて閉められ、ローマの街の人々は自宅や仕事場に鍵をかけて閉じこもった。大混乱のあとで、ふいにみな麻痺したように動けなくなった。「辺りは叫び声をあげて逃げ惑う人々でいっぱいに」なり、「街は敵に占領されたかのようだった[27]」。

ホールにはカエサルが一人、なんの手当もされず、血まみれのまま数時間横たわっていた。手を触れようとする者は誰もいなかった。午後遅くなってからようやく、三人の奴隷の少年が彼を運び去ったとき、戸口から屋根の上に至るまで、ヒステリックなすすり泣きと嘆き悲しむ声が響き渡っていた。

カエサルの切り刻まれた死体は、カルプルニアの許に運ばれた。彼女以外では、クレオパトラほどこのニュースに衝撃を受けた者はいないだろう。個人的にどう受け止めたかは別にしても、カエサルの死は彼女にとって政治面での壊滅的な打撃を意味していた。彼女は庇護者を失ってしまったのだ。彼女の状況はいまや不安定どころではなかった。果てしない不安が襲ってくる。これから、彼の友人や親族も殺されるのだろうか？

カエサルの副官であるマルクス・アントニウスはそう考えた。彼は使用人の姿に変装して身を隠した。再び姿を現わしたときには、チュニックの下に胸当ての板をつけていた。暗殺に加担した者は、着替えて姿を消していたが、彼らの支持者たちも同じだった（キケロはこの暗殺を是認していた。実際の殺害には関与していなかったが、彼も逃亡した）。

カエサルが遠征に出るのが決まっていたことを考えると、クレオパトラは、この直後の三月半ばには、ローマを発つことになっていたのかもしれない。しかしこんな形で終わりを迎えるとは、まったく予想していなかったはずだ。カエサルを狙う陰謀があるという噂は何年も前から流れていた。彼女がローマにやってくるずっと前からだ。様々な前兆については、あとから振り返ってみれば、あてはまるというだけだ。その前兆が起こったときには、何通りかの未来にあてはまる可能性があったはずだ。古代史には、はずれた前兆の話が不思議なほど出てこない。カエサル暗殺は、定められた運命であったのだから仕方がないと信じる者たちが、後になってから状況に合う、間違えようのないしるしを寄せ集めたものだからだ。

その説明もまた、あとから集められている。歴史とは前兆を逆さまに読んでいるようなものだ。そうこうするうちに、人々はクレオパトラが暗殺にかかわっていたのではないかと考えるようになった。彼女がローマにいるということにはなにか理由があるはずで、暗殺もその一つだと考えられた。そう考えるといくつかの謎が解決する。カエサルに関する説明がつかない行動や筋が通らない細目をすっきりさせることができるのだ。

まず第一に、カエサルのアレクサンドリア滞在に関するやっかいな問題がある。クレオパトラの影響や野心のせいかどうかは別にして、なんらかの意味があったはずだ。それからカエサル広場のウェヌス像の傍らに黄金のクレオパトラ像を建てたことにはどんな重要性があるのか？　三月一五日以降、暇な人々のおしゃべりや毒のある筆が膨大な量の推測を提供した。記録すべきことは他にたくさんあり、カエサルの暗殺は定められた運命ではなかったし、ローマにとって大きな損失だったことがわかってきたときだったにもかかわらず。重要なのは、もっともクレオパトラを犯人に仕立て上げそうな人物が、なにもしていないことだ。キケロが作ったカエサルの過失と罪のリストには、クレオパトラは影も形も出てこない。キケロは悲しみに暮れるローマに対し、トロイのヘレンがもたらした破滅を引き合いに出したが、これはクレオパトラよりアントニウスのことを指していた(28)。

カエサルは最後の数カ月間、過度の贅沢と前例のない栄誉を異常に好む行動をとっていた。善良なローマ人ならためらうような、ダイアデムを身につけるという挑発的な行動さえしてみせた。彼がこうしたことを自ら計画したのか、押しつけられたのかはわからない。どうも栄誉を与えようと最初に言い出した者が、最初に非難を始めたようだ。同僚の元老院議員たちは、常になんらかの罠を用意しながら、賛辞を捧げていたようだ。「彼らはカエサルがなるべく早く人にうらやまれ、憎まれるように願っていた。そうすれば、それだけ早く彼を消し去ることができるからだ」

カエサルは最高の権力を握った。少なくともあとから考えると、クレオパトラが自らの国で女神であるのと同じように、カエサルが、自分もローマの神になりたいと望んだのは、ごく自然なことだろう。

すぐに、「彼が望むかぎりの女性と性交することを許す」法律が発令されるという噂が流れた(29)(スエトニウスはこの噂を否定し、真相はカエサルが「子どもをもうけるために」多くの妻を持つことを許されたのだとしている(30))。カエサルは複数の妻をめとれるだけでなく、当時の法律では許されていなかった外国人の愛人との結婚も可能になるはずだった。当時はローマ人同士の結婚しか認められていなかったのだ。カエサルはローマの首都をアレクサンドリアに移そうとしていたとも言われている。彼は「国の資産を持ち去り、イタリアの軍隊を引き連れ、ローマの街の統治を友人たちに任せて去ろうと」していたのだ(31)。

この記述には、クレオパトラについてばかりでなく、カエサルの壮大な野望や、ローマ再編への執念に対する侮辱がほのめかされている。エジプトへ行く前とヒスパニアから帰ったあとのカエサルは別人のように矛盾していて不可解だ。ちょうど、クレオパトラがはっきりとした区切りになっている。

カエサルが最後の五カ月間、権力や称号に執着し、王のように着飾り、神になろうとしたり、気まぐれに冠を身につけたり、奇妙に独裁者のような態度をとったのは、彼女が原因だと言える。現在では、クレオパトラがダイアデムで彼を惑わす芝居を仕掛けたことになっている。彼女はカエサルの心に独裁主義の理想を植えつけ、ローマの皇帝夫人になろうと企んでいたというのだ。彼女はローマの指導者カエサルを決定的に堕落させた。彼がエジプトで生まれ変わったといってもいいぐらい、クレオパトラがローマ帝国の創始者だと言ってもいいぐらいの影響を与えたのだ[32]。

　もちろん、クレオパトラはカエサルの破滅の一因ではあるだろうが、彼、あるいは彼女に、帝王になろうという構想や裏切りの狙い、さらにはそれらに対する盲目的で、命取りになるような情熱があったという証拠はない。彼女の説得の才を考えると、ローマ国内の政治に実際的な形でそれほどかかわっていたとは考えにくい。彼女とカエサルは共同統治をしようとしていたのか？　その可能性はある。しかし証拠はなにも残っていない。出張は単なる出張以上のなにものでもないのかもしれない。スエトニウスは淡々とした歴史的な記述の多くが、「記述にカール用のアイロンをあてようとする愚かな者の手によって」変化させられてしまうと認めている[33]。

　クレオパトラに責任があると最初に述べたのは、彼女の子どもたちの家庭教師を務めた博識な歴史家ダマスカスのニコラウスだった。一世紀後、ルカヌスは喜んでニコラウスの解釈に従い、彼女の二つの裏切りを見事に一言にまとめてみせた。「彼女は彼の欲をあおった」こう断言した方が、カエサルには多くの理由から多くの敵がおり、その中にはエジプトの女王にもローマの政体にも関係ない者も含まれていたという事実よりは、お話として面白いだろう。

　暦の改正をしたことさえ、恨まれる原因になっていた。彼は不注意にも権力者たちの権限を奪ってしまったからだ。カエサルに感謝すべき理由がある者は、その負い目にむっとしていた。戦争中に損失に苦しんだ者もいた。ただ単に体制をひっくり返したいと思っている者もいた。「それゆえに、ありとあらゆる者たちが彼に敵対することで団結した。地位の高い者も低い者も、友人も敵も、軍人も政治家も、みなそれぞれの理由を持っていたので、その結果、自ら不平を持つ者たちは、すすんで他人の非難の声に耳を傾けることになった」と、ある同時代人は書いている[34]。

三月一七日、マルクス・アントニウスの自宅で、カエサルの遺言状が開封され、朗読された。かつてはポンペイウスのものであったこの広い邸宅に、アントニウスは舞い戻っていた。カエサルが遺言状を作成した九月の半ば、クレオパトラはローマに滞在していたが、遺言の中にはまったく登場しない。

彼女はがっかりしたかもしれないが、他にも落胆した者たちがいた。遺言状にはカエサルが抱いていたとされる無法な意図などまったく表われていなかったのだ。それどころか、この遺言は暗殺者たちへの長文の非難のように響いた。カエサルは、クレオパトラが住んでいた邸宅と土地をローマ市民に遺した。さらにローマの街に住む成人男性全員に、七五ドラクマを遺贈している。外国人に金を遺すことはできないので、クレオパトラはなにも遺していない。最後の数カ月の調子はずれだった彼とは、まったく違う内容だった。カエサリオンになにも遺していなかったし、息子として認知するような文言もなかった。驚いたことに、みなの予想に反して、マルクス・アントニウスにも、なにも遺されていなかった。カエサルはアントニウスではなく、姪の息子である一八歳のガイウス・オクタウィアヌスを跡取りに指名していた。オクタウィアヌスを正式に養子にし、全財産の四分の三を遺贈し、さらにもっと貴重なことには、自分の名前も継がせることにしていた。アントニウスは、カエサルの近しい友人数人とともにオクタウィアヌスの後見人に指名されていた。後見人の中にはカエサルの暗殺者も含まれていた。

三月一五日以降も、ローマの日常はいつも通り続くと考えていた者たちもいた。彼らはアントニウスの演出の才を忘れていた。三日後、カエサルの葬儀をきっかけに、容赦ない殺人者探しが始まり、街には無数の暴動がわき起こった。象牙の寝椅子に身を横たえ、まだたくさんの傷がぱっくりと口を開けているカエサルの遺体を前に、アントニウスは感動的な演説を行った。彼はカエサルの死を悼むしるしにひげを剃っていなかった。元老院の演壇に立った彼は、ローブを引き上げ、両手を自由に使えるようにした。その顔に「誇りと激しい怒りを示す表情」を浮かべながら、アントニウスはカエサルをたたえ、その勝利を数え上げた[35]。そしてこのとき、カエサルが肉欲に負けてエジプトに長居したという非難について、カエサルを弁護した。アントニウスは「らっぱのように通る声から哀歌のような声まで」効果的に声音を変えながら、悲しみと義憤の入り交じった力強い演説を続けた。派手な演出の機会を逃さない彼は、カエサルの血まみれの白髪頭をみなに示した。それから不器用に、ずたずたになったうえに血でかたまっている衣服を脱がせ、それを槍にかけて振り回した。

聴衆は猛り狂い、即興の火葬に心を奪われて、カエサルの暗殺現場であるホールを破壊した。狂気のような殺し合いと放火が続き、キケロの言葉を借りれば、「街のほぼ全体が焼け落ち、またもや多くの人々が虐殺された[36]」。クレオパトラにとって、ローマは非常に危険な場所になった。というより、誰にとっても危険だった。ローマ人がアレクサンドリア市民の特徴として挙げる、激しやすく、乱暴で、血に飢えた野蛮人というまさにその通りのことが、ローマの街でいま奇しくも行われていた[37]。市場では、暗殺犯だと誤解された男がばらばらに引き裂かれた。

クレオパトラはある意味では幸運だった。カエサルの暗殺者たちは「彼への畏怖の念と、彼への憎悪の強さの間で立ち尽くし、何度も事を先延ばしにした」ので、繰り返し決行が遅れていたのだ[38]。もし彼らが当初の計画通りに動いていたら、クレオパトラは荒れ狂うローマに居続けなければならなかったかもしれない。葬儀に続く激しい嵐のような暴動の間、彼女はローマにいて、その週の間、毎夜空に彗星が尾を引いて流れていくのを見ている。彼女は邸宅から街を眺めていた。夜はいつもタールを流したように真っ暗なはずなのに、いまはあちこちに火が見えた。街の秩序を守るためという名目で、夜明けまで火が焚《た》かれているのだ。

そして彼女はローマを発った。馬車に荷物を積み込み、ジャニコロの丘の曲がりくねった坂道を、ジグザグと向きを変えながら川まで下り、そこから海岸へと向かった。航海の季節は始まったばかりだった。おそらくカエサルの支持者の助けを借りて、慌しく出航したのだろう。三月のうちに彼女は発った。その航跡をキケロがしつこく確認していたし、ローマではみなが彼女の運命を噂していた。その噂も五月の半ばには途絶えていた。

しかし、キケロはそれからさらに数週間、関心を失わなかった。その頃クレオパトラは間違いなくアレクサンドリアに到着していてすっかり安全だったので、キケロは不満を述べている。「私はあの女王が嫌いだ」キケロはここではじめて怒りを爆発させた。彼の血は再び煮えたぎり、クレオパトラという名を出すことさえ嫌った。これは敵や元妻たちに対するのと同じ扱いなのだ。クレオパトラにものを頼んだこと、そんなことをして自分の名誉を傷つけたこと、さらにはそのせいで侮辱を受けたことを思うといまだに腹が立った。クレオパトラの使者にも怒りを向け、「なんとなく卑しく」、無礼だったと非難している。どうして自分は、あんな連中に無作法な扱いを受けるような目にあったのだろう? 「彼らは私に魂がないと思っていたか、あるいは脾臓《ひぞう》（感情が宿る場所とされていた）などないと思っていたのだろう」と彼は怒り狂っている(39)。

クレオパトラにとっては、とりわけ不安に満ちた航海だったことだろう。彼女はイシスとウェヌスを体現する自らの立場に忠実だった。三月、彼女は再び妊娠していた。その徴候はもう目立っていたのだろう。秘密は明らかになった。キケロが彼女を執念深く追っていたのには十分な理由があったのだ。

妊娠したクレオパトラを妻にできれば、誰にとっても、これ以上の戦利品はない。彼女は不安定なローマの将来を、さらにややこしくすることができる。カエサリオンのときとは違い、クレオパトラはこの第二子をローマの地で身ごもっている。カエサルの子であることはローマじゅうが知っている。生まれた子どもが男の子だったら、そしてクレオパトラが自分の立場を主張したら、いったいどうなる？　キケロは後継者問題が狂わされることを心配したのかもしれない。彼女は十分権利を主張することができた。

しかしけっきょく、クレオパトラにとっては悲しみの季節となった。アレクサンドリアへの航海中に流産したのか、それとも出産後すぐに赤ん坊を亡くしたのか。ローマではキケロが深い安堵の吐息を漏らしていた。

クレオパトラは別の面では大きな報酬を得ていた。すべての党派がカエサルの「法規や好意や贈物」は、なに一つ取り消さないことで同意したのだ。(40)キプロス島は保障される。クレオパトラはローマの友人であり味方でありつづける。

ローマでは、かつての内戦の再現のような「略奪と放火と虐殺のやり放題」が起こることが覚悟されていた。(41)三月一五日以来、誹謗中傷と自己弁護が大いに展開された。誰もが自己満足に陥っていた。王を倒すことはローマの伝統でもあるので、陰謀家たちはあの灰色の三月の朝、勇敢にその伝統を受け継いだのだと信じていた。どちらの派にも属していなかった者たちでさえ、喜んでこの対立に加担していた。ディオンの記述によると、「権力を持つ者たちがみな仲違いしあうことを切望する一大勢力がいた。権力者たちの対立を喜び、彼らに対する陰謀に馳せ参じる分子どもだ(42)」。

クレオパトラは、幼い頃から自国がローマに破壊されるかもしれないと、恐怖とともに教え込まれてきた。そのローマが、エジプトではなく自らを破壊していくのを、彼女はじっと見守っていた。ローマはどんよりとした、湿って、暗い一年をふらふらしながら過ごした。この年は太陽も昇ることを拒み、「普段の輝きや上昇を見せることがなく、ごく弱々しくしか暖めてくれなかった(43)」（原因はおそらくシチリア島のエトナ山が噴火したからだ。噴火による熱のせいだったのに、ローマではわかりやすい政治的説明の方を選んだ）。

クレオパトラは、混乱を海の向こうから眺めていられることを喜んだ。おそらく彼女はプテオリから出航し、イタリア半島沿岸を航行して、荒々しく殺風景な、メッシナ海峡を通り、四月になってようやく地中海の外洋に出られたのだろう。風は順風だった。地中海を南に向かって渡るのに苦労はいらない。強気な船長なら二週間もせずに渡りきっただろう。数日のうちに、クレオパトラはいつまでも陰鬱でうすら寒い空気に満ちたヨーロッパから、エジプトの贅沢な暖かさの中に帰ってきたはずだ。

太陽の降り注ぐアレクサンドリアで、彼女は単調な政務、個別の謁見、様々な儀式や典礼をこなす日々へと戻った。彼女は二度とローマに足を踏み入れなかった。しかしローマの情勢は注視しつづけた。彼女はプトレマイオス家の先祖たちよりも効果的に、抜け目なく見計らって企みを続けたが、気づけば振り出しに戻り、次々と起きた出来事に不意討ちをくらわされ、支配体制の大幅な見直しのために邪魔をされた。ほぼ同時代の人物はこう驚いている。「これほどの運命の転変や人の世の摩訶不思議な栄枯盛衰に対する驚きを十分に言い表わせる者が、一体いるだろうか？」(44)

クレオパトラは二六歳だった。

試練の時

危機一髪で難を逃れるという、心動かされる場面である、紀元前四四年のアレクサンドリアへの帰路はまさに逃避行であり、オペラにぴったりだ。劇作家が誰もこの場面を扱っていないのは、なんの記述も残っていないからだろう。見事にローマを操ったことでたたえられるべき女性クレオパトラの物語は、ほとんどローマ史を記録する者たちの手に委ねられることになった。つまり、ローマ人が同席していないときに起こったことは、事実上消えてしまっているのだ。

その春、赤煉瓦の屋根が並ぶアレクサンドリアへと向かっていたとき、彼女のそばにローマ人はいなかった。ちらちらと光を発する灯台と、同じクレオパトラの名を持つ先祖たちの巨像の周囲を回り、石造りの防波堤の間を抜けて、技術の粋を尽くした静かな波止場へと船は到着した。外国の君主が訪ねてきた際にはエジプト艦隊が出迎えるならわしだったが、クレオパトラが帰ってきたこのときも、間違いなく艦隊が勢揃いで出迎えたことだろう。(45)

クレオパトラが本国において、どれほど自らの任務を告げ知らせ、海外で実際にどんな協議をこなしてきたとしても、このひどい結末は予想できなかったはずだ。この数週間の船旅の間に、彼女はあきらめて現実を受け入れ、先のことを考えはじめていた。個人的に悲しみに暮れていたかどうかは別にして、彼女には懸念すべき問題があった。もはやローマには彼女に便宜をはかってくれる人物がいないだけではなく、いまはあの街の政治という血を見るスポーツに、危険なほど足を踏み入れてしまっていた。カエサルの唯一の息子、カエサリオンは彼女の切り札だった。彼は負債になる可能性もあった。紀元前四八年に彼女が抱えていた危険以上の危険があるとしたら、激しく戦う二人の野心に満ちた外国人の板挟みになっているのに気づいたときだった。

クレオパトラが自信喪失のいらいらを味わっていたとしても、その証拠はすべて歴史から失われている。プルタルコスによれば、それどころか、彼女は絶対的な自信を持っていて、この信念の絶大な力のおかげで生き延びることができたのだという。そして彼女は、完全に失敗して帰ってきたのに、非常にうまくやり遂げたように振る舞った。香《かぐわ》しい土産の品々を船に残し、アレクサンドリアの埠頭に続く踏み板を降りた。女王に戻り、常に賞賛してくれる臣民の許に、勝ち誇った様子で帰ってきたのだ。にわかには信じがたいことだが。*

*こういうごまかしの前例はたくさんある。アレクサンドロス大王がインド征服の祝祭を催したとき、どろどろに汚れ、餓死寸前で、辛くも生還した兵士たちは驚いたはずだ。彼らは征服など成し遂げていなかった。(47)

彼女は田舎者のローマ人から解放され、波のうねりや海外の混乱を逃れて、自分を生きた女神であり、完全にウェヌスと同一だと見てくれる街へ、女王が頭を高くそらしていても傲慢だと非難されず、黄金の椅子を見てうるさく叫んだり、ダイアデムを見て身震いする者のいない場所、つまり、文明世界に帰ってきたのだ。エジプトでは祝いの季節である夏には、それは特に顕著だった。この祝祭でも、クレオパトラの王国はローマとは逆さまだった。土地が水の下に沈むと、エジプトじゅうが歌い、踊り、祝宴を開くのだ。「我が家《ホーム》が一番」というのはギリシアの格言だが、クレオパトラはその言葉を違うふうに定義する国から帰ってきて、その本来の意味をまさに実感していたことだろう。この何年か前にキケロはこう毒づいている。「アレクサンドリアは欺瞞と嘘の本場《ホーム》だ(46)」

クレオパトラが国を離れている間、誰がエジプトを統治していたのかはわかっていない。通常、彼女は財務大臣に政治を任せていた。しかし誰であれ、留守を預かっていた者は非常にうまくやっていた。彼女が戻ってみると、エジプトは平和で繁栄しており、女王が一度、あるいは二度にわたって不在だったことを示すような点はまったくなかった。税の取り立てに関する苦情も特に大きなものはないし、父アウレテスが帰国したときのような反乱はいかなる類のものも起きた証拠がない。神殿は引き続き繁栄していた。クレオパトラはなんの問題もなくもとの立場に戻った。

気になる報せが海外から届いた。追放中の妹アルシノエが、いまだに王位を狙っているというのだ。アルシノエは四年前の企てを再現するかのように、自らエジプトの女王を名乗るのに必要なだけの支援をエフェソスで集めているという。それを許したということは、アルシノエの粘り強さだけでなく、クレオパトラの立場が、国外ではどれほど弱いかの表われだ。アルシノエの幽閉されていたアルテミス神殿には値が付けられないほど貴重な財宝がある。アルシノエには家族や家族を名乗る協力者だけでなく、ローマ人の後援者もいるようだった。これとほぼ同じ時期に、我こそはプトレマイオス一三世であり、三年前、ナイル川で溺れたときに奇跡的に助かったのだと主張する僭称《せんしょう》者が現われていた。

姉妹が互いに憎みあっていたのは間違いない。アルシノエはキプロスでクレオパトラの司令官をそそのかし、その忠誠心を揺るがせることまでしていたのかもしれない。キプロスからエフェソスまでの旅は容易だった。キプロスの司令官は伝統的に高官が務めていた。さらに事を複雑にしているのは、クレオパトラの傍らにいた、もう一人の弟プトレマイオス一四世の存在だった。クレオパトラに使い捨てにされたプトレマイオス一四世は、彼女を裏切るかもしれない。「同じ石で二度つまずく者をいましめる有名なことわざがある」とキケロは述べている[48]。そして二つの弱みに立ち向かったクレオパトラは決して不器用ではなかった。この年の夏のどこかの時点で、彼女はプトレマイオス一四世の殺害を命じた。手段は毒殺だったと言われている。*

一五歳のプトレマイオス一四世が追放中のアルシノエと結託していたかどうかは別にして、彼は明らかにクレオパトラの統治には邪魔な存在だった。彼を殺したことにより、クレオパトラはカエサリオンを共同統治者に任命することができるようになり、夏にそれを実行した。七月以降のある時点で、カエサリオンはファラオに指名された。ちなみに紀元前四四年の七月は、カエサルの名前（*July*）がついてからはじめてやってきた七月で、キケロの家では激しい歯ぎしりが聞こえた。彼の即位により、クレオパトラの三度目の共同統治が始まった。カエサリオンとの共同統治は、これまでの懸案を独創的に解決する理想的なものだった。カエサリオンは「父親を愛し、母親を愛する神、プトレマイオス王であり、カエサル」という称号を名乗った。これにより、クレオパトラは男性の共同統治者を立てなければならないという義務を果たした。二重の意味で神であるローマ人が、エジプトの王位に就い

＊理想的な家庭にもこうしたことは起こるとプルタルコスは主張している。王とは、「非常に反社会的な存在」だからだというのだ。親族である他の王族を排除していくようなやり方は、幾何学の法則と同様に変えられないものだ[49]。

たのだ。そしてどう転んでも三歳の子どもは、母親の計画を邪魔しないだろう。

クレオパトラは戦略的な計算に長けていたばかりでなく――クレオパトラが、エジプトをカエサルの後継者に継がせたのは象徴的なことだ。それが激しい争いの種になるのはわかっていた――イメージ戦略のうえでも、これはうまい作戦だった。アレクサンドリアから戻ったカエサルが以前に増して王のように振る舞ったのだとしたら、ローマから戻ったクレオパトラは以前より神のように振る舞った。彼女はイシスとしての役目を精力的にこなし、母としての立場を強調し、子どもを産んだことによって昇格するという新たな例をうまくつくりあげた。

祝祭の際には、人目を引くイシスの衣装を身につけた[50]。その頃の出来事が、強力な助けにもなった。カエサルの暗殺はクレオパトラの年来の入念な計画をぶちこわしたかもしれないが、イメージアップには非常に役立った。神話では、イシスの現世での夫であり男性の最高神であるオシリスが敵に虐殺され、ばらばらにされる。オシリスは幼い男の子である神ホルスと、献身的で頭の回転の速い妻をあとに遺した。妻イシスは悲嘆に暮れながらオシリスのばらばら死体をかき集め、彼を復活させようとする。三月一五日の事件はこの神話を都合よく補強した。クレオパトラはカエサルを失ったことにより、殉教した神の偉大な妻という、さらに強力な存在になった。紀元前四二年一月一日に、ローマで厳粛な儀式と共に、カエサルの神格化が宣言されたことは、まったく不都合ではなかったのだ。

クレオパトラは公式に、知恵と、母としての慈愛と、魂の滋養を与える神イシスとして、カエサリオンの存在と、親子三人の神性と魂の復活を高らかに謳いあげた。[*] 彼女は大規模な建設計画に着手した。そのほとんどが神話から着想を得たものだ。デンデラ神殿の壁のレリーフにはカエサリオンの姿が残っている。この巨大な神殿の建設はクレオパトラが父王アウレテスから受け継いだものだった[51]。彼女は息子の即位を祝うために、カエサリオンが上下エジプトの冠をいただき、彼女の前に立って、イシス、ホルス、オシリスに香を捧げている姿を彫らせたのかもしれない。これは効果的な組み合わせだった。クレオパトラは、ファラオとしても母親としてもカエサリオンを支えるのだ。ある浮き彫りでは、クレオパトラは伝統的な女神の二重冠の髪飾りをつけ、ガラガラを振っているイシスの姿で描かれている。その下に添えられた説明文では、彼女の名前がカエサリオンよりも先に記されている。彼女はこの浮き彫りの除幕式を行ったかもしれない。クレオパトラは、父が上エジプトのエドフで始めた事業を完成させたのだ。彼女はこのためにデンデラの職人たちのチームを送り込んだのだろう。ずっと北のコプトスには船上神殿を建設した。そしてルクソールの近くのヘルモンティスの主神殿の裏に、神の子たちの誕生を祝う小さな聖域を造った。カエサリオンはここで、父の仇討ちをするホルス神と強く関連づけられている。これは偶然ではないだろう。

クレオパトラはアレクサンドリアの波止場の上流で、後にカエサレウムと呼ばれる、カエサルに捧げる巨大な建造物の建設にすでに着手していた[53]。カエサレウムの敷地内には、最終的に柱廊、図書館、複数の部屋、果樹園、門へと至る道、幅の広い歩道、中庭があり、それぞれにあった美しい美術品が飾られていた。もっとも大規模な事業は、アレクサンドリアのイシス神殿の建設で、この神殿は現在は完全に失われている。

＊フローレンス・ナイチンゲールも、オシリスとキリストの物語の類似に驚嘆した。彼女はある日曜日の朝、上エジプトで、主にクレオパトラの父親が装飾したイシス神殿に魅せられていた。彼女がそれまでに、これほど神聖に感じた場所はほとんどなかった。「フィラエで感じた気持ちは言葉には表わせません」と、彼女は一八五〇年の家族への手紙に書いている。「オシリスの神話には我々の救い主の特徴がとてもよく表われているので、私は主が住んでいたところにやってきたような、エルサレムに行ったような気分になりました。そして神殿の中庭で、月の光がつくる影を見たときに、『きっと、私は主を見ているのだわ。主はいまここにいらっしゃる』と思いました[52]」

クレオパトラは、他の分野でも復活を押し進めた。彼女の統治の下で、アレクサンドリアは知的な活動の着実な再興を楽しんでいた[54]。知識人の友人を周囲に集め、ギリシアの知識階級をアレクサンドリアに復活させた。学者たちを呼び集めるのに苦労はいらなかった。彼女は親しい知識人の一人、魔法のように聴衆を魅了する才能を持ち、即興の演説が得意な弁論家フィロストラトスを重用した。彼はクレオパトラ専属の教師も務めていたのかもしれない。

エジプト人のための唯一の哲学の学校は、クレオパトラの時代に創設されている。懐疑主義者であるクノッソスのアイネシデモスは、人間の知覚と知識を得ることの不可能さの関係について議論した。文法や歴史の学術的研究も、このときの学芸復興の恩恵を受けたが、めまいがするほど原始的な、前世紀までの飛躍した説も復活させてしまうことになった。医学と薬理学は唯一の例外だ。

プトレマイオス王朝の宮廷には、以前から医師たちが所属していた。彼らは影響力があり、公共心を持った指導者だった。クレオパトラの治世には、その分野でもっとも抜きん出た人物たちが、薬や疾病について、目や肺の病気について、学者として、臨床医として、たくさんの著作を著している。特に外科の分野では、こうした研究者は大胆かつ飛躍的な進歩を遂げ、新たな特殊技術の体系を作り出した。その他の研究は独創性を欠き、それ以上の発展を生まない傾向があり、創造性より分類に力を入れていた。

そして、はじめてのアレクサンドリア生まれの学者が現われた。クレオパトラの四歳年下であり、塩漬けの魚を売る地元商人の息子、ディデュモスだ。彼は生き生きとしたウィットと並外れた多作ぶりを発揮し、宮廷で名を上げた。鋭い洞察力を駆使して語彙やホメロスやデモステネス、歴史やドラマや詩について論じた。あのキケロにまで皮肉な攻撃を向けた書物を残している。彼に女王と過ごす時間があったのは驚きだ。異常なほど多産な文筆家だったディデュモスは、三五〇〇以上の条約や記録を執筆した。彼が自分がなにを書いたのかを忘れ、矛盾することを書いてしまったのは、この多作さが原因だろう。[55] クレオパトラの食事の相手をする者たちも、彼女と日常的に頻繁に連絡を取り合い、政治について語り合う者たちもいた。専属の思想家は「知性を刺激するもの、あるいは良心の呵責を告白する相手」だった。[56] 師と使用人の両方の役割を果たしていたのだ。

紀元前四〇年代のはじめ、クレオパトラは人々が彼女にイメージしているような、誘惑ばかりしている女ではなく、はるかに大きな力を持っていることを示す。プトレマイオス家の栄光を復活させるための第一歩を踏み出したのだ。これもまた父の跡を引き継いでいたのだが、父よりもはるかに多くの結果を出した。彼女は受け継いでいるものにふさわしく、知的な試みを支援し、自らもかかわった。クレオパトラの祖先にはたくさんの殺人者に混じって、歴史家や動物学者や劇作家がいた。プトレマイオス一世が書いたアレクサンドロス大王の伝記は非常に人気があった。

後世から振り返って考えるとき、これまで我々は、クレオパトラについて、彼女の特徴として誤って書かれたものを基準に評価するしかなかった。彼女はその立場を超えて、文学好きと認められていた。これは彼女の人となりの一端を表わすものかもしれない。ローマでは頽廃的だと言われた彼女だが、国内では有能だった。あちこちで魔術や薬学の権威として名前を挙げられている。この二つの学問は、この後の時代も区別できないものだった。さらに、ヘアスタイリング、美容、度量衡の権威でもあった。彼女はこうした分野を深く研究したのかもしれない。少なくとも食事の席ではいろいろと探求したことだろう。医学に関していえば、彼女は女性の健康をつかさどる神ハトホルの神殿を手厚く支援していた。それでも彼女は、ロバの乳の風呂についてより、アスピリンの発明について書いている可能性の方が少し高そうだ。

クレオパトラが考案したという奇妙な薄毛の治療法が伝わっている。焼いたネズミ、こがした布、あぶった馬の歯、クマの脂、シカの骨髄、アシの皮、それぞれのペーストを同量ずつ混ぜたものを彼女は奨めている。使用法は蜂蜜と混ぜて軟膏状にしたものを頭皮に塗り、「角が立つまでこすりあわせる」のだという[57]。

プルタルコスはクレオパトラが「ありとあらゆる致死性の毒薬」を混ぜ合わせ、囚人たちで実験をしていたと書いている。「彼女は即効性の毒ほど、死の際の苦しみが大きいと知ると」、毒を持つ動物の調査に移行したという。そして体系的に研究をし、毎日、「動物同士を戦わせるのを自分の目で見ていた[58]」。

タルムードは、彼女が「科学に対する強い好奇心」を持ち、「医師や外科医たちの実験に非常に興味を持っていた」として賞賛している。宮廷において医学のプロが重用されたこと、この分野の進歩、および東洋の王たちが自然科学に生き生きとした興味を示したこと――彼らの多くが実験を行い、生物学や植物学についての書物を著している――を考えると、これは真実らしい。ただし、タルムードの他の部分はそこまであてはまらないようだ。それはクレオパトラが「胎児がどの時点で実際の胎芽《たいが》になるのかを調べるため」、女囚たちに実験を行ったという記述だ[59]。同様に、中世に書かれた「ジャナエシア・クレオパトラエ」も真偽のほどが疑わしい書物だ。この書物には「私がいつも使っていて、妹のアルシノエも試したことがある」という、膣《ちつ》に用いる坐剤が紹介されている[60]。王位を奪おうとしている妹とクレオパトラが互いを殺そうと狙い合っている関係なのに、避妊についての情報交換をするのかどうかは別にして、この書物にはラテン語で書かれているという問題もある。クレオパトラは神秘諸学に特に優れているという噂が立っていたが、彼女が行った錬金術は、エジプトの野原を黄金色に変えたことだけだ。

クレオパトラの学術的研究とされているものは、ほとんどが当時まだローマのプロパガンダが浸透していないアラブ世界からもたらされたものだった。そこで彼女は哲学者、医師、科学者、研究者としての地位を確立していた。彼女の名前には強烈な響きがあり、薬をつかさどり、奇跡を起こす神イシスとの関わりが、さらにその印象を強めていた。クレオパトラのものとされている業績に関して、いくつかの非難は信用に足るかもしれない。しかし、次のうちどれだけの業績が本物で、どれが誇張された副産物なのかは決めがたい。すなわち、知的な好みをもつ女性だというプルタルコスの記述や、哲学者や医師と共に過ごすことを楽しんでいたとか、文明の進んだ時代に生きたのだという記述だ。そしてどれくらいの程度、冷静で有能な女性に対するお決まりの攻撃や、悪知恵に長けすぎており、その才能はみな「魔術と色香」のおかげではないかという疑いが混じっているだろうか(61)。解剖されたかどうかにかかわらず、研究に使われた遺体はどこかに埋葬されているはずで、大鍋とまじないの本もその近くにあるはずだ。クレオパトラは優れた能力を持っていたが、男性たちの想像力のたくましさはそれをはるかに上回っている。

帰国後の数年は、試練のときだった。災害に次ぐ災害が起こったのだ。紀元前四三年の春、ナイルの流れは止まり、夏にもまったく増水しなかった。次の年も状況は変わらず、歴史に残るほどの不作だった。エジプトじゅうが深刻な困窮状態に陥った。クレオパトラは危機に陥った国を支えながら、淡々と統治を続けた。以前と同じつまずきを繰り返さないように気をつけていたのは間違いないだろう。この前の凶作のときにはひどい結果になったのだから。

彼女は今回も緊急事態宣言を発令したのかもしれない。臣民たちは飢えていた。彼女には政府の穀物倉庫を開けて、小麦を無料で配給する以外に道はなかった。* 物価は著しく高騰していた。クレオパ

＊彼女は後に、アレクサンドリアのユダヤ人に分配しなかったと責められているが、これは事実とは思えない。ユダヤ人は慣習的に、プトレマイオス家の女性王族を支えていた。彼らはナイル川の番人、警官、軍司令官、高官などを務めていた。ユダヤ人はアウレテスのために戦った。紀元前四八年に砂漠にいたクレオパトラの支援者の中にもユダヤ人がいた。そしてアレクサンドリア戦争でも彼女の側について戦い、戦争終結後、カエサルが彼らに市民権を与えた。

トラはさらに平価を切り下げた。腐敗した収税吏から助けてほしいという嘆願者が二つの地域からやってきた。彼女は「社会全体の不安感」を考え、「悪を憎む気持ち」から、彼らを免税にした[62]。そしてこの救済を広く知らしめた。

農業危機のまっただ中のこのとき、エジプト国内と国境周辺で疫病が猛威を振るっていた。腺が奇妙に腫れたり、気味の悪い黒い膿疱《のうほう》ができたりという報告が寄せられた。多くの書物を著している医師で、薬用植物の専門家でもあるディオスコリデスが、腺ペストの治療の基礎となる豊富な資料を持っていた。

そして不運なタイミングで、紀元前四三年にローマの内戦が、また暴力と一緒にエジプト沿岸に波及してきた。この内戦はイタリア半島ではとてもおさまらず、断続的に起こる暴力的な紛争について、プルタルコスは、「怒りと力を持った人間は、どんな野獣よりも残酷だ」と記している[63]。

クレオパトラにとって、この内戦はまるで邪悪なおとぎ話のようだった。すべての党派が支援を要求してくるのはわかっていた（その要求の多さを見ると、彼女の富が尽きていなかったことがわかる）。それに、間違った党派を支援すれば大惨事になることはわかっていた。いまも彼女はローマを支援することができたが、ローマとは具体的にどの党派を指すのかがわからなかったので、それは難しかった。そしてどの党派を支持するにしても、かかる金は莫大だった。彼女は父から教訓を得ていた。アウレテスは交渉の際に、無遠慮にも思い知らされた。「どんな屈辱と困難を味わう羽目になるのかを。自分がどれだけ賄賂という手段に訴えなければいけないか、ローマの指導者たちに会ったら、どれだけの貪欲さを満たしてやらなければならないのかを。彼らはエジプト全土を銀貨に変えても満足しないだろう[64]」

クレオパトラにとって最良の選択肢は、なにもしないことだった。しかし、彼女はすぐにじっとしていられなくなった。そしてついに、彼女は出費を覚悟で、自分の気持ちのままに行動することにした。ドラベラはカエサルに高く評価されていた海軍司令官で、紀元前四四年にはじめて執政官に選出された。放縦で激しやすい性格だが、筋骨たくましくて演説がうまく、民衆に人気があった。まだ二〇代の彼はクレオパトラの目に、カエサルの政治的後継者としてふさわしく映ったのかもしれない。ドラベラが援助を申し込んでくると、クレオパトラはカエサルが遺してくれたレギオン四隊に、艦隊一隊をつけて送り込んだ。そして交換条件として、カエサリオンをエジプトの王として認めることを約束させた。彼女にとっては非常に重要なことだった。

不運にも、彼女の艦隊は外洋で行く手を遮られた。そしてほとんど戦うことなく、ドラベラの敵であり、暗殺者たちの首領だったカッシウスの手に落ちた。すると今度はカッシウスが、自分を支援するようクレオパトラを説き伏せようとした。彼女は言い訳をした。エジプトでは凶作と疫病が猛威を振るっているので、まったく資金に余裕がない、と。その一方で、ドラベラのために次の艦隊を遠征に出す準備をしていた。この艦隊は逆風のせいで港から出ることもできなかった。そして彼女は部下の反逆にもあう。キプロスの陸軍司令官が彼女の命令を無視し、カッシウスにエジプトの船を提供していた。クレオパトラは後に、この部下の反抗のつけを払わされることになる。

彼女はますます危険の度を増すゲームに首を突っ込んでいた。紀元前四三年七月、ドラベラの軍はカッシウス軍に包囲されて全滅し、彼は自殺した。クレオパトラはこのときになってはじめて、カッシウスが次に誰と戦うのかを聞いたかもしれない。それはオクタウィアヌスとアントニウスだった。彼らは紀元前四三年の終わりに、主にブルトゥスとカッシウスが率いている暗殺者たちに対する復讐のために同盟を結んでいた。カエサルの養子であり、彼の下で執政官を務めていたオクタウィアヌスのために、強力な艦隊を用意して物資を積み込んだ。彼女は自らこの艦隊をギリシアまで率いていくつもりだった。

一方、暗殺者カッシウスが彼女を脅してきた。彼女は彼の挑発には乗らなかった。再び彼は脅した。

カッシウスは彼女に協力を要請したのに、クレオパトラは彼の敵を支援した。彼女はカエサルが言いふらしていたような従順な女ではないことがわかってきた。怒り狂ったカッシウスは、総力を挙げてエジプトの攻略を準備した。これ以上ない絶好のタイミングだった。エジプトは凶作で弱っているし、ローマのレギオンがいない状態では、クレオパトラは無力だ。彼女は後に、「カッシウスのことなどおそれていなかった」と主張しているが、本当におそれていなかったとしたら彼女は愚かだ。(65) カッシウスは残酷と貪欲を足して二で割ったような警戒すべき人物だった。「もっとも好戦的な男」として知られ、暗殺の呼び掛け人でもあった。(66) 一度破った街には非常に容赦ない仕打ちを加えた。一二の第一級のレギオンを率いており、弓術の名手ばかりの部隊も持っていた。一度破った街には非常に容赦ない仕打ちを加えた。優秀な将軍でポンペイウスの司令官だった彼は、東洋でも戦績を上げていた。そしてそのカッシウスはすでに、エジプトの国境の向こう、シリアを掌握し、すぐそこまで迫っていた。

しかしここでもまた、クレオパトラはローマ人同士に利害を争わせることによって、間一髪で危険を逃れた。エジプトに向けて進軍を始めたカッシウスは、急な呼び出しで行き先を変更させられることになる。アントニウスとオクタウィアヌスがアドリア海を渡ったのだ。彼らはカッシウスを攻撃するためにアジアにやってきたのだった。カッシウスはためらった。すばらしい獲物であるエジプトは、手を伸ばせば届くところにある。するとブルトゥスが厳しくも、自分のために権力を勝ち取ったのではなく、自国の自由のために戦おうとしているのではないかと思い出させた。(67) カッシウスはがっかりしつつも向きを変え、ギリシアでブルトゥスに合流した。

クレオパトラには、この執行猶予の際に不幸な出来事が起こった。彼女は艦隊を率いて、アントニウスとオクタウィアヌスに合流しようとしていた。彼女は自ら旗艦を指揮していた。しかし、ここでまた悪天候にさえぎられたのだ。真っ向から風に吹かれると、高くそびえる横帆艤装の戦艦はひとたまりもなく、あっという間に水浸しになり、簡単に転覆してしまった。クレオパトラは艦隊の哀れな残骸と共にアレクサンドリアに戻った。彼女の後の説明によると、嵐は「すべてを破壊したばかりでなく、嵐のせいで病気になった。そのせいで、その後、海に出なくなった」という(68)。

クレオパトラが本気で出航するつもりだったのかを疑問視する者もいる。この話が〝だってヒールが濡れるのがいやだったんだもん〟というような気持ちでついた嘘だと疑っているのだ（彼女は、大胆すぎたり男勝りすぎると非難されたかと思えば、それ以外の場合は、過度に弱々しくて女々しい役割を担わされている点は注目に値する）。

しかし彼女はまったく嘘をついていなかったようだ。愛した人の死に対する復讐を助ける機会を拒むはずがないからだ。対してカッシウスの味方が、クレオパトラの艦隊を殲滅《せんめつ》しようと待ち構えていた。有甲板船六〇隻、カッシウスの兵士たちからなるレギオンの一隊、火矢の束が艦隊を迎えた。大惨事の報が届き、エジプト船の残骸がギリシア南部沿岸に流れてくるのも目撃した。身体を壊したクレオパトラは、弱々しくエジプトに戻った。彼女は慎重に大きな犠牲を払ったのに、誰の忠誠も勝ち得ることができなかったのだ。

勝利者に対してなんの支援もできなかったクレオパトラは、すぐに非難を浴びた。ちょうどその頃、紀元前四一年のはじめに、密使がアレクサンドリアに到着した。彼は人当たりは良いが油断のならない交渉者で、アクロバットのようにころころと忠誠の対象を変える男だった。クイントゥス・デリウスはすでに内戦の間に三回味方につく側を変えていた(69)。ドラベラの陣営からカッシウス陣営に飛び移り、着地したかと思ったら、短い間にマルクス・アントニウスの許に移った。彼は不可解で非協力的なエジプトの女王に回答を求めるために、アレクサンドリアにやってきた。彼女はなぜカッシウスに協力したのか？　カエサル派への誠意に欠けた支援はどういうことか？　いったいどの陣営に忠誠を尽くしているのか？　デリウスはアレクサンドリアの驚異や宝石がちりばめられた宮殿に好意を持ったことだろう。これまでどんな話を聞いてきたにせよ、クレオパトラに会うための準備は十分にできていたとはいえない。彼は「彼女の顔を見て、その会話の巧みさとさりげなさに気づくとすぐに」、自分のやり方を考え直さなければならないと悟った[70]。クレオパトラには相手の警戒心を解くような魅力があるという点については、誰もが熱心に同意している。プルタルコスも、彼女の死後にすっかり魅了されてしまっている。デリウス到着の場面から、プルタルコスは基本的にクレオパトラについて、マルクス・アントニウスの記述を信じている。

デリウスは、すぐに自分が糾弾するために遣わされた相手は、哀れで従順な女王などではないことを悟った。目の前にいる女は、自分の立場を述べろと言われて素直に従うような人間ではない。すぐに心変わりする男である彼は、美しさにも弱かった。それに司令官とは様々な好色な冒険を共にしていたから、彼の好みならよく知っていた。デリウスはクレオパトラの手中ですっかり気持ちが溶けていくのを感じながら、アントニウスも自分と同じ状態になるだろうと悟っていた。幸い、デリウスの変わりやすさの裏には、異常なほどの柔軟さがあった。彼は苦もなく一八〇度方向転換した。

デリウスは、誰のために動いているのかがわからなくなるほど、クレオパトラにお世辞を並べてへつらった。デリウスは彼女に少し演技をするよう助言した。デリウスは舞台監督として現代の基準からは褒められるべき存在だ。彼はクレオパトラに一番いい服を着るように入れ知恵をした。彼女は『イリアス』の中のヘラと同じようにすればいい[71]、と。ヘラは肌がほのかに輝きを放つように化粧をし、誘うような香りの香油を身体に塗り込み、明るい色の髪を編んで、神々しい衣装に身を包み、ウエストは房飾りで締め、胸には黄金のブローチをつけ、耳には宝石のイヤリングを下げて、ゼウスに会いにいった。大至急、彼と共にエジプトを発ってほしい、おそれることは何もない、デリウスはそう請け合った。マルクス・アントニウスは「もっとも優しく、親切な軍人だ」と。

青年オクタウィアヌス

この三年前、どんよりとした四月の空の下、ローマから帰国を急いでいたクレオパトラは、ある用心深い旅人とすれ違っていた。一般市民の立場であったが、オクタウィアヌスは「日ごとに激流のように増えていく驚くべき数の人々」と共に、喜び勇んで、ローマに向かっていた[72]。当時も、その後語り直された話の中でも、彼は古代版の特殊効果によって迎えられている。彼がアッピア街道に近づいたとき、霧が晴れ、「虹色の大きな光の輪」が太陽の周りを取り巻いた[73]。太陽が出たのは数週間ぶりだった。周囲の人々は、彼がカエサルの後継者であることを知らなかった。彼らがオクタウィアヌスの周囲に集まってきたのは――カエサルの作戦に参加する古参兵よりも熱心に――この一八歳の若者が「元老院で行われた虐殺」の復讐を果たしてくれると期待したからだ。彼は、それについてはどっちつかずの発言をしながら、「抜け目なく、辛抱強く」という母親の助言通りに進んでいった[74]。少なくとも、アントニウスの領地に入るまでは。血色が悪く、髪はカールした金髪で、鼻の上で眉毛がつながっている田舎者の少年は、どう見ても冴えなかった。彼はローマに来たことさえほとんどなかった。従軍したことも、政治にかかわったこともなかった。体格は弱々しく、見かけはぱっとしない。そんな彼がこのとき、誰もがうらやむような相続権を要求しにやってきたのだった。それは彼の大おじの名を継ぐ権利だった。

よく晴れた翌日の朝早く、オクタウィアヌスは公会場に現われ、正式にカエサルの養子になった。彼はそのままマルクス・アントニウスを、彼の見事な邸宅の庭に訪れたが、中に入れてもらうまでに屈辱的なほど長く待たされた。彼がどのように名乗ったとしても――支持者たちはすでに彼をカエサルと呼んでいた――この訪問は腹立たしいものだったことだろう。

ローマにオクタウィアヌスが現われたことが、クレオパトラにとっては不安を覚える出来事だったとしたら、マルクス・アントニウスにとっては屈辱だった。どちらもカエサルの遺産を継ぐ権利を持っていると感じている二人の男――四〇歳のアントニウスに言わせれば、男と少年――は緊張に満ちた会話を交わした。オクタウィアヌスは几帳面で慎重な性格であり、後に、すべてを自分で決めなければ気がすまなくなる。そんな彼は間違いなく、この日話すことを事前に練習してきたはずだ（彼は妻と話すときでさえ、思っていることを書き出して、それを読み上げることを好んだ）。

紀元前四四年のこの日、オクタウィアヌスは間違いなく、冷ややかな自信に満ちた様子で、率直に話をしたことだろう。アントニウスはなぜ暗殺者たちを告発していないのか？（秩序の回復のため、みなが罪を追及しないことを求めていた。それが認められたとき、アントニウスは元老院議長を務めていた）。暗殺の首謀者たちが生きているばかりでなく、属州の総督に就任したり、軍の指揮官になったりして報酬を得ている。オクタウィアヌスはアントニウスに「私を支援し、私があの殺人者たちに復讐するのを助けてください」と懇願した。[75] それができないのなら、私を尊重して邪魔をしないでもらいたい、と。アントニウスはカエサルの政治的後継者も同然だから、さらに用心深く振る舞ったはずだ。相続については、カエサルが遺した資産を、遺言通りの配分で渡してもらえないだろうか？オクタウィアヌスは「貴重な品や美しい装飾品など」はアントニウスが持っていてほしいと、責めるのではなく提案として述べている。

マルクス・アントニウスは、オクタウィアヌスの二倍以上の年齢だった。彼には「カエサルに長年仕えてきたことによる様々な特権」があった。[76] 過去二年間、アントニウスの政治は必ずしも安定してはいなかったが、大いなる権力を行使してきた。さらに、彼はオクタウィアヌスに渡るはずの遺産をすでに現金化し、ポンペイウスの元邸宅をめちゃくちゃにし、すばらしいタペストリーや家具を友人に気前よく与えてしまっていた。誰よりも憧れていた人物の養子に、もう少しのところでなれなかっされるいわれはなかった。

たことは、わざわざ言われなくてもわかっていた。それに独善的な成り上がり者の小柄な若造に説教

アントニウスは面食らっていた。彼は豊かな声にいらだちをにじませながら、目の前にいる少年に、ローマの政治指導者の地位は、世襲制ではないのだと言い聞かせた。それを忘れたせいでカエサルが殺されたかのように振る舞った。たしかにアントニウスはカエサルが立派に葬られるようにとても骨を折った。それはなによりもカエサルへの追慕の念からだった。アントニウスはオクタウィアヌスに向かって不機嫌にこう言い放った。「君が、カエサルのすばらしいところ、つまり家柄や名前や階級や財産をすべて所有できているのは」、すべて自分のおかげだ、と。[77] 彼は感謝されこそすれ、責められるいわれはなかったのだ。アントニウスは我慢できずに、言葉に多少毒を含めながら、若者の無礼を非難した。自制を欠くのはよくあることだった。「君は若く、私の方が年長だ」私が政治的な力をほしがっているとか、新参者の地位に憤っているとか思っているとしたら、オクタウィアヌスはさらに間違っている。「ヘラクレスの血筋を継いでいるだけで、私は十分だ」とアントニウスは憤慨して吐き捨てた。肩幅が広く、首が太くて短く、おかしいほど整った顔立ちで、カールした豊かな髪と鷲のような容貌をした彼は、いかにもそれらしく見えた。金に関していえば、彼の手元にはもう一銭も残っていなかった。オクタウィアヌスの賢い父親は、ほとんど価値のない遺産しか遺さなかったのだ。

アントニウスを怒らせた会話ではあったが、元老院は安心した。元老院にとってカエサル派の二人が公然と反目しあうよりもおそろしいことはただ一つしかなかった。それはアントニウスが政治的権力を握ることだ。オクタウィアヌスは尊敬され、驚くほど人気があった。ローマへの旅の間、それを熱心に表明する人々にたくさん会ってきた。二人が互いの邪魔をしあう方が、力を合わせるよりもずっとましだと人々は考えた。[78]

アントニウスはあの春の朝、自宅の庭で多くのことに気づいた。オクタウィアヌスはまだ学業を終

えたばかりだ。彼は次のようなことを習ったはずだ。不和を長引かせたり、追い落とすために喜んでデマをでっちあげたり、互いに滅ぼしあうようにしむけたりするのは民衆の仕事だと。まさにその通りだった。そして不和を醸成することにかけては、キケロの右に出る者はいなかった。同時代人はキケロについて、その点にはいつも太鼓判を押している。さらに、目立つ者を中傷し、権力者を脅迫し、卓越した者を誹謗することでもキケロは誰にも負けなかった[79]。彼はいまや果敢にその役割を果たしていた。

キケロにとって、今回の弱々しい集団と悪漢たちの戦いは破滅をもたらすものだった。今後取るべき選択肢は目まいがするほどたくさんあった。カエサルの暗殺団の中でも、ブルトゥスとカッシウスはいまも非常に注目を浴びている。そして軍隊を集める才能に恵まれた大胆な若者、ポンペイウスの息子セクストゥスは、ローマ海軍の大半と共にスペインにいた。セクストゥスはいまも輝かしい父親の評判に支えられていた。セクストゥスも父親の復讐をし、父の財産を取り返そうとしていた（間違いなく彼の方が復讐する権利があっただろう。彼は思春期にエジプトの沿岸で、父親が首をはねられるところを目撃したのだ）。執政官マルクス・アエミリウス・レピドゥスは、カエサル軍の副司令官の地位をアントニウスから引き継ぎ、暗殺の前夜にカエサルと食事を共にし、カエサルの後継者になることを夢見ていた。レピドゥスはカエサル軍の有力な派閥を掌握していた。新しいレギオンと新しい執政官のニュースは伝わっていた。ブルトゥスは予想外にも、記録的な早さで軍隊を編制した*。軍を率いていないのはオクタウィアヌスだけのように思われた。

三月一五日以降、ローマでもっとも大きな影響力を持っていたキケロは、クレオパトラと同じ苦境に陥っていた。どちら側につくべきか？　人生で五回目に経験する内紛という今回の状況では、中立の立場にいることは不可能なのがわかっていた。同時に、彼はどの派閥も個人的に知ってはいたが、どれにも惹かれていなかった。紀元前四四年の段階で、オクタウィアヌスはキケロの目にはまだ子どもにしか見えず、将来の希望の星というよりは、やっかい者でしかなかった。「あの年齢の者を信じられないし、彼の狙いもわからない」とキケロは文句を言っている。(80)ローマでは血色のよさが好まれているのに、青白い顔の少年オクタウィアヌスが司令官を務めているところなど、想像しがたかった。彼は自ら指導者を名乗ったし、ローマで秘密を守れると思うとは、なんと世間知らずなことか！（一八歳のオクタウィアヌスの話をまじめに聞こうという者がほとんどいなかったという事実は興味深い。クレオパトラは一八歳のとき、すでにエジプトを統治していた）

紀元前四四年五月までに、キケロはローマをこのままの状態にしておくことは危険だと感じ、問題はあるが、ドラベラを支持することにした。さっそうとした司令官ドラベラは四年間、彼の義理の息子だった。ドラベラはキケロの娘と結婚していたが、彼女の妊娠中に離婚したのだ。その後、彼は義務である持参金の返却をなかなか行わなかった。熱心なカエサル派だったが、三月一五日以降は、かつての恩人とは対立する派閥にいた。暗殺団をおおっぴらに賛美し、自分も加わっていたようなそぶりまで見せた。

キケロは傍《はた》からおおいに声援を送っていた。五月一日には、かつての義理の息子のことを「私のすばらしいドラベラ」と書いている。(81)がっしりとした体格で長髪のドラベラは、人々の心をつかむすばらしい演説をした。キケロは涙を流して感動した。ドラベラは雄弁に暗殺者たちを弁護し、なんと、ブルトゥスには冠をいただく権利があるとさえ述べたのだ！　もちろん、キケロはそれに賛同し、ドラベラはキケロが彼に非常に注目していることを知っているだろうかと書いた（ドラベラはそれとは

＊事態をややこしくしたのは、本物の暗殺者と暗殺者に賛同しただけの者――第二次大戦におけるフランスのレジスタンス勢力のような存在だ――が、どちらも参加したことだ。レピドゥスとカッシウスが義理の兄弟であることも、さらに事態をややこしくしている。二人ともブルトゥス同様に、結婚によって義兄弟になった。

逆に感じていた可能性の方が高い)。ドラベラはカエサルを記念して建てられた急ごしらえの円柱を破壊した。彼はカエサル賛美派の演説を抑圧した。キケロのドラベラ支持はさらにかたまった。「これほど熱烈な愛情を持ったことはない」とキケロは興奮して書いた[82]。共和国ローマの未来はドラベラの双肩にかかっていた。

一週間後、キケロはかつての義理の息子を見捨てた。「あつかましい男だ!」と彼は吐き捨て、ドラベラは自分の宿敵だと宣言した[83]。この間にいったい何があったのか? あんなに賛辞を浴びせたのに、ドラベラはキケロに約束通り借金を返さなかったのだ。執行猶予の期間はあった。キケロはドラベラのアントニウス弾劾演説のすばらしさを何度も褒めたたえずにはいられなかった。キケロの心に響く演説だったのだ。しかし今回も、政治的な問題より個人的な憎しみが勝った。ドラベラとマルクス・アントニウスはどちらもカエサルが信頼した友人だったが、当時のアントニウスの妻についての軽率な言動で、数年間不和の状態が続いていた(このときのことが原因で、この妻は突然、アントニウスの元妻になった)。ときどき、ローマには一〇人ぐらいしか女性がいなかったように思えるときがある。そしてキケロの目からすると、マルクス・アントニウスはその全員と寝ていることになっていた。

政治ははるか昔から、「憎しみの体系的組織」と定義されてきた[84]。三月一五日以降のローマを、これほど的確に表わした言葉はないだろう。憎しみがカエサルの暗殺団も、カエサルの相続者たちも、ポンペイウス派の残党をも分裂させ、それぞれがばらばらに軍団と目的と野心を持つようになったかのようだった。

個人的な反目が寄り集まった大きなかたまりの中でも、キケロとマルクス・アントニウスの間ほどの激しい憎悪はなかった。二人の仲違いの始まりは何十年も前にさかのぼる。アントニウスの父親は彼が一〇歳のときに借金を遺して亡くなったので、アントニウスは相続を放棄した。継父は才能ある演説家だったが、キケロの命令によって死刑を宣告された。アントニウスは父親から明るく気まぐれな気性を受け継いでいた。彼にはすねてむっつりしたり、大酒を飲んで騒いだりする癖があった。彼の母親はこの無謀な息子が、有能で強い意志を持った女性を好む傾向を助長したようだ。どの記述を見ても、これは自然の流れに思える。こうした性質がなかったら、アントニウスは紀元前四四年よりずっと前に、自ら命を絶っていたかもしれない。彼の私生活はすでに破綻しているようなものだった。一〇代のうちに、彼は破産者の家系という評判をさらにかためた。軍人としての輝かしい評価を、悪名高い酒飲みであるという一点が曇らせていた。彼は酔って騒いでいるうちに、家庭教師たちを半殺しにしてしまったことがあった。[85]いい暮らしやパーティでの大騒ぎや悪い女に耽溺する傾向があった。彼は過失には寛大で、そもそも自分のものではない家を軽率に他人に与えてしまうことに寛大だった。彼より前の時代の護民官について書かれた次の記述は、アントニウスによくあてはまる。「彼は金も貞節も浪費した。自分のものも、他人のものも」[86]優秀な騎兵隊の士官アントニウスにはカエサルの魅力はすべて受け継がれていたが、その自制心はまったく伝わっていなかった。紀元前四四年、暗殺団はアントニウスのことを、気まぐれすぎて危険ではないと考えていた。

三月一五日以降、マルクス・アントニウスは栄光に包まれ、時の人になっていた。しかしそれもオクタウィアヌスがやってくるまでのことだった。最初の緊張が走ったとき、クレオパトラはアレクサンドリアでまだ政務に復帰していなかった。緊張感はローマの街中にみなぎっていた。アッピアノスは「オクタウィアヌスがどこでも高いところにのぼり、大声を張りあげてアントニウスを非難するたびに」、「街中に」緊張が走ったと書いている。「自分を好きなだけ冷遇してもかまわないし、自分に貧しい生活を強いてもいい、しかし市民に贈られたものを勝手に浪費するのだけはやめてほしい」、とオクタウィアヌスは大声で非難した。[87]それ以外なら使ってもいい、と彼は言った。アントニウスは猛然と怒鳴り返した。この男はいつでも機会をつかまえては侮辱し、邪魔をしてくる、と。

元老院はどちらを遮ることもなく、ディオンの記述によると、アントニウスが予想した通り、「二人が争うままにさせておいた」[88]。アントニウスの部下たちは和解をうながした。この対立は、暗殺団がますます決定的に地盤を固めただけだったのだ。アントニウスは謝罪した。彼は怒りを抑えることを約束し、オクタウィアヌスにもそうするようにと命じた[89]。

こうしたぎこちない休戦が二度繰り返された。アントニウスは、二度目の休戦を衝撃的な告発で破った。一〇月に彼は、オクタウィアヌスがアントニウスの警備兵に賄賂を与え、彼を暗殺しようとしたと非難したのだ（実際のところオクタウィアヌスは、警備兵たちに賄賂を与えて離反させようとしただけだった。これは彼がいつもやる手だ。彼はマルクス・アントニウスに、安全のために彼のベッドの横に自分が立って警護しようかと言った）。大半の者は、この告発はあべこべだと思った。そう思わなかった者もいたので、オクタウィアヌスは激昂した。あるとき、オクタウィアヌスはアントニウスの自邸の鍵がかかった扉を乱打し、自分の汚名をそそごうと、使用人たちや木の板に向かって、何度も激しくののしりの言葉を叫びつづけた[90]。

オクタウィアヌスはキケロに毎日手紙を書き、根気よく機嫌を取った。一方、キケロは時間稼ぎをしていた。難しい問題だった。オクタウィアヌスが権力を握ったら、暗殺団は破滅する。さらに、オクタウィアヌスは驚くほど激しやすいし、不思議なほど年長者の意見に反抗する。キケロは特に、この年若い男のカエサルへの熱烈な賛辞に、当惑を感じていた。「一方で、もし彼が敗れれば、アントニウスの存在が耐えられなくなるだろう。だからどちらがいいのかはわからない」とキケロは分析している[91]。アントニウスには人のものを略奪する癖があり、オクタウィアヌスは復讐に目がくらんでいる。キケロは大いに迷い、ついにある確信に達し、それを呪文のように繰り返した。「マルクス・アントニウスを倒す者がこのおそろしく危険な戦いを終わらせる」[92]紀元前四四年の秋には、共和制、あるいはその残骸を守るというのが、キケロにとって、酔っぱらいのアントニウスに対する同義語になり、その後半年にわたって、キケロはアントニウスを非難しつづけた。この悲惨な日々の間、クレオパトラは気づくと、アントニウスとオクタウィアヌスの真の敵と深くかかわっていた。彼女は無邪気だったのか打算的だったのか、ドラベラとカッシウスに協力をしていたのだ。

キケロは、カエサルの副官だったアントニウスへの激しい攻撃である、今日「フィリッピカ」として知られる演説を行った。アントニウスはよく言っても「厚顔無恥ならならず者」でしかなく、悪く言えば落ち着かず、酔っぱらいで、不潔で、恥知らずで、堕落していて、みだらで、略奪者の狂人だとキケロは述べた。「実際、我々は彼を人間だと思ってはいけない。もっとも非道な獣だと思うべきなのだ」と彼は断言した[93]。たしかに、アントニウスはキケロに十分な非難材料を与えていた。彼は金の管理ができなかった。スキャンダラスな情事にふけった。財産を着服した。物笑いの種になるような行動もしたし、あるときなど、面白半分にライオンに戦車を引かせてローマじゅうを乗り回した。ものの限度を知らず、騒ぐのが好きなのは彼の一番の特徴だった。

そうした驚くような行状が広まるのは、主に彼の人気のせいでもあった。部下たちにとって、彼には抗いがたい魅力があった。キケロがしつこく主張したようには、アントニウスは飲み騒いだ事実は十分にあるのに、「堕落した雰囲気」を感じさせなかった[94]。

どちらにしても、キケロはアントニウスの恥ずべき行為の噂なら喜んで受け売りし、尾ひれをつけて広めた。ある朝、アントニウスが元老院で話しはじめようとして口を開くと、言葉の代わりに嘔吐してしまい、悪臭を放つ前日の婚礼のごちそうが膝に落ちた話などは、キケロは絶対に忘れなかった。アントニウスはその後、「げっぷをし、嘔吐する人でなし」で、「話すよりも吐いている」と言われるようになった。彼にはローマの俳優や博打打ちやヒモよりも多くのネタを提供しようなどというつもりはなかったのに。この分野では、キケロは疲れを知らなかった。ずっと以前に自分で書いているように、「不品行を激しく非難することは簡単だ。この話題について言えることを全部表に出すという大事業に乗り出したら、あっという間に日が暮れてしまう。誘惑、不倫、放縦、贅沢、こういう話題は尽きない」*[95]のだ。そしてキケロはこのことを、マルクス・アントニウスという題材で証明してみせた。

キケロの罵倒が続いている間に、新たに二つのことが起こった。「少年」だったオクタウィアヌスが、あたかも必然だったかのように「私の若い友人」になり、やがて「この非凡な若者」から、ローマの期待を集める「天が遣わした青年」に変わった。そしてキケロが口をきわめてけなしているうちに、アントニウスには共犯者ができた。キケロはありとあらゆる細かい証拠や噂やあてこすりを集め、アントニウスが三年前に離婚した元妻フルウィアの非難まで始めた。調度品を分け与えたり、属州を競売にかけたり、政府の金を使い込んだりする行為に、フルウィアも加担していたとキケロは主張したのだ。彼はフルウィアの貪欲さや野心や残酷さや狡猾さを非難した。そしてカエサルの元副官アントニウスを最悪の犯罪で告発した。キケロは大声で述べたてた。マルクス・アントニウスは「元老院やローマの人々よりも、大それた女の要求に応えることを選んだ」[98]。あなたには礼儀はないのかというほど攻撃の手を緩めないキケロは、計り知れないほど貴重な遺産をオクタウィアヌスのものだとした。そのオクタウィアヌスはキケロの非難の一言一句を利用したが、歴史上もっとも優秀なゴーストライターの存在を認めることはなかった。

キケロの最期

紀元前四三年一一月になると、オタウィアヌスとアントニウスには、力を合わせるしか道がなくなっていた。冬にはブルトゥスとカッシウスがエーゲ海東部で合流し、カッシウスはクレオパトラを攻撃する遠征をあきらめた。暗殺団は戦いの準備を万端に整え、資金も十分に用意していた。アントニウスとオクタウィアヌスは必要に迫られ、互いの憎しみを飲み込んで、正式に同盟関係を結んだ。同盟には特に威勢のいい軍団を率いているレピドゥスも加えた。

一一月の終わりに、三人は現在のボローニャの真ん中にある小島に、「憎しみを友情に置き換えるために」集まった[99]。彼らは短剣を隠していないか互いに身体を探り合ってから、それぞれの軍が見つめる中で、席について話し合った。そしてそのまま二日間、夜明けから日暮れまで話しつづけた。これは互いの目的が衝突していたことを考えれば不思議ではない。ローマの歴史家フロルスは後にこう書いている。「レピドゥスは富を得たいという欲望で動いていた。ローマの混乱に乗じて財産を築けるのではないかと期待していたのだ。アントニウスは彼を敵だと宣言した男への復讐を望んでいた。カエサル［オクタウィアヌス］は父を殺した者がまだ罰せられていないという思いと、カッシウスとブルトゥスが生きていることが、亡くなった父の魂への侮辱だという思いに駆り立てられていた[100]」

それでもこの二日目の終わりには、三人は合意案を煮詰めていた。その主な内容は、自分たちが五年間、独裁官に就任することと、三人で帝国を分割して統治することだった。三人はこの合意を支持し、手を組むことを誓った。本土では彼らの軍が驚喜して互いに敬礼しあっていた。のちに第二回三

＊真に雄弁な者は、どちらの側に立っても同じ巧みさで議論をすることができるものだ。キケロは同じ演説の中で、「だから、美しいものを見ることを忌み嫌う者がいたとしたら、誘惑のにおいも感触も味も感じず、甘い言葉がまったく耳に入らない——そんな男である私のことを、おそらく、天に愛されたと思ってくれる者もごく少数ながらいるだろうが、ほとんどの人が天の怒りを買ったのだと考えているだろう」と述べている[96]。実はキケロはローマの高級住宅地でも、もっとも立派な大邸宅の一つを天文学的な金額を払って買い、住んでいた。そして彼は自分の邸宅の一つに、「他の田舎の家々の野蛮な贅沢をいましめるような、高遠な思索に満ちた雰囲気がある」ことに満足していたが、増築したら非常にすばらしいと認めざるをえなかった[97]。

頭政治と呼ばれることになるこの同意は、紀元前四二年一月に実施された。クレオパトラはとにかくほっとしていた。オクタウィアヌスとアントニウスが手を組んでくれればチャンスはある。彼女自身がブルトゥスとカッシウスの連合軍を阻止することはできない。彼らはカエサルの仲間には容赦しなかったし、彼の子どもと共同統治を行っている者にはなおさら厳しかった。

　新たな三人執政官たちは、差し迫った経済問題にも取り組んだ。金はみなアジアにあり、そこから暗殺団の財布に自由に流れ込んでいた。ローマの金庫は空のままだった。そしてこの問題は、必然的にそれぞれの敵というやっかいな問題につながった。三人はそれぞれ自分の敵のリストである「処罰者名簿」を作成した。彼らが挙げたある上流階級の馬の商人は「もっとも忠実な友人が最悪の敵に変わる」例だった[101]。こうしてアントニウスは、非常に愛したおじを、キケロにかかわっていたという理由で犠牲にした。レピドゥスは兄弟を捨てた。自分が自由に使える金がある者は、生き延びられる確率がとても低い。「さらにリストに名前がつけ加えられた。憎しみが理由の者もいたし、単にやっかいだからという場合もあったし、敵の友人であることも、友人の敵であることも、裕福なことで有名だからという場合もあった」とアッピアノスは伝えている[102]。

　そして三人執政官たちは、それぞれ軍を率いてローマに急ぎ、流血の惨事を引き起こした。ディオンによると、「街中に死体があふれていた[103]」。街路に打ち捨てられ、犬や鳥に食われる者も、川に捨てられる者も多かった。死を告げられた者の中には、安全を求めて池や不潔な下水道に飛び込む者もいた。他の者たちは煙突に逃れた。*

　様々な脱出計画をあきらめたキケロは、紀元前四三年一二月七日、ローマの南にある郊外の別荘にいた。横になって休んでいると、窓からカラスが飛び込んできて、ベッドカバーをついばみはじめた。使用人たちはこれを危険が迫っている前兆だと解釈した。そして主人のキケロを海の方へ連れていくことを許してほしいと懇願した。その途中にある深い森に彼をしっかり隠すという。キケロはエウリピデスの写本を手にしたまま、仕方なく輿に乗った。

その数分後、百人隊長が邸宅の扉をたたき壊した。そして必要な情報を聞き出すと、先回りをしてキケロの行く手を遮った。キケロは怯える使用人たちに命じて、木立に輿を降ろさせた。彼は自分を殺す者の目をまっすぐに見たかったのだ。[104] 偉大なるキケロの髪はくしゃくしゃで、顔はやつれていた。「その顔は不安で消耗していた」という。[104] 輿のカーテンを全開にすると、彼は首を突き出してできるかぎり伸ばした。首をきれいに切り落とせるようにするためだった。彼は自分を殺そうとしている男の腕が未熟なのではないかと疑っていたが、その通りだった。男が不器用に何度か切りつけた後、彼の首は切断された。[105]

アントニウスの事前の指示により、弾劾演説「フィリッピカ」を書いた手も切り落とされ、元老院に展示するために海辺からローマに送られた。キケロの首に最初につばを吐いたのは、彼女なりの理由でキケロの長年の敵だったフルウィアだと言われている。彼女はキケロの口をこじ開け、舌にヘアピンを突き刺したという。最後にはローマの有力者二〇〇〇人が処刑された。そこには元老院議員の三分の一近くが含まれていたという。三人執政官たちにとって、ローマにもう敵はいなかった。ただ、四七隊のレギオンを率いていたが、無一文だった。財産没収は予想したほどの利益をあげなかったのだ。

一〇カ月後、マケドニア東部の広大な平原、フィリッピの近くで、カッシウスとブルトゥスの連合軍が、アントニウスとオクタウィアヌスの連合軍とぶつかった。すぐに二つの戦いが勃発した。かつてない規模の、おそろしく重要な意味を持つ戦いだった。一方はローマを独裁制に導こうとしていた。

＊ある既婚婦人は非常にすばらしいアイデアを思いついた。彼女は夫を、麻か革でできた袋の中に潜ませ、国境地帯に送った。クレオパトラが潜り込んだような袋だ。

もう一方は共和制を守ろうとして戦った。どちらの軍も実戦を重ね、同じ訓練を受けていたのが事を複雑にしていた。それぞれ一〇万人を超える規模の両軍が激しく白兵戦を繰り広げ、むせ返るような土ぼこりの中で、抜き身の剣や素手で戦い、盾がぶつかる激しい音や、消耗しきった叫び声とおそろしいうなり声が響き渡り、最後にはどちらの軍にもおそろしい数の死傷者が出た。

二度目の戦いで、ようやく、オクタウィアヌスとアントニウスは共和制護持派軍に打ち勝った。彼らの軍は飢死寸前だった。カッシウスはカエサルを突き刺したのと同じ短剣で自害した。ブルトゥスは剣の上に自ら身を投げた。勝利した二人は、それぞれ違った態度でブルトゥスの死体に対面した。アントニウスは高価な紫色のマントを脱ぐと、死体の上にそっとかけ、優秀だったかつての同志と共に葬らせようとした。そのすぐ後にオクタウィアヌスがやってきた。彼はブルトゥスの首を切断し、それをローマに飾るよう命じた。[106]*

フィリッピの戦いはやはり思想の戦いだった。この戦いによって、自由と民主政治は死に、カエサルの死に対する報復がなされたと言える。アントニウスは喪に服している間伸ばしてきたひげを剃った。アントニウスとオクタウィアヌスを分裂させる原因はなくなった。これからは仲違いをするには、なにか理由をつくらねばならない。彼らは二人とも常に争いを求める男だった。

地中海の向こう側では、クレオパトラが自国の要求をさばき、ローマ人たちはなぜもっときちんとした君主制のお手本を見習わないのだろうかと内心驚いていた。ここ数年のそれぞれの野望のために、どれだけの血が流されたかを考えると、彼女からすれば君主制をとることは当然に思えるのに。後にディオンは、民主制はとてもよいものに思えるが、「その結果はその名前とまったく違うことがわかった。君主制は、それとは対照的に、聞こえは悪いが、民衆を統治するもっとも実際的な形だ。すばらしい人間を一人見つけるのは大勢を見つけるよりも容易だ」と述べている。[107]

紀元前四二年、アントニウスとオクタウィアヌスは地中海を二人で分け合った。このときはレピドゥスをのけ者にした。署名した盟約を手に、二人は別れた。栄光の頂点へとのぼったアントニウスは、オクタウィアヌスよりもずっと年上だった。軍事的な勝利は彼のおかげだった。フィリッピの戦いで無敵だという評判を得た彼は、その後、長年にわたっておそれられた(108)。秩序の回復と資金集めのために東に向かったオクタウィアヌスは戦いが行われた月のほとんどの間体調が悪く、輿で運ばれながら戦場を回っていた。彼は健康を回復するために西に向かった。軍隊を解散し、退役した兵士たちに土地を分配し、遠征が終わってようやく報酬を支払った。

いまや世界は、この二人の男たちの手に握られた。彼らの興味の対象はまさに正反対で、根本的に気性が異なっていた。一人は冷酷で計算高くて辛抱強く、もう一人は感情的で単純で衝動的だった。それはつまり、クレオパトラの残りの人生においても、内戦の嵐が吹き荒れることを意味していた。もしそうでなかったら、我々はエジプト最後の女王について知ることがなかったに違いない。彼女はあらかじめ書かれていたようなシナリオ——その一部はキケロが書いたものだ——の役を演じることになる。

＊この首は輸送中になくなった。

第六章　港に着くには、帆を何度も変えねばならない[1]

しかし、女が支配するか、あるいは支配者が女に支配されるかにどんな違いがあるだろうか。結果は同じだ。

アリストテレス[2]

アントニウス

デリウスがやってきて、細かい指示をしていったあとも、クレオパトラはぐずぐずしていた。それには十分な理由があった。状況は変わりやすく、リスクは大きかった。何年にもわたるローマの無責任な内戦と中傷を賢く切り抜けてきた彼女は、今になってへまをしたくなかった。デリウスはクレオパトラに説明を強要しなかったが、けっきょく説明をしなければならないことに変わりはない。カエサル派から支援を求められたときも、彼女はかかわろうとしなかった。中立の立場を取ると宣言したわけではない。故意ではなかったにせよ、彼女は愛人を殺した者たちに手を貸してしまった。言い訳をする以外に手はない。同盟国の女王であり、ローマの友人であり同盟者である立場上、彼女はマルクス・アントニウスとの知己を深め、その気持ちをなだめるしかなかった。

彼女は彼を避けていたのかもしれない。

アントニウスの狙いならよくわかっていた。彼は東方を手中に収めており、エジプトは彼の視野に入ってきていた。彼はそのうえ、フィリッピの会戦の英雄として高く賞賛されていた。フィリッピで彼は神出鬼没で、すべてをいっぺんに成し遂げたかのように思われていた。[3]アントニウスとそのレギオンがアジアを横断してゆくと、アテナイでは群衆が彼を賛美して迎え、エフェソスでは神として扱われた。彼は四二歳で、髪はカールし、あごは四角く、まだ彫りが深くて肩幅が広い、健康体の見本のような男だった。彼はキリキアの繁栄を極める首都、タルソスに身を落ち着けた。現在のトルコの南東部沿岸に位置する街だ。このけわしい山に取り囲まれたアジア南部の緑豊かな平野に、アントニウスはクレオパトラを呼び出した。呼び出しは何度も来た。彼女は召喚状を溜まるにまかせておいた。

彼女が時間を引き延ばしたのは、じらそうとしていたのか、あるいは入念に準備に取り組んでいたのか。彼女はこれまでうろたえていることをとがめられることはなかった。状況が明らかになるまでわざと時機を待ったことは何度かあったが。おそらく、このときもそうだったのだろう。プルタルコスは我々に、彼女はおそれていたわけではない、おそれていたとしても無理はないが、と伝えている。協力しなかったことを理由に罰せられた者もいたのだ。しかしプルタルコスは、この引き延ばしは戦略だったとしている。

クレオパトラはデリウスの頼もしいアドバイスを信じていたが、それ以上に、自分の力を信じていた。それはいままさに花開いていた。プルタルコスによると、カエサルは「まだ少女で恋愛に未熟な」ときに彼女を知ったが、「アントニウスを訪ねようとしている彼女は、女性がもっともすばらしく美しいときにあり、知的魅力もその最高潮に達していた」[4]（機転のきく解説者であるプルタルコスは、「美の頂点に達したのが幸い遅く、知的能力の頂点に達したのは残念なほど早かった」と書いている。[5]クレオパトラはまだ三〇歳にもなっていなかった）。クレオパトラは「自分自身に、自分の魅力と魔術に、最大の自信を持って」出発した。[6]腰を上げたのは、ついに準備が整ったからでも、もうためらっていられなくなったからでもなく、嘲笑を浴びたことが一番の理由だった。彼女の許にはアントニウスやその仲間たちからたくさんの手紙が届いていたが、それでも彼女は「それらの指示に注意を払わなかった」。最終的に彼女が出航したのは、ローマ人に「あざけられたからのようだ」とプルタルコスは推定している。季節は夏の終わりだった。

　彼女は自信を持っていたかもしれないし、相手を見下していたのかもしれないが、不確定要素をまったく残さないように準備をした。まるで彼女が相手にするのはマルクス・アントニウスだけでなく、そのずっと向こうにいる者たちも含むと考えているかのようだった。もちろん、彼女はアントニウスが他の場所でどのように迎えられているかも詳しく聞いていた。彼と共に、香の香りと娯楽が大陸を移動している。エフェソスでは、街の女たちがバッカス神の巫女の衣装をつけ、男たちはファウヌスとサテュロスに扮して彼を迎えた。ディオニュソスをたたえる言葉を唱えながら、彼らはアントニウスを街に迎え入れた。街には蔦を巻いた杖があふれ、笛やフルートやハープや歓呼の声が響き渡っていた。アントニウスには招待が殺到した。アジア全体が彼に貢ぎ物をし、その好意を得ようと争った。

　クレオパトラはデリウスだけでなく他の者たちからの情報でも、アントニウスの注目を競う競技に参加しなければならないことを知っていただろう。彼女は思わずうっとりするほど美しい姿を見せようと決意したようだ。その美しさは、プルタルコスをシェイクスピアのような文学的な高みに駆り立てるほどだった。シェイクスピアからは、もっとも豊穣な詩を引き出している。彼女は成功した。誰かがどこかに入ったり登場したりする、永遠に忘れられない決定的な瞬間——トロイアに入る木馬、エルサレムに入るキリスト、フィラデルフィアに入るベンジャミン・フランクリン、パリに入るアンリ四世、チャールズ・リンドバーグ、シャルル・ドゴール、ツタンカーメンの墓に入るハワード・カーター、エド・サリバン・ショーのステージに上るビートルズ——を語る記述の中で、きらめく色と絶えずたちこめている高価な香の煙がページから飛び出し、同時にすべての感覚を官能的に襲ってく彼女は海軍のガレー船で、地中海を横切る一〇〇〇キロメートルを越える旅をした。以前と同じように、夜は港に入り、地中海の東部沿岸をレヴァントまで進んだことだろう。キュドニス川の河口にある潟で、クレオパトラ一行は土地の平底船に乗り換えた。この平底船は、一五キロにも満たない川をさかのぼる旅のために改造され、美しく装飾されていた。満員に人を乗せたガレー船を動かすには、一七〇人の漕ぎ手が必要だった。乗り換える際に、彼女は人数の三分の一を減らした。物資を積んだ船が後ろからつき従っていた。彼女が乗る船には入念に舞台装置が整えられていた。クレオパトラの実人生と伝説の間には、一致するところが少ししかない。タルソスはその二つが完全に一致する数少ない場面なのだ。

エジプトの女王がいるところは、いつも特別な場所だった。クレオパトラは今回はさらに特別になるように取りはからった。文字が十分に普及していなかった古代の世界では、イメージが大切だった。平原を流れる水晶のように輝く川に、爆発するように鮮やかな色と音とにおいが現われる。船尾に黄金を張り、空高く紫色の帆を掲げた平底船があれば、魔術も呪文も必要ない。ローマ人はこんな旅をしたことがなかった。銀色のオールが、水面を出入りするたびに、太陽の光にきらきらと輝く。オールが水面をたたくパタパタという音が、デッキで演奏するフルートや笛や竪琴のオーケストラのリズムを取っていた。

クレオパトラはこれ以前に、すでにこのような演出の才を確立していたのだろうか。「彼女は絵画に描かれたヴィーナスと同じ衣装を着て、黄金をちりばめた天蓋の下に身を横たえていた。キューピッドの絵のような美少年たちがその傍らに立ち、扇で彼女をあおいでいた。海のニンフの衣装を身につけた、気品あふれる侍女たちもおり、ある者は舵を取り、ある者はロープ作業に当たっていた[8]」ホメロスもしのぐほど知れぬ香が焚かれて混じりあったすばらしい香りが川沿いにただよっていた。

の創造力だ。

一行の噂はあっと言う間に広まった。この、奇想を凝らした香《かぐわ》しい夢のように美しい光景よりも、先に伝わっていった。それこそ重要なことだった。この旅の最初から、大勢の群衆が青緑色の川の岸に集まって、クレオパトラの船を追っていた。船がタルソスの街に入るときには、街の人々がすばらしい眺めを一目見ようと走り出てきた。しまいにはタルソスの街が完全に空になってしまい、うだるような熱さの市場で仕事をしていたアントニウスは、気づくと演壇の上に一人でいた。そんな彼に、クレオパトラはメッセージを送った。「アジアの繁栄を祈って、バッカスとの宴を楽しむために」ヴィーナスがやってきたというメッセージだった。壮大な舞台装置とともに、これも驚くべき外交戦略だ。

少女の頃、麻袋に入って登場したのとはまったく違う作戦だが、これも前回に匹敵するほどの成功をおさめた。これは、クレオパトラが数カ国語を話せ、しかも言語を自由に切り替えながら話す才能があったことのなによりの証明だ。

プルタルコスが書いているように、彼女は特に相手を褒める表現に長けていた。彼女は方言も見事に操った。「楽しみや、趣味や興味や生活様式を共有し、お世辞を言う者は、徐々にその対象に近づいていく。そして相手と接してその考え方を理解すれば、彼に支配力を与え、従順で干渉に慣れるようになる」(9) 相手を親しく知れば知るほど、それに合わせた対応をすることができるのだ。

もしかすると、彼女とアントニウスは数年前に出会っていたかもしれない。アントニウスがアウレテスをアレクサンドリアまで帰還させたときだ（当時クレオパトラは一三歳だった）。カエサルがエジプトに滞在していた間、アントニウスは私的な用件でアレクサンドリアに使者を送っている。彼はカエサルから農場を買ったのだが、この取引のことをクレオパトラも知っていたかもしれない。二人がローマで偶然出会っていた可能性は非常に高い。二人には共通の用件がたくさんあったからだ。

いずれにせよ、クレオパトラはアントニウスの評判をよく知っていた。荒れていた青年時代についても、成人してからの度重なる乱行についても。アントニウスはジャンルこそメロドラマではないかもしれないが、芝居に目がなかった。彼女はそれも知っていた。彼が一日おきにしか政治的能力を発揮できないのも知っていた。彼は狡猾であるかと思えば無鉄砲で、大胆で、向こう見ずだった。彼女がタルソス到着の際に見事な演出を見せたのは、彼の好みを知っていた証拠だ。彼女ほど、こうした趣向を追求できる者は、当時の世界にほとんどいなかっただろう。それ以前の数年の様々な苦労にもかかわらず、彼女が地中海一の富豪であることに変わりはなかった。

アントニウスはクレオパトラのこの挨拶に、夕食の招待で応じた。次に起こったことは、どちらの陣営にとっても相手がよくわかる出来事で、どちらも非難したことだろう。アントニウスは少し従順すぎたし、クレオパトラは明らかに高圧的すぎた。最初の食事は互いの立場を示しあう場になってしまった。キケロなら、クレオパトラは彼が望む友人を連れて彼女を訪れるべきだと主張した。国王である彼女には当然の特権だと。彼女は最初から自分の主張を通すつもりで、彼からの呼び出しに応える気はなかった。彼女が彼を呼び出すのだ。「すると、自分の満足と友好的な気持ちを表明したかったアントニウスはすぐにそれに従い、彼女の許を訪れた」とプルタルコスは、ギリシア語でさえ驚きのあまり言葉を失ってしまうような場面を、なんとか伝えてくれている[10]。

クレオパトラが用意した演出は、どんな形容でも言い表わせないほど見事だった。アントニウスは、特に頭上の木から入念な配置で吊り下げられた、たくさんの灯りに興奮した。夜の熱気の中に、四角形や円形の光の筋を投げかけ、「美そのものともいうべき、めったにない見事な眺め」だった[11]。あまりにすばらしいこの場面の描写で、すでに形容詞を使いつくしたシェイクスピアは、プルタルコスに倣っている。もちろん、エリザベス朝最大の詩人が正直な伝記作家の表現を盗用したことは、とても興味深い。

この夜かそれに続く夜の宴のために、クレオパトラは一二の部屋を用意していた。三六台の寝椅子に豪華な布をかぶせ、その後ろにはきらきら光る糸で刺繍を施した紫色のタペストリーを吊るした。手の込んだ細工が施されたテーブルには、宝石をちりばめた黄金の壺が置かれた。この準備から考えると、このとき彼女自身も、宝石をたくさん身につけていたことだろう。[12] エジプトでは、真珠がもっとも貴重な宝石とされていたが、その他では、瑪瑙《めのう》、ラピスラズリ、アメジスト、カーネリアン、ガーネット、マラカイト、トパーズなどの色鮮やかな準貴石が好まれていた。黄金のペンダントや、曲がりくねった複雑なデザインのブレスレットや、耳に揺れるイヤリングに、こうした色鮮やかな石がはめこまれていた。

アントニウスはやってきて、この驚くべき眺めに呆然としたことだろう。クレオパトラは控えめに微笑んだ。彼女は焦りすぎていたのだ。次はもっとうまくやらなくては。彼女は「ここにあるすべてのものは贈り物である」と告げ、「また明日、友人たちと部下たちと共にここに来て、彼女と一緒に食事をしてほしい」と述べた。[13] 食事が終わると、客人たちが褒めたものをすべて持ち帰らせた。織物、宝石がはめ込まれた食器、寝椅子なども含まれていた。

彼女はひそかに、最初の夜の宴が質素だったように思えるほどに、レベルを上げた。四日目の夜、アントニウスは膝まで埋まるほど大量の薔薇を持ってきた。花屋に払った金額だけでも一タラント、六人の医師の年収ほどの額だった。キリキアの熱い風の中で、その香りはむせかえるほど辺りを満たしていたことだろう。夜の終わりには、踏みつけられた薔薇だけが残った。そしてまた、クレオパトラは客人たちに調度品を分け与えた。

その週の終わりに、アントニウスの部下が寝椅子や食器棚やタペストリーを運んでいった。その際、灼けつくような夏の夜に特別に配慮した贈り物も添えられていた。「高い地位の人々のためには輿と担ぎ手、それ以外の人々には銀メッキした馬具で飾り立てられた馬たち」だ。[14] 彼らの帰りが楽になるように、クレオパトラは一人一人にたいまつを掲げたエチオピア人奴隷をつけて、送らせた。

その演出のあまりのすばらしさに、「どんな記述も貧弱に思える」ので、古代人たちは言葉を惜しまず描写をしたが、このときのすばらしさを完全に表現できているものはほとんどないだろう。[15]そしてこういうことをしたのはクレオパトラだけではなかった。「［アントニウスの］許には王たちやその妻たちがやってきて、贈り物や美しさを競い合い、彼を満足させるために名誉を譲り渡していた」[16]クレオパトラは、その中でもっとも気前よく、創意工夫に富んでいただけだ。この旅の間、六歳のカエサリオンはアレクサンドリアにいた。

プルタルコスはクレオパトラの「抗いがたい魅力」と「会話による説得力」[17]を褒めたたえているが、アッピアノスだけはタルソスでの最初の対面時の会話を再現しようとしている。クレオパトラはどのように自分の行動を正当化したのか？　彼女はカエサル暗殺に対する復讐をしなかった。暗殺者を自ら名乗り、アントニウスが妻を離縁する原因になった男でもあるドラベラを援助した。彼女は驚くほど非協力的だったではないか。クレオパトラはへりくだって消え入るような声で語ることも、謝罪の言葉を連ねることもなく、ただ真実そのものだけを語っている。彼女は自分がアントニウスとオクタウィアヌスのためにしたことを誇らしげに並べ上げた。[18]ドラベラを援助したのは本当だ。天候に阻まれなければ、もっと大きな力になっていただろう。彼女自らが艦隊と物資を届けようとしていたのだから。彼女は何度脅されても、カッシウスの要求には応えなかった。目前の伏兵にひるむことはなかったが、嵐が起こって、艦隊が甚大な被害を受けた。再び出航できなかった理由は身体を壊してしまったことだけだ。回復してみると、マルクス・アントニウスがフィリッピの会戦で英雄になっていた。彼女は終始落ち着き払い、機知に富んでいた。アントニウスはヴィーナスの扮装をしている彼女を見たから、まったく罪はない、と考えたのかもしれない。

いずれかの時点で、二人は金に関する話題を切り出した。ここで、クレオパトラの豪華な演出がかなりの説得力を持つ。資金源を探している男に対して、自分を役立つと売り込むいい方法だった。ローマの金庫は空のままだった。三人執政官は兵士たちに五〇〇ドラクマ、つまり一二分の一タラントの報酬を約束していた。それぞれが三〇以上のレギオンを抱えていた。さらに、カエサルの後継者たち――フィリッピの会戦の勝利者ではなくても――にとって、パルティア遠征を計画するのは差し迫った義務だった。だからアントニウスは遠征を計画していた。パルティア人は暗殺団に味方した。彼らは常に領地を求め、じっとしていない民族だった。アントニウスは紀元前五三年のローマの敗北という屈辱に対する仕返しをしなければならなかった。最後にティグリス川を越えたローマの将軍は戻ってこなかった。彼のばらばら死体はパルティア版のエウリピデスの小道具に使われ、彼の一一隊のレギオンは皆殺しにされた。アントニウスは、フィリッピにおけるあのすばらしい勝利でローマでの最高の地位を不動のものにしていた。そして、ローマ人がパルティア遠征を夢想するときは必ず、これほど大規模な作戦の資金を出すことができる唯一の王クレオパトラを思い出すのだ。

アントニウスはとうとう、クレオパトラのもてなしの返礼に彼女を食事に招いた。彼が「豪華さや優美さで彼女を上回ろうと」したとしても、驚くにはあたらない(19)。その結果、どちらにおいても彼女には勝てなかったのも驚きではない。クレオパトラは後にアントニウスの判断力を狂わせたと責められるが、この時点では当たっていた。普通のローマ人なら、プトレマイオス家の者と贅沢さを争おうとしないだけの分別は持っている。ここでもまた、クレオパトラはすばらしい柔軟性を見せ、他人のルールで競うことにおいてもアントニウスより上手《うわて》であることを示した。

アントニウスが虚勢を張って、自分が用意した料理の方が貧弱であることを笑っても、自分の宴が「田舎臭くて貧相」であるとさげすんでも、クレオパトラはそれに同調した。彼女は彼の話にあえて非礼な言葉で返答した。無理をして冗談を言い、他人のことだけでなく自分のことも心から笑うことができる男にとって、まさにぴったりの話し相手だった。クレオパトラはアントニウスのユーモアにざっくばらんなそれをもって応えたのだ。「彼のからかい言葉は粗野で下品であり、廷臣よりむしろ兵士に近い響きがあると感じたので、クレオパトラはそれに合わせた。しかもためらったり、遠慮したりする素振りを見せず、即座に調子を合わせた[20]」王という地位におり、富裕ぶりをひけらかしてきた彼女が、愉快な話し相手の役割を引き受けたのだ。お付きの者たちの中にも、こんな彼女を見たことがある者はいなかっただろう。

愛の奴隷

状況に応じて即座に対応を変えたり、ある方言から違う方言へと苦もなく切り替えたりできるクレオパトラの力、そして抗いがたい魅力はこのときすでに完成されていた。さらに彼女は状況にも恵まれていた。クレオパトラとアントニウスが、単にその場に居合わせた者同士という立場を超えて楽しめたのは、二人にいくつかの共通点があったからだ。彼らほど、カエサルの遺言に不満を抱き、彼の養子の出現に憤る者は他にいなかった。二人ともカエサルのマントの切れ端を大切に持っていた。アントニウスは元老院でカエサリオンの神性を保証し、自分も神に扮するようになった。大げさな衣装をつけてドラマを演じているのはクレオパトラだけではなかったのだ。

ローマ人には珍しくアントニウスは、有能で頭の回転が速い女性に関しては、長年の経験があった。彼の母親は、政治問題に関して親子で違う側を支持していることを知ったとき、息子に自分を殺せと迫った。アントニウスは政治的な首脳会談でも経済会議でも、女性を楽しませるのに苦労はしなかった。クレオパトラは二人の対面をギリシア神話のショーのように演出したが、タルソスで二人が会った本当の目的は政治と経済について話し合うことだった。フルウィアは裕福で強力なコネも持っており、そのうえ賢く勇敢で美しい女性だった。アントニウスは彼女のために長年つきあっていたローマ一の有名女優を捨てた。このフルウィアも、家にいて羊毛を紡いでいるようなタイプではなかった。それどころか「彼女は支配者を支配し、司令官に指令を出したがった[21]」。

その冬の間、ローマでフルウィアはアントニウスの代理を務めただけでなく、公務にまでやたらにちょっかいを出し、「元老院もローマ市民も彼女の意向に反することはなに一つできないように」しようと目論んでいた[22]。彼女は夫のために元老院議員の自宅を一軒ずつ戸別訪問した。彼女は夫の借金を清算した。彼のために八隊のレギオンを編制した。前年、夫が不在だった間、政治関係でも軍事関係でも彼の代わりを務め、あるときなどは、よろいの上下を身につけたこともあった。

アントニウスは、クレオパトラが神のふりをしているのにも閉口しなかった。彼はタルソスまでの道中、新しいディオニュソスとして歓迎されており、そのことはクレオパトラも知っていた。ディオニュソスも勝利の旅の途中でアジアを横断した。ここで、アントニウスはクレオパトラにヒントを与えたばかりでなく、プトレマイオス家の伝統をなぞっていたのだ。プトレマイオス家の人々は、自分たちが恍惚状態を引き起こすワインの神の子孫であると主張していた。そしてその神の熱心な信者でもあった。クレオパトラの父は自らの称号に「新しいディオニュソス」という言葉をつけ加えている。クレオパトラの弟たちも同じ言葉をつけ加えていた時期があった。アレクサンドリアの宮殿には、ディオニュソス劇場が隣接していた。カエサルは紀元前四八年にこの劇場に戦闘司令所を置いた。アントニウスは、自分がなぞらえられた神について考えを巡らせたかもしれない。ディオニュソス信仰は非常に人気があり、ギリシアの神々の中でも際立っていたが、オリンピアのパンテオンにおいては新参者で、仲間はずれにされていた。ディオニュソスは愛想がよく、いたずら好きで威勢のいい神だが、香水をつけた豊かな巻き毛とともに、優柔不断という悪評も引きずっていた。まぎれもない異国の神だった。そして神々の中では一番優しかった。クレオパトラの先祖たちの中には、自分が戦いに参加しなかった理由をディオニュソスの家系のせいにした者もいた。さらに悪いことに、ディオニュソスは男の知性を鈍らせ、女に知恵を与える神だった。フィリッピの会戦の後、アジアをアントニウスではなくオクタウィアヌスが統治することになっていたら、クレオパトラは間違いなくうまく適応していただろうが、それでも非常に不利な状況に陥っていたことだろう。彼女は数多くの言語を操れたが、その中には得手不得手があった。

彼女にとって、これ以上の舞台装置はなかった。タルソスは周囲をごつごつして木々に覆われた山に囲まれ、野草が生い茂っていた。政治の中心地でも学問の中心地でもあり、タルソス出身の使徒パウロが数十年後に述べているように、「優れた街」だった。[23] タルソスには哲学や雄弁術の学校が多く置かれていた。すばらしい噴水や浴場、立派な図書館もあった。街の中には青緑色で、流れが速くて冷たい川が流れていた。この川は濁ったナイル川とは違い、水晶のように透明だった。三世紀ほど前にタルソスにやってきたアレクサンドロス大王は、両腕を突き出すと、埃と汗を飛び散らせながら、この川に飛び込んだ（彼は半ば意識を失って運ばれ、テントに戻ってきた。回復には三日かかった）。豊かな農地に囲まれ、ブドウ畑で有名なタルソスは豊穣の神を崇拝していた。ここは昔からいる神と野望に燃える神、二人の神がくつろいだ気分になれ、同時にどちらも引き立って見える場所だった。タルソスは派手なショーを好み、その舞台として向いていた。一タラント分の花の注文を難なくかなえてくれる街でもあった。

これは、この街の住民たちがまだローマ市民になったばかりで、ギリシアの文化がそのまま堂々と続けられていたからでもある。クレオパトラが手を焼いたのと同じ難題に直面したタルソス市民は、相次いでやってきたカッシウスとドラベラを派手に歓迎したが、どちらからも残忍な虐待を受けて終わった。[24] カッシウスは街中を破壊して莫大な金額を強制的に取り立て、タルソス市民たちに神殿の宝物を溶かして、女性や子どもたち、それに老人までも奴隷に売るよう強要した。壮大なショーや花の予算は別にしても、タルソスの人々はカッシウスの敵を熱烈に歓迎した。アントニウスはこの街を苦しみから救ったのだ。

クレオパトラはタルソスには数週間しか滞在しなかったが、それ以上長居をする必要はなかった。アントニウスに対する作戦の効果は即座に、電気が走るかのように現われていた。* この場面を最初に描いたプルタルコスは、クレオパトラのキリキアにおける成功を詳細に描き、彼女を昇格させている。紀元前四八年にカエサルの前に現われたときは「奔放な浮気女」だったクレオパトラが、紀元前四一年には狙った獲物は逃さない誘惑術をすっかりマスターしたことになっている。(25) 彼女には人を惹きつける会話術があった。きらめくような存在感があった。その声は耳に心地よく響いた。彼女はアントニウスをあっと言う間に仕留めたのだ。プルタルコスよりクールなアッピアノスも、アントニウスの素早い敗北を認めている。「アントニウスはこのとき四〇歳［ママ］だったが、彼女を一目見た瞬間に、若者のようにすっかりのぼせあがってしまった」とアッピアノスは驚いている。(26)

このドラマが、歴史を圧倒してしまうのも無理はない。薔薇の海の中をカサカサと音をたてながら落ち着いて歩き回り、凝りに凝った過剰な形容詞の中から、真実、特に政治にかかわる真実だけを探し出すのは容易ではない。カエサルの征服よりアントニウスの征服の話がたくさん伝わっているのは、前者について語りたがらなかった記述者たちが、後者については熱心に語っているからだ。アントニウスはカエサルよりもつまらない男に見え、クレオパトラは以前よりも強い女になっている。紀元前四一年の彼女の演技は、違う観客が相手だったばかりでなく、説明役の合唱隊も違っていたのだ。

差し迫った必要が寄り集まればロマンスになるのか？　もちろん、それは十分になる。プルタルコスは歴史に影響を与えた別の不倫について、それはまったくの恋愛だったものの、「このときの問題とよく調和していると思われる」と書いている。(28) ローマ帝国中の、すべての街のすべてのローマ人の中でも、クレオパトラには特に、この関係を深めるべき理由があった。アントニウスにも同じだけの理由があった。クレオパトラにとって、どうしても申し開きをせねばならない相手と恋に落ちる、あるいは同調するのが都合がよかったとしたら、アントニウスにとっても、彼の軍事的野心にかかる出費を独力で引き受けることができる女性と恋に落ちるのは、同じくらい好都合だった。彼がパルティアに執着していたのは、彼女にとってすばらしい幸運だった。

この数カ月後、クレオパトラはこの一件での勝利を独り占めにして、それですっかり終わりにしていたのに、アントニウスの方がクレオパトラを恋しがっていた。彼女の仇敵の一人は、クレオパトラはアントニウスに恋をしていないが、「彼が恋に落ちるようにしむけた」と断言している[29]。古代世界では男は戦略を立て、女は陰謀を企てるものだった。だましあう男と女の間には本質的で永遠の大きな溝がある。男の冒険家と女の冒険家との違いもあった。カエサルはモーリタニアの王妃と寝るためにアレクサンドリアのクレオパトラの許を離れている。アントニウスはタルソスに来る直前まで、カッパドキアの女王と関係していた。飽くことを知らぬ性的欲望を持ち、数知れぬ女性を征服してきた男二人と交わったクレオパトラの方は、男を罠にかけ、惑わせ、誘惑する女として後世に伝えられた。彼女の性的な技量を論評する方が、彼女の知的な才能を認めるよりも当惑せずにすむ。同じように、彼女の魔術について述べた方が、愛について語るより容易なのだ。どちらについても証拠はないが、前者は少なくとも説明できる。ゲームでは、魔術を使う者は失格になるので、彼らには負けないです

＊抗しがたい魅力を持つエジプトの女王に、アントニウスが抵抗したと主張するには、かなり頑なにならねばならないが、それを成し遂げた者もいる。偉大なるロナルド・サイムは、クレオパトラはアントニウスが関係した数多くの女性の一人にすぎないとして、文字通り取り替えのきく、属州の女王たちのリストの中に入れている。サイムは、アントニウスは心を奪われてなどいなかったと主張する。「善意から従ったが、征服されたわけではない」のだ[27]。そして彼の意見では、紀元前四一年の冬にアレクサンドリアで過ごして以来、アントニウスは彼女にまったく関心を持っていなかったことになっている。

む。そうやって、クレオパトラはアントニウスをすっかり手なづけて、彼女のどんな願いにも従うようにしたことになっている。ヨセフスは「彼が彼女と深い仲になったからだけでなく、薬の影響のせいもあった」と書いている。[30] そんな主張は、彼女の力を認めていることになるし、同時に彼女の知性を侮辱している。

誰かが誰かのせいでのぼせあがってしまったかどうかは別にしても、早い段階で二人が肉体関係を結んでいなかったとは思えない。それぞれ権力の絶頂にいる二人が、むっとするような夏の夜、興奮を誘う香水と甘い音楽の中で、万華鏡のような光に照らされ、アジアのすばらしい料理とワインできしるテーブルを前にして、飲み騒いでいたのだから。

アントニウスがクレオパトラへの愛の奴隷になるというのは、考えがたいことかもしれない。[31] しかし、いろいろな記録者たちが、マルクス・アントニウスの行くところには、常に女の色香がついてまわっていたと断言している。彼はアジアじゅうで、揺れる腰の上にチュニックを高くたくしあげて女と寝る旅をしてきたのだ。タルソスにやってきたときも、別の同盟国の女王と関係してきたばかりだった。プルタルコスは「他人の妻と関係しているという悪評」は、彼自身に責任があったとしている。[32] 後に彼自身が、クレオパトラとの関係は灼けつくようなタルソスの夏から始まったと述べている。

二人の会談はすぐに現実的な利益をもたらした。クレオパトラは数週間しか滞在しなかったのに、非常に大きな成果を上げたのだ。アレクサンドリアへ船で戻る頃には、アントニウスの手には彼女の要求のリストが握られていた。それと引き換えに彼が要求したものを考えると、それほど突飛なものだったとは思えない。

この要求リストからは、クレオパトラがそれほど自分の安全を確信していなかったことがわかる。エジプトの女王志望者が待機しているのを、彼女は痛いほどわかっていた。アントニウスはぐずぐずせずに、彼女の問題を解決してくれた。彼はアルシノエをアルテミス神殿から強制的に連れ出した。[33]

クレオパトラの妹は、神殿の大理石の階段で最期を迎えた。ちょうど神殿の正面の、姉妹の父アウレテスが以前に寄贈した、凝った装飾のある象牙の扉の前だった。

クレオパトラは四人きょうだいのたった一人の生き残りになった。これでもう親族から危害を加えられることはない。「これでクレオパトラは親類縁者全員を死に追いやったことになる」とローマの記述者は吐き捨てるように述べている。[34]「彼女に近い血筋の者で、生きているのはもう誰もいなかった」その通りだった。ただしアルシノエは姉に小さな選択肢を残していた。カエサルはアルシノエをローマで屈辱的な目にあわせたが、命は奪わなかった。それ以降、アルシノエはクレオパトラに対してずっと陰謀を企んでいた[35]（陰謀を企んでいた相手の許に悪人を送りつけたイシス〔クレオパトラ〕は慈悲深すぎるぐらいだ）。そしてクレオパトラは寛大に振る舞うこともできたはずだった。

アントニウスは、アルシノエが女王だと宣言していたアルテミス神殿の大司祭を召還した。エフェソス市民たちはうろたえ、クレオパトラを訪ねて、大司祭を赦してくれるよう懇願した。あの司祭は、もう追放されているプトレマイオス家の者を承認することはできない。彼はもう危険ではないではなかったのだ。アントニウスは、プトレマイオス一四世を名乗ってアジアを旅している男にはそれほど寛大ではなかった。彼が本物だったという者もいる（けっきょくアレクサンドリア戦争の終わりにプトレマイオスが姿を現わさなかったからだ）。この男は処刑された。クレオパトラの命令に逆らってカッシウスの手助けをしたキプロスの海軍司令官は――彼はアルシノエと共謀していた疑いがあった――シリアに逃げ、神殿に逃げ込んでいた。彼は神殿から引きずり出されて、殺された。

こういう振る舞いは、男が夢中になっている証拠だ。「即座に影響が出た」とアッピアノスは語っている。[36]「アントニウスはこれまで献身的に取り組んでいたものへの注意が鈍り、クレオパトラに指示されたものなら、人間や神の目から見て、なにが正しいかなど考えずに、なんでもすぐに実行した」この行動はタルソスでの連日の宴の間に、クレオパトラがなんらかの具体的な約束を取り付けていたことをも示している。

アントニウスは前例から外れてはいなかったのだ。カエサルは紀元前四七年にクレオパトラの許を離れたとき、自ら属州問題に対応し、「個人に対しても、集団に対しても、それに値する者に報酬を与え、古い紛争の事情を聞き、裁定を下した」[37]。アントニウスは自分が担当している王たちを守り、同盟関係を強化した。彼は命令系統を築き上げ、増税をした。二人が違うのはこのあとだ。このように属州の状況が混乱したままであり、パルティア人たちがユーフラテス川流域をうろつき、シリアを攻撃しようと狙っているにもかかわらず、アントニウスは南へ向かった。エジプトのクレオパトラの許へと[38]。

アレクサンドリアの日々

アレクサンドリアで彼を迎えた二八歳のクレオパトラは、その美しさの頂点にいたかもしれないし、そうではなかったかもしれない。女というものは、いつでも数年前に頂点を過ぎたと感じているものだから。しかし彼女は七年前にユリウス・カエサルを迎えた二一歳のときよりも間違いなく自信に満ちていた。外国に行き、子どもを産んだ。彼女は対立する者のいない状態で統治しており、そのおかげで政治的・経済的な厳しい嵐を切り抜けることができた。彼女は生きた神であり、申し分のない共同統治者もいる。だから再婚する必要もない。臣民たちに支えられ、熱烈に崇拝されてもいただろう。彼女はこれまでのプトレマイオス家の誰よりも、エジプト土着の宗教生活に深くかかわっていた。アレクサンドリアで、彼女が庇護者やパートナーを歓待する様子を我々が知るのはこれがはじめてだが、それは偶然ではない。彼女は自信に満ち、権威を持ち、そしてセクシーだった。

後に起こることを考えると、アントニウスがエジプトを訪ねたのは、クレオパトラのアイディアで、クレオパトラがそうさせたからだろう。彼女はその策略で、その魅力で、あるいはその魔術で、彼の心を奪ったのだ。「彼はアレクサンドリアに来るようせかす彼女に悩まされた」とプルタルコスは書いている[39]。

もちろん、アントニウスが自らやってきた可能性もある。彼はけっきょく、東方を再編し、資金を調達するという、もともとやろうと思っていたことを実行に移したのだ。エジプトからの資金提供がなければ、パルティア遠征の計画はこれ以上進められない。アントニウスは、今回の訪問が、賢い女王が約束してくれたものの、まだ渡してくれていない金を確実に受け取るいい機会だと考えていたのかもしれない。アジアは誰が考えていたよりもはるかに貧しいことがわかった。エジプトは豊かだった。同盟国を調査するのは、特にそこが東方遠征のよい拠点になることがわかっているのなら、よけいに当然だった。アントニウスには強い艦隊が必要で、それならクレオパトラが提供できる。ローマにいたら、常に紛糾している同盟国の情勢に対応しなければならない。これは彼の力も興味もおよばない分野だった。同盟国の統治に関する詳細には、キケロでさえ退屈していた。代表団が次々とやってくる。この状況下では、アントニウスが「自分自身が統治しているのではない」地中海諸国の一つに行きたくなったのも無理はない[40]。

彼はこれまで才気あふれる少年のように振る舞ってきた。このときも、いろいろな意味で少年のようだった。その一方で、物事をまっすぐに考える才能に恵まれた戦略家でもあった。クレオパトラが彼を追い回さなかったとしても、彼にはクレオパトラを追い回したい理由がいくらでもあった。少なくとも上機嫌に、如才なく振る舞いながらも、彼女の方が優位であると感じさせることができた。そう、タルソスで見事にやってのけたように。彼はアレクサンドリアには過去に来たことがあった。アレクサンドリアは訪れた者にとっては忘れがたい街で、ギリシアの文化すべてをひと呑みにしているようなところだった。まともな精神の持ち主なら、他で冬を過ごすより、この街のうららかな日の光の下で過ごしたいと思ったことだろう。一月の増水期でもかまわない。特に紀元前一世紀に、プトレマイオス家の客人として過ごすのが一番だ。

クレオパトラの権威に従ったのか、カエサルの失敗を繰り返したくなかったからなのか、アントニウスは軍隊を引き連れることも、勲章を身につけることもなく、「一般市民の服装と生活スタイルをもって」エジプトにやってきた。しかしエジプトでの日々は、とても一般市民のものとは言えなかった。

クレオパトラは入念に準備し、彼を盛大に迎えた。彼が「遊び好きな若い男性向けの娯楽や気晴らし」を楽しめるように気を配った。[41] まさにそれこそアレクサンドリアが名高いものだった。世界には、ひと財産使える街もあれば、ひと財産築ける街もある。しかしどちらも可能な街はめったにない。これこそクレオパトラの時代のアレクサンドリアだった。学者の楽園であり、商取引が活発に取り交わされ、同時にけだるい文化も楽しめる街。ギリシア人の商売好きとエジプト人の熱狂的なもてなし好きが融合した街。冷たい赤紫色に染まる夜明けと真珠色の夕景の街。あやしげな話が飛び交い、チャンスのにおいが濃くただよう街。人間観察にうってつけの場所でもあった。

アントニウスとクレオパトラの幸せなお楽しみのあとには贅沢な宴が行われ、ある協定に従って、二人は〝比類なき肝臓〟という会を作った。プルタルコスによると、「メンバーは、毎日順番に、信じられないような、計り知れないほどの金額を費やしてもてなしあった」という。[42] 奇妙な友人関係のおかげで、その冬のクレオパトラの台所を直接見た者がいた。[43] 宮殿の料理人が、友人であるフィロタスに、女王の食事の用意を見せると約束したのだ。フィロタスはその様子を見て驚いた。台所はぴりぴりしていて、料理人やウェイターやワイン係に向かって叫び、ののしる声が響き渡っていた。その喧騒の真ん中には食材の山があった。野生のイノシシ八頭を串刺しにしたものがひっくり返されながら焼かれている。小規模な軍隊ほどの数の人々が忙しく動き回っている。若い医学生であるフィロタスは、夕食をとる予定の人数があまりに多いことに驚いた。友人は彼のうぶさを笑うだけだった。「客は多くない。この作業はとても正確に行われていたが、実は根本の部分で不正確な点があった。だいたい一二人ぐらいだ。けれど彼らの前に出すものは完璧でなければならないから、もしちょっとしたタイミングのずれなどがあったら、台無しだ。アントニウスはすぐに食事をするかもしれないし、まだかもしれない。ワインを飲むと言うかもしれないし、会話が始まって、ワインはあとになるかもしれない。だから」彼は続けた。「一つではなく、たくさんの料理を作っておかねばならない。彼がどのタイミングで食べるかわからないから(44)」このとき目を大きく見開いて、ようやく驚きを乗り越えたフィロタスは、その後学業を修め、優秀な医師になった。彼はこのすばらしい話を友人に語り、その友人が孫息子に伝えたのだが、その孫息子というのがプルタルコスだったのだ。

どんな記述を見ても、アントニウスは扱うのに骨が折れ、金のかかる客人だった。彼は若い頃、遠征に音楽家や愛人や俳優を引き連れていた。キケロによると、彼はポンペイウスのかつての邸宅を娯楽の館にし、曲芸師や踊り子や道化や酔っぱらいでいっぱいにしていたという。彼の好みは変わっていなかった。

クレオパトラは忙しかった。「物質的な利益に反し、自然にもほぼ反していると調和をつくり出すのは難しい(45)」キケロは何年も前にこう書いているが、クレオパトラとアントニウスの違いも大きかった。彼女は彼に合わせることに多くの時間を費やしたので、自分の時間の大半を取られてしまった。彼女にはもともとフルタイムの仕事があるのに。アントニウスはアレクサンドリアの黄金の神殿を訪ね、体育館に頻繁に通い、学術的な議論に参加したが、エジプトの農業や文化や科学に関する、ローマよりも優れた文明であるのを実証するような知識には興味をほとんど示さなかった。しかし彼もアレクサンドリアの墓を訪れずにはいられなかった。ローマ人は墓が大好きなのだ。また、彼は砂漠に狩りに出かけた。クレオパトラも同行したかもしれない。彼女が競走馬に乗ったり、馬を所有するか出資者になっていた可能性もある。[46]

しかしそれ以外に、アントニウスが下エジプトから出たり、遺跡を訪ねたりした形跡はない。アントニウスはユリウス・カエサルではなかった。カエサルとは違って、延々と並ぶ列柱、つやつやしたスフィンクスの列の真ん中、彼の愛人の輝かしい先祖の名がついた通り、建ち並ぶ石灰岩の家々の間など至るところで、高尚な芸術に子どもじみたいたずらをしている。

クレオパトラは常に彼が自分に会えるように手配し、従順な態度を崩さず、「アントニウスがまじめなときも浮かれ騒いでいるときも、新鮮な喜びと魅力」を提供できるようにしていた。[47] 彼女の一日は忙しく、夜はことに忙しかった。夜に関しては、客人である彼には指導はほとんどいらなかったが。彼は夜の散歩や、贅沢なピクニックや変装して集まることになら熟練していた。そう、彼はすでに結婚生活を破綻させる方法まで知っていた。クレオパトラは片時も彼から目を離さなかった。彼女の王国には、いたずらをしたくなるところなら、いくらでもあったからだ。「彼女は彼とさいころ遊びをし、一緒に酒を飲み、一緒に狩りをし、彼が武装して身体を鍛えるのを見ていた」と、プルタルコスは伝えている。「そして夜、彼は一般の家の戸口や窓辺に身を寄せて、中にいる人々のことをあざ笑ったが、彼女はこのばかげた寸劇にも使用人の格好をして同行した」アントニウスはこうした出撃の際には、使用人のふりをし、いつも暴力を振るわれた。たいていは殴られていた。そうやってひどく楽しんでから、宮殿に戻った。

彼の戯れは、アレクサンドリアでは好意的に受け止められた。この街はあらゆる面でアントニウスの好みにぴったりで、しかも彼に対して警戒していなかった。陽気で贅沢を愛する街だった。アントニウスにとっては、筋肉と浮かれ騒ぐことがすべてだった。彼はなによりも女を笑わせることが好きだった。若い頃から、海外で軍隊式の鍛錬と雄弁術を学んできた彼は、ギリシアのものはなんでも好きだったのだ。彼は熱く荒っぽい口調で話し、詩を引用するよりも大ぼらを吹く方が多かった。後世のあるローマ人は、アレクサンドリア市民の下品な冗談を非難している。ハープの弦がビュンと鳴る音を聞くと、彼らはいても立ってもいられずに駆け出していく。「いつまでも浮わついていて、思慮に欠け、ふざけることや楽しむことや笑いに困ることはない[48]」アントニウスはそんなことなどまるで気にしなかった。通りや競馬場で安っぽい娯楽を見て、流しの音楽家と共に過ごすときも、いつもくつろいでいた。

彼には語るべき立派な過去があった。まだ若い士官だった頃、エジプトの国境で、クレオパトラの父王アウレテスが裏切者の兵士たちを殺そうとしたとき、彼らを赦すよう説得したのだ。彼が仲裁し、兵士たちが確実に赦免されるよう取りはからった。これもまたアウレテスの意思に反して、ベレニケの夫について王族として埋葬の手配をした。この善意を相手は忘れなかった。アレクサンドリア市民はアントニウスを喜んで迎えた。彼の変装は見え見えだったが、彼に調子を合わせていた。彼らもクレオパトラと同じように、彼の「粗野なウィット」に合わせ、彼の陽気な言葉に同調した[49]。

アレクサンドリア市民たちは、アントニウスが「ローマ人たちに対しては悲劇の仮面をつけ、我々に対しては喜劇の仮面」をつけていることに、非常に感謝していると述べている。このわずか七年前に、カエサルを投げ槍や投石機で迎えた市民たちを、アントニウスはうまく手なずけてしまった。これはアントニウスの魅力だけでなく、クレオパトラがしっかりと権力を握っていたことも理由ではあったが。これまでも、そして、これからも、西側の権力者たちはみな、優位を振りかざす者ばかりなのだが、そうではないローマ人に統治される方がましなのは明らかだった。アントニウスはローマ風のトーガより、古風なギリシア風の衣服を着て現われることが多かった。足にはエジプトの神官がみな履いている革製の白いサンダルを履いていた。ローマの赤いマントを着た士官たちの影響はアレクサンドリアの街の空気にまだ重くただよっていたが、彼らの上官であるアントニウスは、まったく違う印象を与えた。おかげで、クレオパトラの魅力はさらに増した。カエサルはクレオパトラといるとき、アレクサンドロス大王と寄り添っているような気分に浸っていたのだとしたら――東方へ遠征するときにアレクサンドロス大王をイメージしないローマ人はいない――アントニウスはカエサルその人と親しくつきあっているような気分になっていたのかもしれない。

アッピアノスは、アントニウスがクレオパトラとばかり時を過ごしていたとしている。「彼のアレクサンドリア滞在は、もっぱら彼女のためだけにあった[50]」一方でアッピアノスは、彼女が悪影響を与えたとしている。アントニウスは「クレオパトラにすっかり心を許し、彼女の魅力に降参し、重要な仕事や必要な遠征を忘れ、ただ気楽にうろつきまわり、海沿いのこの街で彼女と遊んで過ごすよう説得された[51]」。

本当のところは、その逆だった可能性が高い。クレオパトラは客であるアントニウスだけに注意を向けていたが、そのために自らの競争心やユーモアのセンスや達成すべき目標を犠牲にしていたわけではなかった。ある日の午後、二人は従者たちに囲まれ、川かマレオティス湖に浮かべた釣り舟でくつろいでいた。アントニウスはいら立っていた。彼は大規模な軍勢を意のままに動かしてきたのに、今はなぜか、豊穣なことで有名なエジプトの水の中にたくさん泳いでいる魚の一匹をものにすることもできない。彼はクレオパトラが横に立っているから、さらに屈辱を感じていただろう。恋をしていてもいなくても、彼女の目の前で無能ぶりをさらすのはひどい責め苦だった。アントニウスは負けず嫌いの釣り人らしい行動に出た。従者にひそかに命じて水中に潜らせ、あらかじめ捕らえてあった魚を釣り針につけさせたのだ。次々とこの偽の釣果を上げるとき、彼は少し勝ち誇りすぎたし、魚があまりにどんどん釣れすぎた。彼は自分の力を証明しようとするとき、いつも限度を知らなかった。仕掛けにはめざといクレオパトラは、すぐにこのトリックを見破ったが、感心しているふりをした。なんて才能にめぐまれた人なのかしら！　この日の午後遅く、彼女は、彼の釣果を見せるために呼んだ友人たちに向かって彼を褒めたたえた。

そして翌日はより大人数で船を出した。それにあたってクレオパトラはひそかに、いくつか指示を出していた。アントニウスが釣り糸を垂らすと、すぐに当たりがあった。ずっしりとした手応えを感じて獲物を釣り上げた彼は、大きな笑い声を響かせた。ナイル川から彼が引き上げたものは、輸入物の黒海のニシンの塩漬けだった。クレオパトラはこの作戦で、彼女の機知の方が勝っていることを示した。感心させられたのはアントニウスだけではなかった。

このとき、彼女は愛人であるアントニウスに、優しく、さりげなく、しかしきっぱりと、彼にはもっと重要な任務があることを思い出させたのだ。叱りつけるのではなく、すべての両親やコーチや指導者のお手本になるようなやり方を見事にやってのけたのだ。彼女自身、野望を持っていたから、同じように野望を持つ相手を励ますことは難しくなかった。「釣り竿は私たちにお任せください、将軍。あなたの獲物は街や王国や大陸ですよ」(52) 彼女はアントニウスにそう告げた。様々なお世辞が見事に一つに混ぜ合わされていて、プルタルコスの次の定義にぴったり当てはまる。「こうした叱責はみだらな女に挑発されるのと同じだ。むずむずして刺激的で、痛みを感じている間もどこか楽しい」(53)

クレオパトラがアントニウスを休暇中の少年のように扱ったかもしれないが、彼はローマでもその通りのイメージで見られていた。彼はそのローマを放置したまま、何カ月も陽気に過ごしていた。彼は四三歳の誕生日をアレクサンドリアで祝い、どんちゃん騒ぎと気まぐれですっかり有名になった。彼がオクタウィアヌスを当初、単なる少年ではないかと非難していたことを考えると皮肉なものだ（これほどローマ人の心に突き刺さった非難は珍しい。オクタウィアヌスはこの言葉に非常に腹を立て、彼を少年だと言ってはならないという法律を制定した）。

クレオパトラがアントニウスに公的な任務を果たすよう、それ以上うながすことができないでいると、冬の終わりに緊急の報せが舞い込み、ついに彼を動かした。パルティア人が騒擾《そうじょう》を起こしているというアジアからの知らせだった。彼らはシリアに攻め入り、アントニウスが任命したばかりの総督を殺した。不穏な知らせは西からも届いた。フルウィアが危険な火遊びを始めたというのだ。彼女はアントニウスの弟と共にオクタウィアヌスに戦争を仕掛けたのだ。夫をクレオパトラから引き離したいというのもその動機の一つだった。敗れた彼女は、ギリシアに逃れた。

アントニウスは四月に入った前後に行動を起こし、パルティア人と戦うために陸路進軍を開始した。シリア北部までやってきたとき、フルウィアからのみじめな便りを受け取った。彼は攻撃をあきらめて、建造されたばかりの二〇〇隻の艦隊を率いて、ギリシアへ針路を変えざるをえなかった。どちらの陣営からも何度も彼に便りが届いていたが、アントニウスはこれまで妻の行動に注意を払っていなかった。この冬の展開で詳細がわかった。しかし彼はほとんど興味を示すことはなかった。オクタウィアヌスと争ったことで、妻を責める気にはあまりなれなかった。フルウィアが起こした騒動は、さらに夫のアレクサンドリア滞在を長引かせることになっただろう。クレオパトラの作戦と同じ効果をあげてしまったのだ。

アントニウスは間違いなく腰を上げるのが遅かった。後に彼はこのことで非難されている。アッピアノスは緊急の報せが次々と届いていたことについて、苦々しく述べている。「私は調べてみたが、アントニウスがそれに応えたという確証は得られなかった」[54] フルウィア自身も身の危険を感じていた。彼女はアントニウスとの子どもにも危険がおよぶのをおそれていたが、それは当然だった。一世紀後には彼女のことはほとんど忘れられていた。アレクサンドリアのアントニウスを「熱に浮かされ、酔っぱらっていたので、味方のことも敵のことも考えていなかった」と非難する方が適切なのだ。[55]

世界中のゴシップの的

ギリシアでのフルウィアとの再会は嵐のようだった。アントニウスは妻に冷酷だった。彼女は一線を越え、彼の力をあてにしすぎた。プルタルコスは、クレオパトラはフルウィアに大きな借りがあると考えている。「アントニウスに女の気まぐれに耐えることを教え、彼をいくらか飼いならし、女に従うようしつけておいた」のはフルウィアだからだというのだ[56]。フルウィアはアントニウスに女に従うことを教えたかもしれないが、彼をオクタウィアヌスに敵対させることも、帝国の半分を望むようにしむけることもできなかった。彼女はセクストゥス・ポンペイウスと同盟を結ぶよう、夫を繰り返し説得した。二人が組めば、簡単にオクタウィアヌスを排除することができる、と。アントニウスは耳を貸さなかった。彼はオクタウィアヌスとの合意書に署名したのだ。その合意を破るわけにはいかない（この数週間後、アントニウスは海上で、カエサルの暗殺者の一人に出くわした。彼は追放され、フィリッピではアントニウスに敵対し、いまは本格的な艦隊を率いてアントニウスの船に素早く接近している。恐怖に駆られた副官は、針路を変えるようアントニウスに助言した。アントニウスは逃げることなどまったく考えておらず、「臆病者と言われながら生きるぐらいなら、条約を破ったせいで死んだ方がましだ」と悪態をついている[57]。彼は針路を変えることはなかった）。

悪化したオクタウィアヌスとの関係を修復するために、アントニウスはフルウィアに別れも告げずにギリシアを去った。フルウィアは病の床にいた。彼女に対する告発はほとんどが捏造されたものだ。自立心のある女性を非難することは、ローマの歴史家のもう一つの得意分野でもあった。アントニウスの仲介者たちは、悪意を隠しながらフルウィアに何度もこう言っては、彼女をあおっていた。「イタリアがずっと平和だったら、アントニウスはクレオパトラの許から帰ってこないだろう。しかし戦いが起これば、彼はすぐに帰ってくる[58]」

アントニウスは新しい艦隊を率いてアドリア海に向かった。彼が去ったあと、フルウィアはひどく落胆し、息を引き取った。死因はよくわかっていない。アッピアノスはフルウィアは「病気の彼女を置いていったアントニウスに腹を立て」、仕返しのために自殺したのではないかと推測している[59]。彼女は周囲からいろいろ干渉されすぎて疲れていただけなのかもしれない。アレクサンドリアでは彼女の死はそれほど嘆かれはしなかった。しかしアントニウスは彼女の死に大きなショックを受け、自分を激しく責めていた。病気の妻に会いに戻ることさえしなかったのだ。もちろん他の人間も、妻を顧みなかったことで彼を責めている。ディオンは「クレオパトラとその奔放さへの情熱」のせいで妻をないがしろにしたと非難している。[60] フルウィアは美しく、生まじめで、献身的な妻だった。彼女との結婚によって、アントニウスは金と影響力のある友人たちと狡猾な政治的本能を得た。アントニウスの息子を二人産んでもいる。彼女が本当にがみがみ女だったとしたら、ある者が指摘している通り、「少なくとも、とてつもなく忠実ながみがみ女だった」[61]。アントニウスは彼女の傍らで成長してきたのだ。

フルウィアの死は彼女の行動の中でも疑いなく、もっとも平和を呼ぶ行為だった。これをきっかけにオクタウィアヌスとアントニウスは、「クレオパトラへの嫉妬のために、これほど深刻な戦いの炎をあおった邪魔な女がいなくなったので」、和解への道を歩んだ。[62] ばかばかしく、莫大な金を浪費した戦争の原因は女の企みだったと書くことが簡単なのと同じように、彼女の死によって和解が成立したと書くのも簡単だ。なにしろ、もともと誰も戦っていなかったのだから。セクストゥス・ポンペイウスはまだ海で活動を続けていた。彼は精力的にローマへの穀物ルートを妨害していた。度重なる戦争で、イタリアの農業は崩壊していた。ローマの人々は飢え、街は荒れ果て、我慢は限界に達していた。郊外では反乱が起こっていた。兵士たちは、アントニウスが国外で得たはずなのにまだ分配されていない金を求めて圧力をかけた。二人の男の間には友人たちが仲裁役として入り、再び和解が成立した。そしてまた二人は世界を分割したが、オクタウィアヌスは二年前より有利な分け前を得た。

これが紀元前四〇年の一〇月はじめに結ばれた、いわゆるブリンディシ協定だ。協定では、アントニウスはパルティア人との戦争を、オクタウィアヌスはセクストゥス・ポンペイウスを防ぐか、あるいは彼と和解するかの対応を担当する条件になっていた。この八カ月ほど後、アントニウス、オクタウィアヌス、セクストゥスの三人は、ナポリ湾の向こう、ポンペイの山を背景にする港町ミセヌムで合意に達した。この協定が起草されるやいなや三人は抱擁を交わし、「力強く大きな歓呼の叫び声が陸上と船上から同時にあがった」という(63)。山々も喜びのこだまを返した。たくさんの人が踏みつぶされて窒息し、それに続く波止場の混乱で、「泳ぎながら抱擁しあい、相手の首に腕を回して水中に潜った」せいで溺死した。武力衝突はまた未然に防がれたが、夜通し続いた祝宴の様子は協定と同じくらい有名になった。海岸にテントを並べた両陣営は昼も夜も互いに敬意を表し、祝いつづけた（オクタウィアヌスはローマ式に祝い、アントニウスはアジア式かつエジプト式のスタイルで祝ったが、それに関してはまったく言及がない）。どちらにしても、彼らがミセヌムで祝っている間、「彼らの船は近くに停泊し、周囲には警備兵が立ち、宴に参加している者も衣服の下に短剣を隠していた(64)」。喜びの祝宴の間にも陰謀が生まれたり、企みが消えたりしていた。

ブリンディシウム以後、個人的な結びつきを強めるために、オクタウィアヌスは自らの大事な姉との結婚をアントニウスに持ちかけた。ここに、一人のローマ女性が最高位に就く最大の帝国が生まれた。彼女は個人的な結びつきという貴重な保証を与えた。特に政治的な取引を行うときには、その存在は大きかった。まじめで慎重なオクタウィアは二九歳で、政治家に長年仕える妻の条件をすべて満たしていた。知的だが自立心はなく、人を操るよりも仲介をするタイプだった。哲学を学んだこともあるが、政治的な野心は抱かなかった。「驚異の女性」と呼ばれた彼女は、有名な美女で、上品で、端整な顔立ちをし、その髪はつややかで美しかった(65)。都合のいいことに、彼女は数カ月前に夫を亡くしていた。彼女こそ、このときの状況がまさに必要としている女性、つまりみながアントニウスをその手許から引き離そうとしているクレオパトラの、まさに対極にいる女性だった。

アントニウスは自ら認めているように、異国の魔術にかかったままだった。「彼の理性はまだ愛情と戦っていた」とプルタルコスは書いているが、アントニウスの部下たちはみなそれをよく知っており、クレオパトラのことで容赦なく彼をからかった。ローマの法律では、夫を亡くした女性は一〇カ月経たないと再婚ができない。これは前夫の子を宿していた場合に、出産を終えられるように考慮した法律だった。すべての陣営が、オクタウィアによって「調和が取り戻され、すべてが丸く収まる」ことを熱烈に期待していたので、元老院は慌てて再婚の待機期間を免除した。そして紀元前四〇年一二月の終わりに、ローマがまだブリンディシ協定を祝っているうちに、アントニウスとオクタウィアは結婚した。

　ローマは、本来なら二人の結婚を祝えるような状況ではなかった。街は飢え、略奪され、疲弊していた。しかし、この結婚のニュースにもっとも悔しい思いをした人物はアレクサンドリアにいた。クレオパトラにとって、紀元前四〇年と三九年の協定は驚きではなかったが、警戒すべき出来事だった。アントニウスの結婚が第一の問題であり、もう一つは彼が義理の弟と深く結びついたことだった。アントニウスとオクタウィアヌスの同盟は、クレオパトラにとって望ましい出来事ではない。オクタウィアヌスは彼女の永遠の敵であり、息子カエサリオンにとっても、その存在そのものが、生きて、陰謀を企む侮辱だった。しかし、彼女は自分の愛人をよく知っていた。アントニウスは戻ってくるだろう。こちらからなにもしなくても、パルティア人が彼をこちらに呼び戻してくれる。彼女はローマ人たちの注意をエジプトに引きつけてくれるパルティア人に、奇妙な感謝の念を覚えていたかもしれない。彼らのおかげでクレオパトラの重要性が一段と強調されていた。彼女がいなかったら、アントニウスはブリンディシウムの交渉でそれほど影響力を持てなかっただろう。

　クレオパトラには、この和解がうわべだけのものでないにしても、非常に脆いと考える十分な理由があった。アントニウスとオクタウィアヌスは、好きなだけ和解を繰り返せばいい。数カ月前にフルウィアが強調してみせたような憎しみが消えることはないだろう。クレオパトラは彼らを苦しめる方法を考えたかもしれないが、そんな必要はなかった。アントニウス陣営に内通者がいるので、陰謀やそれに対抗する陰謀、衝突や祝宴など、どんな細かいニュースもアレクサンドリアに届いていた。

彼女は、少なくとも間接的には、アントニウスと連絡を取り合っていた。その冬、彼女は彼を呼び寄せるために使者を送った。パルティア人が大挙してフェニキア、パレスチナ、シリアを席捲し、その年の終わりにはエルサレムを略奪した。翌年、ローマが王に即位させることになる三二歳のユダヤの属領主である王子ヘロデは、辛くも脱出した。ヘロデは家族をマサダの要塞に落ち着かせると、避難場所を求めてさまよった。安息の地はすぐには見つからなかった。近隣の国々は侵略者たちの機嫌を損ねたくなかったのだ。ヘロデは最後にはアレクサンドリアにたどり着き、クレオパトラに盛大に迎えられた。

クレオパトラにとって彼は、なによりもアントニウスの興奮しやすい友人であり、ローマの同盟国の統治者仲間だったが、彼を手厚く迎えたのには他に理由があった。ヘロデの父親は、プトレマイオス家の王の復位を二度、援助していたのだ。彼女とアウレテスの両方だ。紀元前四七年には彼自身がアジアの辺境で、巧妙で強力な攻撃を行い、カエサルの求めに応じてエジプト系のユダヤ人を集めた。クレオパトラとヘロデは、父親たちと同様かつてはポンペイウス派で、後にカエサル派に転じている。二人にはパルティア人という共通の敵もいた。

そのうえヘロデは楽しい話し相手であり、よくしゃべり、熱烈で狂信的なまでの忠誠心を持ち、服従の意を表明する達人だった。クレオパトラは、この颯爽とした王子を遠征に参加させようと考えた。彼女と一緒であればエチオピアに、アントニウスと一緒ならパルティアに。彼に指揮権を与えたとしても不思議ではなかった。プトレマイオス朝の軍には、ずっと前からユダヤ人の士官がいたし、ヘロデは非常に優秀だった。乗馬の達人であり、投げ槍を寸分違わず投げることもできた。彼はこの提案を断った。けっきょくクレオパトラは彼に危険な冬の海をローマに渡るためのガレー船を一隻与えた。

彼女はいつも誰かに船を提供しているようだ。これは珍しいほどの手厚い対応だったが、この船で出航したヘロデはキプロスの沖で難破した（数週間後、彼はローマの海岸に漂着し、オクタウィアヌスとアントニウスに温かく迎えられた）。もっとも意地悪な見方をすると、クレオパトラはうまく自国から注意をそらしたとも言える。彼女はヘロデ一家に感謝していたかもしれないが、隣人とアントニウスの親交を特に応援するつもりはなかった。

クレオパトラが新たなニュースを知らせたのか、知らせたのだとすればどのように伝えたのかはわからないが、それはヘロデより先に地中海を渡ったようだ。その年の終わり、彼女は双子を産んだ。子どもの父親はそばにいなかった。彼はちょうどこの頃、オクタウィアと結婚したか、結婚する直前だった。しかし、子どもたちは輝かしい血筋など望んではいなかった。クレオパトラは名付けの際に、父方の血筋をまるで考慮しなかった。彼女自身の血筋の方が、ローマ人よりも優れていると考えたからだ。彼女はアントニウスの子ども二人にアレクサンドロス・ヘリオスとクレオパトラ・セレネという名前を付けた。太陽と月の神の名であり、彼女の大おばにあたる紀元前二世紀のすばらしいプトレマイオス朝の女王と、パルティア人さえ平定したその時代随一の将軍であり、彼女がそのつながりのおかげでファラオとして統治できている大王の名をつけたのだ。こうしてどんどん後継者をつくっていったクレオパトラは、アレクサンドロス大王以来、誰よりも東西の融合に貢献したと言えるかもしれない。太陽と月はパルティア王の称号だった。クレオパトラは彼にメッセージを送っていたのかもしれない。新たな黄金時代をひらくなら、太陽神の名を持つ王から始める以上の始め方はない。このニュースに対するアントニウスの反応はまったくわからないが、オクタウィアヌスの反応の方に興味をそそられる。クレオパトラは二人の男が、彼女の子どもたちを通じて、かなり遠回りだが、また結びついたと考えていた。

子どもたちのセンセーショナルな誕生について、彼女は自らふれて回る必要はなかった。進取の気性を持つエジプトの女王がアレクサンドロスの名がついた息子を産んだ、しかもその父親はマルクス・アントニウスであり、異父弟はカエサルの息子であるという報せは、紀元前三九年の一面トップ級のニュースだった。後世の言葉を借りれば、クレオパトラを世界中のゴシップの的にするのには十分だった。[66]

危機

紀元前四〇年から三七年にかけて、クレオパトラはまるで、ギリシア演劇の中に生きているかのようだった。暴力はすべて舞台裏で起こり、様々な報告は遠くからもたらされた。彼女はそうした報告を注意深く分析した。ブリンディシ協定によって、地中海世界は安堵の吐息をついた。エジプトはその首筋に寒気を感じていたかもしれないが。アントニウスの結婚は、疲れきり、消耗していたローマの人々にとってうれしい解決だった。イタリアじゅうでアントニウスとオクタウィアヌスは「平和をもたらしたことを大いに褒めたたえられた。人々は、自国での戦争がなくなり、息子を徴兵されることも、最前線の兵士たちの暴力も奴隷の逃亡も、農地の略奪や農作業を中断させられることもなくなり、なによりも我慢の限界にきていた飢餓にもう耐えなくてもよくなった」と歓迎された。[67] 地方の人々は「まるで救いの神に捧げるように」犠牲を捧げたが、アントニウスもオクタウィアヌスもこの役まわりを喜んだ。

平和を記念して彫像が建てられ、コインが鋳造された。祝賀ムードが続くうちに、ぼんやりした目で夢を見る者が出たり、様々な予言が語られたりするようになった。突然、義理の兄弟が統治する薔薇色の時代が始まり、繁栄の兆しが見えてきた。ウェルギリウスはちょうどこのとき、引用されることが多い「牧歌」の第四歌を書いていた。これはたしかに黄金時代を呼ぶ、アントニウスとオクタウィアの結婚を祝った詩だったのかもしれない。ウェルギリウスはまだ産まれていない子どもが救世主になるという期待を抱いている。新たな夜明けに導き、敬虔さと平和と豊かさに満ちた世界を統治するというのだ。

こうした性急な予言の実現まではもう少し待たねばならなかった。紀元前三八年の春、オクタウィアは妻としての義務を果たし、子どもを産んだ。しかし産まれた子どもは女の子で、熱心に予言されていた男の子ではなかった。一方のパルティア人たちは、ローマが国内に気を取られているのを喜んで利用し、西へと侵攻を続けた。クレオパトラも、侵略者たちが国境に迫ってきたので、警戒を強めていた。パルティア人は熱心に勢力の拡大をはかっていた。祖先であるペルシア人の領地には、エジプトも含まれていた。アントニウスはパルティア人への対応のために、信頼できる将軍を派遣した。アントニウスにとっては非常に腹立たしいことに、この将軍は非常にうまくやってのけ、司令官アントニウスが渇望している栄誉を独り占めにした。そして、飢えたローマにはまた暴動が発生した。あまりに急激に情勢が不安定になったせいで、オクタウィアヌスは公会場で怒り狂った群衆に取り巻かれてしまった。彼らは公共の資金を使い果たした彼を激しく非難した。オクタウィアヌスが弁解しようとすると、敷石が飛んできた。血が流れても投石はやまない。そこへアントニウスが颯爽と現われ、オクタウィアヌスをその場から素早く連れ去った。叫び声と悲鳴が響き渡る中、苦労しながらも、見事に襲撃者たちから彼を救い出したのだ。アントニウスは三人執政官の仲間を自宅まで送った。同じ場所で行われたはじめての対話のときとはまったく違う訪問だった(68)。

別の状況では、アントニウスの義理の弟は協力的なパートナーとは言えなかった。以前にフルウィアという例があったし、何千キロも向こうには、クレオパトラという生きた証拠もある。二人の間には友好的な気持ちがあり、互いに愛想よく、行儀よく振る舞っていた。それにもかかわらず、戦争の英雄であり、年長の政治家で、民衆の人気を集めるマルクス・アントニウスは、頑固で病弱な義弟に負かされつづけていたようだ。もちろん、オクタウィアヌスが政治の場に居続けられることそのものに、アントニウスが驚いたのも無理はなかった。オクタウィアヌスはすでに何度も病気で死にかけていた。常に咳とくしゃみをしていて、日射病にかかりやすく、戦士としての意欲はなく、樽のように頑丈な胸と力強い太ももを持つアントニウスとは、とても勝負にならないように見えた。オクタウィアヌスは陰気で、偏執的で潔癖な男で、靴の中に敷き皮を入れて底上げをしていた。それでも彼はことあるごとにアントニウスを驚かせつづけていた。

アントニウスはのんきな自信家で、自分の方が優位に立っていると考えがちなせいで、気づくと操られていることが多かった。彼は、自分でも気づかぬうちに、このどこからやってきたのかもわからないような〝ませた少年〟と、激しく競い合っていた(69)。アントニウスは自分が狡猾ではないので、他人の狡猾さを忘れていることが多い。オクタウィアヌスは魅力がなく、人の魅力にも気づかない。彼は後に、勧められたが行わなかった凱旋式の数を自慢するような男で、これは自分の謙虚さの自慢なのだった。アントニウスはそんな栄誉を断ることはまったくなく、勧められれば必ず喜んで執り行った。

オクタウィアヌスは技や運を競うちょっとしたゲームでも、どうにかしてアントニウスを負かしていた。闘鶏での賭けやトランプのゲームでも、政治的な事柄を決めるためのくじ引きでも、二人の間でボールを投げあう場合でも、アントニウスは意外なことに、必ず、負ける側だった（その理由は簡単だ。オクタウィアヌスはどんな結果が出ても、自分に有利に解釈できたからだ。賭博でかなり負けても、自分が「非常に正々堂々とした態度で臨んだ」からだと説明した(70)）。クレオパトラはアントニウスに占い師をつけていた。ローマに住む者の多くが、占星術師が人間の人生を、日食と同じぐらい正確に予測できると信じていた。アントニウスが自分の不満を語ると、占い師は一二宮図を使って彼を占った。この占い師が真実を述べたのか、雇い主に都合のいいことを並べたのかはわからないが、このとき語られたのは率直な分析だった。アントニウスの将来の見通しはすばらしいが、オクタウィアヌスによって曇らされる運命にある、というのだ。占い師はこう解説した。問題はアントニウスを「守護する精霊」が彼の同僚を守護する精霊をおそれていて、「ひとりでいるとき精霊は元気で自信たっぷりな態度でいるが、彼が近づいてくると、あなたの精霊が彼の精霊に脅かされ、負けてしまう」[71]。だから同僚を避けるしかない、というのだ。この説明はアントニウスにとって納得のいくものだった。彼はこの占い師を重んずるようになり、一方で義弟には用心して接するようになった。占い師は「アントニウスに、あの青年との間にできるかぎり距離を置くように助言した」が、これはアレクサンドリアからの間接的な招待だったのだろう。

彼はアテナイまでしか行かなかった。アテナイで冬を過ごし、そのまま二年間、そこに本拠地を置いた。紀元前三九年の冬、彼は前の年と同じように、すばらしい建築物と美しい彫刻がある洗練された都市で心地よく過ごしていた。副官たちを戦地に残していたが、報告に目を通す以上のことはしなかった。側近はローマに帰した。数人の友人やお付きの者かオクタウィアと一緒に、学問の講義や祭りを訪ねて過ごした。彼はオクタウィアといると、とても幸せそうだった。

ここでまた彼は、司令官の紫色のマントをやめて、アジア風の衣服を身につけていた。さらにまた大喜びでディオニュソスを名乗り、そう呼ばれることも喜んだ。彼はすでに二人目の娘を産んでいたオクタウィアに対しても女神アテナと呼ばれることを許した。

クレオパトラはこうしたすべての情報を集めていた。そのため、こうしたオクタウィアへの愛情の証がアレクサンドリアでどう受け止められたのか、我々は知っている。彼がオクタウィアに神や王族に近い扱いをするのは、特に腹立たしいことだった。居場所や、あるいは配偶者が変わったことで、どんな違いがあるというのか。

紀元前三九年の冬、アントニウスがどんな気晴らしをして過ごしたのかについて、ローマ人の記述は残っていない。アテナイで彼はギリシア人のような格好をし、ギリシア人のように飲み騒いでいたが、それはみな貞淑なオクタウィアに監視されながらしたことなのだ。神を名乗ることは、オクタウィアヌスもしていたので、非難しづらかった。オクタウィアヌスはアポロンに扮して仮装パーティに現われたことがあった。しかし木の枝で小屋まで作って、太鼓や木の葉や動物の皮などのディオニュソス崇拝の小道具で飾り立て、「その中に友人たちと共に横たわり、夜明けからはじめて、やがて酒に酔いつぶれ」たのはアントニウスだけだった。彼はイタリアから音楽家たちを呼び寄せ、丘の斜面の隠れ家で演奏させた。舞台装置をアクロポリスまで持って上がることもあり、「アテナイの街全体が天井から吊るされたランプの光に照らされていた」という(72)。

アントニウスは義弟の会話を操る力に惑わされつづけた。無感動で謹厳だといわれていたオクタウィアヌスだが、紀元前三八年、妻が出産した日に離婚し、前夫の子どもを身ごもり、すでに妊娠六カ月になっていたリウィアと結婚した。この結婚でオクタウィアヌスはローマの上流社会の仲間入りを果たし、アントニウスと対等になれた（カエサルの親戚であるにもかかわらず、オクタウィアヌスの家系は貴族ではなかった）。オクタウィアヌスは何度も義兄の力を削ぎ、行動を制限している。アントニウスがあることを約束すれば、オクタウィアヌスは違うことを実行した。アントニウスが東に向かえば、オクタウィアヌスは彼を西に呼び、自分はそこに現われなかった。彼はアントニウスにイタリアで新兵を募集することを許したが、イタリアはオクタウィアヌスが統治していたから、通常、ほとんどありえないことだった。これは二人の勢力の均衡を保つための処置としては実がなさすぎたが、アントニウスはこれを受け入れた。彼は我慢の限界が近くなっても、自尊心を飲み込み、いらだちを隠していた。

紀元前三七年の春、ついに危機が訪れた。二人の男がイタリア半島南部の川沿いで相対し、この数年の間に溜まった不平を言いあうことになった。オクタウィアは私のために争わないでほしいというトロイのヘレンのような説得で、二人の心を動かし、仲裁しようとした。自分の夫と弟が殺しあうのを見たくなかったのだ。その結果、タレントゥム協定が結ばれた。期限が切れていた三頭政治の合意を結びなおしたのだ。紀元前三三年一二月、アントニウスはローマ支配域の東側の執政官として承認された。彼は満足したようだった。ディオンは「ほとんどすべてのことが彼の思い通りに進んでいた」と書いている。[73] 彼はついに遠征の準備をし、東方のシリアに向けて出発した。オクタウィアと二人の娘は彼についていったが、東ギリシアで彼が三人を帰国させた。オクタウィアはまた妊娠していた。これ以上旅をするのは身体にさわるから、とアントニウスは説得した。オクタウィアは、前夫との間の子ども含めて、六人の子どもを育てていた。アントニウス自身の言葉を借りると、彼はどうしても、「パルティア人と戦う間、自分と同じ危険に彼女をさらしたくなかった」。これは彼の本心だろう。

オクタウィアヌスは頑固で、遠回しなやり方に長けていて、本心はまったく違うのに協力しているように見せかけることができた。一方でアントニウスは変心の名手で、突然一八〇度意見を変えることがあった。アテナイで彼は、ある日はオクタウィアと共に祭りに参加して、公務のことなどまったく顧みずにものうげにのらくら過ごしたかと思うと、翌日には衣装を変え、なにかにとりつかれたかのように集中し、軍人として嵐のように活動し、外交上の応対をこなし、側近の者たちを引きつける力を発揮した。紀元前三七年の最後の月に、彼の中でなにかが崩れた。数々の侮辱や幻滅やごまかしが積み重なっていたのかもしれない。鬱積した不満が爆発したのかもしれない。彼は軍人であり、栄誉ある遠征に出るはずだったのに延期に延期を重ねていた。副官たちはアジアで一連の勝利を奪い取っていたが、本当はその勝利は彼のものであるはずだった。アントニウスは妻と義弟が自分を抑え込み、ばかにしていると考えていたのかもしれない。そうなると、同盟などますますありえないことだった。もちろん国内で優位な立場を固めるには、国外で輝かしい戦績をあげるのが一番だった。パルティア人を打ち負かせば、オクタウィアヌスを排除することができる。奇妙でゆがんだこの計算は、二〇年前、アウレテスがローマで考えたことによく似ていた。

プルタルコスは紀元前三七年のこの逆転に、違う解釈を与えている。パルティア人への執着は認めてはいるものの、「長年眠っていた強烈な悪意」のせいだとも非難している。(74) アントニウスの友人たちは欲望から解き放たれた三年半の間に、それはオクタウィアヌスのおかげですっかり忘れられていたか、少なくとも「分別を保てるぐらいに和らげられていた」と考えていた。プルタルコスの記述によると、アントニウスの欲望は突然、黒くくすぶりだし、東へ移動する間にさらに煙をあげ、ついには再び火がつき、激しい炎となって燃え上がった。プルタルコスは正確な歴史を書こうとしているが、一方でアントニウスのエピソードを教訓話に仕立てようとしていることも忘れてはならない。彼の記述の中のアントニウスは、才能ある男が自らの情熱によって破滅する例として描かれている。詳細よりも倫理観が重要視されている。どんな状況にあったとしても、アントニウスは無事シリアに到着し、やめるべきだという直感にも、冷静な助言にも逆らう行動に出た。アレクサンドリアに使者を送ったのだ。クレオパトラは地中海世界第三の都市、アンティオキアまで彼を迎えに出かけた。今回、彼女は船で急行した。二人がシリアの首都についてほどなく、アントニウスとクレオパトラ、二人の肖像が重なって浮き彫りになっている硬貨が出回りはじめた。(75) どちらが表面でどちらが裏面だったのかはわからないが、それはこの後七年間続く動乱の年月に見え隠れする謎だった。アントニウスがオクタウィアヌスに会うことは二度となかった。

第七章　世界中のゴシップの的

女性にとって、もっともすばらしい偉業は、できる限り口をきかないことである。

トゥキュディデス(1)

パルティア遠征

今回は彼女は誰かに仮装する必要はなかった。クレオパトラはその秋、出航する際に、マルクス・アントニウスが、ついにパルティア人に対するローマの積年の恨みを晴らすために、東に向かって出発したことを知らされた。彼は、四年間のびのびになっていた遠征に、ついに乗り出したのだ。彼女はアントニウスと飲み騒ぎながら冬を過ごしたときから、パルティア問題が彼の一番の関心事であることを知っていた。カエサルから、そのもとになった遠征計画を聞いたこともあった。

アントニウスはアンティオキアに向かいながら、その道すがら小アジアを再編し、彼が信頼し、彼を支援してくれる王国をいくつも獲得していった。彼は国境地帯を安定させた。東へ向かうには、背後を固めながら進むことが重要だった。

アントニウスとオクタウィアヌスは同じ理由から、冬にローマに流れ着いたヘロデを二人で王に即位させた。イドマヤ人とアラブ人の血を引くヘロデは、どんな観点から見てもユダヤの王座に近い男とは言えなかった。彼は血筋より、そのねばり強さのおかげで王になれたのだ。カッシウスに対して、彼より雄弁に、自分の忠誠心は誤った方向に導かれたのだと訴えられた君主はいないだろう。ヘロデは「こっそりと」王位に就いたのだ、と言ってもはずれてはないはずだ[2]。アントニウスはヘロデの父を知っていた。ヘロデの父もローマの友人だった。そして、彼は一〇代の頃のヘロデに会っていた。個人的な親密さが物を言ったのだ。

行儀が悪く、楽天家のヘロデは、その向こう見ずぶりで人の気を引き、奇跡のような脱出の名人でもあった[3]。彼にはローマの人物にたとえるならば、オクタウィアヌスの魅力もアントニウスの魅力もあったことを示す証拠がある。これは偶然ではない。ヘロデは資金の調達も槍投げも、どちらもこなす暴れ者だった。彼には、なにもないところから黄金をひねり出す驚くべき才能があった（臣民たちはその方法にいくらかの心当たりがあったが）。

元老院は満場一致でヘロデの王位を承認し、その後敬意のしるしに、オクタウィアヌスとアントニウスがカピトリウムの丘に向かう彼に同行した。執政官や行政官も彼を案内した。アントニウスはこの任命が東方への遠征に都合がよいと言っていた。後に彼は新たな王のために祝宴を開いている。ヘロデが王位に就けたのはクレオパトラのおかげだとする記述もある。元老院は、ヘロデへの敬意だけでなくクレオパトラへのおそれにも同じぐらい動かされていた。彼らはあの地域に一つではなく二つの王国があるべきだと考えていたのだ。ローマへの穀物の供給を一手に握り、富裕な王国を率いる同盟国の女王には、十分に用心する必要があったからだ。

その理屈はクレオパトラにも有利に働いた。アントニウスはエジプトにいる限り、大きな動乱に巻き込まれる危険はなかった。クレオパトラは安定した統治を行っていた。この国をこれほどうまく治められる者はそういなかったはずだ。クレオパトラは、いつものように安心してアレクサンドリアを離れた。エジプトの経済的支援なしに、裕福で広大で守りの堅い大国パルティアを倒せるローマ人はいないことを知っていたからだ。あるいは、この年の秋、岩だらけの地中海東部沿岸を北へ向かった彼女は、国際的な勢力の均衡が少し変化しているのに気づいていた。アントニウスがいくらすばらしい軍隊を率い、どれだけ虚勢を張ったとしても、彼女の方が明らかに優位に立っていた。

虚栄心は二〇〇〇年経ってもほとんど変わらない。クレオパトラとその付き人たちは、アントニウスとの再会のために入念に準備をしただろう。彼女はアントニウスに三年半も会っていなかった。アントニウス性なら誰しも、三年半の歳月が見た目に現われないようにしたいものだ。彼女はオクタウィアの噂なら聞いていた。丸顔で輝くような髪をした美人だという。今回、クレオパトラは、神々を思わせるゆったりとした長い衣装や、パーティで渡す宝石をちりばめたちょっとした贈り物や、壁一面を覆う薔薇などは用意しなかった。彼女にはもっといいものがあった。この旅に、子どもたちを連れてきていたのだ。

アンティオキアは、アレクサンドリアの小型版といった街で、堕落の度合いもアレクサンドリアほどではなかった。アレクサンドロス・ヘリオスとクレオパトラ・セレネはここではじめて父親に対面した。アントニウスは双子を自分の子どもだと認知した。喜びにあふれた対面だったことだろう。アントニウスにはギリシア人を気取る傾向があった。彼はいつの間にかプトレマイオス王朝に入り込んでいたのだ。彼の子どもたちはエジプトの王になるべき血筋の持ち主だ。さらに、また男の子ができたのだ。他の面ではすべて妻の鏡のようなオクタウィアも、息子だけは産んでいなかった（アントニウスにはフルウィアとの間に、すでに二人の息子がいた）。

クレオパトラはウェルギリウスの予言を現実のものとし、待ちわびていた黄金時代への後押しするという跡継ぎの男の子を産んだ。そのせいで、アントニウスを彼女の腕の中に走らせたのだから、この出産は彼女の落ち度だとまで言う者もいる。もともとアントニウスは子ども好きで、子どもはいくらいても多すぎることはないという考えの持ち主だった。彼は、「貴族の家系は、多くの王をたて続けに産むことで広がっていく」という言葉を好んで口にしていた。[4]ギリシア語を話し、王族の服を着た三歳の小さな神に父と呼ばれて、抵抗できるようなアントニウスではなかった。それに、彫像が本人に忠実なら、アレクサンドロス・ヘリオスのぽっちゃりした顔やくるくるとカールした髪は、彼にそっくりだった。

神を名乗ることこそ、彼の長年にわたる最重要課題だった。フィリッピの会戦以来、高名な師カエサルに倣い、アントニウスは少しずつその準備を進めてきた。現代の歴史家の言葉を借りれば、彼は私生児をもうけることによって、正当な手続きで、「前任者の寝室のスリッパを履いた」のだ。[5]

アンティオキアはその舞台にふさわしかった。堂々たる山々の麓に抱かれた風光明媚で豊かな川の街。碁盤の目のように入り組んだ街の中心部には柱廊がつらなり、競技場や庭園や巨大な噴水や天然の泉などがあった。五月から一〇月までは西風が吹くが、冬は陽光が降り注ぎ、風がなかった。快適な浴場や活気のある市場もあった。アンティオキアは、紀元前四七年にアレクサンドリアのクレオパトラの許からやってきて、自らの彫像を作らせたカエサルを好意的に迎えた。このシリアの首都は、その秘蔵っ子であるアントニウスのことも温かく迎えた。

クレオパトラはやっと実現した家族の対面を様々な理由から喜んだ。政治的な満足はそれよりさらに大きかった。アントニウスは釣りのときの彼女のアドバイスを実践していたのだ。クレオパトラが彼にとって一番だと考えた、あるいは彼女なりの理由で、それが一番だと信じ込ませたことにまさに取り組んでいた。つまり、やる価値のあるゲームに没頭し、「街や属州や王国」を釣り上げようとしていたのだ。[6]「多くの王国や島々が彼のポケットからこぼれ落ちた」と後に言われたのははずれていない。アントニウスの作戦計画の大半にはどうしてもそうせずにはいられない彼なりの理屈があった。彼は不安定なアジアにとってずっと必要で、何度も試みられていたが果たされていなかった秩序の回復をやってのけたのだ。ローマの三〇年にわたる再編の試みをことごとく拒絶してきた絶えず同盟関係が変わる諸民族、多文化が同居する地域で、彼は才能ある人材を認め、能力や忠誠心に応じて報酬を与えたのだ。アントニウスは「ローマ帝国の偉大さは、これまでローマ人が受けてきたものではなく、授けてきたものに現われている」という言葉を好んで口にした(7)。アントニウスはいくつかの王国を併合することによってこの地域をまとめ、領土と土地を再配分することができた。彼は地図の線を引き直したのだ。

いるべきところに戻った彼は、間違いなく無敵の力を発揮した。彼ならおそるべきパルティア人にも難なく打ち勝てることを誰もが疑わなかった。「これほどの勇敢さと忍耐と若い力を誇る軍隊」を集められる者はめったにいない(8)。アントニウスの軍は「アジアじゅうを震撼させた(9)」。

彼はこれまでで最大規模の軍勢を指揮し、その兵士たちは広い度量を備え、自在に動き回る将軍に心からの献身を捧げていた。みなが自分たちの命を大切に考えてくれることを喜び、彼に献身的に仕えた。プルタルコスの述べている言葉を借りると、彼の「高貴な出自、雄弁さ、気さくであけっぴろげな態度、気前がよく堂々とした、誰にでも話しかける親しみやすさ」を崇拝するようになった(10)。アントニウスの気分はみなに伝染する。周囲の者たちもみな陽気になっていった。誰かにプレゼントを贈ると楽しい気分になるものだが、気前のよさはアントニウスの特に優れた長所でもあった。だから大家族を大切にするのは当然のことだった。

陽光が降り注ぐアンティオキアで――二人は静かな川の曲がり角に立つ宮殿に滞在していたようだ――クレオパトラは自らの成功を喜んでいたことだろう。そして彼女は、五年間の混乱と混沌から抜け出した。彼女の判断は正しかったのだ。

九月に彼女がやってきたとき、アントニウスはさらに途方もないプレゼントを贈った。三歳の双子を認知したばかりでなく、その母親に広大な領地を与えたのだ。まずは、カエサルも公式には認めることのなかったキプロス島の統治権を与えた。クレオパトラはキプロスを失ったときのことや、その大きな損失によってどれだけの影響をこうむったかを思い出し、改めて激しい怒りを覚えていたかもしれない。

アントニウスはさらに、森に覆われたコイレ・シリア（コイレ・シリアの一部が現在のレバノン）、はるか遠くにある繁栄する都市キレナイカ（現在の東リビア）、ヒマラヤスギが生い茂るキリキアの大部分（トルコの東部沿岸）、クレタ島の一部、それに繁栄を極めるフェニキアの沿岸都市のうち二都市以外をすべて、クレオパトラの領土とした。この中にはアントニウスが、なにも落ち度が見つからなければ捏造してまで君主を排除し、クレオパトラに統治を肩代わりさせた例もあった。紀元前三七年の時点で、クレオパトラは東地中海沿岸のほぼ全域を支配することになった。ユダヤのごく一部を除いて、現在のリビア東部からアフリカ、イスラエル北部、レバノン、シリアを通って、南トルコに至る広範囲だった。

アントニウスの軍事的必要性と、ローマが晴らすべき恨みをどこに持っていたかが、この贈り物の規模と範囲をほぼ決めた。クレオパトラに対する彼の評価も決定の一因だった。彼はクレオパトラは信頼が置け、財力のある統治者だと考えていた。これはローマが同盟国の統治者に望む条件そのものだった。ローマ人を指名するのに比べていくつか都合のいい条件があったが、そのうちの一つは給料を払う必要がないことだった。もっと核心を言うと、アントニウスには海軍が必要だったのだ。タレントゥム協定の頃には、彼は銅の衝角《しょうかく》がついたガレー船一〇〇隻と三段櫂船一〇隻をオクタウィアヌスの許に送っている。

クレオパトラは船の建造に関するノウハウを持っていた。アントニウスが、商人を抱え、木材を立派な艦隊に変身させることができる王クレオパトラに、木々の生い茂る属州を統治させたのは、十分に理由のあることだったのだ。この点から見れば、クレオパトラはアントニウスにとって地中海世界でもっとも貴重な人材だった[11]。プルタルコスが認めているように、彼女と同じ才能を持つ者は、大勢いるアジアの統治者の中も、そうはいなかった[12]。そもそも、もともとの領地を保っている王も珍しかった。アントニウスはいつも、安定している王朝を任命によって罠にかけていた。クレオパトラは他のどの統治者よりもはるかに気前のいい取り分を与えられたのだ。紀元前三七年九月までに、彼女はプトレマイオス王朝の紀元前三世紀頃の黄金期にほぼ近い領土を手にしていた。

彼女は、満を持してエジプト新時代のはじまりを宣言した。クレオパトラの治世一六年目が第一年と数えられることになり、その後の彼女の治世の間ずっと、二つの年号が存在した[13]。そして三二歳の彼女は自ら改名し、元の称号を名乗った。彼女は異例の特権をいろいろと楽しんだが、自らの呼び名を自分で決めるというのは、共同統治者を選んだり、自らの収入を決めたりするのと同等の、非常に大きな特権だった。このとき以来、彼女は「女神であり、若く、父親を愛し、祖国を愛する女王クレオパトラ」となった。

彼女は命名に関しても目端がきいていた。この称号にはとても多くの意味がこめられている。この改名と同時に、彼女は新時代の宣言だけでなく、政治の本格的な方向転換を宣言した。そしてローマに寝返ったという噂をかき消すために、称号に最後の部分を付け足したのだ。これにより、臣民たちに、自分はなによりもまず彼らのファラオであることを示したのだ*。

そしてもちろん、プトレマイオス朝の歴代の王たちと同じように、硬貨に肖像を刻ませた。どんな名を名乗ろうと、彼女はローマ以外の舞台では最強の人物だった。アントニウスがパルティアを撃破した暁には、彼女はアジアの皇后になったかもしれない。地中海沿岸の多くの都市が二人を認め、アントニウスとクレオパトラを記念した硬貨を発行している。見渡す限りの水平線には、しみ一つ見当たらなかった。

クレオパトラはアレクサンドリアで、新たな夜明けをずっと待っていたのかもしれない。カエサルが暗殺された三月一五日以来、多くのものを犠牲にしてきたが、いまや足場を取り戻したばかりでなく、事態は前よりも好転していた。一方の臣民たちは、新たに築かれた帝国を誇りに思う気持ちを除いて、クレオパトラがまたもや、そして今度は別のローマ人と手を組むことについてどう思っていたのだろうか？　スキャンダルを騒がれた形跡はない。臣民たちは、外交においてクレオパトラが実際にどれだけ重要な立場にあるかという点にのみ注目していた。ある著名な学者はこう述べている。「私には、彼らにとっては女王の愛情と出自こそが非常に問題であり、収税吏の取り立てが厳しすぎたときだけしか女王に疑問を感じることはないように思える」[14]クレオパトラはパズルのように混迷した政治状況を賢く乗り切った。自国での反発がなかったということは、アントニウスに対しても、それほど気前よく振る舞ったわけではないのかもしれない。彼のレギオンへの出資に同意したかもしれないが、臣民たちに無理な課税をしなくても、そのくらいの金は出せた。アントニウスの領地の配分がローマに警戒されるおそれはないと思ってよかった。ローマの一連の同盟国統治の流れの中で行われたことだ。おかげで金庫はうるおい、辺境の治安は安定した。エジプトでは、クレオパトラの人気は絶頂に達していたことだろう。

この贈り物を理由に、アントニウスとクレオパトラがこの年の秋にアンティオキアで結婚したと推

＊彼女の派手なジェスチャーはギリシア人としての伝統ではなく、正しかったのだと解釈する者もいる。それが本当であったかどうかは別にして、常に過去を基準にして現在を考えていた当時の世界において、古いものを復活させることは間違いなく歓迎された。彼女が称号を復活させたことは広い範囲に向けた、様々な意味を含んだ行動だったのかもしれない。マケドニアはプトレマイオス家だけでなく、そのライバルであるセレウコス王朝も生み出した。そして、このときクレオパトラが手にしていた領土のほとんどを、かつては強大な権力を持っていたセレウコス王家が支配していた。

測する者が多い。アントニウスにはすでに妻がいるので、これは難しい問題だった。さらにアントニウスの鷹揚な性格を考え、クレオパトラが結婚の時期を指定し、それにアントニウスが応じたのだろうと考える者も多い。アンティオキアでの再会の様子を語る唯一の記録はプルタルコスのものだが、そこにはなんの根拠もないし、他の記録者たちは、この部分について触れていない。プルタルコスはアントニウスが二人の間の子どもを認知したこととしか認めておらず、これは結婚したことにはならない。

もちろん、この結婚には、アントニウスにもクレオパトラほどではないが、同じぐらいのメリットがあった。プルタルコスでさえ、ローマの三人執政官の一人が、世界一裕福な女性と手を組んだことを間違いだったとは書いていない(15)。差し迫った、現実的に彼が必要なものが、彼女が王として長年にわたって抱いてきた野望とぴったりと一致したのだ。

クレオパトラが領地をほしがっていたことを示す証拠は、結婚した証拠よりもはっきりとしている。それをいまここではじめて示してみよう。紀元前三七年か翌年の三六年、クレオパトラはユダヤ領土の大半をねだってアントニウスを困らせたと言われている。彼はもちろん断ったようだ(この件に関して、彼がきっぱりした態度をとったということは、彼女が無理矢理、彼を操っていたわけではなかったことの証明になる。この土地を与えなかったということは、彼は愛のために分別をなくしていたわけではないということだ。それと同様に、クレオパトラも自分の限界を知っていたから、その後もう二度とユダヤをねだってはいない。だがそうなると、この頃のアントニウスの心境がわからなくなる)。彼女が領地をうるさく要求したとは思えない。それが十分できる立場にはいたのだが。アントニウスは遠征の費用や、軍の兵士たちへの報酬や、艦隊の補充のための資金が必要だった。クレオパトラには足りないものはなにもなかった。交渉において、彼女の方が優位な立場にいた。

二人の間でなにがあったにしても、周囲の同盟国の王たちは、アントニウスがどうにもならないほどクレオパトラに惚れ込んでいると考えていた(16)。彼女が何を考えていたかを、少なくとも紀元前三七年に何を考えていたかを読み解くのは難しい。しかし、ヒントはいくつかある。エジプトが紀元前三世紀の状態にまで領地を拡大し、彼女が暦を第一年に戻した前後に、二人は肉体関係を持ち、タルソスで別れたところからまたやり直したのだ。そして明らかに、クレオパトラにとってアントニウスの存在は、彼の庇護より大きなものになっていたのだ。紀元前三六年の三月か四月、彼女はアンティオキアからローマ帝国までの広く平坦な道のりをアントニウスに同行した。彼女の本来の帰り道からは何百キロも回り道になる旅だった。不必要な回り道だったし、彼女はまた妊娠していたから、まっすぐ帰るよりはるかに負担が大きかっただろう。アントニウスとクレオパトラは現在のトルコ東部にある、ユーフラテス川がぐっとせばまって運河になる地点の川岸で別れを告げた。彼は木製の橋を渡ってパルティアの領土に入り、堂々たる軍隊を率いて北へと進軍していった。ユーフラテス川の向こうは、大草原やごつごつした山々が広がる難所だった。クレオパトラは南に向かった。

ヘロデという男

彼女は新たに自分が支配することになった地域を、凱旋ツアーのように、回り道をしながらゆっくりと帰っていった。彼女はあちこちで歓待された。アントニウスが彼女のために排除した君主の中には、暴君もいたからだ。たとえばクレオパトラの領地になったダマスカス周辺は、以前は略奪を得意とし、弓矢で武装した山賊のような民族に支配されていた。彼女は側近とともに、なだらかな丘陵地帯とけわしい断崖が続く現在のシリアからレバノンまでの道のりを寄り道しながら進んだ。曲がりくねった小道や深い峡谷を通り、一行は、二つの高い山に挟まれた小高い丘の頂上に位置する街エルサレムにたどりついた。小塔のある城壁や連なった広場、九メートルもの高さの四角い塔を持つ街エルサレムは商業の中心地として有名であり、芸術の都としても知られていた。クレオパトラはヘロデに用事があったのだ。彼は交渉においては疲れを知らない男だが、このときは結論を急いで話し合おうとしなかったはずだ。

最後に会ったとき、ヘロデは逃亡者であり、助けを求めていた。それがいまやユダヤの王位にあぶなっかしくも就き、支配のために征服した民族の王となっていた。* クレオパトラ一行は、おそらくこの新たな王の許にしばらく滞在したことだろう。ヘロデは建築に凝っており、プトレマイオス家の人々と同じように贅沢を愛していた。エルサレムの南にあった伝説になったほど豪華な宮殿はまだ建てられていなかった。おそらくクレオパトラは、エルサレムの高台にあるヘロデの邸宅に迎えられたのだろう。この邸宅は、彼女によれば宮殿というよりも城塞だった。

この宮殿に滞在している間に彼女はヘロデの手に負えない親族たちに会い、後に厄介な問題に発展するつきあいを始めた。ヘロデは不倶戴天の敵たちと一つ屋根の下に同居するという不運を背負っていたが、中でも一番の敵は、高貴な生まれを鼻にかける傲慢な義母アレクサンドラだった。彼女はヘロデの女ばかりの家系に起こるトラブルを代表している一人にすぎなかった。宮殿には嫌味ばかり言う実母も同居していた。文句を言うのが好きで、忠実すぎる妹もいた。そして彼が一〇代のときに結婚した、冷静で、たぐいまれなる美貌の持ち主である妻マリアムメがいた。彼女は、ヘロデに家族の半分を殺されたという事実を生涯忘れることができず、彼をいらいらさせた。クレオパトラは三年前に彼を助けていたし、同じ庇護者の許で、ローマによる荒波をかきわけている仲間でもあった。どちらも台頭する超大国の陰で、気まぐれで風変わりな国を維持しようと最善を尽くしている統治者だった。だがヘロデは高圧的な女には、もううんざりだった。この女、クレオパトラには、他の女たちとは違い、彼の金庫を狙う以上の目的があった。

クレオパトラのエルサレム訪問について、残っている唯一の資料は、自分の出身地の東方に敵意を持ち、ローマに魅せられていたユダヤ人の歴史家ヨセフスのものだ。少なくともある部分はヘロデの記述に基づいて書かれている。ヨセフスは明らかな事実をあいまいにしようとしているが、完全に隠しきれてはいない。クレオパトラの滞在の間は、どちらにとっても濃密な時間だったことだろう。その中には、彼の義務について細かい点を詰める時間も含まれていた。

アントニウスはクレオパトラに、死海の表面に浮かぶねばねばした固まりである、瀝青《れきせい》、つまり天然のアスファルトを独占的に扱う権利を与えていた。アスファルトはモルタルや香や殺虫剤の製造、それに死体の防腐処理やかしめにも欠かせない原料だった。葦で編んだかごにアスファルトを塗ると、水が漏れなくなる。アスファルトを塗り付ければ船の水漏れを防げた。アスファルトをめぐる利権はとてもうまみが大きかった。クレオパトラには、エリコの収益も入っていた。エリコは冬のリゾート地として人気の街であり、ナツメヤシの木立とバルサムの庭園が広がる緑豊かな都市だった[17]。彼女は灼熱の砂漠を横断して、ヘロデの第二の宮殿が置かれ、ヨルダン川の渓谷にある約八〇〇平方キロの土地、エリコを視察しに行ったことだろう。ユダヤの特産品であるバルサムの甘い香りに比べたら、どんなにおいも物足りなく感じられる。芳香を放つ灌木の油・種・木材はとても貴重で、この辺りのもっとも価値ある輸出品だった。エリコのナツメヤシは、古代世界でもっとも質がよく、もっとも強いワインの原料になった。現代にたとえると、クレオパトラはクウェートの土地は与えられなかったが、その油田から得られる利益だけを与えられたというところだろう。

ヘロデはこの決定によって非常に打撃を受けた。ユダヤはとても貧しい国で、乾燥して石ばかりがごろごろしている。豊かな土地はほとんどなく、港もないのに、人口ばかりが急激に増えていた。彼

*ヘロデも「顔のない」王である。ヘロデの肖像は残っていないのだが、これはおそらく彫像を作ってはならないという聖書の戒律のせいであろう。

の収入は、クレオパトラにとっては笑い飛ばせるぐらいのはした金だった。同時に、彼にはその領土にはおさまりきらないほどの野心があった。彼は「荒野の王」で終わるつもりなどなかった[18]。条件の交渉をめぐって言い争いがあったようで、クレオパトラは誘惑よりもアスファルトの引き渡しの方に強い関心を抱いていたようだ。彼女は冷酷で容赦がなかった。その結果、クレオパトラにとても有利な取り決めができた。ヘロデはエリコの土地を年間二〇〇タラントで貸し出すことに同意した。彼はクレオパトラによるアスファルトの独占販売権を保障し、その収益を隣国ナバテアの王から取り立てることにも同意した。その二つに同意する代わりに、ヘロデはクレオパトラの代理人やエジプト軍の一員になることを免れた。それ以外は、すべてクレオパトラにとって得になる条件であり、反対に、ユダヤとナバテアの住民たちにとってはつらい取り決めだった。この同意のせいで、ヘロデはパルティアに侵略された際に自分をかくまってくれなかった国から金を引き出さなければならなくなり、けっきょく、強制的に取り立てるしかなくなった。クレオパトラは故意に、そして効果的に、自分を嫌っているユダヤ人とアラブ人の二人が、互いに反目しあうようにしむけたのだ（ナバテアの王マルコスは後にこの復讐をした）。彼は「クレオパトラに自分を嫌う理由を与えることは危険だ」と感じた[19]。

他の点では、この訪問は失敗だった。お互いに誘惑の達人でありながらクレオパトラとヘロデは、どちらも相手を魅了することができなかった。クレオパトラは統治者仲間である彼に対して、恩着せがましく振る舞ったかもしれない。ヘロデの高貴な義母は飽くことなく、彼が平民の出であることを思い出させていた。実母がユダヤ教徒ではなかったので、彼は厳密に言えばユダヤ人でさえなかった。ヘロデはユダヤ人から見れば異教徒だが、他国の人々から見ればユダヤ人だった。そのため、王位を追われる危険が常にあった。

これはクレオパトラにも身に覚えがある状況だったが、彼女はヘロデの苦境をさらに悪化させた。彼女のアラム語はヘロデのギリシア語よりうまかったのかもしれない。ヘロデは彼女より数歳年上だったが、教養はさほどなく、歴史と文化にひどく疎かったために、どちらについても神経過敏だった（何年か後、彼がこの状況を好転させるために、最高の教師を雇ったという事実が多くを表わしている。この教師は、文学的にも音楽的にも成功をおさめているばかりでなく、もっとも強力な信用証明書を持っていた。彼はクレオパトラの子ども時代の家庭教師だったのだ）。上品なクレオパトラと並ぶとヘロデに品がなく見えるのは仕方がないことだった。

頭に血がのぼったときには、外交の偉大な原則の逆もまた真であることが明らかになる。友人の友人は敵であるということだ。ヘロデはクレオパトラに対して、相手の宮殿と比較すると自分の宮殿が貧弱に見えるように感じていたのではないだろうか。致し方のないことであるが。彼をなだめるには、女王はアンティオキアでの成功で、少々裕福になりすぎていた。クレオパトラは、彼の領土を手に入れたいと望んでいることさえほのめかしたかもしれない。相手に受けた恩義は認めにくいものだし、恩はどちらにもあった。ヘロデのローマへの逃亡は、彼女の保障があってこそ成り立った。ヘロデの父親はアレクサンドリアのカエサルを助けるために駆けつけた。

どちらにしても、人をもてなすことでは定評のあるヘロデが、クレオパトラには極端な反応を見せた。彼は間違いなく、クレオパトラのために王主催の宴を何度も催したことだろう。こうして親睦の場を設ける一方で、彼は諮問会議に、彼女の殺害を計画するよう提案していた。彼女がエルサレムにいる間なら、自分たちの思い通りにできるから事は簡単だ。そう彼は主張した。ヘロデは、この強欲で雄弁な隣人を排除したかった。しかし、みな自分の利益を考えて、この話には乗らないだろう。中でもアントニウスは特に。ヘロデは熱弁をふるって説明した。「これで、彼女がすでに持っている悪意や、これから抱くであろう悪意による弊害を取り除くことができる、と彼は主張した。同時に、アントニウスにとっては恵みとなるだろう、なぜなら、彼がその場の状況や必要に迫られて彼女に求めても、クレオパトラは彼にさえ忠誠心を見せることがないからだ、とも彼は述べた[20]」

ヘロデはいつものやり方で自説を補強した。悪魔のような女は性的にも奔放だというお決まりの主張だ。それだけではなく、彼は助言者たちに、エジプトのあばずれが「油断のならない誘惑を仕掛け」てきたと訴えたのだ！[21] クレオパトラは彼への愛のせいでこうせずにはいられないと言って、ヘロデに迫ってきた。「そんなふうに隠さなくても、彼女はもともと、こういうたぐいの快楽をいつも楽しんでいるから」だと述べた。[22] ヘロデは誰よりも、クレオパトラが交渉において手強い相手であることに気づいていた。そして女に優位に立たれたときには、その女が性的に放縦で、口には出せないほど堕落していて、「欲望の奴隷」であるという話をでっち上げて責めると都合がいい（これはそれほど大きな飛躍ではない。英語の「強欲」と「情欲」は、ラテン語の同じ単語を起源にしている）。女の恥知らずな要求から逃れることができたヘロデは、気持ちを踏みにじられたと諮問会議に訴えたのだ。彼は淫乱な女に激しく憤っていた。

ヘロデの助言者たちは、考え直すように王を説得した。彼はあまりに早まっているし、リスクが大きすぎる。クレオパトラは厳重に警護されているし、いつも周囲にはたくさんの人間がいる。それに、政治問題の余波には間違いなく警戒しているはずだから、ヘロデの企みに気づいているはずだ。会議はヘロデに歪んだ愛情の力学について、ちょっとした教訓を授けたが、これは後に役に立つことになる。まず、アントニウスは、どんなに彼の利益になると言われても、クレオパトラの殺害を認めるわけがない。それから、「もしも彼女を暴力と裏切りによって奪われたと思ったら、アントニウスの愛はさらに猛烈に燃え上がるだろう」[23]。彼はとりつかれたようになるはずだ。ヘロデは間違いなく処刑される。助言者たちは、いまやもっとも影響力のある人物であるこの女は、ヘロデの手の届かないところにいる、と強調した。だから、正道を行くことはできないか？　彼らはそう説得した。

クレオパトラはもちろん、小国の王を誘惑したり、あるいは誘惑しようと企んだりするよりもずっと賢かった。そんなふうにヘロデを罠にかけても、なんの得にもならない。庇護者アントニウスより下位の男を誘惑するなど考えられない。それに彼女はアントニウスの子どもを身ごもっていて、夏にはそれがもうかなり目立ってきていたはずだ。そんな時期に、ヘロデの腕に飛び込むことはさらにありえない。ヘロデの王権を安定させるために、エルサレムにはローマのレギオンが常駐していた。彼らが黙っているとは思えない。後に起きる出来事でわかるが、ヘロデは狡猾な性格でありながら、人間の心というものがわかっていなかった。会議は苦労の末に、ようやく暗殺計画をあきらめさせた。「世界一高い権威を持っている女性に盾つく」計画を弁護する者などいなかった。[24]クレオパトラを立腹させるようなことも、彼女に嫌われるようなこともするわけにはいかない。だから彼女にあつかましく迫られたという屈辱を、なんとか忘れてはもらえないだろうか？　みなは、そう言い聞かせたのだ。*

こうした議論がクレオパトラの耳に入っていたとしたら、彼女は間違いなく大笑いして喜んだだろう。彼女はアントニウスの忠誠をつかんでいたし、そのことをよく知っていた。彼女の方にはヘロデを片づけるだけの十分な理由があった。クレオパトラが地中海東部沿岸をすべて手に入れるのを邪魔しているのは彼だけだった。そして、彼の領地をプトレマイオス家が所有していた時期が過去に何度かあるのを、女王はよく知っていた。ヘロデの会議はようやく彼を思いとどまらせた。彼はけっきょく、礼儀正しく敬意をもって客人クレオパトラを、灼けつくように暑いシナイ半島からエジプトとの国境まで送っていった。クレオパトラが会議とヘロデの議論を知っていたら――知らなかったとは思えないが――融けるように熱い砂の上を進む退屈なこの旅の間、緊張を感じていたことだろう。恨みがましいユダヤの王にとっても、同じだったに違いない。ヘロデはペルシウムで、たくさんの土産物

*こうした非難はよくあることだった。後にヘロデの息子は、自分のおばが人々を煽動してクーデターを起こすために、「ある夜、彼の部屋に押し入ってまで、彼の意思に反して不道徳な関係を持った」と糾弾した。[25]

を携え、身重のクレオパトラを見送った。紀元前四八年に、辺境からひそかにアレクサンドリアに戻ったときとは、まったく違う帰還だった。

ナイル川のおびただしい増水に恵まれたその秋のはじめ、彼女は第四子を出産した。古代においては、なによりも名前に大きな意味があった。このとき生まれた息子に、彼女はプトレマイオス・フィラデルフォスと名付けた。これは彼女の属するプトレマイオス家が、紀元前三六年に〝女神であり、若く、父親を愛し、祖国を愛する女王クレオパトラ〟が統治しているのと同じ広さの領地を支配していた、紀元前三世紀の栄光をそのまま思い起こさせる名前なのだ。

狂王

ヘロデにとっては恨めしいことに、この貪欲で商魂たくましい女との縁は、簡単には切れなかった。クレオパトラはユダヤの宮廷にいた間に、数人の友人をつくっていて、以降、その友人たちにおそろしく世話を焼く。エジプトに戻ってほどなく、ヘロデの義母アレクサンドラからメッセージが届いた。ハスモン家の王女であるこの義母は、エジプトの女王クレオパトラの同情を買えることに気づいていた。これだけでも、ヘロデがクレオパトラを嫌うのに十分な理由になる。彼は、クレオパトラが事もなげにプトレマイオス家の親族を排除したことで彼女を非難しているが――殺人を繰り返して王位に就き、その後も何十年にもわたって血の虐殺を続ける人物の口から出るにしては、おかしな非難だが――彼には親族を消すことができた彼女を、うらやましいとも思っていただろう。

ヘロデとアレクサンドラが互いを毛嫌いしたのは、ほとんどが階級や宗教の違いのせいだった。ヘロデはユダヤの下層階級の出身であるばかりでなく、ユダヤ教に改宗したばかりのイドマヤ人だった。ユダヤ人はイドマヤ人を嫌っていた。ヘロデの妻とその家族は、彼とは対照的に、何代も続くユダヤ教の大祭司の家系で、モーセの兄弟が創設したという会堂の所有者でもあった。
紀元前三七年、ヘロデはあえてこの一家以外から新しい大祭司を任命した。手近には明らかに、もっと適任の候補者、マリアムメの一六歳になる弟、背が高く、人を信頼させる魅力を持ったアリストブロスがいるにもかかわらず、彼を無視したのだ。ヘロデは義弟ではなく、山の上のにぎわっている会堂にいる無名の聖職者を選んだ。この立地条件だけでも、金の糸で刺繍をしたダイアデムを身につけた大祭司が床まである長さの房飾りがつき、貴石をちりばめ、チリンと鳴る黄金の鈴をつけた青いローブを信者たちに授与する。これもまた宝石がちりばめられた紫色と真紅と青色のケープを、二つのブローチで肩に留めていた。彼ほどの大人物でなくても、こうしたアクセサリーのおかげで、人々は、「自分とは住む世界が違う人間のいる空間にやってきたのだと感じ」た。[26]
ヘロデは若い義弟を無視したことで、家庭内に嵐を巻き起こした。聖職者を父に持ち、亡き夫は王子だったアレクサンドラにとって、この任命は「耐え難い侮辱」だった。彼女はひそかに旅回りの音楽家の助けを借り、クレオパトラにこの屈辱的な思いを伝えた。アレクサンドラはクレオパトラのことを、女同士、信頼しあえると信じていた。特に高貴な血を引く女同士だから、さらに信頼が置けるはずだった。アレクサンドラは、クレオパトラがヘロデのことを我慢ならない人間だと感じていることと、クレオパトラに伝えればアントニウスの耳に入る可能性もあることを知っていた。息子が大祭司の座に就けるように、ヘロデに対して取りなしてくれないかしら？　アレクサンドラはそう懇願した。もしクレオパトラがそれに応じたのだとしたら、アントニウスの心にはヘロデの家庭内の問題よりも、もっと重要な問題があったようだ。彼はまったく仲裁に入っていない。
ただし紀元前三六年になってから、二股が得意なデリウスが、まったく関係のない用事でエルサレムにやってきている。そう、タルソスへ行くようクレオパトラに勧めたデリウスだ。陰謀を企んでいる母親と曲解の達人である助言者は、あまりに完璧な組み合わせだった。アレクサンドラの子どもたちはみな非常に美しく、デリウスの目には「人間ではなく神の子孫」のように見えた[27]。ここでもまた、見た目の美しさが、回転の速いデリウスの頭を強く刺激したのだ。彼はアレクサンドラに、マリアムメとアリストブロスの肖像画を描かせ、それをすぐにアントニウスに送るよう説得した。このローマの三人執政官は必ずその絵に目を留める、そうデリウスは請け合った。「彼女がどんなことを頼んでも拒否されないでしょう」

アレクサンドラは、デリウスに言われた通りにした。彼女は無邪気だったのか、それとももっと毒々しい意図があったのか。彼女は一〇〇歩離れていても陰謀のにおいをかぎつけ、陰謀がまだ企まれていなかったら自ら企む、とも言われていた。ヨセフスの言うことを信じてもよいなら、デリウスは男女両方の性的パートナーをアントニウスにあてがおうとしていた。この肖像画を受け取ったアントニウスは、少なくともマリアムメに関しては心が乱れた。クレオパトラが激怒するのは目に見えていた。ヨセフスの記述からは、クレオパトラがモラル面から文句を言いそうなのか、嫉妬から抗議しそうなのか、どちらなのか定かではない。どちらにしても彼女は一度怒ったら、なかなか赦さない。しかしアントニウスは、マリアムメの弟に使者を送ることはためらわなかったようだ。この段階で、ヘロデは気が変わった。彼は、このすばらしい一六歳の少年を「性的な目的で利用するために」、ローマ随一の権力者の許に送るのは賢明ではないと考えた[28]。

そこでヘロデは議会と家族を招集し、アレクサンドラが絶えず誰かと陰謀を企んでいると訴えた。彼女はクレオパトラと共謀して王位を奪おうとしている。ヘロデの代わりに息子を王座に就けようとしている。ヘロデは彼女の息子を大祭司にするべきだ。デリウスの提案によって、奇妙な形で譲歩が促された。大祭司に任命することによってアリストブロスをユダヤにとどめ、アントニウスが手出しできないようにし、クレオパトラの陰謀からも遠ざける、という結論が出たのだ。アレクサンドラはこの結論に思わずうれし涙を流した。彼は義理の息子に、これまでのことを赦してほしいと懇願した。いつもの「ずばずばものを言う」癖や、頭の固さや、階級のせいで不幸な影響をおよぼしていることを詫びた。彼女は感謝の気持ちでいっぱいになった。もうヘロデに逆らったりしません、彼女はそう言った。

アリストブロスが色鮮やかな祭司のローブをまだ身につけて間もない頃、アレクサンドラが自宅軟禁になり、二四時間監視されることになった。ヘロデは義母が裏切るのではないかとまだ疑っていたのだ。アレクサンドラは怒りを爆発させた。毎日「囚われ、怯えながら」生活するつもりはない。そしていつものところに助けを求めた。彼女はクレオパトラに、「現状を延々と嘆き、できるかぎり支援してほしいと求める」手紙を出した[29]。

またもや、エウリピデスの書物から引用すると、「女性が、女性のために支援をするのは正しいこと」なのだ[30]。クレオパトラは巧妙な脱出計画を練った。彼女はアレクサンドラとアリストブロスを安全に運ぶために船を差し向けた。二人が避難する聖域も用意した。そして、クレオパトラの助言によるものなのか、アレクサンドラが自らしたことかわからないが、アレクサンドラは棺を二つ作らせた。アレクサンドラとアリストブロスは使用人の助けを借りて棺に入ると、そのままエルサレムの街を出て、クレオパトラの船が待つ海岸まで運ばれることになっていた。不運なことに、使用人の一人がアレクサンドラを裏切った。そして棺が宮殿からまさに運び出されるというときに、暗闇の中からヘロデが現われ、二人を驚かせた。ヘロデはアレクサンドラをさぞかし罰したかっただろうが、あえて罰しなかった。クレオパトラを刺激することをおそれたからだった。彼は大げさに二人を赦してみせながら、ひそかに復讐を誓ったのだった。

紀元前三五年の一〇月、ヘロデは妻とその家族に困り果てていた。義母は彼の最大のライバルと手を組んだ。彼よりも王位を求める正統性があるという点で警戒すべき義弟は、危険なほど民衆に人気があった。やんごとない振る舞いと非の打ち所のないほど整った容貌を持つ若い男が、堂々とローブを身につけ、黄金の冠をいただき、祭壇に立って仮庵《かりいお》の祭りを執り行うのを見るのは、ヘロデには耐えられなかった。そして臣民たちがこの大祭司に寄せる愛情を、彼は王である自分への非難として受け取った。

さらに、ヘロデには家庭内の愛情さえ与えられていなかった。妻の「彼に対する憎しみは、彼の妻に対する愛と同じくらい大きかった」[31]。ヘロデが、クレオパトラに対して非難したようなみだらな振る舞いを、彼女はほとんどしてくれず、彼に抱きしめられると、大きな声でののしるほどだった。ヘロデは間接的な形でさえ義母に仕返しをできなかった。義母はクレオパトラと密接につながりすぎていたから。

しかし、おそろしく見込みのある義弟の動きを止めることならできる。季節外れに暑い秋、ヘロデはアリストブロスを、宮殿のプールで泳ごうとエリコに誘った[32]。プールは整然と整えられた庭園の真ん中にあった。二人の暴れん坊は友人や使用人と共に、夕暮れ時にひんやりとした水に入っていた。黄昏時のこと、一七歳のアリストブロスは、ふざけあっている最中に水中にやや長く潜りすぎた。大祭司は死んだ。

どちらの側からも、大げさに嘆くジェスチャーが示された。ヘロデは香がふんだんに焚かれる金がかかった葬儀を手配し、大量の涙を流し、大声で義弟の死を嘆いた。アレクサンドラは黙って気丈に耐えていた。息子の仇はあとで討とうという分別があったのだ（マリアムメだけは正直だった。彼女は夫も、そのあか抜けない母親と姉妹も責めた）。事故の状況についてのヘロデの話にだまされなかったアレクサンドラが、またクレオパトラに手紙を書くと、女王は哀悼の意を表わした。アリストブロスの死はあまりに悲劇的で、しかも彼が死ぬ必要はなかった。アレクサンドラは、この醜い問題をクレオパトラにゆだねた。クレオパトラならアントニウスに話してくれるだろう。彼がパルティアから戻ると、クレオパトラは、アリストブロスの殺人者を罰するよう迫った。彼女は熱心に主張した。「アントニウスによって、まったく支配する権利のない国の王に任命されたヘロデが、本来王になるべき人物にこんな無法な振る舞いをしたことは」絶対に赦されない、と。[33] これは、しきたりは守るべきこと、自分の立場を知るべきこと、王としての権威を守るべきことを求めた嘆願だった。アントニウスは彼女の言う通りであると認めた。

ヘロデはクレオパトラの影響力をおそれていたが、それは正しかった。やがてシリアの海辺の街から召喚状が届いた。彼は、アントニウスに事情を説明しなければならなくなった。賄賂とはったりでここまできたヘロデは、いつも権威に対して萎縮せず、陽気でずうずうしい態度を示すことが多かった。彼は怯えた状態で出発したと言われているが、六年前のタルソスにおけるクレオパトラと同じぐらいに、うまく事態を収めた。これは別の言い方をすると、アントニウスは同盟国の王を召喚して事情を訊くのに向いていないとか、うまいおべっか使いには、なす術もなくだまされるということでもある。この訪問によって、アントニウスがクレオパトラの手の中で転がされているわけではないことも示された。

ヘロデは見事な贈り物と、同じぐらい見事な弁明を携えてやってきた。ユダヤの王はクレオパトラの主張をうまくごまかしてしまった。もちろん、アントニウスは、「王に対して、彼の統治に関する問題について問いただすのは間違っている。そんなことを求められる者は王とは言えないし、彼を王位に就け、権威を与えた者は、彼にそれを行使させるべきだ」と請け合っている。[34] アントニウスはわざと同じことをクレオパトラにも言った。ヘロデのことにはもうあまりかかわらない方がいい、と。あるいは、ヘロデはアントニウスがそう言ったと主張している。彼は他にも、アントニウスが示してくれた様々な敬意について自慢している。二人は毎日一緒に食事をした。アントニウスはヘロデを、公務に同行しないかと誘ってくれたという。そして「クレオパトラにひどく非難されたにもかかわらず」、アントニウスはこのすべてをしてくれたのだ、と彼は主張した。男同士の間には善意しかなかった。ユダヤの王は、あの「邪悪な女」からも、その飽くことを知らぬ強欲さからも自由になったと述べている。(35)

彼はその点について見誤っていた。彼は家庭内の女たちの企みからほんの少し脱け出せただけだったのだ。帰国して数カ月もたたないうちに、異常に恨みがましいヘロデの妹が、王の留守中に自分の夫とマリアムメが不倫をしていたと彼に吹き込んだのだ。これは彼女にとって、敵意に満ちた義姉といらなくなった夫を一気に追い出す確実な手段だった。妻を熱愛しているのに愛してもらえない男へロデが狼狽することを完全に計算した訴えだった。これは望み通りの効果をあげた（エウリピデスは、彼の戯曲の中でもギリシア系の人々に人気の高かった作品の中でこう述べている。「女たちは、互いにうんざりするようなことを言いあって楽しんでいるようだ」(36)）。ヘロデは本人の弁明もろくに聞かずに、義兄を死刑にした。おまけに、アレクサンドラを牢獄へ放り込んだ。彼を困らせるために、なんらかの形でこの件にかかわっているだろうという理由からだった。ヘロデは金で忠誠心を売る人間なので、他人も同じだろうと考えていた。彼は絶えず遺言を変更していた。

クレオパトラはアレクサンドラの助けがなくなっても、さらに数年間、ヘロデの頭痛の種をつくっていたか、あるいはつくろうとしていた。ユダヤの王はこの女王をおそれるあまりマサダを要塞化し、穀物や油やナツメヤシやワインを備蓄したという。(37) 隣国エジプトのあの女王がいるかぎり、彼は安心して眠れなかった。* そして彼と女性たちの問題は、もっぱら妻への憎しみのせいで沸き返っていた。周囲の女たちは、マリアムメがついにアントニウスに自分の肖像画を送ったと王に信じ込ませた。「中傷だけを聞く耳」を持つヘロデは、中傷ばかり言う者の言葉を信じる傾向があった。(38) 彼は自分のひどい妄想が正しいと言われることを望んでいたのだ。マリアムメに対するこの非難は「彼を稲妻のように貫き」、クレオパトラのひどい計略にさらに悩まされることになった。(39)† もちろん、これは彼女が仕掛けたことだった。「ヘロデはマリアムメに裏切られたことで、配偶者を失うばかりでなく、人生を失うと思い、脅威を感じた」彼は妻に死刑を申し渡した。マリアムメが処刑の場に引いていかれるとき、母アレクサンドラが彼女にとびかかり、泣き叫びながらその髪の毛を引っ張った。アレクサンドラは娘に向かって、お前は邪悪で傲慢な女だ、ヘロデへの感謝が足りず、こんな目にあっても仕方がないのだと厳しく非難した。マリアムメは母親にかまうことなく、静かに通り過ぎた。彼女は二八歳だった。

そのあとで、シェイクスピア劇の原型となるかのような展開があった。ヘロデは妻を処刑したことから立ち直れなかった。亡きマリアムメへの思いは募るばかりだった。彼はマリアムメはまだ生きていると自分に言い聞かせた。彼は何も手につかなくなってしまった。クレオパトラ暗殺を提案したと

＊陰謀は続いた。ユダヤの南に隣接する地域の統治者コストバルにかかわるものだった。コストバルはヘロデを憎んでいたが、王でいられるのはヘロデのおかげだった。そもそもコストバルはユダヤ人そのものが好きではなかった。彼は自国には多神教を復活させることにした。そして彼はどこに助けを求めればいいか、よくわかっていた。彼はアントニウスに関する情報が集まる、クレオパトラに手紙を書いた。コストバルの領地はかつて、クレオパトラの祖先が長年治めていた。アントニウスにこの土地をねだってみてはどうだろうか？　コストバルはいつでもこの土地の支配権をクレオパトラに譲ると誓った。コストバルはクレオパトラへの愛情ではなく、ヘロデへの憎しみからこの行動を起こした。しかしアントニウスがクレオパトラの願いを却下したので、この試みは失敗に終わった。ヘロデはクレオパトラをおそれ、コストバルへの復讐をためらった。そのかわりヘロデは、今後の陰謀を防ぐために、未亡人になったばかりの娘をコストバルと結婚させた。ある意味、死刑宣告のようなものだった。娘は結局、最初の夫と同じように、二番目の夫も裏切った。

†ヘロデの妹は、ヘロデとマリアムメの息子にも復讐を仕掛けなければ気がすまなかった。この息子は後にヘロデに殺されている。彼らはアリストブロスの傍らに葬られた。

きに、クレオパトラを奪われたアントニウスがそうなるだろうと会議に言われた、まさにその通りの苦しみを味わっていた。ついにヘロデはエルサレムを離れて、回復のための長い狩猟の旅に出かけた。アレクサンドラは彼の留守中に、またいくつかの陰謀を企んだ。帰ってきたヘロデは彼女の処刑を命じた。

敗走

紀元前三六年の間、アントニウスはパルティアから華々しい勝利の報せをローマ本国に次々と送っていた。ローマは彼の名誉のために、勝利を祝い、犠牲を捧げた。クレオパトラの情報収集能力は優れていたのだろう。[40]雪が降っている当の現場から一〇〇〇キロ以上離れたところにいても、女王はイタリア半島にいるよりも詳しい情報を握っていた。アントニウスの勝利の陰ではクレオパトラの金があらゆるところで使われていたのだ。常に密偵を置いておく資金も彼女にはあった。

そんな彼女も、その年の終わりにアレクサンドリアに到着した使者には驚いたかもしれない。アントニウスからの突然の呼び出しだった。こんな呼び出しは、いままで受けたことがなかった。楽しい季節に終わりを告げる一カ月が来ようとしていた。アントニウスとその軍隊は、パルティアでの戦いからの帰途にあった。彼らは現在のイラン北部にあたるカスピ海周辺までやってきていた。アレクサンドロス大王に比べたら、遠足程度の遠征だったが、それでも三〇〇〇キロ近くを徒歩で移動してきたのだ。一行は現在のベイルートの南にある小さな村に野営した。ここには良港があるので、クレオパトラが船で出向くには便利だった。アントニウスはクレオパトラに、金と食料と兵士たちの衣服を持って大至急来てほしいと懇願していた。女王はこんなにも早く彼に会うとはまったく予想もしていなかった。パルティアをあと数カ月で征服できるはずがなかったからだ。カエサルはパルティア遠征に三年以上の時間が必要だと見積もっていた。

プルタルコスは、クレオパトラがやってくるのが遅かったと伝えているが、彼女は本当に遅れたのだろうか。アントニウスが遅いと感じただけで、実際には彼女はできるかぎり早くやってきたのか、それはわからない。季節は冬だった。強い雨と激しい風が地中海に吹き荒れていた。物資を集めねばならなかったし、船の準備もしなければならなかった。デナリウス銀貨を集めるか、鋳造する必要もあった。[41] クレオパトラは数カ月前に出産したばかりだった。行く手に不穏なニュースが待っていることはわかっていた。

アントニウスの方は、落ち着かず、そわそわしながら時間を過ごしていた。プルタルコスは、クレオパトラが遅れたことで、彼はいらいらするという間違いを犯したと述べている。彼が遅れと称しているものは、そもそもの悩みとはあまり関係ない。アントニウスは痛飲することで悩みを忘れようとしていた――「苦痛には他の薬はない」と彼はすでに認めている[42]――が、食事の間、じっと座っていることもできないほど落ち着かなかった。食事のたびに途中で海岸に走って行き、エジプトの船の帆が見えないか、水平線を見つめ、何度も何度も探していた。兵士たちはみな一緒に食事をとっていた。厳しい訓練を受け、統率のとれたローマ軍の野営地では、この振る舞いは異常だった。

プルタルコスは、クレオパトラがぐずぐずしていたからだと彼女を責めているが、重要なのは、昼が短く夜が長い季節に、要求されたものを用意して、アントニウスの四八歳の誕生日のすぐあとに彼女が本当にやってきたことだ。クレオパトラは「たくさんの衣服と金」を届けてくれたのだ。[43] しかし、プルタルコスもディオンも不満げにこう言いふらす。〝クレオパトラが衣服や物資を持ってきたという者もいるが、アントニウスは自分の金を兵士たちに支払った。兵士たちは、その金を彼のパルティアへの執着に我慢がならなかったクレオパトラからの贈り物として受け取った〟と。どちらにしても、アントニウスは兵士たちのエジプトへの印象をよくしようと金を使った。これは彼にとって大事なことだった。彼自身のエジプトへの印象は、このときあまりいいとはいえなかったが。

　なかなかやってこないエジプトの女王以外にも、アントニウスには絶望する理由がいくらでもあった。パルティアでは華々しい戦果などまったくなく、悲惨な退却を伴う士気を阻喪するような作戦しかなかった。彼は最初から戦略的なミスを犯していた。軍隊の規模と行軍の距離を考えたら、包囲のための資材は置いていくべきだったのだ。アントニウスの方でパルティア軍を見つけられるとはかぎらなかったが、向こうはいつでもローマ軍を見つけた。弓の名手や槍兵の大軍が不意に現われては、ローマ軍の正規兵の隊列を急襲した。

　アントニウスはパルティアの西の隣国アルメニアに援軍を頼んでいた。しかし、彼らは思っていたほど忠実な味方ではなかった。彼らは一度ならず、ローマ軍を「ぽっかりと口を開けた底なしの砂漠」に誘い出して、そのまま置き去りにした。[44] このときの退却は、どんな闘いよりも大きな犠牲を出した。闇の中を五〇キロ近くも行軍して疲れきったアントニウス軍は、よどんだ水でも飛びついて飲んだ。飢えた彼らは毒のある植物を食べ、ふらふらになり、嘔吐《おうと》した。続いて痙攣《けいれん》と下痢と幻覚が兵士たちを襲う。汚れた水と有毒植物の害から生き延びた者は、アルメニアの暑さと延々と降りつづくカッパドキアの雪に苦しめられることになった。ひげは凍って固まり、手足の指先が凍りついた。

　シリアの海岸にたどりつき、クレオパトラの姿を求めて水平線を見つめつづけていた頃には、アントニウスはその優秀な軍隊の三分の一と騎馬隊の半分を失っていた。一八の小規模な戦闘を経て、勝利と呼べるものはほとんどなかった。悲劇となった退却行では、二万四〇〇〇人の兵を失った。パルティアでの失敗はクレオパトラに責任があると言われているが、これは遠回しの賛辞だと考えてもいいのだろうか。「アントニウスはクレオパトラと冬を過ごしたいと思うあまり、タイミングの悪いときに戦いを始め、すべてをあたふたと片付けようとした。彼は己れの能力をコントロールしきれておらず、まるでなんらかの麻薬や魔術の影響下にあったかのように、かつてないほど彼女を熱心に求め、敵を征服することよりも早く退却することばかりを考えていた」と、プルタルコスは述べている[45]。またもやクレオパトラはアントニウスのタイミングを乱したと言われているのだ。つまり、アントニウスが失敗すると、今度もクレオパトラが責められた。

大惨事に終わったこの遠征からは、多くのことがわかる。アントニウスは何度も狡猾な敵に出し抜かれ、友人にだまされている。パルティアでの月日は間違った女を愛するよりも、間違った男を信頼することで過ぎていった。アントニウスは情け深い司令官であり、「不運な者と労苦や嘆きを共にし、彼らが望むものをなんでも与えた」ことまであり、有能な者よりも、傷ついた者から忠誠を捧げられることが多かった[46]。

彼には復讐心が極端に欠けていたようだ。アルメニアの王アルタウァスデスは、隣国メディア（現在のアゼルバイジャン。気性の荒い人々と高くそびえる山々の国）を侵略するようアントニウスをそそのかしておきながら、そのあとで彼を裏切った。アントニウスの部下たちはアルタウァスデスを問い質すべきだと主張したが、アントニウスはそれを拒否した。彼は「裏切られたことを恨んでもいないし、彼に対するこれまでの友情や敬意が減るわけではない」と言ったのだ[47]。

彼は相手の琴線に触れる方法なら心得ていた。不利な戦いのために部下たちを集めなければならなかったときなど、彼は「兵士たちの同情を引くように、暗い色のローブを用意していた」[48]（友人たちが彼を思いとどまらせ、けっきょく彼はローマの将軍の紫色のマントをまとって、協力を訴える演説をした）。この遠征でもっともひどい被害を受けたのは、アントニウスの心の平安だった。少なくとも一度は自殺の寸前までいったことがわかっている。臨機応変で、勇敢で、神出鬼没の名将アントニウスはすっかり動揺していた。さらに悪いことに、何万人もの兵を失い、残っていた資産を分け与えてしまい、死なせてくれと懇願することになるという哀れな結果に終わった遠征のあと、彼はシリアで、「ひどくねじまがった心で」、あることを思い込もうとした[49]。この事実から逃避して、自分は勝ったのだと思い込もうとしていたのだ。

シリアの海岸でクレオパトラを迎えたのは、そんな疲れきって混乱した男だった。クレオパトラが彼をだましたという非難にかかわらず、彼女の到着は、飢えて、意気消沈し、ぼろぼろになっていた兵士たちに救いをもたらした。女王は気前がよく、情け深いイシスの役割を十分に果たしたのだ。誤った思い込みを抱いているアントニウスを、クレオパトラがどう扱ったのかはまったくわかっていない。いずれにせよ、厳しい訓練を積み、立派な装備を誇っていた軍隊が、九カ月の間にどれほど変わり果ててしまったのかを見て、彼女は驚いたことだろう。

シリアの野営地で再会した二人の間には、最初からいらだちと意見の相違による緊張があった。クレオパトラが、アレクサンドラに対する不当な扱いの罪でヘロデを罰してほしいとアントニウスに促し、彼が、それに対して干渉するなと、彼女にとってはあまり聞き慣れない答えを返したのはこのときだ。この状況でそう言われ、彼女は特に不当に思ったことだろう。クレオパトラはアントニウスの許に数週間滞在した。等間隔にテントを並べたかりそめのローマの街の真ん中で、次になにをするべきか思いあぐねる彼の傍らにいた。彼の退却のあと、メディアとパルティアの王が仲違いをしたという報せが届いた。パルティアに隣接する領土を持つメディアの王は、彼に同盟を求めてきた。この報せに元気づけられた彼は、新たな遠征の準備を始めた。

一方、アントニウスを救いにきた女性はクレオパトラだけではなかった。彼にはとても忠実な妻オクタウィアもいた。彼女は夫を助けるために飛んでいく許可を願い出、弟オクタウィアヌスは喜んで承知した。この弟には物資を送るだけの余裕が十分にあった。彼自身の遠征は成功裏に終わっていた。このオクタウィアの旅は奇襲のようなものだった。紀元前三七年、オクタウィアヌスはアントニウスのパルティア遠征に二万人の兵士を提供すると約束していたが、まだそれは果たされていなかった。彼は姉に、自ら選んだ二〇〇〇人の精鋭部隊と完全武装の警護兵を伴わせた。

アントニウスにとって、それを受け取ることは、軍隊への補充がのどから手が出るほどほしいときに、一万八〇〇〇人の兵士をあきらめることを意味した。しかし断ればライバルの姉を侮辱することになる。約束不履行を適当に埋め合わせるちょうどよい機会を狙っていたオクタウィアヌスにとっては、見逃せないチャンスだった。このとき、アントニウスは正しい行動がとれなかった。オクタウィアはアテナイに急行し、そこからまず夫に手紙を送った。ディオンは、アントニウスはこの頃アレクサンドリアにいたと述べているが、プルタルコスは、クレオパトラと共にまだシリアの岸辺にいたと示唆している。

確実なことは二つだ。アントニウスとクレオパトラは、このときずっと一緒にいた。そして、アントニウスはオクタウィアを近づけなかった。もう来なくていい。再びパルティアに向けて出発する予定だから、彼はそう返事をした。この言葉にだまされなかったオクタウィアは、事態を知るため、それに妻のあまたの美徳を思い出させるために、アントニウスの個人的に近しい友人を送り込んだ。夫と妻の両方に忠実なこの使者は訊いた。オクタウィアが持ってきた物資と彼女にどんな関係があるというのか？　問題は、彼女がクレオパトラと鉢合わせしてしまいそうなことだろう。オクタウィアは重武装した警護兵ばかりでなく、膨大な量の衣服や馬や荷役動物、自分の金、さらにはアントニウスや士官たちへの贈り物まで携えてきている。さて、これらの荷物はどこへ送ればいい？

オクタウィアが手袋を投げて戦いを挑み、クレオパトラはそれに応じた。そのやり方は違っていたが。オクタウィアにとっては、油断のならない敵がおそろしいほど近くにいる状態だった。彼女の忠実な代理人は、そのクレオパトラの縄張りに入っている。

クレオパトラの方は、オクタウィアが美しいという評判は聞いていた。ローマの男たちは意地悪な噂もする。オクタウィアを見た男たちは、あとで必ず、なぜアントニウスはエジプトの女王を選んだのだろうと、わざわざ声に出していぶかしがる。「若さも美しさもオクタウィアの方が上なのに」と、彼らはしめくくる[50]（実は二人は同い年だった）。クレオパトラは、オクタウィアの正妻としての立場、あるいは弟オクタウィアヌスの持つ影響力、それに「彼女と過ごすと心地よいこと、それからアントニウスへの辛抱強い愛情」による、オクタウィアの抗いがたいほどの魅力を心配していた[51]。

大胆な策略や冷徹な計算でここまでやってきた統治者クレオパトラは、今回はまるで違ったやり方をした――あるいはしたと言われている。声をあげてむせび泣くという、女性の一番の、あるいは最後の――それは状況による――武器を使ったというのだ。プルタルコスは、クレオパトラがアントニウスにどうしようもなく惚れているふりをした、とあざ笑っている。ローマ人の記述の中では、彼女はアントニウスに心底から愛情を抱いたことさえ、なかなか信じてもらえないのだ。プルタルコスの報告を信じるのなら――彼の記述は、偏りのある話の中に埋め込まれた漫画の一コマを読むかのようだ――エジプトの女王は王としてだけでなく、女性としても有能だったようだ。彼女ならフルウィアに、とても役立つマニュアルを与えられたかもしれない。クレオパトラは、懇願も駆け引きもしなかった。声を張り上げることもなかった。その代わりに、食べ物をいっさい口にしなくなったのだ。彼女はまるで愛のために衰弱し、アントニウスへの情熱ですっかり動揺してしまったかのように見えた（当時、すでにハンガー・ストライキは一番古いやり口として本に載っていた。エウリピデスの作中の王女メディアも気まぐれな夫を取り戻すためにハンストを決行した）。クレオパトラはそのせいで、「アントニウスが近くに来ると、うっとりとした表情をし、彼が離れていくと失神したり、ふさぎこんだりした」。悄然として歩き回り、わっと泣き出したりもしたが、その涙は、アントニウスが姿を現わすとあっと言う間に消えるのだった。彼女はもちろん、彼を苦しめたくなかったのだ。

クレオパトラは一人でなにかをすることは少ない。そして、このむせび泣いたり、しゃくりあげたりする作戦にも助演者がいた。廷臣たちが残業して、彼女のために働いていたのだ。彼らの主な仕事は、アントニウスを非難することだった。どうして「あなたを、あなただけを熱愛している女主人を」だめにするような無情なことができるのですか？　二人の女性の違いがわからないというのですか？　「オクタウィアは政治的理由と弟のために結婚し、ただ正妻の座を楽しんでいる」彼女とクレオパトラは比べものにならない。クレオパトラは何百万人もの人々を女王として統治しているのに、「アントニウスの愛人と呼ばれ、しかも、彼に会えて一緒に過ごせるのなら、その呼び名を避けも厭《いと》いもしない」のです。女王の愛は、もっとも高貴な犠牲だ。彼女は偉大なる王国も多くの責任も放置して、「人生をすり減らし、愛人に身をやつして、あなたのあとについていき、あなたの行軍を追いかけた」のです[52]。それなのにどうして冷淡でいられるのですか？　二人を比べたら勝負になりません。クレオパトラはすべてを赦すでしょう。「あなたに会え、あなたと一緒に暮らせるのなら。けれどあなたから引き離されたら、彼女は生きていけないでしょう[53]」クレオパトラ自身が身をふるわせてあえぎ、飢えていくことでこの結論を補強した。さらに、アントニウスの親友までも援軍に加わった。彼はクレオパトラに魅了されており、間違いなくアントニウスがどちらを愛しているかをわかっていたのだろう。

この作戦は続き、正面きっての戦いというほどではないが、小競り合いに発展した。アントニウスとクレオパトラの周囲の空気に緊張が走った。クレオパトラの戦術は非常に効果を発揮していた。彼女の演技にアントニウスはほだされた。友人の意見も彼を喜ばせた。手に負えないほどの情熱を持つ男アントニウスは、クレオパトラの廷臣たちの叱責も信じたようで、果敢にそれに応えた。彼は人に従っているときが幸せなのだ[54]。その立場が一番合っているのだ。プルタルコスは、彼がどんなに褒められたときよりも非難されたときに喜びを感じていたように描いている。つれなさを叱責されたアントニウスは、「このもっともらしいお説教によって、反対にクレオパトラにさらに惹かれたことを自分では気づいていなかった[55]」。もし自分に捨てられたら、彼女は生きていけない、彼はそう己れに言い聞かせた。

このときの彼は、怒ることなどできなかった。彼はすでに一人の知的で忠実な女性フルウィアの死に罪悪感を抱いていた。アントニウスは、なんと言われようとも、情け深い男だった。それは部下たちが証明してくれる。

彼はオクタウィアを拒絶した。妻はすべての人にあざけりの目で見られながらローマに帰った。彼女は自分が受けた屈辱にこだわるのはやめた。そして弟に婚家を出るように命じられても、それを拒否した。ここでまた彼女は、トロイのヘレンの役割を演じるのを拒んだのだ。「世界でもっとも優れた二人の司令官たちが、片方は愛のせいで、片方は一人の女に恨みを抱いて、ローマの人々を内戦に引きずり込むなどということは口にするだけでも忌まわしい(56)」。

クレオパトラは、気の進まない様子など見せなかった。アントニウスの愛があったからこそ、エジプトの王位は成り立っていたのだ。オクタウィアに彼を取られたら、すべてを失ってしまう。彼女の名演技は半永久的な効果をもたらした。ディオンによれば、「クレオパトラの情熱と魔術」のせいであり、プルタルコスによれば「ある種の麻薬か魔術」のせいで、このとき以来、二人は離れられなくなった(57)。しかしアントニウスの部下たちと、それにオクタウィアも、それが本物の愛情だと感じていた。地図を見れば、それがよくわかる。アントニウスはその冬、クレオパトラと共にアレクサンドリアで過ごした。そうするべき理由は、彼にはほとんどなかった。春が来たら、また東に進軍しようとしていたのだから。この紀元前三五年の冬、純粋なロマンスを否定することはできなかった。ロマンスという言葉が、親しく楽しい過去や、家族もベッドも未来への展望も共にすることを示すのなら、だが。

恋に悩む女というクレオパトラのブルーリボン賞ものの演技のせいで、アントニウスは第二回のパルティア遠征から気持ちがそれ、彼女のそばにいるために遠征を延期した。女王は痩せおとろえ、顔色は青白かった。彼は愛人の精神状態を心配していた。紀元前三五年、彼女は意図的にアントニウスのタイミングを乱した。彼がパルティアでの傷をなめている間に、オクタウィアヌスは成功を重ねていたのだ。アジアで勝利することは彼にとって、今も変わらず、いや今まで以上に必要だった。彼がパルティアでの傷をなめている間に、オクタウィアヌスは成功を重ねていたのだ。オクタウィアヌスはセクストゥス・ポンペイウスを撃破し、レピドゥスを政治の場から退場させた（オクタウィアヌスは賄賂を使って、レピドゥスの一八のレギオンを離反させた）。あとに残ったのは、アントニウスとオクタウィアヌスだけだった。

カエサルの栄光のマントを確実に手に入れるには、アジアで勝利するしかなかったのだ。アントニウスはアルメニアの王との一件もまだ片付けていなかった。アントニウスは今更ながら、あの大惨事に終わった遠征について落とし前をつけさせるべきだと決意したのだ。クレオパトラは自分以外のことに彼の注意が向くのを嫌い、彼の軍事的野心を快く思っていなかったとされる。もちろん、パルティアは、彼女よりもローマの政治にとって重要な問題だった。エジプトはアジア攻略にはほとんど関係なかったのだ。しかし同時にエジプトは、ローマに対して完全に無力だった。彼女の国は軍事的栄光とは縁が薄かった。パルティア遠征はいろいろな意味でこの女王には無駄に思えた。二人がどんなふうに議論をしたかはいろいろと伝わっているが、それらがすべて想像の産物であるということを忘れてはならない。アントニウスが立派な分別を見せたいのなら、もう五年も留守にしているローマに帰ればよかったのだ。しかし、それにはクレオパトラが全身全霊を込めた演技で抵抗するだろう。アジア遠征には高い金がかかったが、彼女の計算によれば、ローマへの旅、つまりオクタウィアとオクタウィアヌスの許に戻れば、計りしれないほど高くつく。

アントニウスは勝利を渇望しながら過ごしていた。恨みを晴らしたいという思いも強めていた。

「なるべく面倒にならずにアルメニアの王に復讐する計画」のために、彼は相変わらず創意に富んでいるデリウスを、東のアルメニアに送った。[58] デリウスにはいつものごとく、アイディアがあった。今回は伝統的な政治的絆を強める方法を打ち出してきた。アルメニアの王アルタウァスデスは娘を、クレオパトラとアントニウスの六歳の息子アレクサンドロス・ヘリオスと婚約させるつもりはないだろうか？　クレオパトラはこの提案に賛成したことだろう。プトレマイオス家の者が、アルメニアの王位に就くことになるからだ。それにパルティア侵攻において重要な山岳地帯にあり、パルティアとローマのどちらにも味方したことのある王国と、平和裏に同盟を結ぶこともできる。ローマと何度か同盟を結んだことのあるアルメニアは、しかし、文化的にも心情的にもパルティアに近かった。

頑固でありながら柔軟な政治家アルタウァスデスにとって、この提案は条件がいいとは言えなかった。[59] 彼はデリウスの説得にも賄賂にも抵抗した。アントニウスは次の春、アルメニアに侵攻することでこの話を無効にした。そしてすぐにこの国を征服し、ローマの属州にすることを宣言した。これは、勝利というよりも復讐だった。アルメニアは戦略上の緩衝地帯に位置していたが、強国とは言えなかった。それに、アントニウスはアルメニアを征服することによって、パルティアでアルタウァスデスによって与えられた何カ月にもわたる苦しみを呪っていた部下たちを満足させられるとわかっていた。

もっと大規模な遠征を予定していたアントニウスは、その冬、軍団の大半をアジアに残してきた。そして、アルメニアの戦利品である財宝を持ち帰るだけでなく、アルメニアの王やその妻子や総督までも引き連れて、アレクサンドリアに凱旋した。彼は王族の地位には敬意を表し、彼らを黄金の鎖でつないでいた。

今回は、クレオパトラの許に愛人から喜びのメッセージが届いた。彼女は彼の帰還を記念する贅沢な祝宴の指示を出した。彼女はこの習慣をアントニウスから教わったのかもしれない。クレオパトラの直系の親族には他国を征服した者はいなかった。しかし、プトレマイオス家の者は行列なら得意だった。スフィンクスが並ぶアレクサンドリアの大通りは、そのために設計されているし、ローマの凱旋式はここが発祥の地だ。紀元前三四年の秋に執り行われた凱旋式は〝見物《みもの》〟だった。アントニウスは先に捕虜たちを街に入らせ、自分はそのあとから紫色のマントに身を包み、戦車に乗って登場した。行列はおそらく大理石の列柱やよろい戸を閉めた店の日よけの横を通り、色鮮やかな旗と歓声を上げる見物人たちが並ぶカノープス通りを進んでいったことだろう。

プトレマイオス家の人々が得意とするショーがある。アントニウスとクレオパトラは、それに新たなひねりを加えた。ローマの将軍は戦利品と捕虜の行列をアレクサンドリアの中心部まで引き連れていき、そこで、臣民たちに取り囲まれ、儀式用の衣装を着て、銀の演壇の上に高くそびえる黄金の王座に座っているエジプトの女王に引き渡したのだ。

アントニウスは、以前から愛人に敬意を表するのが得意だった。クレオパトラは遠征の戦利品ばかりでなく、アルメニア王家の財宝や役人、さらには黄金の足かせにつながれた誇り高き王とその家族まで贈られた。しかし、血色のいいアルタウァスデスが彼女の前に連れてこられたときには辺りに不協和音が響いた。アルメニアの王は、ばかでも野蛮人でもなかった。彼は歴史書や技巧をこらした演説を書いている。この王は長年狡猾に立ち回って、ローマとパルティアを敵対させてきた。頑固な彼は、クレオパトラに近づいていったものの、彼女の前にひざまずくことも、その地位を認めることもしなかった。アルタウァスデスは彼女に名前で呼びかけたのだ。どんなに強要しても無駄だった。粗暴な扱いを受けても、アルメニアの王族は誰一人としてエジプトの女王の前にひれ伏そうとはしなかった（この無礼にもかかわらず、アルタウァスデスが凱旋式のあとも殺されなかったことは注目に値する。ローマでは、捕虜になった王はどんなにおとなしく振る舞ったとしても、ここまで幸運なことは珍しかった）。クレオパトラにとって、王位を侮辱されるのも、他の王の誇り高き抵抗にあうのもはじめてのことだった。

彼らが熱烈な場面を見せようとしていたのには、多くの理由があった。このショーのあと、アレクサンドリア市民のための祝宴が開かれ、宮殿では祝典が執り行われ、公開の見せ物も行われた。クレオパトラは硬貨を配り、食事も無料で提供した。

軍隊をテーマにした行列は、プトレマイオス家がその起源であっても、アレクサンドリア市民にとっては珍しいものだった。これほど立派な儀式は今までにない。数日後、アレクサンドリアの列柱のある講堂（屋内競技場）に大勢の群衆が押し掛けた。この講堂は街の中心に位置する十字路の西側にあり、宮殿のすぐ近くだった。全長が一八〇メートルもある、アレクサンドリア最大の建築物であるこの講堂は街の中心に建ち、知性と娯楽の中心地でもあった。今日で言うところの、オペラ劇場のようなものだ。講堂があるおかげで、町は街になるのだ。

この秋の日、いくつかの建物がひと続きになった講堂の屋根のない中庭に、再び銀色の演壇が置かれた。その上には巨大な黄金の王座が二つ据えられていた。その一つにはアントニウスが座っている。彼はクレオパトラを「新しいイシス」と呼び、もう一つの王座に座るよう促した。彼女は女神の正装をまとっている[60]。ひだをつけた光沢のある縞模様のキトーンを身につけ、その裾の房飾りが足首まで届いていた。頭には伝統的な三つの突起がある王冠か、あるいはコブラがついたハゲタカの羽根の頭飾りをつけていたとも考えられる。ある記述では、アントニウスはディオニュソスの扮装をし、黄金の刺繍のあるガウンとギリシア風の長靴を履いていたという[61]。彼はディオニュソスを表わす植物フェンネルの茎を手にしていた。頭には蔦《つた》の輪を載せていた。まるでタルソスで始まった得意のお芝居の第二幕のようだった。クレオパトラが川をさかのぼる間に、ヴィーナスがアジアの幸せを願い、ディオニュソスと飲み騒ぐためにやってくるという噂が、彼女より先にタルソスに届いていた、あのときの続きを見るかのようだった。

クレオパトラの子どもたちは、二人の足下に置かれた四つの小さな王座に腰を降ろした。アントニウスは、しゃがれた声で集まった民衆に呼びかけた。彼の命により、これ以降クレオパトラは、「王の中の女王」として知られることになる（硬貨には「王の中の女王、その息子たちはみな王」と刻まれている。この称号は地域によって異なり、四年後に建てられた上エジプトの石碑には、「王たちの母、王の中の女王、もっとも若い女神」と刻まれている）。アントニウスは彼女の共同統治者であるカエサリオンを、王の中の王と呼んだ。アルメニアとパルティアの称号をわざとそのまま使ったのだ。アントニウスは、クレオパトラの夫でカエサリオンの父だったカエサルの名において、こうした称号を授けた。交際相手の過去のパートナーをこれ見よがしに誇示する珍しいケースだ。さらに、カエサルの名のもとに、アントニウスは自分とクレオパトラの間に生まれた息子に、王の中の王という名を与えた。彼は次々に男の子の名を呼び、それぞれに広大な領地を割り当てた。アジア風にアレンジした名前は、こうなると都合がよかった。アントニウスの合図で、幼いアレクサンドロス・ヘリオスが進み出た。ゆったりしたレギンスとペルシア王家に伝わるケープつきのチュニックを身につけている。そして頭には、てっぺんにクジャクの羽根がついた、とがった頭飾りを載せていた。彼の領地はインドにまで届いていた。彼はアルメニアとメディア、さらに父が征服したパルティアを支配することになったのだ（彼は再び婚約した。今度の相手はアルタウァスデスの古くからの敵、メディアの王の娘だった）。クレオパトラとアントニウスのアンティオキアにおける再会の結晶、二歳のプトレマイオス・フィラデルフォスは、アレクサンドロス大王のミニチュア版になっていた。長靴を履き、紫色の短いマントを身につけ、マケドニア風のつばのある羊毛の帽子をかぶっていた。この帽子にはダイアデムが巻かれていた。彼にはフェニキアとシリアとキリキアという、ユーフラテス川以西の土地が与えられた。クレオパトラ・セレネは、現在のリビア東部にあたるギリシアの植民地で、何百キロも続く砂漠の向こうにあるキレナイカを統治することになった。この分配が終わると、年少の息子たち二人が順に立ち上がって両親にキスをした。彼らの周りには特徴的な方陣を組んだ警護兵たちがいる。

アレクサンドロスについているのはアルメニア人で、プトレマイオスについているのはマケドニア人だった。

こうして、アントニウスはアジアを分配した。まだ手にしていない地域まで含めて。一四年前、まだ若い娘だったクレオパトラが、アレクサンドリアにひそかにやってきて、領土が減っていた王国の支配権を懇願したときとは、驚くほど正反対の状況だった。クレオパトラは神であり、無敵の存在で、女王というよりむしろ女帝として、ローマの最高権力者である将軍を傍らにして立っていたのだ。彼女の統治域は、辺境の情勢が安定し、平和になった広大なアジア全域に広がった。彼女の後ろにはローマのレギオンがいる。そして今は、少なくとも名目上は、プトレマイオス家の数世紀にわたる歴史の中でも最大の領土を、子どもたちと共に統治している。このときの勝利を記念して硬貨が鋳造されたが、そこに刻まれた彼女の肖像は、堂々として威厳があった[62]。クレオパトラはこれにより、ローマの硬貨に刻まれた最初の外国人となった。この頃には歳もとっていた。唇は以前よりもぽってりとし、特に首まわりの肉が明らかに増えていた。

後に〝アレクサンドリアの寄贈〟と呼ばれることになる、このまばゆいばかりの儀式を執り行った要因が、誰の野望によるものなのかはわからない。しかも、クレオパトラがその首謀者だった証拠を見つけようとするとさらに難しい。その後のローマ人たちが手荒く扱ったせいで、真相は永遠にぼかされてしまった。しかし、少なくとも当時発せられたメッセージの一部ははっきりしている。黄金の王座に座った二人は、どんなに冷静な今日の歴史家でも、「世界でもっとも堂々とした二人」だったと納得するだろう[63]。二人は共にアレクサンドロス大王の夢を復活させた。広げることまではできなかったが。つまり国境を越えて、同じ文化を持ち、ヨーロッパとアジアを調和させた世界王国を作り出そうとしたのだ。

二人は新たな秩序を宣言した。クレオパトラが女王としてだけではなく、カエサルの息子と神ディオニュソスであるアントニウスを従えた女神として、儀式と街ぐるみの祝宴を執り行った。いまや、古い予言が明らかに再び浮かび上がってきていた。ユダヤ人のおかげで、クレオパトラの統治は黄金時代や救世主に関連づけて考えられるようになった[64]。エジプトの女王は、アジアの救世主を求める声に応じたのだ。彼はローマを超越し、そのさらに上方の世界に至った。政治と宗教を一体化する中で、そのイメージは、断然クレオパトラの味方だった。

アントニウスには結論に飛びつく癖があり、このアレクサンドリアの寄贈は、いろいろな意味でこうなってほしいという彼の希望を示しただけだとも言える。もちろん彼らは、その後問題の領地の統治について、なにかをしたわけではなく、その多くは、その後もローマの属州総督によって治められていた。アルメニアの王は、その後もまだまだ生きていた。パルティアはアントニウスのものでなく、もちろん誰かに与えることなどできなかった。二歳の子どもが統治できるわけもない。

あの儀式は、他人のものを自分のものにし、それを勝手に分配するという点だけでなく、そのスケールの大きさにおいても、まさにプトレマイオス家のものだった。これはおそらくアレクサンドリア市民のためだけに行われたのではないだろう。アレクサンドリア市民は、派手なイベントはなんでも歓迎した。紀元前三四年頃のクレオパトラの臣民たちには、彼女の安定した統治やその神性や優越性、さらにはアントニウスのエジプト宮廷での役割を、改めて確認する必要はなかった。ディオニュソスのことなら、すでにローマの執政官よりもよく知っていた。二人は、平定されたものの、まだ厄介な状況が残っているアジアに、この取り決めを公式に知らしめたかったのだ。アントニウスにいたっては、パルティアで自分を裏切った王を非難したかっただけかもしれない。

あるいはアントニウスとクレオパトラは、オクタウィアヌスに向かって、強烈かつはっきりとしたメッセージを送ったのかもしれない。オクタウィアヌスの力の源はユリウス・カエサルだけだ。彼はカエサルの養子かもしれないが、カエサルの血を引いた息子がちゃんと生きていて、もうすぐ成人を迎え、いまや突然に広大な地域を統治する王になったのだ、と二人は強調したのだ。オクタウィアヌスはこのとき、水面下でせっせとアルメニアでのアントニウスの苦労を無にしようとしていたとか、アルタウァスデスを買収しようと画策していた、などと言われているので、このメッセージは余計に重要だった(65)。

アントニウスとクレオパトラが、ローマにわざわざ喧伝しなくても、ローマには十分な記述が残っている。二人が本当に伝えようとしたことを、雑多な内容の中から見つけるのは不可能だ。ローマに実際に伝わってきた情報はどれか。プロパガンダのために無視されたり、誇張されたり、歪められたりしたのはなにか。儀式で使われた言語は、アジアのものだった。紀元前三四年のローマでは、特にろくな翻訳がなされていない。アントニウスは、カエサリオンの父親を強調するようなまねはすべきではなかった（彼は分別は持っていたかもしれない。プルタルコスはこの件について、怒りの言葉を残していない）。オクタウィアヌスが、この侮辱に腹を立てたのも無理はなかった。二人がローマ風でない華麗さを強調したからだ。オクタウィアヌスは立場上、どうしてもこの強烈なイメージを鈍らせなければならなかった。アントニウスとクレオパトラはローマ軍の凱旋式と王族の行列をごたまぜにして、酔っぱらいが騒いでいるような、派手でばかばかしい時代劇に仕立て上げたのだから。そもそもユリウス・カエサルを讃えるのなら、アレクサンドリアで儀式を行ってもなんの意味もない。それと同じようにローマ以外の、ローマの神々から遠く離れた場所で勝利を祝っても仕方がないのだ。それにまだパルティアを罰していないというのに、なぜアルメニアでの勝利をこのように騒々しく祝うのか？

アントニウスが伝えようとしたものがなんだったとしても、彼はこのアレクサンドリアの寄贈を公式行事だと考えていた。彼は元老院の批准を求めるために、ローマに凱旋式とこの儀式の報告を送った。献身的な友人が、それを途中で阻んだ。アントニウスの文書が、好意的でない読み方しかなされないのがわかっていたからだ。アントニウスは「芝居じみていて傲慢」だと思われていた(66)。まさにカエサルが命を落としたのと同じ愚行だ。派手なパフォーマンスで同朋の気持ちを引きつけたいのなら、彼らの目には、アントニウスが思い出すのとは違うように映ることを知るべきだ。ローマはぎらぎら光る黄金の王座を見ることを禁じてきた。ローマでは言葉の定義はもっと厳格で、アントニウスが西の世界では軍司令官であり、アジアでは王であるという二重の役割を主張するのは、秩序を重視するローマ人には耐えられない。アントニウスは、自らのイメージを混乱させており、危険だ。クレオパトラがあのアジアの同盟国の女王なのだとしたら、ローマの司令官にはどんな役割があるというのだ？　アントニウスは自らの領土を取っていない。クレオパトラの称号はばかげていて、不快なほど大げさで、ローマばかりでなく他の王たちまで侮辱している。彼女はずっとローマの同盟国の王たちの中で、特別な位置を占めてきた。いまや富でも影響力でも抜きん出ている。なぜローマの硬貨に外国人の女性の顔が刻まれているのか？　アントニウスが妻でない女と一緒に硬貨に刻まれても、なにもいいことはない。彼は外国人のためにローマの領土をかき乱しているようにしか見えない。

アントニウスの、この文書を公開したいと思っている人物が一人だけいた。オクタウィアヌスだ。彼は、けっきょくこの文書の公開はできなかったが、アルメニアでの勝利を公表させないことには成功した。彼はアントニウスにローマ軍の勝利の栄誉を与えるつもりはなかった。それにはあまりに大きな価値があるからだ。アレクサンドリアの寄贈はアレクサンドリア市民の派手好みや、プトレマイオス家らしい自慢を、象徴的なものを刺激的に並べて表わしたものでしかなく、カエサルが公会場に黄金のクレオパトラ像を建てたのと同じことを、アントニウスもしただけだ。この儀式はどう褒めようとも、まったく見当はずれだったとしか言いようがない。厳しい言い方をすれば、あれはオクタウィアヌスへの侮辱であり、あつかましい政治的な攻勢だ。このパフォーマンスが、ローマでどう受け取られたかを考えれば、アントニウスがどんな意図を持っていたのかはどうでもいい。どんな意図であればいいとオクタウィアヌスがどう解釈したいかによって決まるのだ。権力に酔って身を持ち崩した、少し頭のおかしい二人の、空虚なデモンストレーションであり、行き過ぎた茶番だった。まさに「アジアの売女が催したディオニュソスの宴」だったのだ[67]。気前のよいアントニウスは、あの寄贈とともにたくさんの贈り物も渡していたが、オクタウィアヌスに与えてしまったものがもっとも大きかったのだ。

第八章　不倫と私生児[1]

噂はたちが悪い。あっと言う間に簡単に噂が立つが、それに耐えるのはつらく、打ち消すのは難しい。多くの人々の口に上ってしまった噂を、完全に取り除くのは不可能だ。ある種の神も同じだ。

ヘシオドス[2]

団《だん》欒《らん》

クレオパトラは三五歳になった。相変わらずすばらしい幸運は増していく一方だった。このときの彼女には、治世の中でももっとも幸せで順調な一年が約束されていた。二人の男性との間に家族をもうけることによって、彼女はローマとの関係も、共同統治者の問題も、縮小していた領土の問題もうまく解決した。もう外国の軍隊を支援する必要はなくなった。アレクサンドリアには、ローマとの親交を批判できる者はいなくなった。彼女は権力を飼いならし、気前のよさを武器にして、エジプトを拡大してきた。アレクサンドリアの寄贈により彼女の人気はさらに盛り上がった。造船所をフル稼働させ、アントニウスの海軍を二倍の規模にした。利益はどんどん入ってくる。東はダマスカスとベイルートから西はトリポリまでの各都市が、彼女を記念した硬貨を発行した。彼女は紀元前三世紀の詩人の言葉も利用した。それはプトレマイオス朝の王は、受け継いだ資産を守ったうえに、さらに増加させ、富ではすべての王に勝り、「豪奢な宮殿にあらゆる地域から毎時間豊かさが流れ込んでくる」だろうと約束した言葉だった(3)。

アントニウスは彼女の最大の願いを聞き入れた。祝宴の後、彼はローマに戻らなかった。本当はローマで新兵を補充し、オクタウィアヌスの影響力を中和するべきだった。さらに、アジア遠征の拠点にするべきアンティオキアにも行かなかった。彼はどこにも行かず、アレクサンドリアで三度目の楽しい冬を過ごしていた。アレクサンドリアはますます新たな帝国の本拠地に思えてくるような、堂々たる都市になっていた。それを鮮やかに示すために、クレオパトラは仕上げを施すつもりだったのか、建築したばかりのカエサレウムを楽しんでいたのか。波止場に隣接した場所に建てられた複合建築カエサレウムは、ローマの公会場をモデルに造られたのかもしれない。エジプト式とギリシア式を融合させた建築様式のアレクサンドリア版は、金と銀をふんだんに使い、絵や彫像であふれていた。「画廊、図書館、柱廊、中庭、ホール、歩道、聖域である木立で飾られ、金と芸術品で実現できるかぎりの輝かしい」建物だった(4)。クレオパトラはその強大な権力のかじを握っていた。一世紀ほど前に、臆病なローマ人が、エジプトにいつか、「有能な指導者たちが現われたら」、こうなると予想していた通りの姿になっていた(5)。

彼女は長年仕えている忠実な側近たちと、彼女を愛するローマ人たち、それに大家族に囲まれていた。この年の終わりには、一家に新たな家族として、アントニウスとフルウィアの間の二人の息子のうちの兄、マルクス・アントニウス・アンティルスが加わっていた。クレオパトラは子どもたちの教育に真剣に取り組んだ。アレクサンドリアの寄贈のあとに、ダマスカスのニコラウスに子どもたちの教育の一部を任せた。ニコラウスは外交家の息子で、クレオパトラより何歳か年下だった。背が高く痩せていたが、血色のよい顔をしていて愛想が良く、アリストテレスを好んでいた。逸話を書くのを得意としていたニコラウスは才能ある論理学者で、演説の途中で感極まって泣き出してしまったときなど、確実に説得力を持って雄弁にまとめてくれると安心して残りを任せられる人物だ[6]。ニコラウスは宮殿に住み込むようになった。クレオパトラの子どもたちは、彼の指導を受けて、哲学や修辞学などの書物を読んだ。彼らの教師ニコラウスは〝王の研究のお手本〟とされた人物なので、特に歴史は力を入れて教えられたであろう。ニコラウスは温和な性格だったかもしれないが、必要とあれば辛辣なことを言い、容赦なく勉強をさせる先生でもあった。彼にとって娯楽とは、すでに一四〇巻ある、彼の古代世界を網羅する歴史全集に、さらに二五巻の追加分を書くことだった。すでに完成していた分だけでも著述界のヘラクレス並みの労働量だ。子どもたちの周囲では、祝い事や面白おかしいことばかりの生活が続いた。たくさんの人々が宮廷生活に熱心に没頭していた。アントニウスにもっとも近い助言者であり、同盟国の総督を務めたこともあるルキウス・ムナティウス・プランクスは、裸の身体を青色に塗って夕食の席に現われた。このとき彼はお得意の海の〝妖精《ニンフ》〟のまねをして、ひざをついて床の上をのたうって進み、クレオパトラの客人たちを楽しませた。彼は魚の尾と葦で作った王冠しか身につけていなかった[7]。

遊び好きな性格はうつるものなのか、それとも遺伝なのか。ある夜、食事の席で、幼いアンティルスのお付きの一人である医師が、尊大な調子で、だらだらと無粋な説教を始めた。別の宮廷付きの医師が、しゃべりつづけている彼を止めた。この医師は以前、クレオパトラの台所の様子を伝えたあの医学生フィロタスの後の姿だ。アンティルスは大喜びでわーっと叫び声をあげると、腕を振り、食器棚を指した。「これを全部君に贈るよ、フィロタス[8]」彼はそう叫ぶと、そこにあった黄金のカップをすべて、機転のきく客人に押しつけた。フィロタスはこの少年の言うことを真に受けはしなかったが、けっきょく手の込んだ細工のある骨董品の器を袋いっぱいに贈られることになった（彼はこの贈り物の現物ではなく、それに相当する額の金をもらって帰った）。

アレクサンドリアの街では、あちこちで音楽や身振り狂言や演劇が行われていた。ある賢い石工は、アントニウスとクレオパトラが互いの像を贈りあうという楽しい協定を果たす姿を目撃した。紀元前三四年一二月二八日という文字が刻まれた玄武岩が残っているが、これはおそらくアントニウス像の一部だろう。[9] クレオパトラは彼の熱烈な愛情をどう受け止めていたかわからないが、アレクサンドリア市民たちはきちんとお返しをしていたのだ。正々堂々としたアントニウスの石像は「比類なき肝臓」としてではなく、「比類なき恋人」として人々に挨拶をしていた。

このお祭り騒ぎの間も、エジプトの政治は放置されていたわけではない。クレオパトラは嘆願や使者への対応や儀式への参加、様々な裁きを行っていた。経済政策の審議を監督し、助言者に会い、数しれないアレクサンドリアの祝祭を執り行った。政務には、ますますエジプト‐ローマ関係への対応が増えてきた。クレオパトラが生きていた間の半分は、ローマの軍団がエジプトに駐留していた。ある記録では、彼女のローマ人警備兵たちは、いまや彼女の名前を盾に刻んでいたという。[10] そして互いに得をする取り決めとして、ローマの将来がアレクサンドリアで決められることが、その逆より多かった。紀元前三三年、クレオパトラは書記に、アントニウスの軍のある有力な司令官に対するかなりの免税を発表する布告を口述している。プブリウス・カニディウスはパルティア遠征に参加し、アルメニアで名を上げていた。彼の勲功に対し、クレオパトラは一万袋の小麦の輸出税とアンフォラ五〇〇〇個分のワインの輸入税を免除した。それに土地への税は生涯免除になり、これは彼の不動産の居住者たちにも適用された。さらにはカニディウスの農場の家畜たちも免税になり、徴発や没収も免れることになった。[11]* これはアントニウスの兵士たちにエジプトへの忠誠心を持たせ、エジプトにとどめるための措置だった。アレクサンドリアの魅力だけでは、彼らをこの街にとどめることはなかなかできなかったようだ。これは野心に満ちたローマ人を喜ばせる方法としては、賄賂よりも有効だった。賄賂を渡すと彼らは、「もっと得ようとするだけだ」という記述がある。[12] ローマ人に関する問題のほとんどは、ローマの三人執政官とエジプトの女王が共同で処理をした。クレオパトラはアントニウスとよく市場を訪れ、「彼と一緒に祭りの主催や訴訟の審問を行った」という。[13] アントニウスは彼女に促されて、アレクサンドリアの講堂（屋内競技場）を管轄するようになった。これはアテナイで果たしていたのと同じ役割だ。彼は事実上、ギリシア人社会のリーダーになり、経済や講演や体育競技会を取り仕切り、教師たちをまとめることにもなった。彼はクレオパトラと共に、画家や彫刻家のモデルにもなった。彼がオシリスかディオニュソスに扮し、クレオパトラがイシスかアフロディーテに扮している姿で描かれた。紀元前三三年の半ば、アントニウスは再びアルメニアに遠征し、メディアの王と平和条約を結んだ。それ以降両者はパルティアに対して同盟し、必要ならばオクタウィアヌスにも共に敵対することになった。これでアジアは平和になった。アントニウスは、メディアの王女イオタペを連れて、アレクサンドリアに戻った。イオタペはアレクサンドロス・ヘリオスの許嫁になる約束だった。

中傷合戦

「アレクサンドリアの寄贈」によって、アントニウスとクレオパトラはオクタウィアヌスにメッセージを送った。二人がアジアに関してどんな計画を考えていたとしても、そこにオクタウィアヌスは含まれていなかった。二人の男はまだ頻繁に連絡を取っていたが、以前ほど温かいやりとりではなくな

＊カニディウスの幸運には皮肉なところがある。彼は若い頃、クレオパトラのおじであるキプロス王が退位させられた後、その財宝をローマに運んだとされている。カニディウスがこの金になる仕事を正直にやりとげると信じていいのか懸念する声もあった。[14]

っていた。使者や密告者が、しょっちゅう船で二人の間を行き来していた。彼らは互いの友人たちにも連絡を取りつづけていた。彼らは紀元前三三年の終わりまで三頭政治を続けた（もうレピドゥスにも、あの手に負えないセクストゥス・ポンペイウスにも悩まされることはなかった。セクストゥスはオクタウィアヌスに敗れ、おそらくアントニウスの命令によって処刑された）。自分は無敵だと思う根拠が十分にあったアントニウスは、この頃、オクタウィアヌスにまた別のメッセージを送った。彼はオクタウィアヌスも自分と同じようにしてくれるなら、自分の権力を捨てて、ローマの共和制を復活させようと思っている、と伝えたのだ。これはアントニウスのはったりだったのかもしれない。彼は安っぽい政治の都には飽きたのかもしれない。アジアにいる彼は、ローマでの地位や、ローマの政体にほとんど興味を失っていた。彼はアジアにずっととどまっていたいと思っていたようだ。オクタウィアヌスからの返答ははっきりしていた。アントニウスの予想通りの答えだったかもしれない。アントニウスはアレクサンドリアに滞在しつづけ、オクタウィアを拒絶し、カエサリオンの存在を認めた。こうした行動を考えれば、こういう答えが出るのは少し前からわかっていた。友人たちはアントニウスを直接攻撃する痛烈な演説をした。今となっては、彼にとってどちらが大切なのかわからない。アレクサンドリアの王の贅沢か、ローマ人の贅沢か、クレオパトラの野心か、ローマ人の野心か。アントニウスのクレオパトラへの愛情か、ローマへの愛情か、と。紀元前三三年の時点で、クレオパトラの宮殿は間違いなく地中海世界一贅沢な建物だった。しかしその冬、ローマにとっては、これまで以上に立派に見えたのだ。

アントニウスとオクタウィアヌスには、この数年の間に、仲違いの種が溜まっていた。そしてついに堰《せき》が切れると、二人とも互いへの感情を思い切りほとばしらせた。互いに相手を領地の濫用で非難する。オクタウィアヌスはアントニウスにアルメニアでの戦利品の分け前を要求する。アントニウスはイタリア半島で、オクタウィアヌスはこちらの軍にまったく貢献してくれなかったと吐き出す（これに対するオクタウィアヌスの返答は、もしアントニウスが土地をほしいというのなら、パルティアを分割してもいいというものだった。これはぐさりとくる非難だっただろう）。オクタウィアヌスはセクストゥス・ポンペイウスの殺害でオクタウィアヌスを非難したが、この件に関しては過去にオクタウィアヌス自身がローマで祝っていたし、アントニウスがセクストゥスを殺してくれたおかげで勝利がオクタウィアヌスの手に転がり込んだのだ。* アントニウスはオクタウィアヌスを、レピドゥスを違法な手段で排除したと非難した。それにイタリアで軍隊を編制する権利はどうなった？　オクタウィアヌスは協定で合意したはずのこの権利をずっと妨害してきた。そのせいで、アントニウスはギリシア人や荒れくれ者たちを雇って、軍隊を編制しなければならなかった。それに四年前、アントニウスがオクタウィアヌスに貸した艦隊の件はどうなっている？　そしてあのときに埋め合わせに送ると

＊セクストゥス・ポンペイウスは様々な面から事態をさらに複雑にしている。彼はローマの仇敵とされていた王数人と良好な関係を築いていたし、クレオパトラは互いの父親同士が同盟関係にあったことから、彼には好感を持っていた（セクストゥスは実際にクレオパトラにいくつか提案をしたが、アントニウスが却下した）。アントニウスには外国の女王と、いくら自国で人気のある援軍でも、海賊まがいのことをしている尊大な同国人の両方と手を結ぶべきではないと理解するだけの分別はあった。アントニウスの直感は当たっていた。常に策士であるセクストゥスは、同時期にアントニウスに隠れて、パルティアにも援軍を送ると申し出ていた）。アッピアノスによると、アントニウスはセクストゥスの処刑命令に署名するのを拒んだという。彼が気が進まなかったのは、個人的な理由からだった。セクストゥスを殺せばクレオパトラが不満に思い、アントニウスの責任にするだろう。彼はそれを避けたかったのだ。アッピアノスはこの死刑宣告は当を得たものだったとも書いている。セクストゥスは排除すべきだった。そうしなければ、有能な海軍司令官であるセクストゥスとクレオパトラが手を組んで、「アントニウスとオクタウィアヌスが互いに抱いている、将来のためになる尊敬の念の邪魔になる」からだという。[15]

いった一万八〇〇〇人の兵士は？　アントニウスはいつも几帳面に約束を守ってきたのに、オクタウィアヌスは違った。話し合おうと何度もアントニウスを呼び出しておいて、自分は現われなかったではないか。いつものごとく、個人的な非難がもっとも効果的で、口汚ければそれだけ効いた。アントニウスはオクタウィアヌスの家系の卑しさをあざけった。オクタウィアヌスの父方の祖先は縄造りの職人と両替商の家系で、母方はパン屋と香水店の店員の家系だった。おまけにアントニウスは、オクタウィアヌスにはアフリカ人の祖父までいると言い出した。さらに悪いことに、成り上がり者オクタウィアヌスは、神を気取っている。ローマが穀物不足に苦しんでいるとき、オクタウィアヌスと妻のリウィアは贅沢な宴会を催していた。客人たちは神や女神の扮装をして集まった。彼らは忌まわしいほどたくさんの料理を平らげ、オクタウィアヌスはアポロンの扮装をしてホスト役を務めた。さらにオクタウィアヌスは臆病者だ。フィリッピの会戦の際、最後の数日間は行方をくらましていたではないか。優秀な副官マルクス・アグリッパが代わりに戦ったのだ。

アントニウスはクレオパトラから注意をそらそうとして、オクタウィアヌスが政治的な同盟のために娘を野蛮人と結婚させたとあざ笑ったが、自分がメディア王と交した約束のことを忘れていたのだろう。非難がみな嘘というわけではなかったし、目新しくもなかった。紀元前四四年にキケロが、アントニウスの悪事はこんなにも幅広いから、このすべてに相当する罰を一人で受けられる者はいないだろうと語ったときの言葉を見事に焼き直した非難もいくつかあった。

アントニウスはオクタウィアヌスが恐怖のために動けない臆病者だと主張し、オクタウィアヌスはアントニウスが酒の飲みすぎで堕落したと断言した。[16]この主張では、オクタウィアヌスの方にいくつか有利な点がある。オクタウィアヌスはあまり酒を飲まない。少なくとも本人はそう広言している。アレクサンドリアで開かれるパーティはローマのものよりすばらしい。そして過去の実例はオクタウィアヌスに有利だった。だからアントニウスがどんちゃん騒ぎばかりしていると責めるのは簡単だし、特にアントニウスがいない間にローマでそう言うのは簡単だった。この非難に反論するため、アントニウスは「酔っぱらって」という諷刺のパンフレットを刊行した。紀元前三三年は詩人や諷刺文作家や弁証家や落書き芸術家、さらにはだらだらしたおしゃべりや突飛なフィクションなどがみな最盛期を迎えた年だった。しかし二人とも容赦ない中傷の才能を見せた。人々がオクタウィアヌスよりアントニウスに好奇心をそそられたのは自然なことだった。しかし二人とも容赦ない中傷の才能を見せた。オクタウィアヌスはわいせつな詩という手段に訴えた。アントニウスはオクタウィアヌスを中傷するビラを配った。どちらもそれぞれ相手の悪口を広めるために人を雇った。過去に受け入れた言動を、突然非難するようになる。アントニウスはアレクサンドリアの講堂について、口にするのも忌まわしいと非難された。五年前に、オクタウィアとともにアテナイで同じ行動をしたときにはなにも言われなかったのに。アントニウスのクレオパトラとの関係はかつて、食事の席で際限なくわいせつな冗談のネタにされていた。紀元前三九年の夏、ナポリの近くで行われた祝宴でも同じようなことが起こっていた。夜も更けて、座が最高潮に盛り上がったのは、クレオパトラが話題になったときで、このとき好色な人々は「和気あいあいと楽しんだ」のだ。[17]しかし彼女の話題はもう、笑い事ではなくなった。

中傷合戦は反則技も正当な攻撃も織り交ぜながら続いた。両者とも学校で噂されるような類の悪口はだいたい網羅した。女々しい、同性愛者だ、臆病者だ、あか抜けない、あるいは気取りすぎだ、不潔だ。オクタウィアヌスは「本物の弱虫」だ。[18]アントニウスは盛りを過ぎた。争いといえばもう、エキゾチックなダンスやみだらなテクニックの競技会でしか勝てないだろう。アントニウスはオクタウィアヌスが高名な大おじカエサルと寝ていたとあざ笑った。それ以外に突然養子に指名される理由はないだろう？　それに対してオクタウィアヌスはもっと根拠があって適切だが、まったく事実ではない非難で返した。クレオパトラは彼の大おじと寝ていない。だからカエサリオンがあの非凡なるカエサルの息子であるわけがない、と攻撃した。オクタウィアヌスはパンフレット書きたちにこの話を広めた。アントニウスはオクタウィアヌスが急いでリウィアと結婚したことを非難した。彼女は結婚式の日、他の男の子どもを身ごもって、大きなお腹を抱えていた。さらに彼はオクタウィアヌスがいつもパーティに招いた客の妻を連れ出しては、乱れた姿にしてテーブルに戻すと罵倒した。それからオクタウィアヌスが処女を買っては陵辱していることで有名だ(これはまったくの捏造だと思われる)と言いふらした(スエトニウスによると、オクタウィアヌスの誘惑には目的があったという。敵の妻を選んで誘惑し、夫の言動を探っていたのだという[19])。

堕落の話なら、オクタウィアヌスは嘘をでっち上げる必要がなかった。手近な武器があったからだ。アントニウスはローマの慣習にも非の打ち所のないローマ人の妻にも背いている。三人執政官の一人は、外国の首都で強欲な女王と遊び戯れ、その女王のために分別を失い、輝かしい祖国を見捨て、わずかに残っていた、男らしいローマ人としての美徳もすべて捨ててしまった。キケロが言っていたように、ローマ人でありながら、愚かにも「揺るぎなく充実した栄光」より「人にねたまれるような富と独裁制への欲望」を選ぶとはどれだけ尊大なのか[20]? けっきょく、この非難合戦は、いろいろな側面で、立派さと男らしさの争いになった。

この年、アントニウスはオクタウィアヌスに個人的に手紙で返信していて、その切れ端が現存している。それを読むかぎり、彼は喧嘩したくてたまらない男のようには思えない。さらに、愛のせいで分別を失っているようにも、移り気な情熱に苦しんでいるようにも思えない。現存している七行は、クレオパトラについて書かれている部分で、これまでにはしたないものからきわどいものからいやらしいものまで、様々に翻訳されてきた。最後に訳されたものがもっとも正確だ。アントニウスの語調は、上流階級の政治的な理由や経済な条件などで結婚を決めていたローマでは驚くようなものではなかった。

セックスはどこでもできるではないか。紀元前三三年のアントニウスに求められたことは、オクタウィアヌスにもやってこなかったのか？　いったいなんのための騒ぎなんだ？　彼が「女王とやる」ことが本当にそんなに問題か？[21]　お互い知っているように、オクタウィアヌスだって、理想的な夫というわけではないだろう。*純真なわけでもあるまい。そちらも十分に「恋の冒険や若さゆえの戯れ」を楽しんだはずだ[22]。けっきょく、単なる情事でしかない。今さら新しいことでもない。君もよく知っているように、私とクレオパトラの関係はもう九年も続いているんだ（アントニウスはタルソスをスタートとして数えている）。

アントニウスは二人の関係を正当化しようとしていたのか、たいしたことではないと言おうとしていたのかははっきりしない。「女王とやる」の後に続く行は「彼女は私の妻だ」と訳すべきか、「彼女は私の妻か？」と訳すべきか。ここまで矢継ぎ早に質問を投げかけていることを考えると、アントニウスは熱心に、クレオパトラとの仲を控えめに見せようとしていたようだ。そもそも、手紙の相手は妻の弟だ。彼がほのめかしているのは、「彼女は私の妻ではないだろう？」ということのようだ。どちらにしても、それに対する答えは現存していない。

アントニウスは手紙をこう締めくくっている。「どこで、誰に興奮しようとたいした問題ではあるまい？」最後の言い回しはどう訳しても、動物の世界の話だ。この野卑な七行がどれほど正確に現実を表わしているのかはわからない。我々に伝わっているのは原物よりもみだらに言い換えられたものかもしれない。オクタウィアヌスの件がなくても、アントニウスとクレオパトラはローマの基準では夫婦ではなかった。クレオパトラもそれはよく知っていた。どちらにしても、彼女は人生最大の役割

＊アントニウスは五つの理由からオクタウィアヌスを非難している。別の機会に彼は、オクタウィアヌスが前妻を「道徳感がねじ曲がっている」として離婚したことを指摘している。前妻はオクタウィアヌスの愛人のことにこだわらずにはいられなかったからだった。

に足を踏み入れた――あるいはやむをえず、その立場にあわせて行動した。オクタウィアヌスはライバルをやり込める方法をこれ以上探す必要はなかった。残されている断片的な文章から判断すると、アレクサンドリアのロマンティックな恋物語をみだらな情事に変えてしまったのはオクタウィアヌスだったようだ。

　三頭政治の任期の終わりに向かって時は進んでいく。任期が切れても、もう延長されそうにはなかった。そしてアントニウスとクレオパトラはエフェソスへと逃亡した[23]。エフェソスはアントニウスをデュオニュソスの顕現と認めて、歓呼の叫びと音楽で迎えた最初の街だった。フィリッピの会戦の後、アントニウスはカエサルの暗殺団に虐殺された人々のいるこの街で、立派な犠牲を捧げ、寛大な恩赦を実行した。人口二五万人の街エフェソスは、いまでも彼に優しかった。彼はエフェソスの人々に、今度は自分の高貴な愛人、クレオパトラを会わせたのだ。エフェソスは「小アジアの銀行」と呼ばれた裕福な街だったが、通りは狭く、大理石の列柱は貧弱だった。しかしその立地条件はすばらしかった。切り立った斜面を持つ谷の底に街があり、片側にはけわしい山と海に挟まれていた。有名な神殿はいくつかあったが、その中でももっともすばらしいのがアルテミス神殿で、クレオパトラの父親と姉妹が逃げ込んだのもこの神殿だ。そして優美なイオニア式建築のこの神殿の前で、クレオパトラの妹アルシノエは最期を迎えた。

　戦略上は、エーゲ海を挟んで、ちょうどアテナイの対岸にあたり、いい波止場の端にあるエフェソスは、軍隊の拠点を置くのにもうってつけの場所だった。アントニウスはこの小アジア沿岸で海軍を集めはじめ、同盟国の王たち全員に遣いを送った。王たちは艦隊や忠誠を誓う言葉でそれに応えた。クレオパトラはもっとも大量の物資を供給し、アントニウスの五〇〇隻の戦艦のうち、二〇〇隻の備品をそろえ、十分な人員を乗せ、二万タラントの金と、戦争の間、兵士七万五〇〇〇人、歩兵二万五〇〇〇人、騎馬兵一万二〇〇〇人という膨大な数の兵士たちに必要な物資をすべて提供した。彼女はこの支援をするとき、まったくためらわなかったようだ。

驚いたことに、ローマではオクタウィアヌスに運が向いてきた。アントニウスがアジアでぐずぐずしているうちに、彼は着々と勝利を重ねていた。三人執政官二人が平和に共存するのは難しかった。野心家で、情に流されないオクタウィアヌスとカエサリオンが共存するのも不可能だった。パルティア遠征とは違い、今回の戦いはアントニウスだけでなく、クレオパトラにとっても大切だった。彼女がこの戦いに自分とエジプトのすべてを賭けても不思議ではない。紀元前三三年の終わり、三頭政治の期限が正式に切れた。

宣戦布告

紀元前三二年一月のはじめ、元老院で新しい執政官が、アントニウスを賛美する力強い演説を行った。続いて彼はオクタウィアヌスを痛烈に非難した。この弾劾演説を聞いたオクタウィアヌスは護衛と兵士と支援者を引き連れて、この元老院議員を訪問した。彼らは互いにトーガの下の短剣を隠そうともしなかった。紀元前四四年にキケロは、カエサルの養子はクーデターを起こそうとしているのであろうかと言ったが、彼はいまそうするつもりだった。彼が痛烈な非難をこれでもかと浴びせかけたので、相手は怯えて黙りこくった。「いくつかの書類によると」オクタウィアヌスは、アントニウスがローマの脅威となっていることを立証してみせると約束した。[24]彼はその証拠を示す日まで指定してみせた。敵対する執政官らは短剣に気づいていた。彼らは次の話し合いまで待たないだけの分別はあったので、ひそかにローマから逃げ出した。それに続いて四〇〇人近い元老院議員が逃亡した。彼らは船でエフェソスに渡り、ローマの政治状況を伝えた。アントニウスは間違いなくオクタウィアヌスの地位と力を甘く見ていた。そして彼は危険を冒してクレオパトラと同盟を結んだ。彼女はその際に大きな譲歩をした。

アントニウスの味方の多くが——元老院議員の三分の一以上が彼の味方だった——彼女を排除するようにと主張した。ここでまたアントニウスは彼らの理屈に負け、クレオパトラを排除することに同意する。彼は彼女に「船でエジプトに帰り、戦いの結果を待て」と命じた。[25] 彼女は拒否した。プルタルコスは、その理由を、そもそも彼女のための戦いである戦争を阻止しようと、またオクタウィアが介入してくるのではないかとおそれたからだとしている。アントニウスの判断を信用していなかったのかもしれない。協力しないのは無責任だと思ったからかもしれない。彼女は戦う女王ではなかった。彼女に近い世代のプトレマイオス朝の王たちはみな戦争があまり好きではなかったようだ。戦場で死んだ者はいなかった。これは他のアジアの王についても同じだ。彼らは帝国は金で買えるが、帝国があっても金は手に入らないと信じていた。[26] しかし彼女は自国の軍の総司令官であり、戦いの準備も実際の戦いも自分でしていた。それにアントニウスを金で動かしている立場でもあった。二人の間で冷静な意見の対立が続いた。今回はクレオパトラは、ハンストのあげくに失神する作戦はやめた。正反対の方法を取り、アントニウスの優秀な副官カニディウスから支援をとりつけた。買収したのだと言われている。しかしカニディウスは単に彼女にぼうっとしてしまっただけかもしれない。そして、カニディウスはアントニウスに反論した。こんなにも助けになってくれる味方を追い払うなんて公正ではないのでは？　彼女は軍に食料を与えてくれた。彼女はどんな男と比べても遜色がないほど有能です。彼女を立ち去らせたら、エジプトの乗組員たちが士気を失うのがわからないのですか？　彼らは我が海軍の基盤です。彼らは自分たちの女王のためになら戦うけれど、ローマの将軍のために戦うかどうかはわかりません。エジプトへの愛情を否定することは、アジアの同盟軍に不快感を味わわせることになりますよ。

クレオパトラはアントニウスに彼女が「この遠征に参加する君主たちの誰かよりも、これほど大きな国を一人で統治し」――ここで彼女はお世辞をつけ加えた――「アントニウスの協力の許に、大きな問題に対処することを学んできた彼女の方が、知的に劣る」部分を教えてほしいとアントニウスに迫った。[27] 彼女の主張と彼女が持っている軍資金が、彼を納得させた。彼女は自分の意見を通した。

紀元前三二年四月、アントニウスとクレオパトラはアントニウスの部下たちとともに現在のトルコ沖にあるサモス島に渡った。サモス島はギリシアへの足がかりになる場所で、ローマ世界の権力闘争の舞台にうってつけの場所だった。アントニウスとクレオパトラはこの山がちな島に落ち着き、軍の者たちはエーゲ海をさらに西に渡った。これにはたっぷり一カ月の時間がかかった。アントニウスの兵士たちは、アルメニアから帰ってきたばかりだった。アジアで募った新兵を加えて、一九隊ほどのレギオンが編制された。この夏、彼がどんな政治や軍事の問題に心を砕いていたかは伝わっていない。プルタルコスがサモス島でのお祭り騒ぎのことしか書いていないからだ。サモス島はリゾートの島として繁栄していて、パーティにはもってこいの場所だったし、アントニウスは十分パーティを開ける立場にいた。彼は時間を持て余していた。オクタウィアヌスがアントニウスの贅沢を十分に利用したので、またディオニュソスのようなどんちゃん騒ぎをしたと今日まで伝わっている。アテナイより東の王や王子たちが同盟に加わっていく中で、演劇関係の芸術家はみなサモス島にいると言われた。彼らは群れをなして島に到着した。何日もぶっつづけで竪琴奏者やフルート奏者、俳優や踊り子、曲芸師や身振り狂言役者、ハープ奏者や女物まね師、つまり「アジアの芸人、役者などの群れ」が、様々な言語が飛び交う、まばゆいばかりの音楽と演劇を披露した。[28]「その一方で、その周囲のほぼすべての世界は嘆きとうめき声で満ちていた」、とプルタルコスは唇をすぼめながら語る。[29]「この島だけに何日にもわたってフルートと弦楽器の音が鳴り響いていた。劇場はみな満員で、合唱隊同士が競い合っていた」あちこちの都市から犠牲の動物も送られてきていた。同盟国の王たちは「互いの娯楽や贈り物を競いあった」。みなの心に浮かんだのは、アントニウスとクレオパトラは、このおそろしく金のかかった戦いの前夜祭をはるかにしのぐであろう凱旋式を、どう祝うつもりなのだろうかということだけだった。

五月に、アントニウスとクレオパトラは西に短い旅をした。丘の多いアテナイを訪れたのだ。九年前にディオニュソスに扮したアントニウスを歓迎してくれたアテナイの劇場や大理石の座席がある巨大な競技場では、お祭り騒ぎが続いていて、彼は当時よりもさらにこの競技場の役割を重用視していたかもしれない。(30) アテナイにやってきた者は、みなクリーム色の大理石でできた彫刻や劇場や講堂を捧げずにはいられないようだ。もっとも訪問者がそうしないときには、アテナイの市民たちがその人物の彫像を建てていたが(31)(クレオパトラの先祖たちは市場の東にある講堂を贈った)。

アントニウスはスポーツや演劇に注意を奪われたが、二つのことが相次いで明らかになった。クレオパトラは、アントニウスが一年の大半をオクタウィアとともに過ごしたこの名高い街で夏を過ごした。アントニウスの妻はいつも彼に同行して講義に出席していた。この街で彼らは二人目の子どもをもうけた。オクタウィアの存在感はまだ鮮やかに残っていた。彼女の彫像や、彼女を記念した碑文がこの由緒ある街を飾っていた。アテナイ市民たちはオクタウィアを女神として敬い、毎年彼女に捧げる宗教儀式が行われていた。これはクレオパトラには耐えられなかった。一四年前、カエサルの妻と街を挟んで静かに暮らしていた頃とは、彼女にとって多くのことが変わっていた。ルカヌスが「不倫と私生児」という言葉で表わしたようなことも、さんざん言われた。それよりもクレオパトラはプトレマイオス朝ではじめてアテナイに足を踏み入れた女王であるのだから、アテナイはもっと彼女を温かく迎えるべきだった。紀元前三世紀のはじめから、アテナイは小麦や軍事的な支援や政治的に逃亡した者への隠れ場所の提供などで、プトレマイオス家を何度も頼ってきた。アテナイ市民たちは、プトレマイオス家の初期の王族の彫像を建てている。(32) その中にはクレオパトラの大おばのものもあった。

しかしクレオパトラは別の女性のことばかり考えていた。彼女はオクタウィアに捧げられた敬意を細かく観察していた。嫉妬していたのだ。彼女は「すばらしい贈り物をして人々の好意を得」るという対抗手段に出た[33]。つまり先祖たちと同じことをしたのだ。現実的で論理的なこの作戦を、アテナイ市民たちはありがたがり、アントニウスはほっとした。彼らはクレオパトラに様々な形で敬意を表した。街の中心にあるアクロポリスに、クレオパトラとアントニウスの彫像を建てた。あるときなど、クレオパトラに敬意を表する人々のまっただ中にアントニウスが現われ、アテナイを代表して演説をした。

紀元前三二年の夏にもすばらしいプレゼントが贈られた。アントニウスがクレオパトラにペルガモンの図書館を贈ったのだ[34]。アレクサンドリア図書館に世界で唯一匹敵する蔵書を持つ、図書館だった。眺めのいい丘の上に建てられた、四部屋を持つこの図書館には、二〇万巻の巻物がおさめられていた。何世紀もの間、ホメロスとヘロドトスの胸像が、その巻物たちと共に過ごしていた。年を経る間に、この図書館がアントニウスからの結婚の贈り物だったとか、アレクサンドリア戦争でカエサルが不注意にも燃やしてしまった書物のつぐないだったなどと言われるようになった。この状況では、この気前のいいプレゼントに説明はいらない。ペルガモンはエフェソスからそれほど遠くない。アントニウスとクレオパトラは数日間馬で旅するだけで、ここまで来られただろう。当時、蔵書を集める方法といえば、他人の書物を奪うことだった。図書館がまだ発展途上にあったローマでは、このやり方がちょっとした伝統になっていた。

多くの記録でアントニウスがクレオパトラのせいで分別を失い、堕落した情熱を持ってしまったと言われるようになったのはこのアテナイの夏からだった。アレクサンドリアでは、政務から彼女の気をそらしていたが、アテナイに来て、その立場が逆になった。彼はもっぱら彼女としか過ごさなかった。「裁判長として高い壇上に座り、小君主や王たちに裁定を下しているときに、彼女からのオニキスや水晶の板に書かれたラブレターを受け取り、その場で読むことがよくあった」とプルタルコスは伝えている[35]（公務中にラブレターを受け取ったのはアントニウスがはじめてではない。カエサルも元老院議会の間に、〝みだらな短文〟を受け取っていた[36]。しかしその愛人はオニキスの板を使っていなかった）。あるときはアントニウスが裁判を行っているときに、使用人たちの肩にかつがれて、わざとらしく法廷を通り抜けた。ちょうど著名なローマの弁論家が発言をしていたとき、アントニウスはクレオパトラを見た。すると彼は「壇上で勢いよく立ち上がると、裁判を中止し、クレオパトラの輿に手をかけて、彼女をエスコートして去った」見すごせない行動だった。ローマ人というものは、どんなに変わった忌まわしい性生活を楽しんでいてもかまわないが、自分の愛情には分別を持ち、感傷的にならずに対処しなければならなかったのだ。ポンペイウスは、自分の妻に恋をしてしまうという見苦しい行動のせいで、いい笑い者になった。紀元前二世紀のある元老院議員は公共の場の、しかも娘の目の前で妻にキスをしたせいで免職になった[37]。アントニウスも数年前、人前で妻に鼻をすりつけたことで譴責されている。この頃彼は、宴の最中に席を立ち、客人たちが見ている前で、クレオパトラの脚を「二人の間で決めた合意と契約に従うために」マッサージするといわれていた[38]（二人の関係は条約や宣誓や競争によって決まっていた。これは間違いなくクレオパトラが始めたことだろう。アントニウスは形式にあまりこだわらなかった）。脚をマッサージするという行為自体がすでに問題だった。こうした楽しみのための使用人もちゃんといる。それに、他の時代なら、紳士的だとか愛情ゆえの行動だといわれるし、アジアではきちんとした敬意の表明だと思われるが、ローマではみだらで恥ずべき行為だとされる、こうした噂が累積していった。アントニウスはクレオパトラの機嫌を取っていて、まるで宦官のようなことをしている[39]。彼は通りを行く彼女の輿の後を付き人たちと一緒について歩いていた。そしてローマ人たちはエジプトの女王に、よくある女へののしりの言葉を投げつける。彼女は美人ですらない！　とあざ笑うのだ。

オクタウィアヌスから見ると、アテナイからの報告は、予想通りで、信じられないほど都合がよかったことだろう。互いが戦いの準備に入っていたし、ローマでは政府が混乱し、もう避けられないという感じが強まっていたが、二人が決定的にたもとを分かつきっかけがまだなかった。アントニウスとオクタウィアヌスはまだ戦いの種を求めているままだった。紀元前三二年、二人はついに見つけた。アントニウスは間違いなくクレオパトラにある程度の愛情を持ち、彼女は無敵だと感じていた。五月、彼はオクタウィアを離縁した。彼はアテナイから妻に、居心地のいい我が家から出て行くように命じた。この行動のどれほどのものがクレオパトラに向けられたもので、どれほどのものがオクタウィアヌスに向けられたものなのかはわからない。長年不正直な和解やうわべだけの合意を繰り返し、中傷合戦の時期も経たあとだった。この行動は単なる先制攻撃だったのかもしれない。オクタウィアは自分の方から結婚を終わらせることもできたはずだ。離婚自体は簡単で、書類も必要なく、非公式の手続きだけで完了した[40]。しかしその影響は複雑だった。プルタルコスはポンペイウスの妻やカエサルの娘が死んだ際に、家族の結びつきが「これまで二人の男の野心を抑えるというより隠してきたのが、終わりになった」と述べている[41]。クレオパトラはとにかく喜んだだろう。すでに彼女はアントニウスに妻のことを考えさせないようにするため、友人たちの支援を取りつけていた。オクタウィアヌスは狂喜した。オクタウィアは希望を失った。彼女は泣きながら荷造りをし、アントニウスの子どもたちを連れて出ていったが、その際に彼と前妻フルウィアとの間の次男も一緒に連れていった。彼女は非難しなかった。ただ、自分のせいで一気に戦争が早まったと言われるのを心配していた。

プロパガンダなしの記録からわかるかぎりで、この出来事を並べてみると、野営地における人間関係は、離婚のかなり前から不自然になっていた。後の記述はみな、高貴な生まれのローマ人たちがクレオパトラに魔法をかけられ、なす術もなくその足下にひれ伏していたとしているが、紀元前三二年にはそれに一致するような記述はなにもないし、クレオパトラが彼らをそそのかす、銀の鈴をふるうような声も聞こえない。アントニウスの助言者たちの間に現われていた争いの兆しに関しては様々な意見がある。様々な理由が挙げられていて、その多くは正当なものだが、中には相変わらずクレオパトラに責任を押しつけているものもある。野営地は女の来るところではない。クレオパトラがアントニウスの気を散らせたからこうなった。彼女は将軍ではないのだから、戦いに関する協議に参加するべきではなかった。アントニウスは外国人と一緒にイタリア半島に上陸することができなかったし、そうしようとタイミングを待っていたのは愚かだった。彼はエジプトの女王のために、自分のメリットを無駄にしたのだ。こうした批判は彼女のよいところを引き出してはいない。ある時、ローマにいるアントニウスの協力者が、自分たちの窮状を訴えるために友人のゲミニウスをアテナイに送り込んできた。ローマでオクタウィアヌスはアントニウスをこきおろしている。だからアントニウスはローマで弁明するべきだ、ゲミニウスはそう訴えた。なぜローマの敵とか、外国人の虜になっていると言われるままにしておくのか？　この難しい任務にゲミニウスを選んだのはまさに適任だった。彼には無分別に愚かな愛に溺れた過去があったからだ。クレオパトラはオクタウィアがゲミニウスを送り込んできたと考え、そのつもりで彼を扱った。つまり彼をできるかぎりアントニウスに近づけなかったのだ。夕食のときにはゲミニウスをそれほど重要でない客人たちの間に座らせ、皮肉を次々とぶつけた。ゲミニウスは黙ってこの屈辱に耐え、アントニウスに話を聞いてもらえる機会を辛抱強く待った。その約束を取りつける前に、クレオパトラが食事時のざわめきの中で、ゲミニウスにどんな用事で来たのかと挑発するように訊いた。彼は詳しくは「しらふな頭のときでないと話せないが、彼が唯一知っているのは、酔っていてもしらふでも、クレオパトラがエジプトに帰りさえすれば、それですべてはうまくいくということだ」と答えた[42]。アントニウスは激怒した。クレオパトラはもっと残酷だった。彼女はゲミニウスの正直さを褒めた。それに免じて罰として拷問を加えるのは思いとどまると言ったのだ。数日後、ゲミニウスはローマに逃げ帰り、オクタウィアヌスの一派に加わった。

　クレオパトラの廷臣たちもローマ人たちに好感を持ってもらえなかった。ローマ人たちはエジプト人たちの「酔った際の愚行や下品な振る舞い」にうろたえた。アレクサンドリアの宴では水を得た魚のように生き生きしていたプランクスも、なんらかの理由でローマへ逃げ帰っている。彼は愛想を尽かしたのだ。彼の離反にはクレオパトラもその助言者たちも関係なかったのかもしれない。生まれついてのご機嫌取りであるプランクスはいつももっとも楽な道へと向かいがちだった。彼はなんでもお辞儀をして切り抜けるのと同じように、簡単にすべてを裏切った。「裏切りとは、彼の病気のようなものだ」と言えるかもしれない(43)。しかし彼の政治的な勘はすばらしかった。彼はなにかを見抜き、アントニウスが、その桁外れの力と名声と長年の経験にもかかわらず、オクタウィアヌスに勝てないのではないかと疑うようになったのだ。プランクスはアントニウスにもっとも近い側近だと思われていた。しばらくの間、彼はオクタウィアヌスの文書を扱う係をしていた。彼は秘密を知っていた。彼はオクタウィアヌスの許に走る際に、脚のマッサージや金遣いの荒い宴や女王の横暴さについてのエピソードをうんざりするほど数多くもたらし、さらには自分が立会人になったアントニウスの遺言の情報も流した(44)。オクタウィアヌスはすぐにウェスタ神殿の巫女たちから遺言書を奪った。本来はウェスタ神殿の巫女に預けていれば、遺言書は誰にも見られないはずだった。遺言書には言語道断な部分があった。少なくとも彼はそう主張した。彼は元老院でこの遺言書を、都合のいい注釈を加えながら読み上げた。元老院議員の大半は、彼のこの逸脱行為に加わるのは気が進まなかった。遺言書はその人物の死後に開けられるべきものであり、生前に封を切るのは違法行為だった。しかしオクタウィアヌスの朗読が最後の部分に近づき、恐ろしい条項が明らかになっていくと、そんな居心地の悪さは吹っ飛んだ。アントニウスは、自分がもしローマで死んだ場合も、「遺体を正装させて公会場に安置した後、エジプトのクレオパトラの許に運ぶように」と指示していたのだ(45)＊。

本当に存在したのかわからないこの条項は、激しい炎を巻き起こした。そしてオクタウィアヌスはその炎を容赦なくさらに焚きつけた。一月の攻撃の際に彼は、元老院にアントニウスに不利な証拠を提出すると約束していた。その約束をこのとき、十分すぎる形で果たしたのだ。アントニウスのアテナイでの不品行や、クレオパトラに対する卑屈な態度など、センセーショナルでみだらな内容の報告は、だいたいの者が嘘だと思っていたのだが、それが俄然、本当に思えてきた。レトリックに魂を奪われている世界——「蜂蜜をからめたドーナツのような言い回し、言葉にも行動にもすべて芥子の種とごまをふりかけてある」[46]——では、もっともらしさの方が圧倒的に現実に勝るのだ。オクタウィアヌスにはこの才能がたっぷりあり、自由に使いこなせた。人を酔わせる、何もかもが過剰で、理性を失わせる地域、アジアでの破壊行為だけでも、非難のネタの十分な供給源になった。エジプトはその女王と同じように、人を惹きつける官能的な魅力を持っていた。現代でもよくイメージされる、東方世界と性という組み合わせは、紀元前一世紀にすでに陳腐だった。[47]アフリカではすでに道徳的衰退がみられた。そこからアレクサンドリアの寄贈をしたアントニウスを権力に飢え、身を持ち崩した、アジアの暴君に仕立て上げるには、それほどの飛躍は必要なかった。「彼は黄金の錫を手にし、偃月刀を帯びている。大きな宝石をちりばめた紫のローブを着ている。あとは王冠さえあれば、彼は女王と戯れる王そのものだ」[48]またもやダイアデムと黄金の彫像の問題なのだ。王を象徴する装身具は、専制政治そのものよりもローマ人を刺激する。本当は、専制政治ならもっとさりげない形で、もう一〇年は行われていたのだが。オクタウィアヌスの言葉によると、アントニウスは東方の無気力さと非ローマ的なアジアの贅沢に、取り返しのつかないほど染まっている。カエサルやアレクサンドロス大王や同じだ。そして今度はオクタウィアヌスが、エジプトは征服者にとっていいことずくめではなく、文字通り、人を惑わす財宝であると知ることになる。莫大な額の信託財産と同じように、手にした者が自分を神だと思い込んでしまうのだ。

オクタウィアヌスはアントニウスとクレオパトラの関係をたっぷりと利用した。彼女について古い言い回しを引っ張り出してきたのだ。力を持つ女への嫌悪は、王政への嫌悪や、堕落したアジアへの嫌悪よりも強かった。クレオパトラがアントニウスを支配していたかどうかはわからないが、彼女は確実に、語る権利をオクタウィアヌスに支配されていた。彼はキケロのフルウィアに対する暴言を無断でそのまま借用し、強欲でみだらながみがみ女だとクレオパトラをののしった。いつも勤勉なオクタウィアヌスは、さらに表現を工夫している。非難の名手である彼の手にかかれば、エジプトの情事はやみくもで無責任な情熱の物語として花開いた。アントニウスはなにか強力な麻薬の影響下にあるときに、「あの呪われた女に魅了された」という。[49] 現実にもっとも近いのは、ウェレイウス・パテルクルスの、原因と結果だけを抽出した公式バージョンの記述だ。ウェレイウスは「そして彼のクレオパトラへの愛情が熱くなってきて」アントニウスがアジアの悪徳を身につけたと説明した。[50] そして、「彼は自国と戦争をしようと決意したのだ」という。クレオパトラは「彼をとろけさせ、男らしさを失わせた」というほど、アントニウスを堕落させてはいない。[51] オクタウィアヌスの言葉によれば、クレオパトラはすばらしい腕前でアントニウスを虜にしているが、それは数カ月前にアントニウス本人が堂々と書いていている関係とまったく正反対だ。記録者たちはみな、この非難に疑問があることは認めながらも、大筋で従ってしまっている。アントニウスは「クレオパトラへの愛の奴隷となり」、「自

＊オクタウィアヌス以外の誰もこの遺言書を目にしていないので、これは彼の捏造かもしれない。プランクスがでっち上げた可能性も同じぐらいある。プランクスは緊急の対処が必要な件については、アントニウスの名前で署名し、彼の印を押す権限を与えられていた。この書類には、間違いなく、アントニウスからクレオパトラの子どもたちへの贈り物の承認と、カエサリオンの父親についても書かれていたはずだ。我々が知るかぎり、アントニウスはこの件に異議を唱えたことがない。さらに詳しく言うと、オクタウィアヌスはカエサリオンについて異議を唱えたことがあったが、このときは賢明にもこの件には触れていない。どちらにしても、アントニウスがわざわざ記した遺言の条件をオクタウィアヌスが朗読するという事態になるとは予想しがたかっただろう。

分のことなど考えず、あのエジプト女の奴隷になることばかり考えて」[52]いて、「自立心さえなくなる」ほど、彼女にすべてを差し出していた。[53]神話にも同じような話が見られるほど古くさいこの構図を、オクタウィアヌスは熱心に広めようとした。アントニウスはヘラクレスの子孫だと主張していた。オクタウィアヌスはヘラクレスが三年間、武器を取り上げられ、屈辱的な状態で、裕福なアジアの女王オムファレーの奴隷になっていたことをみなに思い出させた。オムファレーはヘラクレスからライオンの皮と棍棒を奪い、自分がライオンの皮をまとって、彼が機を織るのを監督したのだ。

オクタウィアヌスの非難には想像によるひねりが加えられている。彼はどちらにしても、二〇年近くにおよぶ内戦で消耗し、飢えて、疲弊している国を再興しなければならなかった。熱い風呂と蚊帳と黄金の装身具と宝石をちりばめた偃月刀、不倫の関係と私生児という舞台装置に、彼は刺激をつけくわえた。「あのエジプト女は酔っぱらいの将軍に、自分の愛情と引きかえに、ローマ帝国をねだった。そしてアントニウスは、まるでローマ人はパルティア人より簡単に征服できるとでもいうように、ローマを与える約束をした」とフロルスは書いている。[54]ディオンはもっと回りくどい論法を用いて、同じ結論に至っている。「彼女は彼ばかりでなく、彼に影響力を持つすべての人々を非常に魅了し、夢中にしたので、ローマ人たちまで支配できるのではないかという希望を抱いた」[55]クレオパトラはすでにペルガモンの図書館を手に入れている。ヘロデのバルサム農園も彼女のものになっていた。アントニウスがエジプトの女王の歓心を買うために、アジアの神殿からよい美術品を略奪しているという報告も出回った。[56]その中にはサモス島に何世紀も前からそびえ立っていたヘラクレス、アテナ、ゼウスの巨像も含まれていたという。アントニウスが自分の遺体を彼女の許に送らせるというのなら、彼女のどんな願いなら拒否するというのか？　そして彼女はどんな願いなら、口にするのをためらうのか？

オクタウィアヌスは、ローマをエジプトの属国にしようと企んだのはクレオパトラだとしているが、これは頭の回転が速い彼女が思いつきそうにもない考えだ。オクタウィアヌスの傍らには、おなじみの、陰謀を好み、金遣いの荒い妻がいた。この妻にかかったら、どんなダイアモンドも小さすぎて、どんな家も狭すぎた。何百年も後に、エウトロピウスの記録では、アントニウスは「ローマも統治したいというういかにも女らしい欲望」から、ローマをほしがった、エジプトの女王に促されて戦争を始めたという。(57)*「もっとも大きな戦いはみな女たちのために起こった」とみなすでに認めていた。(58)どの家系もそのせいで破滅した。そしてエジプト女はいつもトラブルを起こすというのも、共通のイメージになっていた。そう、ここでもみだらで邪悪で明らかにローマを破滅させようとしているアジアのせいになるのだ。エジプト女には飽くことを知らない情熱と精力があるとされている。夫一人では足りないのだ。だから男を誘惑し、破滅させる。オクタウィアヌスはその証拠を並べただけだ、と。

四年前に内紛は終わり、もう軍を率いることはない、とオクタウィアヌスは約束していたが、今回のためにうまい口実を見つけた。アントニウスは不倫の愛に滅ぼされるより、自国の者たちに滅ぼされるべきだ、というのはどうだろう！　これほど説得力があって、耳ざわりのいい口実はないだろう。クレオパトラがアントニウスを征服したのと同じように我々も征服しようとしていると主張すれば、レギオンを再集結させるのは――それに市民に課税したり、息子が父親と戦うようにしむけたりするのも――まったく難しくない。一世紀後になって、ルカヌスはこの戦争のスローガンをこう記している。「女、それもローマ人でもない女が世界を支配するのか？」簡単な論理だった。(60)エジプトの女王はアントニウスを征服した。次はローマだ、そうオクタウィアヌスは警告した。そして一〇月の終わ

*これは短所として認識されていた。ローマでもっとも人気のあった喜劇作家プラウトゥスはこう不平を言っている。「私は有力な家の出の女たちが、彼女たちの態度、多額の持参金、うるさい要求、傲慢さ、象牙の馬車、彼女たちのドレス、身につけている紫色、夫を自分たちの出費の奴隷にすることが好きではない」(59)

り、彼は宣戦布告をした――クレオパトラに対して。(61)

戦備

この宣戦布告が予想外だったはずはない。ひょっとしたら、この布告でほっとした可能性さえある。しかしどちらにしても、クレオパトラはその内容に驚いた。彼女はローマに敵意を抱いたことなどなかった。ローマの理想的な配下として振る舞ってきたはずだ。ただし特権を持った配下だったかもしれないが。自分の王国を統治し、要求されればローマに物資を供給し、召喚されればそこに出向き、隣国を攻撃することもなかった。卓越したローマの偉大さを支えるために全力を尽くしてきたし、それに反するようなことに力を使ったことはなかった。伝統的に、ローマは宣戦布告までに三つの段階を踏む。元老院が原状回復の要求書を送り、その一カ月後に、引きつづき厳しく要求する調子の催促状が送られる。そしてさらにその三日後に、敵の領地に使者が送られ、公式に敵対がはじまる。オクタウィアヌスは弁明のためにも、告発のためにもクレオパトラを召喚しなかった。外交ルートを使った予備交渉をまったくしなかったのだ。いつもの通りに手際のよい演出で、彼は宣戦布告の儀式的なプロセスを復活させたのだ。彼は軍服のマントをまとい、ローマにある儀式用の「敵国」の地域に立って、自ら豚の血にひたした槍をアジアの方に向かって投げた（この儀式は彼がこのときのために創作したものではないかという説もある。オクタウィアヌスはときどき歴史を捏造しているからだ。彼は伝統を復活させるのが得意だったが、その中にはもともと存在していなかったものもあった）。クレオパトラの行状に釣り合う罪状がないという単純な理由で、公式な告発は行われなかった。だからクレオパトラは、どんな行動を告発されたにせよ、敵意に基づいた都合よくあいまいな「彼女の行動により」、有罪になったのだ。オクタウィアヌスはアントニウスがクレオパトラへの忠誠を貫く方に賭けた。そうなれば、オクタウィアヌスは、同輩であるアントニウスを「自らの意思で、エジプト女の側に立ち、祖国に敵対した」と非難することができる。[62] 紀元前三二年の終わり、元老院はアントニウスの執政官の地位を剝奪し、すべての役職から解任した。*

アントニウスとクレオパトラはひそかに挑発しようと試みた。いまや二人は同盟せざるをえなかった。この状況で、誰がオクタウィアヌスのようなならず者の言うことを信じる？　と二人は叫んだ。「彼はいったい何を言っているのか？　私たち二人を同じように武器で脅しているが、布告の中では、ある者と戦争をするが、もう一人とは戦わないと言っている」[63] アントニウスは部下たちに訴えた。どちらにしても裏切り者の同僚オクタウィアヌスは、最初から不和の種を蒔こうと計画していた。自分が王としてすべてを統治するために都合がいいからだ（これについては彼は間違いなく正しかった。オクタウィアヌスはアントニウスがもしクレオパトラを見捨てても、戦争を始められるきっかけを見つけただろう）。突然同僚の地位を剝奪し、友人や仲間や親類の遺言書を違法に奪取するような男と誰が仲間になるだろうか？　オクタウィアヌスは私に正面から宣戦布告する度胸がないのだ、とアントニウスは激しく非難した。彼は実際は「私と戦っていて、まだ私を征服していなければ、殺してもいない者のように振る舞っている」のに、と。[64] 経験でも、任期でも、数でも、アントニウスが優勢だった。彼は熟練した指令官であり、その後ろにはアジアでも強国の大半が控えている。五〇〇隻の戦艦、陸軍の一九隊のレギオン、一万人を超える騎馬隊が彼の指示に応えるのだ。彼はローマではすべ

＊権力を奪われたアントニウスには、もう属州に援軍を要請する権限もローマの領土を配分する権限もなかった。歪んだ解釈をすれば、それでクレオパトラがローマに敵対的な市民を煽動し、自分には権利のない土地を手に入れようとしたと考えることもできるかもしれない。しかしそうした場合、アントニウスも告発されているはずだが、彼の名前はどこにも見当たらない。

ての権限を失ったが、そんなことは関係なかった。元老院の三分の一は彼の味方だった。

アントニウスは一二年間にわたって、オクタウィアヌスが自分を滅ぼそうとしていると主張してきた。現実の状況からも、日和見主義的な事情からも、クレオパトラはそれに同意していた。二人が正しかったことがついにわかった。それにアントニウスが、腹黒さを競っても、かつての義弟にはまるでかなわないと言っていたことも正しかったのだ（クレオパトラもそう言っていたかもしれないが、この場ではアントニウスに発言させなければならなかった）。

アントニウスがローマへの反逆者になったのは残念だ、とオクタウィアヌスは不満を述べた。こんな状況になって、心が痛んでいる。アントニウスに強い親愛の情を感じていたから、統治権も共有したし、最愛の姉も信頼して任せた。彼が姉を侮辱し、子どもたちを捨て、他の女の子どもたちにローマの人々の所有物を与えてからも、ずっと戦争を仕掛けずにいた。もちろん、アントニウスは目を覚ましてくれるだろう（オクタウィアヌスはクレオパトラにはそれを期待していなかった。「私は彼女が外国人であることだけで判断したのではなく、行動そのものから彼女が敵だと判断したのだ」[65]）アントニウスが「積極的にではなく、渋々ではあっても、クレオパトラに敵対する決定が通ったことによって、考え直してくれればいい」とオクタウィアヌスは言った。アントニウスが考え直すはずなどないのは十分承知していた。彼とクレオパトラはそんなレベルをとうに超えていた。愛情の問題は別にしても、彼は非常に忠実な男だった。オクタウィアヌスとの関係はもう限界だった。紀元前三二年にクレオパトラの存在が、誰にとって一番大きかったのかは、わからない。彼女のパートナーである男か、彼女を口実として利用している男か。アントニウスは彼女なしでは戦いに勝てなかった。オクタウィアヌスは彼女がいなければ戦争を起こせなかった。

フィリッピの会戦における勝利はアントニウスに一〇年もの間評判をもたらした。その評判がいま突然に消えた。この年の秋、彼はクレオパトラとともに西に向かい、コリントス湾の入り口にある目立たない町、パトラスに移動した。二人はパトラスからギリシア西部沿岸までジグザグに防衛線を築き、北はアクティウムから南はメトニまで、兵を配置した。オクタウィアヌスがついに宣戦布告をしたエジプトそのものとともに、アレクサンドリアの供給ラインを守ろうとしたようだ。クレオパトラはこの合間に硬貨を発行した。その表面にはイシスに扮した彼女の肖像が刻まれていた。アントニウスは相当量の黄金をローマに送り、各陣営に賄賂を配らせた。軍事力では彼の方が優勢だったが、オクタウィアヌスの部下たちの忠誠心を損なうための努力もした。こうした資金の大半はクレオパトラから出ていたと思われる。一方でオクタウィアヌスが戦争のために課税をしたので、ローマで暴動が起こった。また、この冬はスパイや元老院議員たちが忙しく往来していた。彼らの忠誠心は脆くて変わりやすかった。こうした苦境を一度は経験したことがある者はたくさんいた。誰の許に逃げ、誰に従う？　主義主張よりも、性格が試されていた。違う場所から見たら、地中海世界の上空に磁石が現われて、動き回っている者たちを引きつけて、「これまでに実現したことのない規模に」固く団結させたように見えただろう[66]。紀元前三六年にアントニウスが統治者に指名した王たち全員が参加していた。リビア、トラキア、ポントス、カッパドキアなどの王たちも艦隊を率いて、アントニウス軍に加わったのだ。

悪疫のような女

その冬は熱病のように興奮しながらも、なにも起こらずに過ぎた。日頃はせっかちなアントニウスがまたもや、なかなか遠征を開始しようとせず、クレオパトラはただいらいらしていた。彼女は毎月、かなりの出費を強いられていた（レギオン一隊に対し、一年にざっと四〇から五〇タラント必要だった。ということは、この夏クレオパトラは、歩兵連隊の分だけでも二一〇タラント前後を支払ったのだ）。当時もっとも偉大な軍人だったアントニウスは、この壮大な戦いに出たくないのだと思われていた。以前、カエサルは、「彼は属州よりも評判を求めている」と言われていたが、この言葉が今では、カエサルよりもその秘蔵っ子に当てはまっていた。[67] オクタウィアヌスはアントニウスをばかげた公開対決の場に呼び出した。アントニウスはオクタウィアヌスに決闘を申し込んだ。どちらも実現しなかった。どちら側も「互いに探り合い、立腹させあう」ために、侮辱や単なる脅しをするだけだった。[68]

ローマ世界には、流言飛語が飛び交って騒然としていたが、そのほとんどの発信元はオクタウィアヌスだった。紀元前三三年、彼はローマから占星術師や予言者の大半を追放した。これは表面上は、強まっていたアジアの影響力を一掃するためだったが、実際は噂の内容を自分がコントロールするためだった。予言者たちがいなければ、自分に都合のいい前兆を引き出すのが簡単になる。彼は予言業界をたった一人で牛耳りたかったのだ。そしてアクロポリスにあるアントニウスとクレオパトラの彫像が雷に打たれて、めちゃくちゃに砕けたという。[69] 頭が二つあり、体長二五メートルもあるヘビが現われた。大理石で作られたアントニウス像から血が染み出てきた。ローマの子どもたちがアントニウス派とオクタウィアヌス派に分かれて二日間にわたって激しい喧嘩をし、小さなオクタウィアヌス派たちが勝利した。真実は人間の言葉をしゃべる二羽のカラスたちの言葉に一番近い。ある公平な訓練士は一羽に「カエサル万歳、我らが勝者たる指導者」とキーキーした声で鳴くよう教え、もう一羽には、「アントニウス万歳、我らが勝者たる指導者」と教えた。[70]

賢明なローマ人なら、二股をかけておくべきだった。そしてアントニウスとオクタウィアヌスが激しい勢いで語っている演説や、それぞれの今後の目標から考えると、二人のどちらを選んでもまったく変わりはなかった。二人の両方とした親しい者たちでさえ、二人が「ローマばかりでなく、全世界の支配者になりたいと思っている」と認めていた。[71]

アントニウスとクレオパトラ側は資金と経験では圧倒的に優勢だったが、二人の結婚にまつわるあいまいさ――現代ほどはっきりしている必要はなかったが――が問題になってきた。外国人であるクレオパトラはローマの法律の下では、アントニウスが離婚しても、彼の妻になることはできない。しかしもっと柔軟で融通がきくギリシア系アジア社会の論理では、二人は結婚していると言える。

　エジプト人には、この問題はまったく関係なかった。クレオパトラはカエサリオンと共同統治をしていたので、エジプトでは公的資格を持たないアントニウスと結婚する必要がない[72]。アントニウスは女王の配偶者兼庇護者としてエジプトにいるのであり、王ではない。だからエジプトでは問題がないのだ。

　しかしローマでは困惑の種だった。クレオパトラは西側の世界でもなんらかの役割を果たすつもりか？　ここでまた、ローマの人々は彼女の立場をどうとらえるべきかわからなかった。いや、わかってはいた。妻でないのなら愛人だ。それならなぜアントニウスは彼女の肖像をローマのコインに刻んだのか？　アントニウスとクレオパトラが二人でなにをしようとしているのかもよくわからなかった。予言にあったように、アレクサンドロス大王の夢であった、国籍を超えて、人々を一つの法の下にまとめるという野望を持っているのか？　それともアントニウスはアジアに王国を打ち立て、クレオパトラを王妃にするつもりか？（それならオクタウィアヌスにとって事は簡単になる。別の国に正式に所属した場合、ローマの市民権を放棄したことになるからだ）。彼らの意図はもっと明確に示されていたかもしれない。二人は二つの都をつくろうとしていたのだろう。しかし、すべてを既存のカテゴリーに分類しないと気が済まないローマ市民たちは、二人の存在に頭を悩ませた。そして彼らは属州の王の扱いを一変させた。外国人はローマ市民とは対等ではなく、従属的な立場にあることになった。こうなればオクタウィアヌスは容易に、クレオパトラを、征服を企み、強欲で常識を逸脱した女と扱うことができた。彼は周囲を納得させてこの変更を行い、その影響は、後世まで残ることになった。

二〇世紀の偉大な歴史学者の一人は、クレオパトラがアントニウスに寄生して、彼女自身が考えもしなかったかもしれない野望を実現させようとしていたと主張している(73)。二人の軍事的な意図もわかりにくい。アントニウスはいったいなんのために戦ったのか？　本人の主張の通りなら、共和制の復活のために戦っているようだが、それなら、彼の子ども三人の母である外国人のことはどう考えればいいのか？

一方でオクタウィアヌスについては、すべてがはっきりしていて、分類しやすかった。ただし、過去に一度、自分の復讐を外国との戦争だとして通したことはあったが。彼の主張の方が筋書きもはっきりしていて、わかりやすかった。彼は外国人嫌いのローマ人に見事にわかりやすく訴えかけた。もちろん彼の部下たち――「我々ローマ人は、世界でもっとも偉大で、もっとも良い部分の主だ(74)」――があんな原始人たちに動揺させられるわけがあるまい？　世界を男らしくて論理的な西洋と女っぽくてあいまいな東洋に分けるという考え方は、この後も延々と行われることになる。オクタウィアヌスは十字軍のようなものの実施を宣言したのだ。彼はなにかと戦うだけでなく、なにかのために戦ってもいた。ローマ人の高潔さ、信仰心、自制心を守るため、つまり彼のかつての義兄がクレオパトラとの抱擁と引き換えに捨ててしまったもののために戦うと主張したのだ。アントニウスはもうローマ人ではなく、エジプト人になってしまった。単なるシンバル叩きで、女々しく、筋が通らず、無能だ。「王族のような贅沢な暮らしを送り、女のように自分を甘やかす者には、男らしくものを考えたり、男として偉業を成し遂げることなどできないから」*(75)だ。オクタウィアヌスはアントニウスの文体まで批判した。ところで、アントニウスが酔っていることに誰か気づいているか？　と。

オクタウィアヌスは、カエサルの後継者という自分の立場をそれほど強調しなくなった。その代わりに自らを神とするような話を好むようになり、それを広めた。彼がアポロンの血を引いているという話を聞いたことのないローマ人はほとんどいなかった。そして彼はアポロンに捧げる立派な神殿を建てた。

アントニウスを単なるシンバル叩きとおとしめたオクタウィアヌスは、さらに難しいことをやってのけた。男性と女性がテニスの試合をするようになって以来、多くの男性たちが気づいてきたことを公式に認めたのだ。それは、こうした争いでは、得る栄光より、失うプライドの方が大きいということだ。[77] ローマ人の定義では、女性は争うに足る敵になどなるはずがなかった。オクタウィアヌスは小さな非難をうまく並べて共鳴させ、そこから本格的な交響曲を作り上げ、クレオパトラに関する狂詩曲を謳い上げた。彼はクレオパトラにありとあらゆる力を与え、後世に残るグロテスクな姿に仕立てあげた。彼によると、残酷で血に飢えたエジプトの女王は、晩年のフルウィアの比ではない。ローマの所有物すべてを狙う極悪な敵だった。もちろん、ゲルマン民族を平定し、ガリア人を踏みつぶし、ブリトンの地へ侵攻し、ハンニバルを打ち負かしてカルタゴを火の海にした、栄光ある偉大な民族である我々ローマ人は、「この悪疫のような女」の前に震えたりしない。[78] 並ぶ者のない功績を誇り、広大な地域を征服してきた我々が、エジプトの売女やその配下の宦官や美容師に踏みつぶされたと知ったら、栄光ある祖先たちはいったいなんと言うだろう？　たしかにいま我々の前には侮りがたい敵がおびただしい数となって集結している。しかし大きな獲物を得るためには、大きな戦いをしなければならないものだ。この戦いには、ローマの名誉がかかっている。このすばらしい歴史を絶やさず、それを侮辱する者たちに復讐し、「男と同等になろうとする女を誰一人許さない」ことは、「人類を征

＊ダマスカスのニコラウスはオクタウィアヌスが、若さが「もっとも奔放な」時期である一〇代にあっても、まる一年間の禁欲をしたと性急に断言している。[76] そうではないという証拠が複数あるにもかかわらず、彼は質素で飾り気のない生活をしていたと必ず述べられている。実際のところ、オクタウィアヌスは誰よりも高価な家具やコリント真鍮を好み、賭博はもっと好きだった。

服し、統治する」運命の我々ローマ人に課せられた義務である、とオクタウィアヌスは述べたてたのだ。(79)*

前哨戦

紀元前三一年のはじめ、オクタウィアヌスの優秀な海軍司令官である、アグリッパが、密かにギリシアに渡った。オクタウィアヌスの長年の友達であり、師でもあるアグリッパは、司令官オクタウィアヌスに欠けている軍人としての洞察力を補っていた。アグリッパはアントニウスの物資の供給ラインを妨害し、南の拠点を攻略した。その後を追って、オクタウィアヌスは八万人の軍勢を率いてイオニア海を渡ってアドリア海沿岸に向かった。これにより、アントニウスは北へ退却させられた。アントニウスの歩兵連隊はまだ配置についておらず、彼は完全に虚を突かれた。クレオパトラはアントニウスを落ち着かせるために、敵が突然、自然の地形のままのすばらしい港（おそらく現在のパルガ）を見下ろす、スプーンのような形をした岬に現われたことを笑い飛ばそうとした。「カエサルのまねをしておたまに座っているあのひどいものはなに？」と彼女はあざ笑った。(80)

すぐに、オクタウィアヌスは戦いを挑んできたが、アントニウスはまだ戦えなかった。彼の軍はまだ準備が整っていなかったのだ。早朝に陽動作戦を行い、彼はオクタウィアヌスを引き下がらせた。何週間もの間、あざけり合いと小競り合いを繰り返しながら、オクタウィアヌス軍は自由にギリシア西部の港を移動し、アントニウスはアンブラキア湾の南の入口にある岬の砂地にレギオンを配置した。アクティウムはじめじめして荒れ果てた土地だったが、港としてはいい地形だった。アントニウスとクレオパトラが、この低地の沼地をよく理解するほど長く滞在していたとは思えないが、シダと草が生い茂るこの地は、野営地よりも戦場にする方が、はるかに向いていた。(82)

戦闘をしようとしたり、決意が弱まったりして数週間が過ぎた。オクタウィアヌスはアントニウスを海に誘い出せなかった。アントニウスはオクタウィアヌスを陸におびき寄せられなかった。オクタウィアヌスはまだしつこくアントニウスの供給ラインを分断しようとしていて、春と夏の間に、かなりうまくいっていた。クレオパトラは、オクタウィアヌスの上陸に無頓着なふりをしていたかもしれないが、実際には、不可解なほどの決断の遅れ——オクタウィアヌスの賛美者に言われるまでもなく、これは筋が通らなかった——が何度か続いた後に、アントニウスとクレオパトラはだんだんそれほど優勢ではなくなってきた。一方で、アントニウスの頭には戦略上の疑問が重くのしかかっていた。オクタウィアヌスを陸で迎え撃つか、海に出て行って対戦すべきか？　その間ずっと、二つの陸軍は細い海峡の両岸の崖からにらみあっていた。

アントニウスの野営地は遠目にもすばらしい眺めだったことだろう。[83] 多彩な兵士のいる大規模の軍勢の中には、黄金の飾りをつけた紫色のマントが見えた。見上げるように背の高いトラキア人の黒いチュニックと光るよろいが、マケドニア人の真紅のマントや、メディア人の色とりどりの胴衣と入り交じっている。プトレマイオス家の軍服は黄金の糸で織られていたから、まるで王家の肖像画か神話の中の一場面のように見えた事だろう。ギリシアの陰鬱な低地は、高価な武具やキラキラ光るヘルメット、金メッキをした胸当てや宝石をちりばめた馬具や飾りをつけた槍でまぶしく飾られた。† 兵士たちの大半はアジア人で、たくさんの漕ぎ手もほとんどがアジア人であり、しかもそのほとんどは新兵ばかりだった。そして彼らは様々な武器を携えていた。トラキアの柳の枝で編んだ盾と矢、ローマの投げ槍、クレタ島の弓、マケドニアの長い矛などが集まっていたのだ。

＊プロペルティウスは後にこう述べている。女性に統治されることになるのだとしたら、我々の歴史にはなんの意味がある[81]？

クレオパトラは資金のほとんどを出していたばかりでなく、それ以外の貢献もしていた。アントニウスとは違って、彼女は集まっているアジアの高官たちと直接話ができた。王族の言葉だけでなく、アルメニアの騎馬隊やエチオピアの歩兵隊やメディアの分遣隊の兵士たちの言葉も話せたのだ。ヘレニズム世界の統治者には一定の行動規範があった。彼らの多くはクレオパトラに会う以前から、強い権力を持った女王という存在を知っている。そしてカニディウスの言葉は間違っていなかった。彼女はその存在によって、他の王族たちに、自分たちがまったく興味のないローマの共和制のためなどではなく、別の理由で戦っていることを実感させていた。彼らはアントニウスにもオクタウィアヌスにも、それほど共感を持っていなかったから、どちら側につくこともできただろう。ちょうど紀元前八九年に、ミトラデス王に協力してローマに敵対したときのように。クレオパトラ自身も、紀元前四八年にカエサルから召喚されたときに、ローマの政治のまっただ中に自ら飛び込んでいくようなことをしていなかったら、彼らとまったく同じ立場にいただろう。

クレオパトラとアントニウスはある国の王だけは追い払った。それはもちろん王たちの中でももっとも熱心な者だった。資金とよく訓練された軍隊と武器と船積みの穀物を持ってやってきたヘロデだった。彼はこのとき、以前にも聞いた、あの助言もした[85]。アントニウスがクレオパトラを殺してエジプトを併合すれば、問題はなくなる、そう言ったのだ。ヘロデは軍と食料は残し、すぐに野営地からいなくなった。彼は貴重な進言の報いとして、アスファルトの収益の納付を滞納しているというナバテアのマルコス王との戦いに送り出されたのだ。それと同時に、クレオパトラは石だらけのナバテアにいる将軍に命じ、ユダヤ、ナバテア両国の邪魔をさせた。彼女は相討ちを望んでいた。

身近な状況はそれほどうまくいっていなかった。決して健康的とは言えない土地の巨大な野営地で、多国籍の兵士たちを待機させているので、いろいろと支障が出ていた。気温が上がると、状況はさらに悪化した。クレオパトラがいても、士気はほとんど上がらなくなった。ヘロデは自分が追い払われたのはクレオパトラが原因だと決めつけていた。それは正しかった。彼女な野営地で重要な地位を占め、それを言い訳しようともしていなかったのはたしかだった。彼女はエジプト軍の総司令官であり、戦争の準備も実際の戦いも自分の義務だと考えていたからだ。彼女は黙らされるつもりはなかった。彼女本人の言葉がほとんど現代に残っていないことを考えると皮肉だが。クレオパトラはスペインのイサベラ女王のようにへりくだって、「みなさん、私がわかってもいないことをお話しするのをお許しください」と言うつもりはなかった。(86) クレオパトラの存在がローマ人のプライドを傷つけたのが先か、クレオパトラがローマ人に対して横柄に振る舞ったのが先か、どちらかわからない。アントニウスの士官たちは彼女の存在や彼女が対等なパートナーとして扱われていることを恥ずかしく思っていたと言われている。(87) 彼にもっとも近い仲間たちは彼女の地位について反感を持っていたという。彼女は片隅に退いていた。気を緩めればエジプトに送り返されてしまう。強気なままでいれば、反感を買う。平静さを失ってもいただろう。アントニウスと激しい口論もした。

クレオパトラは、アントニウスのもっとも有力な支援者だといわれるグナエウス・ドミティウス・アヘノバルブスには気に入られることができずにいた。(88) 誇り高き共和制支持者であるアヘノバルブスは、春にエフェソスに逃れてきた執政官たちをまとめる存在になっていた。彼は頑固で清廉潔白な人物だった。彼とクレオパトラは最初からうまくいかなかった。彼は彼女を敬称をつけて呼ぶことを拒否した。彼にとって彼女はいつまでもただの〝クレオパトラ〟だった。彼女は彼を買収しようとしたが、プランクスが骨なしであるのと同じぐらい、アヘノバルブスが気骨のある人物だとわかっただけ

†これにおいてだけは、これ見よがしの豪華さがローマ人に歓迎された。プルタルコスはこう説明している。「他の飾り物では、贅沢さはおごりにつながり、使う者を柔弱にさせる。感覚を刺激する物は真剣な意図を乱すからだ。しかし戦いの装いとして使われている場合は、意欲を強め、士気を高める」(84)

だった。彼は評判通りに思ったことをはっきりと口にする人物でもあった。彼は女王を足手まといだと思っていることを隠そうともしなかった。それに彼は戦いは避けられると考えていた。

カエサル暗殺にかかわったとされて有罪になり、のちに追放されていたアヘノバルブスは、フィリッピの会戦ではアントニウスの敵として戦っていた。後に和解して以来、アヘノバルブスはアントニウスの下で必ず高官の地位を占め、もっとも献身的な支持者とされてきた。オクタウィアヌスとの争いでは、彼は大きな貢献をしていた。アレクサンドリアの寄贈をめぐる、不利になるような知らせは、彼がもみ消していたのだ。すでにアヘノバルブスの息子とアントニウスの娘の結婚が決まっていた。二人の男たちは、これまでにありとあらゆる逆境を共にくぐり抜けてきた。パルティアで共に耐えぬいたとき、アヘノバルブスが勇敢な指導者であることがわかった。アントニウスが気力をなくしているときには、アヘノバルブスが指揮官代理として軍に指示を出した。しかしアクティウムで士気が低下したとき、この年上の政治家は違う道を選んだ。彼は小舟で海に出て、オクタウィアヌスの下へ走ったのだ。アントニウスは打ちのめされた。そして義理堅い彼は例によって、かつての仲間に、荷物と友人と使用人を後から送り届けた。クレオパトラはこの寛大な行為には不満を示した。

彼女はわかっていたはずだ。自分がいることで、このうだるように暑くて蚊だらけの野営地の居心地を悪くし、彼女の従者たちやテントが辺りの景色と調和しておらず、一〇列に並んだオールを誇り、彫刻を施し、飾りをつけた船首を持つ、巨大な旗艦アントニア号がそれほど誇りに思われてもいないことを。食料の配給は切り詰められていた。兵士たちは腹を空かせ、雰囲気は悪かった。クレオパトラは厳重に警備された財宝の上に座っていた。ローマの兵士たちというのは、将軍がかたいパンをかじり、質素なわら布団で寝ているところを見たいものだ。[89] クレオパトラはその平等を乱した。アントニウスのテントは広大な野営地のちょうど真ん中にあったので、あらゆる方向からクレオパトラは追い出すべきだという声が聞こえてきたが、彼は聞こえないふりをしていた。

以前は彼女を弁護し、信頼されていたカニディウスでさえ、彼女には去ってほしいと思っていた。彼女はフルウィアがどれだけあざ笑われたかを知っていた。エジプトでさえ、女性の司令官には人気がないのを、クレオパトラはアレクサンドリア戦争で妹が短期間だが軍を率いていた際の例から、知っていた。クレオパトラはこれほどの規模の戦いははじめてだった。ヘロデはアントニウスが彼女を追い払わないのは、「のぼせあがってしまって、耳が聞こえなくなっているようだ(90)」と言っていた。では、なぜ彼女は、かつてカエサルと共に戦ったときのように、表舞台から退こうとしなかったのか。

オクタウィアヌスはクレオパトラ一人に宣戦布告をしていた。だから彼女はどうしても復讐をしなければならなかった。以前に軍の助言者によってのけ者にされたことがあったが、そのときはすべての権利を剝奪され、家もなく、シナイ半島の砂漠をさまようことになった。仲介人がかかわると、いつもろくなことにならなかった。彼女はエジプトの運命をアントニウス一人に任せたくなかったのかもしれない。すべてがこの戦いにかかっていた。プトレマイオス朝の未来はまったくわからなかった。オクタウィアヌスとアントニウスがいま和解をしたら、彼女はその合意の犠牲になるだろう。

紀元前三一年で本当に謎なのは、なぜクレオパトラはアクティウムに居続けたのかではなく、エジプトでは文化的な衝突をうまく中和し、ローマ人の自我を巧みになだめてきた彼女が、なぜこのときはアントニウスの士官たちをその魅力で味方につけようとしなかったのか、である。野営地で彼女の姿を見ると、みな激昂し、ぐったりと疲れるようだった。多くの者が、女王から、なんでもはっきり口にするゲミニウスへの軽蔑を聞かされている。アントニウスの友人たちやローマの執政官たちもクレオパトラには悩まされたが、このことは「クレオパトラに罵倒された(91)」と言いふらされた。彼女は復讐心に満ち、独断的で、冷たかった。様々な経験も、兄の助言者たちと戦った一〇代の頃より彼女を従順にはしなかった。けっきょく彼女は最高権力を行使することに慣れていたし、命令されることには慣れていなかった。

そして、オクタウィアヌスが湾の封鎖をさらに進め、蚊が野営地まで上ってきて、マラリアと思われる疫病が流行しだすと、士気はさらに急降下した。状況は最悪だった。正午頃にかすかに音をたてて吹いてくる西風だけが救いだった。風は数時間、すがすがしくさわやかに吹いているが、西風から北風に変わるにつれて強くなり、日暮れとともに止んでいた。

準備が整いながらもなんの動きもないままに月日は過ぎていく。それにつれて勝ち目は少しずつ減っていった。もともとは、アンブラキア湾にオクタウィアヌスを封じ込める作戦だったと思われるが、気づけばアントニウスとクレオパトラは鮮やかな青色の湾に自分たちが閉じ込められていた。この変わりゆく現実に彼らはなかなか適応できなかった。プルタルコスはこう述べている。「よい将軍に課せられた一番の任務は、自軍が優勢なときは、敵と戦うことであるが、自軍が劣勢なときは、無理にそうしてはいけない」[92]アントニウスはずっと前から、優位な立場に立つことをあきらめていた。

八月には町の住民全員を徴発して、野営地まで陸路で物資を運ばせるしかなくなっていた。プルタルコスの曾祖父は、この哀れにも徴発された中の一人で、山を越えて湾まで、肩に小麦の袋を担ぎ、背中をむち打たれながら運んだという。

海を封鎖され、病気が蔓延し、動くこともできず、暑さに容赦なく責め立てられている。しかしなによりもつらいのは、脱走者が出ることだった。奴隷も同盟国の王たちも、同じように大義を放棄した。アントニウスは、脱走を試みた元老院議員とシリアの王を、見せしめのために拷問し、追随者が出ないように処刑した。この件にはアントニウス自身も動揺し、城塞の周りや海の方を一人で歩き回ったため、その途中でオクタウィアヌスの手の者にもう少しで誘拐されそうになった。アヘノバルブスの裏切りが彼を深く傷つけていた。彼はこのせいで後にひどく偏執的になった。ある記述によると、彼はクレオパトラさえ信じられなくなり、彼女が自分を毒殺しようとしているのではないかと疑ったことまであった。[93]彼女は自分の無実を証明するために、毒入りの飲み物を作って、アントニウスがゴブレットを取って唇にあてる寸前に制止したと言われている。もし彼を殺すつもりだったら、止めたりしないでしょう？　そう言ってから彼女は囚人を連れてこさせ、毒入りの飲み物を手渡した。毒は予告通りの効果を表わした（この話は疑わしい。クレオパトラはアントニウスなしでは、ほぼ確実にやっていけなかったからだ。彼は動揺している状態でも、そのことを忘れていなかったはずだ）。

クレオパトラはデリウスとも仲違いをした。彼はこの夏の間ずっと傭兵をかき集めていた。二人はある夜、食事の席で、デリウスがワインに不満を漏らしたことをきっかけに衝突した。彼は、このワインは酸っぱい、オクタウィアヌスの部下たちはローマで一番の当たり年のワインを飲んでいるというのに、とあざ笑ったのだ。デリウスは言い争いの後、クレオパトラが自らを殺そうとしていると確信した。彼女のお抱えの医師の一人もそう証言している、とデリウスは言った。これは、三人目にして最後の離反者が出る十分な理由になった。デリウスはオクタウィアヌスの許に走り、カエサルが最強の武器であるといっていたものをアントニウスから奪った。[94] そう、奇襲だ。デリウスはアントニウスの作戦の情報をオクタウィアヌスにもたらしたのだ。

八月の終わりにかけて、アントニウスは戦略会議を開いた。湾を封鎖されて一六週間もたち、被害が出ていた。状況は厳しかった。物資は足りず、夜気は冷たかった。もうすぐ冬がやってくる。アントニウスはついに、灼熱の夏の間、ずっと彼を悩ませていた問題を解決しなければならなくなった。彼は戦略より戦術を考える方が得意だった。不明確な部分を残すことができるからだ。

クレオパトラはこのとき、カニディウスとも仲違いしたはずだ――これまでにしていなければだが。カニディウスは北へ行軍して、陸で戦う方がいいと考えていた。彼らはけっきょくローマ人だ。うねる波の上で戦うなんてばからしい、というのが彼の意見だった。アントニウスはこれまで艦隊を指揮した経験がない。オクタウィアヌスに海を明け渡すことは屈辱ではなかった。マケドニアに行けば、トラキアより多くの兵を集められるだろう。陸で戦うことになれば、クレオパトラの艦隊を犠牲にすることになり、彼女自身ももう役に立たなくなるということを、カニディウス自身も、もちろんよく知っていた。

クレオパトラは艦隊を犠牲にしたら、エジプトが危険になることを知っていた。デナリウス銀貨が入った金庫を山を越えて運ぶことはできないだろう。彼女は海戦を強く主張した。彼女の主張は完全に筋が通っていた。アントニウスの兵の数は、陸では圧倒的に負けている。艦隊がなければ、最後にイタリア半島に帰ることもできない。それに山を越えて移動するのは容易ではない。パルティアの記憶は五年の歳月を経ても消えていなかった。

もう一つ、考えねばならない問題があった。このときアクティウムでの緩慢な展開に居合わせた誰もが無視することのできない前例があったのだ。ポンペイウスも、カエサルとの決戦のとき、アジアの王たちとギリシアの君主たちからなる騒々しくて多言語が飛び交う大規模な軍勢を率いていた。クレオパトラはこのとき六〇隻の艦隊を提供していた。アヘノバルブスもこの戦いに参加していて、彼の父はこのとき亡くなった。アントニウスは反対側の陣営ですばらしい指揮をしていた。紀元前四八年八月、ポンペイウスはカエサル側よりもはるかに優秀な海軍を無視することを選んだ。その日が終わらないうちに、彼は陸上戦を選んだことが取り返しのつかない大失策であったことを悟った。(95) 結果は大殺戮だった。言葉もなく、すべての感覚が麻痺したポンペイウスは、自軍も、理性も、プライドもすべて奪われ、数日後、エジプトの海辺で首をはねられたのだ。

アクティウム

アントニウスは海戦を選んだ。プルタルコスは彼が精神的に動揺していたとしている。当時一番の経験を積んだ将軍が、クレオパトラに合わせるためでもなく、彼女の艦隊を見せびらかすためでもなく、最後は単に必要に迫られて海戦を選んだ。オクタウィアヌスにはもっと説得力のある大義があったばかりではなく、ラテン語を話す者たちだけの、もっと団結力が高く、よく訓練されたローマ人たちによる軍隊を率いていた。陸上戦ではオクタウィアヌスが有利だが、海戦ではどちらも互角だった。兵士たちのほとんどが泳げなかった。アントニウスは不安を抱える兵士たちにできるかぎり説明した。彼はこの遠征を敗北から始めるわけにはいかない。「初戦は船ではじめることにした。我々は海でもっとも強く、敵よりはるかに有利だからだ。勝利した後に、我々は彼らの歩兵連隊もあざ笑ってやるためだ」(96)（オクタウィアヌスは同じ内容をもっと詳しく述べて、アントニウスより心理学に詳しいことを示した。「人間の生まれ持った性質の特徴として、どこの地でも変わらないのは、初戦に勝つことができないと、その後の戦いに意欲を失ってしまうことだ」(97)）。

アントニウスの説明にもかかわらず、ある歴戦の古兵は、感情的になり、彼にすがって訴えた。彼は驚くほどたくさんの傷痕を見せた。そして、どうして「みすぼらしい丸太の集まり」に希望をかけたりして、この傷を侮辱することができるんですか？　と司令官に訴えた。「エジプト人とフェニキア人を海で戦わせればいいでしょう。でも我々はこの足で立つのにも、敵を征服するのにも、死ぬのにも、慣れている陸地で戦わせてください」(98) それに対してアントニウスは、「同時代の誰よりも、軍を率いるための生来の雄弁さを授かっていた」はずなのに、彼を優しく見下ろしたまま、なにも言えなかった(99)。

八月もあと数日というとき、クレオパトラにとって懐かしいにおいがただよってきた。午後のそよ風にのって、ヒマラヤスギと松やにが燃えるつんとするにおいが野営地に流れてきたのだ。一七年前、アレクサンドリアの波止場でかいだのと同じにおいだった。アントニウスが彼女の船八〇隻を海岸に引き寄せて、火を放ったのだ。まるでローマ人にとっては伝統的な習慣であるかのように。艦隊に配置するだけの人員がいなくなったので、船がオクタウィアヌスの手に落ちるのを防ぐために燃やしたのだ。風は赤く燃え、刺激臭が充満した。すぐに嵐がやってきて、くすぶっていた火を消し、細い煙の筋が上がった。四日間に渡って、激しい風と土砂降りの雨が海岸を襲った。空が再び晴れても、そこにはねじ曲がった艤装品や焼けこげた衝角が残っているだけだった。

その日、九月一日の夜、クレオパトラの士官たちが、夜の闇にまぎれ、ひそかに財宝の入った金庫を巨大な戦艦アントニア号に積み込んだ。輸送船数隻に、さらに金と大量の王家の食器が積み込まれた。クレオパトラとアントニウスの船にはそれぞれマストと巨大な帆が積み込まれた。日が昇ると、アントニウスは二万人の兵士と何千人もの弓の射手と投石手を船に乗せた。その結果、膨大な数の人間がわずかな隙間にまで押し込まれていた。一点の曇りもなく澄んだ空の下、彼らはガラスの板のように凪いだ海に漕ぎ出すと、波を打ち、きしむオールの音を響かせながら、湾の出口まで進んだ。そこでアントニウスの小艦隊三隊は船体を寄せて、三日月形の編隊を組んで停止した。万が一離反者が出た場合に逃亡を防ぐため、クレオパトラと彼女に残された六〇隻の船はしんがりを務めた。彼女は戦いに加わるつもりはなかった。

アントニウスの兵士たちのうち陸に残っていた者たちが、オクタウィアヌスの艦隊が一・六キロほど沖で同じ編隊を組んでいるのを発見した。そして湾に甲高いラッパの音が響き渡る。触れ役や士官たちが兵士たちに進めと促す。そしてアントニウスが率いる二四〇隻の船は、オールを構え、船首を沖に向けて、オクタウィアヌスの四〇〇隻の艦隊と対峙した。そして午前中ずっと、戦いに備え、船体をぶつけあってきしませながら、そのまま動かずにいた。そして陸にいる軍勢は、岸からそれを見守っていた。正午になると、ついに、オクタウィアヌスが、一番北に位置していた艦隊に、後ろに退くように命じた。アントニウスをおびき出そうという作戦だった。オクタウィアヌスの艦隊は外洋に出た。すぐに辺りに、陸からと海からの叫び声が響き渡る。アントニウスの艦隊の高くそびえるマストから、大量の石や矢や鋭い金属のかけらが霰のように飛んだ。オクタウィアヌスの艦隊の船では、船腹のオールが砕け、舵が折れた。

船の下で海は激しく波打っていたが、クレオパトラから見ると、これは水の上の陸上戦のような奇妙な戦いだった。オクタウィアヌス軍は騎馬隊を使って、アントニウス軍は最大のもので海面から三メートルもそびえ立っている、水上の要塞から敵の攻撃を撃退している。午後遅くなるまで、衝角をぶつけあったり、鉤いかりで引っかけたりする争いが続いたが、結果は出なかった。三時頃になり、オクタウィアヌス軍の左翼が位置を変え、アントニウス軍の側面に回り込んだ。アントニウス軍はそれを受けて横向きのまま北に進んだ。船列の真ん中が空いた。すると不意にクレオパトラの艦隊が帆を揚げると、巧みに風に逆航した。艦隊は静かに戦場の真ん中を通ると、投石や矢などが飛び交う下をかいくぐり、敵陣の槍や斧の間を通り過ぎた。辺りは混乱に陥った。オクタウィアヌス軍の兵士たちは、クレオパトラが堂々とした旗艦を繰り、紫の帆をうねらせながら、南へ疾駆していくのを驚愕の表情で見ていた。みな驚きのあまり無力になり、彼女を追うこともできなかった。その直後、アントニウスが旗艦が小さくて速いガレー船に乗り換えて、彼自身の艦隊四〇隻のみを率いて、彼女のあとを追ったときには、さらに大きな衝撃が走った。

プルタルコスによると、オクタウィアヌス軍の兵士たちは呆然とするというより感心したという。アントニウスとクレオパトラは残っていた艦隊のうちの三分の一の船と財宝とともに逃げた。この逃亡は明らかに事前に計画されていたのだろう。そうでなければ、クレオパトラの船に貴重品や帆が積み込まれていたはずがない。彼女は強い順風を完全に利用できるタイミングで動いたのだ、と。

そしてオクタウィアヌスはデリウスから封鎖を破る作戦を聞いていた。アントニウスとクレオパトラは戦いを長引かせるつもりはまったくなかった。一カ月ほど前にも一度、彼らは封鎖を突破しようと試みていた。オクタウィアヌスを海にちょっとでも押し出すことができれば、脱出してエジプトに帰ることができる。この突撃は脱出のためだけに行われたのだ。

ディオンによると、オクタウィアヌスは、戦いの前の演説で、兵士たちにこの通りの展開に警戒するようにと述べている。「ということは、彼らは我々の軍よりも弱いことを認めたことになる。戦利品を船に積んでいるということは、我々は彼らがどこかへ逃げるのを防ぎ、この場所で彼らを征服し、財宝をすべて奪ってもいいということだ[100]」

実際に、九月二日、オクタウィアヌスの艦隊のうち敏捷な船数隻が――舳先が流線型になっている、軽く、小回りがきくガレー船――彼らを追って出発している。

外洋に出たクレオパトラはアントニウスに合図をした。アントニウスは二人の付き人を連れて、白波が立つ海をまたいで、アントニア号に移った。幸せな再会とは言えなかっただろう。アントニウスはなにも言えず、クレオパトラを見ることもできなかった。その理由は恥ずかしさよりも怒りだった。なにかが非常に間違ってしまった。

おそらくアントニウスの兵士たちは置き去りにされるとは、夢にも思っていなかっただろう。クレオパトラは戦いの前に、陸軍の大半は彼女と一緒にエジプトに戻るべきだと主張していた。艦隊は逃げられなかったのか、あるいは逃げないことを選んだのか。彼らは外国人についていくより、ローマ人と戦うことを選んだのかもしれない。もちろん野営地では反抗の声が上がっただろう。アントニウスとクレオパトラはこの作戦を必要に迫られたときだけのために用意し、二人だけの判断で行動したのかもしれない。あるいはクレオパトラが退場するタイミングが早すぎたのかもしれない。彼女はアレクサンドリアに帰りたいと切望していたに違いない。ギリシアの海岸で戦いに負けてしまったら、もう二度と見ることができなくなるあの街に。

ディオンは、アントニウスが逃げたのは、クレオパトラの船が出たのを見た彼が、それを（誤って）敗北宣言だと取ったからだとしている[101]。あるいはすべては計画通りだったが、その影響が後から出たのかもしれない。この古くてわかりにくい決定について我々に残されているのはあいまいな記録だけだ。

どちらにしてもアントニウスは打ちひしがれてうなだれているわけにはいかなかった。乱闘というより小競り合いに近い戦いがしばらくだらだらと続いたからだ。勝利したオクタウィアヌスでさえ、この戦いがいつ終わるのかわからなかった。この計画が最初から間違っていたのか、実行の仕方が間違っていたのかはわからないが、「だから言ったじゃないか」という言葉が潮風の中にはっきりと浮かび上がっていたことはたしかだ。

プルタルコスを信じるとすれば、アントニウスは自分のふがいなさにむせび泣いたという。彼はクレオパトラを無視し、「一人で舳先に進み出て、黙って一人でそこに座り、両手で頭を抱えていた」という。[102] 彼は夕暮れになって、オクタウィアヌスの船が遠くに見えてくるまで、そのまま動かなかったという。そしてアントニウスは旗艦を指揮して旋回させ、敵に正面から対峙した。小競り合いが起こったが、アントニア号はその場から逃れた。しかしクレオパトラは指揮艦艇ともう一隻、贅沢な皿や家具を積んだ船を失った。

襲撃者をかわしたアントニウスは、船首に戻った。彼は頭を垂れ、ものうげに海を眺めた。フィリッピの会戦の英雄であり、新しいディオニュソスだった彼が、大きな身体を抱えて落ち込んでいるただの男になってしまった。たくましい腕や肩が驚くほど動かない。この南向きの航海は互いの不安やそれぞれ失ったもののせいで、つらいものになった。静まりかえってもいた。アントニウスは「クレオパトラに怒っているわけでも、彼女を批判したいわけでもなかった」が、三日間一人で過ごした。自暴自棄の中で考えたものとはいえ、あの計画は一度は筋が通ったものに思えた。アントニウスはもう自分の兵士たちを見捨てたという印象から逃れられない。王や元老院議員や士官たちが彼を裏切っても、彼らだけは変わらずにそこにいてくれたのに。彼らを絶体絶命の状況に置き去りにした彼とクレオパトラは、まったく申し開きできない立場にいた。

アクティウムの海戦がどうなったかは、その後数日間わからなかったが、彼は自分がしたことも、それがどう見えるかもわかっていた。ローマの司令官は敗北も直視し、どんなに不利な状況でもかまわず、あきらめないはずだった。そしてマルクス・アントニウスにとって、歴史とは、すぐ身近に感じられるものだった。彼はローマでは、海で敵から奪った銅製の九〇本の衝角が飾られた家で堂々と暮らしていた（ポンペイウスの艦隊のものだった）。アントニウスは自分がどんな栄光を、永遠に、手放してしまったのかを悟っていた。

三日後、クレオパトラはペロポネソス半島の最南端の港、タエナルムに、水と物資の補給のために寄港した（都合のいいことに、この岬はヘラクレスが冥界への入り口を探した場所だとされていた）。ここで、彼女の使用人二人、美容師のイラスと侍女のカーミオンがアントニウスに和解を勧めた。二人の女性はアントニウスをなだめ、クレオパトラと話をするよう説得し、しまいには「食事も睡眠も共にする」ことまで約束させた。

輸送船数隻が彼らに合流し、彼らが去ったあとにアクティウムでなにが起こったのかを聞くことができた。戦いは激しくなり、数時間続いた。アントニウスの艦隊は持ちこたえていたが、最後には壊滅した。しばらくの間、波に運ばれて死体や――特にどぎつい記述を信じるなら――アジアの紫や金の飾りが斑点のように付着した木材が流れ着いたという(103)。アントニウスの陸上部隊は断固として屈していなかった。

アントニウスは、部下たちとの対面の最後に、贈り物をしようとした。輸送船のうちの一隻の乗組員たちに、彼はクレオパトラの宮殿にあった金銀の財宝を配った。彼の部下たちは涙を浮かべてそれを断った。司令官アントニウスはかわりに彼らに深い愛情を見せた。彼は、オクタウィアヌスとの和解が成立するまで、彼らが安全に隠れていられるよう手配すると約束した。彼はクレオパトラと共にそのまま地中海を渡り、エジプトの平坦な海岸に着いた。彼らはエジプトの北西の端にある寂れた辺境の港から上陸し、そこで分かれ、広がる砂浜の上を別の道へと進んだ。

アントニウスは四隊のレギオンを駐留させてあるリビアへと向かった。彼は軍を再編制するつもりだった。クレオパトラはアレクサンドリアに急いだ。彼女は艦隊を失い、財宝の一部も散逸し、味方は壊滅的な状態だった。彼女はアクティウムから誰よりも早く、強力で設備の整った船で脱出してきた。急げば、大失敗のニュースが届く前に帰れるかもしれない。壊滅的な状態でエジプトに帰れば、どうなるのかわかっていたので用心することにした。彼女は慌しく花を注文した。

翌日、アレクサンドリアの灯台の脇を静かにすべるように抜けたとき、船は花輪で飾られていた。(104) 甲板の上では、フルート奏者の伴奏で合唱隊が勝利の歌を歌っていた。そして海の上で彼女を迎えた者たちに、おそらく喉がつかえることもなく、並外れた勝利のニュースを伝えた。それとほぼ同じ頃、アントニウスの一九隊のレギオンと一万二〇〇〇人の騎兵隊は、ついに彼らの司令官が帰ってくるという望みを捨て、数週間交渉を重ねた末に、オクタウィアヌスに降服した。そしてオクタウィアヌスはようやく、自らの勝利の大きさを悟りはじめたばかりだった。(105)

第九章　歴史上で一番の悪女[1]

私は神と同じだ。不死ではないということを除けば。

エウリピデス[2]

死への付き添い

ことわざによると、不運には数人の友達がいる。[3] クレオパトラはすぐにそのことわざの真偽を知ることになった。帰国時の彼女の作戦がこれまでばれていなかったとしても、血みどろなやり方ですぐに確認された。アレクサンドリアのエリートたちは、以前にも彼女を拒絶している。彼女はアクティウムでの潰走の詳細を知ったときの彼らの反応をおそれていた。エジプトをローマの手に渡してしまったことで、彼らは十分に彼女を非難することができる。彼らが彼女の敗北を喜ぶところを見るつもりはなかった。[4] 王位から追われるつもりもなかった。

彼女は帰国すると、即座に、とどまることを知らない大量殺戮に乗り出した。もっとも目立つ非難をした者を捕らえて殺させた。そして彼らの財産を没収し、多額の収入を得た。彼女は機会を見つければさらに金を我がものにし、神殿の財宝も押収した。次にどんなことが起こるにせよ、財産が必要だった。当然やってくることを金で避けるには高くつく。どんな形になるかわからないがオクタウィアヌスはやってくるだろう。彼女は新たな軍勢をそろえ、味方を捜し、大胆なやり方で支援を求めた。アルメニアの挑戦的な王アルタウァスデスはもう三年もアレクサンドリアで捕虜として暮らしていたが、それも終わりになった。クレオパトラが彼の首をはね、彼のライバルであり、一九〇〇キロほど東にいる、メディアの王に送りつけたのだ。こうすればメディア王が、もうこれ以上促さなくても、彼女を支援するために立ち上がるだろう、そう計算したのだ。しかし彼は断った。

そしてこれまでと同じように、彼女には交易などでつきあいがあり、長年の支持者がいて、オクタウィアヌスの影響力がおよんでおらず、忠誠心がいつまでも変わらない、アジアに手を伸ばした。アントニウスがアレクサンドリアに戻ってきたとき、彼女は「もっとも大胆で驚異的な企て」で疲れきっていた[5]。エジプトの東の国境であるスエズ湾と地中海との間は地峡で遮られている。クレオパトラは莫大な数の人手を費やして、地中海から船を引き上げ、六四キロほど陸上を運び、紅海経由で再出航させる計画を考えていた。彼女は軍隊と資金を携えて移動し、自分のための新しい国をつくるつもりでいた。場所はエジプトの国境のはるか向こうの「戦争からも奴隷からもはるかに遠い」、インド辺りまで考えていたのかもしれない。行き詰まると、広く、際限なく広がる水平線に目をやるのがこの女王の気質のようだ。そのスケールの大きさと向こう見ずさには驚くべきものがある。ローマ世界への攻撃を本気で考えていたことを示唆する根拠もあり、これは特に驚きだ。

クレオパトラの紅海での計画は、何世紀も前から、巨大な石をはるかな距離を超えて運んでいた国の人々にとっては不可能なことではなかった。プトレマイオス家の、両端が船首になっている巨大な船——全長四〇〇メートル、海面からの高さが一八メートルあったといわれている[6]——は、数百年前波止場の近くの水路に等間隔に並べた丸太の〝転子《ころ》〟を使って進水したものだ。転子のかわりに脂を塗った獣の皮が使われることもあった。船はばらばらに分解できるようになっていた。しかし、この計画は地峡を隔てた民族と敵対していた王には、あまり実行できそうになかった。その民族とはナバテア人だった。(7) 狡猾で有能な商人である彼らが、一年にわたってヘロデと戦ってきた原因の一部はクレオパトラにあった。彼らはヘロデ――後にヘロデはナバテアを打ち負かすのだが――に言われなくても、クレオパトラが共通の敵であることは忘れていなかった。エジプト人の船が上陸するたびに、ナバテア人が火を放った。クレオパトラにとって、この失敗は特につらかった。彼女にとってここは紀元前四八年に再出発に成功した場所だった。

ヘロデはもちろん味方のはずだった。砂漠ではオクタウィアヌス軍は彼らの同盟軍には敵うはずもなかった。しかしクレオパトラの不幸は誰にとってもまだ足りなかった。ヘロデをアクティウムから追い出す際に、クレオパトラは彼に〝無料釈放券〟のようなものを与えていた。彼は即座にオクタウィアヌスと同盟を結んでいた。その秋、ロードス島で、ユダヤの王はおそらく深く後悔している派手な演技をしてみせたのだろう。平民の服装をしたヘロデは、岸に上がると、ダイアデムを外した。ローマ世界の新たな支配者の前に立った彼は、率直に認めた。もちろん自分はアントニウスに忠誠を誓っていた。ああ、これは持って生まれた性格なのだ。高潔さはいつも持ちあわせている。彼にとっては、友人とは「魂と身体と財産のすべて」を賭けるものだ、とヘロデは述べた。(8) ナバテア人と戦うためにあの場を離れていなかったら、今このときもアントニウスの許にとどまっていただろう、と彼は言い切った。彼は今、あのエジプト女のせいだけで、二〇年来の友人を捨てようとしている、と彼は認めた。続いて、オクタウィアヌスとクレオパトラの戦争の公式バージョンとなる説明を吐き出した。彼は、彼女を追い払えとアントニウスに言い聞かせたと主張した。彼がどのようにして真顔でこれを述べられたのかは伝わっていない。ヘロデの話が終わると、オクタウィアヌスは、クレオパトラに感謝すると言った。あの女が私にすばらしい味方を与えてくれた、と言って彼はヘロデを安心させた（ヘロデにはクレオパトラに感謝する理由がもう一つあった。彼がそもそも王位に就けたのは、ローマがクレオパトラをおそれていたからだ）。オクタウィアヌスは丁重にヘロデの額にダイアデムをつけ直した。そしてローマ軍の援軍をつけてヘロデを帰らせた。

一方、クレオパトラは、近隣の部族や友好関係にある王たちから支援を取り付けようと、努力を続けていた。確保できたのは剣闘士の部隊一隊のみだった。この部隊はアントニウスとクレオパトラの勝利の祝宴のために訓練されてきた、非常に高い技術を持つ闘士たちだった。クレオパトラの要請に応え、彼らは現在のトルコから南に向かって出発した。シリアまで来たところで、ヘロデが彼らを遮った。

アジアで支援を得られなかったクレオパトラは、別の方向を向いた。ローマはまだスペインを完全に征服していなかった。スペインは反抗的な地域だが、とても肥沃な土地で、銀資源も豊かだった。地中海を封鎖されても、オクタウィアヌスとの戦いを続けられなくなっても、インド洋を西に行き、アフリカ大陸沿いに進んで、スペインに至ることができる。彼女の莫大な資金があれば、アントニウスと共にスペインの土着の民族を煽動して、新しい王国をつくることができるかもしれない。これはそれほど途方もない考えではなかった。クレオパトラには、言語能力に恵まれた、カリスマ的なリーダーのお手本がいた。紀元前八三年、ローマの〝代理執行官《プロコンスル》〟がスペインの支配権を握り、ローマの人々をおそれさせた。地元で募った兵たちから「新しいハンニバル」と呼ばれていたセルトリウスは、反乱を煽動した[9]。彼はもう少しのところで、ローマ人による独立政府を打ち立てるところだった*。ク

*抜け目のないアジア人たちをローマの将軍の下に集結させた最初の人物はクレオパトラではない。セルトリウスは紀元前六九年にローマの台頭を雄弁に警告したポントス王ミトリダテスの軍に参加している。ミトリダテスはまさにクレオパトラとアントニウスが象徴していたような、ローマとアジアが融合した帝国を作り上げる構想を持っていた。彼はその実現に何十年もかけているうちに、ポンペイウスに敗れた。ポンペイウスは四年間におよぶ厳しい戦いの末に、セルトリウスも破った。

レオパトラは同じことを実現できないか、まじめに考えていた。オクタウィアヌスは彼女がセルトリウスのような政変を起こすのを心配していた。自国での戦争は考えられなかった。ヘロデもアントニウスのキレナイカ人部隊もいなければ、残るはエジプト軍だけだった。上エジプトの熱狂的な信者たちは彼女のために蜂起しようとしたが、彼女が止めた。このようにクレオパトラの後ろに強固に控えている軍はいたが、オクタウィアヌスとの戦いに長くもちこたえられそうにない。彼女には最大で四〇〇〇人の、狂信的なまでに忠実なガリア人の護衛と、多少の数の騎馬隊と、艦隊の生き残りがいた。

アクティウムの海戦には、実際の戦いの前に火花を散らした中傷合戦以上の勝負はなかった。現実の戦闘はさえないもので、人々のドラマの多くはその後に展開したし、被害も後になってもたらされた。間の抜けた失敗としか言えない戦いだったが、その後数カ月の間、それはアレクサンドリアでは秘密にされていた。しかしここでも、クレオパトラの計画は失敗する。ここでもまた、彼女はまだなにか手があるのではないかと精力的に探し回った。彼女は宮殿にこもったまま、めまぐるしいほど激しく活動していた。プルタルコスによると、彼女はスペインとインドについて考えているばかりでなく、毒薬の実験も行っていたという。様々な目的で毒薬を集め、囚人に投与して試したり、毒のある動物の実験もし、もっとも早く効果が現われ、苦痛が少ないものはどれかを調べていた。彼女は卑屈になることも、パニックに陥ることもなく、あの人生最初の敗北で砂漠をさまようことになったときと同じぐらい頭を働かせていた。遅かれ早かれ、彼女には〝手強い〟という言葉がついてまわることになるのだが、ここでその時が来た。隠遁状態にありながらも、彼女は手強かった。気力も規律も財力も失っていなかった。そこには絶望はまったくなかった。二〇〇〇年たった今でも、様々なアイデアが脈打っている力強い心臓の鼓動が聞こえてくるようだ。

アントニウスは同じ状態だとは言えなかった。彼は北アフリカを落ち着かなく歩き回っていた。そのほとんどの間、修辞学者と、非常に落ち着いていて賢明な士官という二人の友人と行動を共にしていた。アントニウスは他の側近は帰らせてしまった。比較的ひっそりとした環境が彼の心を慰めた。彼は増援部隊を編制するつもりだったが、キレナイカに着いてみると、彼の四隊のレギオンはすでに離反していた。打ちひしがれた彼は自殺を図った。友人二人が彼を止め、アレクサンドリアへ連れていった。アントニウスは期待されていた援軍をも率いずに宮殿に到着した。ディオンは、彼が「なにも成し遂げていなかった」と認めている。(10) おそらく季節は秋の終わりで、種まきが終わる頃だった。クレオパトラはおそらく、失敗に終わったあの紅海での作戦の最中だった。彼女はエジプトへの進路の守りを固めることで手を打つことにした。彼女はオクタウィアヌスの暗殺も検討したかもしれない。(11) アントニウスはといえば、街からも人付き合いからも引きこもっていた。彼はアレクサンドリアの港に長い歩道を作らせ、その突き当たりの、灯台の足下に、小さな小屋を建てた。(12) 彼は隠遁すると宣言した。後世のアテナイのティモンによると「彼自身も友人たちに裏切られ、恩知らずな対応をされたせいで、すべての人間を信じられなくなり、憎んだため」だという。(13) ディオンは苦い同情の言葉を差し挟んでいる。(14) ディオンは、あれほどたくさんの人々がアントニウスとクレオパトラから十分な敬意や好意を受けたのに、一人残らず二人を見捨てたことに驚きを隠せなかった。クレオパトラはそんな不当な扱いを受けてもつまずかなかった。彼女は感謝というものをアントニウスより現実的に考えていたのかもしれない。彼女は厳しい現実を彼よりも容易に受け入れた。

アントニウスの隠者暮らしはそれほど続かず、彼はすぐに宮殿に姿を現わした。クレオパトラはあえて彼をなだめすかして外へ連れ出した。豊かに生い茂る木立や、彼が背を向けた色鮮やかな王家の山荘などに連れていった。本当に彼女自身が連れていったのだとしたら、彼女の生活の中ではわりと簡単な任務だった。相変わらず厳しいニュースばかりが入ってくる。カニディウスがアレクサンドリアに現われ、アントニウスの陸軍がついにオクタウィアヌスに降服したと報告した。その多くがオクタウィアヌスの陸軍に入った。オクタウィアヌスはいまや使い切れないほどの兵士を抱えている。彼は捕獲した戦艦の残骸を燃やした。アントニウスとクレオパトラが次に知ったのは、ヘロデの離反だった。ヘロデには、今後も忠誠を続けてほしいと、もっとも説得力のある使者を送っていたので、この報せは特につらかった（この使者は、クレオパトラがアントニウスの頭からオクタウィアのことを消そうとした際に協力してもらった友人だ）。この使者はヘロデを説得できなかったばかりでなく、この旅を利用して自分も離反してしまった。シリアの総督を務めていたローマ人も、ダマスクスのニコラウスもオクタウィアヌスの許に走った。

非難は最小限に抑えられていた。クレオパトラは過去よりも未来を見ているようで、アントニウスにはお世辞を言ったり、お説教をしていじめたりという戯れをする余裕はとてもないと計算したのだろう。彼女はプルタルコスの非難に関する忠告には同意しただろう。災厄のときは、非難するよりも共感した方がよい。それは「こうしたときには、友人の率直さや、厳しくとげのある小言など役に立たないから」、というものだ。[15] しかしアントニウスはすっかり別人のようになっていた。伝説ともなっていた大胆さと「抑えられない勇気」はアクティウムの海戦で奪われてしまった。[16] クレオパトラには二つの難題が残されていた。弱りきった愛人の世話と二人の逃亡計画だ。彼女がどうにかして彼を慰めたか、あるいは彼の感覚が麻痺したので、厳しいニュースが入ってきても、彼はそれほど動揺しなくなった。彼女は彼の不満に対応し、彼が抱く疑惑を落ち着かせた。彼女は二人のことを一人で考えていた。

アントニウスは希望を捨てれば、不安も捨てられるのに気づいた。彼は宮殿に戻り――そういう機会はいくらでもあったので――「街中をごちそうと酒と贈り物でいっぱいにした」。[17] アントニウスとクレオパトラは、それぞれの前の配偶者との息子、一五歳のアンティルスと一六歳のカエサリオンの成人を祝う手の込んだパーティを一緒に開いた。ギリシアの伝統では、カエサリオンはもう従軍できる年齢だった。* アンティルスの方は、ローマの子どもが着る、紫色の縁取りがあるトーガを脱いでもいい年齢だった。二人はギリシアとローマの習慣をごちゃ混ぜにして、息子たちに成人を迎えさせた。エジプト人の士気を上げるため、息子たちは陸軍に入隊した。何日間も続く、宴会と飲み会とごちそうが市民たちの気を引きつけた。ディオンは、アントニウスとクレオパトラが新たな反抗心をわかせるために、この祝宴を開いたのだと推測している。クレオパトラは臣民たちに、「この少年たちを指導者として、両親になにがあっても、戦いを続けてほしい」というメッセージを送ったというのだ[18]。この先になにが起こるとしても、プトレマイオス朝は続き、新たに軍人となる男子の王族もいる。カエサリオンは実際に、この年の秋に、碑文の中でファラオと呼ばれている[19]。アントニウスとクレオパトラは本当はオクタウィアヌスの顔に砂を投げつけてやりたくてたまらなかったかもしれない。けれど彼らには息子たちがいる。そのことに基づいて未来を考えるのだ。

　秋の間、使者たちの一団が忙しく行き来し、片方から賄賂や懇願を、もう片方から脅しや約束をもたらした。クレオパトラは当初、自分にとって唯一大切なことだけを懇願した。子どもたちに王国を継がせることはできるか？　ということだった。自分が死ぬことはもう避けられない。しかし子どもたちを犠牲にすることは、そして彼らと一緒にエジプトの国まで差し出すことは、考えられなかった。子どもたちは下が七歳から上が一七歳までになっていた。彼女はカエサリオンに希望をかけていて、自分の留守中には統治をさせていた。のちに彼女はオクタウィアヌスに黄金の錫と冠と王座を送っている。王位を放棄する代わりに慈悲を求めたのだろうとディオンは示唆する。「彼がアントニウスを憎んでいたとしても、彼女のことは哀れに思ってくれるのではないかと期待していた[20]」

　アントニウスは一般の市民として、エジプトで、それが望みすぎというのなら、アテナイで暮らしたいと思っていた。オクタウィアヌスはアントニウスの要求に返答する時間はなかったが、クレオパ

＊通例なら、もう母の退位をもくろんでいる年頃だ。

トラには返答した。彼は公には、彼女を脅した。その一方で、個人的にはある一つの条件さえ満たせば、彼女に完全に道理にかなった扱いをしようと持ちかけたのだ。その条件とは、アントニウスの処刑を命ずるか、最低でも彼を追放することだった（オクタウィアヌスは贈り物は受け取った）。アントニウスは再び、自分とクレオパトラとの関係を弁護し、オクタウィアヌスに家族としての絆や、共にした「恋の冒険」や、悪ふざけを思い出させようとした[21]。さらに誠意を示すために、このとき同居していたカエサル暗殺団の残党の身柄を差し出した。彼はさらにもう一つの要求をした。「そうすればクレオパトラが救われるというのなら」、自ら命を絶つと述べたのだ。再び、返ってきたのは冷たい沈黙だけだった。暗殺者は処刑された。

悲しいことに、アントニウスにはもう差し出せるものがなにもなかった。クレオパトラは強い影響力も、ローマの支配の外にある莫大な財産も持っていた。オクタウィアヌスが成功するためには、彼女の名高い黄金や真珠や象牙が必要だった。こうした財宝は長年、彼の兵士たちのやる気の源になっていた。なによりも、クレオパトラの財宝のおかげで、オクタウィアヌスはその地位と軍隊を維持できたのだ[22]。アントニウスとクレオパトラはあまりに二人きりで過ごしていたし、離反はあまりに当たり前になっていたので、こうしたメッセージを運ぶための信用できる使者がいなくなってしまった。ついに彼らは子どもの教師の一人を遣いに出すしかなくなった。アントニウスは三度目の申し出を、莫大な量の黄金とともに、一五歳のアンティルスに託した。オクタウィアヌスは黄金を受け取り、少年を帰した。この申し出がどこまで真剣なものだったかはわからない。ディオンはアントニウスとクレオパトラが復讐を計画するために、時間を稼いでいただけではないかとほのめかしている。どちらにしても、この申し出も返事も本気ではなかった。オクタウィアヌスは、クレオパトラがアントニウスを殺すとは信じられなかった。彼女の弟は一七年前、戦いに敗れ、困窮していたポンペイウスを殺したが、なにも得るところがなかった。彼女だって、オクタウィアヌスが取引の条件を守るという保証はなにもない。大げさに宣戦布告をした相手である女を彼が許すことがあるだろうか？　クレオパトラはアントニウスと引き離されることなら同意したかもしれないが、それ以上はとても無理だった。彼女は隠された罠を見抜いた。オクタウィアヌスはかつての義兄を排除する作戦を考えていたのだろう。

クレオパトラの最後のメッセージに対し、オクタウィアヌスはアレクサンドリアに、自分のところにいる特に賢い使者を送った（この出来事はあまり思い出されることがないが、オクタウィアヌスがこの取り決めで、クレオパトラをだまそうとしていたことは興味深い）。その使者テュルソスは容姿が美しく、説得力があり、プルタルコスによると彼は、「横柄で、美に関して驚くほど誇り高い」[23]、あるいはディオンによると「自分は全人類に愛されて当然だと考えている」[24]女性と交渉するのに適任だった。ディオンによると、クレオパトラは勘違いに近いほどうぬぼれが強かったので、使者の言うままに、これまで彼女に目を留めたことがなかった若き将軍オクタウィアヌスが、すっかり彼女に夢中になっている。その理由は単に彼女がそう仕掛けたからと、過去に彼女がローマの指導者たちも同じように夢中にさせてきたからだ、と信じたという。クレオパトラは非常に長い時間をかけて、このすばらしく知的なテュルスと密談し、さらに彼に贅沢な特別の名誉を与えた。彼女はどうしてもこの使者の好意を得たかったはずだ。彼らは二人だけで、長々と話し合っていた。テュルスがどんな反応をしていたのかは伝わっていないが、別の人物の反応ならわかっている。アントニウスが嫉妬のあまり激怒したのだ。彼はテュルスを捕らえると、むちで打ち、手紙をつけてオクタウィアヌスの許に帰した。オクタウィアヌスの部下は、すでにいらいらしていたアントニウスをさらに刺激した。悩みならもう十分にある。もしアントニウスの行動に抗議したいのなら、すぐに恨みを晴らすことができるはずだ。アントニウスの部下はオクタウィアヌスとともにアジアにいた（彼は少し前に離反していた）。オクタウィアヌスはその部下を「吊るして、むちで打てば」いいだけだと、アントニウスはほのめかした。[25]「それで我々はあいこだ」と。

クレオパトラにも思うところはいろいろあったが、彼女はなによりもまずアントニウスの機嫌を取った。今となっては、この時点の均衡状態になにを加えたのかはわからないが、だからこそ彼女の気遣いは余計にすばらしかった。彼女は考えられるかぎりのことをして落ち着かせた。その年の終わり、クレオパトラはつつましく三八歳を祝った。彼女の「転落した運命に」ふさわしい形式だったという。[26]しかし彼女は一月のアントニウスの誕生日にはどんな出費も惜しまなかった。彼は自分の今後の身の振り方を考えつづけていた。アテナイでもアレクサンドリアでもいいから、公的な立場から引退して暮らしたい、とこの状況ではかなり非現実的なことを願っていた。クレオパトラは彼の五三歳をもっともすばらしく、贅を尽くした場で、友人たちに囲まれて、迎えられるようにした。そのために忠誠心などあまり気にしない、「多くが貧しい状態で夕食にやってきて、裕福になって帰る」ような友人たちを呼んだ。

別な意味でも、アレクサンドリアの状況は憂鬱な様相を帯びてきた。オクタウィアヌスはクレオパトラを公には脅しながらも、個人的にはアントニウスを殺せば、彼女を赦すと伝えてきていた。弁舌さわやかな使者の件は別にして、彼女はそんな申し出を受けるつもりはなかった。彼女は毒薬の実験を続けたが、プルタルコスが断言しているような、コブラの研究はしていなかっただろう。彼女は痛みがなく、気づかぬうちに、感覚が麻痺する薬を探していた。投与された者が自然に長い眠りについたように見える薬でなければならなかった。こうした知識の多くはギリシア系の王たちが共有しているものであり、彼女は毒薬や解毒剤に非常に詳しく、コブラに噛まれるとその通りにはならないことをよく知っていた。こうしたことはすべて、クレオパトラのそばにこのとき数週間にわたってつきそっていた、専属の医師オリュンポスも、こうしたことに精通していることで有名だった。いい毒がほしいなら、エジプトの、アレクサンドリアの医師から入手するといい、そう言われていた。

食事や酒盛りは続いていて、これまで以上の不品行が行われていたが、違う名前で呼ばれるようになっていた。クレオパトラとアントニウスは〝比類なき肝臓〟の会を解散し、まったく同じ「輝きと豪華さと贅沢」を味わう会を新設した。(27) ブラックユーモアからか、それとも冷たい絶望感からか、二人はこの会を〝死への付き添い〟と呼んだ。豪奢な宮殿の寝椅子に横たわった客人たちは、ホストと共に死ぬことを誓うのだ。

さらに、クレオパトラは急ぎの建設工事の監督もしていた。彼女はイシス神殿に隣接する、地中海のすばらしい眺望を誇る場所に、二階建ての凝った造りの建築物を建てさせていた。おそらく宮殿の敷地の砂地の部分に位置していたのだろう。それは、彼女の「非常に高くそびえた、美しい」霊廟だった。(28)

アントニウスの最期

冬の間はある種の執行猶予期間だった。オクタウィアヌスが暖かくなるまでは遠征を行わないことがわかっていたからだ。緊急の事柄も中止された。オクタウィアヌスがサモス島からローマに戻ると、ありとあらゆる意思表示や妨害行為が行われた。軍の解散にはいつも複雑な事情が絡み、資金が足りないオクタウィアヌスは、何千人もの御しがたい古参兵たちに対処しなければならなかった。春のはじめになってようやく、彼はアジアにごく短期間赴いた。航海の季節はまだ始まっていなかった。彼の動きがあまりに早かったので、「アントニウスとクレオパトラは、彼の到着と出発を同時に知った」という。(29) オクタウィアヌスの誠意のある新たな友人は、シリアで彼を迎えた。オクタウィアヌスと部下たちがフェニキアの岸で船を降りたと思ったら、すぐにヘロデが贈り物と食料を手に現われたのだ。ヘロデは疲れきった旅人たちを準備の行き届いたすばらしい部屋に滞在させた。そして砂漠への行軍の前に足りないものがないかを確認させ、六年前にクレオパトラを送り届けたのとまったく同じ場所までオクタウィアヌスを送った。今回は親切心と資金までおまけにつけたのが違っていたが。ヘロデはオクタウィアヌスの遠征のために、エリコからクレオパトラが得る収益の四年分と同じ額の金を寄贈した（わかりやすい理屈だった。ヘロデはローマ人たちに、彼の「王国は彼が提供したサービスとは比べものにならないほど貧しい」とはっきり知らしめたかったのだ）。[30] オクタウィアヌスは観光のために寄り道をすることもなく、ペルシウムに向かい、夏のはじめに到着すると、ヘロデと別れた。エジプトをシリアとリビアという二方向から攻撃し、西にいるかつてのアントニウスのレギオンを動員するという計画だった。

アレクサンドリアでは、クレオパトラはアントニウスと、「奇妙で荒れた生活」を送っていたので、プトレマイオス朝を再興することもできず、気づけばすっかり身動きが取れなくなっていた。[31] 冬の間に内密の交渉がさらに行われていたかもしれない。プルタルコスとディオンは他の部分では、激しく異なる記述をしているのに、オクタウィアヌスが東の国境地帯でまったく抵抗にあわずに、簡単にエジプトに入ることができたのは、クレオパトラが彼のためにひそかに根回しをしておいたからだと、揃って断言している。二人の記述はどちらも、ある敵意のある報告に基づいて書かれたのかもしれない。クレオパトラの裏切りというのはよく扱われるテーマで、ローマ人はこの件を、数百年にわたって膨らませつづけた。彼女は嘘をつき、必要に迫られて、慈悲を求めて取引をしたかもしれない。以前の彼女は無慈悲で実際的だった。この時点においては、彼女とアントニウスの利害はほとんど一致しない。彼の望みは、華々しく、ちょっとした最後の抵抗をしたいという程度のものだった。しかし彼女は国全体のためではないにしても、王朝の存続のために戦っていた（ある記述では、彼女はペルシウムである将軍を買収して降服させ、その後、アントニウスにその将軍の家族を殺させたことになっている。[32] 将軍が卑怯だったからというのがその理由だ。そして当然、彼女が共謀していたという非難も、後にオクタウィアヌスが、アントニウスはペルシウムを急襲して占領したと主張するのを妨げなかった[33]。

クレオパトラはオクタウィアヌスとの戦いに自軍が耐えられないことを知っていた。だから裏切りではなくても、黙って従っていたのは確かだ。彼女は彼女を守るために蜂起しようとした上エジプトの人々を止めたし（彼女は彼らが必要もなく大量虐殺されるのを見たくないと言った。彼女はまだ交渉すればなんとかなると思っていたのかもしれない）、反乱をやめるようアレクサンドリア市民を説得した。ディオンは彼女の考えに、二つ目の、かなりありえそうにない理由を与えている。クレオパトラがテュルソスの、オクタウィアヌスが彼女に夢中になっているという話を信じたのだとディオンは主張している。オクタウィアヌスに、カエサルやアントニウスと違うところがあるだろうか？　ディオンはクレオパトラの虚栄心にこだわるあまりに、彼女がやり手の政治家であることを忘れている。彼女はペルシウムを明け渡したのは、「彼女が赦しやエジプトの統治権ばかりでなく、ローマ全体まで手に入れられると考えた」からだと彼は断言している[34]。クレオパトラはだいたいは知的な行動を取ると考えていい。ディオンは彼女に無意味な行動をさせている。彼女は自分の命と、王位と、子どもたちのために戦っていた。二〇年間国を統治してきた彼女は、幻想など持っていなかった。オクタウィアヌスをすっかり魅了しているのは、彼女自身ではなく、彼女の富だということを、クレオパトラは知っていた。彼女は、宝石や装身具、芸術品、金の入った金庫、ファラオのローブ、シナモンや乳香などの、彼女にとっての必需品であり、世界中の他の人々にとっては贅沢品であるものを霊廟に積み上げた。こうした財宝とともに大量の焚き付けもそこにあった。クレオパトラが死んだら、このエジプトの財宝も一緒に消えてしまう。そう考えるとオクタウィアヌスは耐えられなかった。

オクタウィアヌスがアレクサンドリアに近づいてきたとき、アントニウスは突然力がみなぎるのを感じた。小規模ながら軍を再編制すると、街のはずれ、カノープス門から数キロ東の地点で、オクタウィアヌスの先兵隊を迎えた。オクタウィアヌスの軍は、行軍で消耗していた。アントニウスの騎馬隊が勝利し、オクタウィアヌス軍を敗走させ、それを野営地まで追い戻した。このすばらしいニュースを伝えようと、アントニウスは異常な速さでアレクサンドリアまで馬を走らせた。「そして、自らの勝利に狂喜しながら、宮殿に入り、完全に武装したままの姿で、クレオパトラにキスをすると、もっとも勇ましく戦った兵士の一人を彼女に紹介した」という。(35) クレオパトラはこのほこりだらけの若者の勇気に対し、黄金の胸当てと兜を贈った。兵士は恭《うやうや》しく、感謝しながら、どちらも受け取った。そしてその夜、彼はオクタウィアヌスの許へ走った。懲りないアントニウスは、またもやオクタウィアヌスの兵士を買収しようとした。その中には以前は彼の部下だった者もいた。アントニウスは元義弟に招待状も送り、一対一で対戦しようと挑発した。これには返事が来た。その中でオクタウィアヌスは冷ややかに、アントニウスを殺す方法はいくらでもあると述べていた。

オクタウィアヌスはもう一度攻撃を行うことにした。今度は海と陸から同時に攻めるのだ。紀元前七月三一日の夜、出陣を前にした夕食の席は陰鬱だった。オクタウィアヌスはアレクサンドリアの東の門の外に野営していて、近くには街の競技場があった。港のすぐ沖合には艦隊が停泊していた。活動過多なはずのアレクサンドリアの街は不気味に静まり返っていた。アントニウスは宮殿で友人たちに取り囲まれ、とにかくどんどん飲むように使用人たちに促していた。こんな機会はもうないだろう、明日になったら、新しい主人がやってきて、自分はよくても「単なるやせこけた死体」になっている、彼はそう言った。(36) この言葉に友人たちはまた涙した。アントニウスは彼らを慰めた。彼はみなを無益な戦いに巻き込まないことにしたのだ。名誉ある死を迎えることだけが彼の願いだった。

八月一日の明け方、アントニウスは歩兵連隊の残りを引き連れて街の門から出ると、海での戦いがよく見える地点に軍を待機させた。彼らの周囲では、街が静まり返っていた。アントニウスは銀色の朝の空気の中に身動きもせずに立ったまま、勝利の予感に身を固くしていた。彼の艦隊はオクタウィアヌス軍に向かってまっすぐに進んでいった――かと思うと、オールで敵軍に挨拶した。オクタウィアヌスの船も同じ挨拶を返した。海岸でアントニウスが見守る中、艦隊はいまや両軍が一つになって、静かに港に戻った。舳先が一直線に並ぶやいなや、騎馬隊も持ち場を離れた。歩兵隊はやる気のない戦いをした。激怒したアントニウスは、「あのクレオパトラが、彼女のために敵対した相手に寝返って、彼を裏切った」とうわごとのように言いながら、宮殿に急いだ。(37) 彼の心はこの言葉の通りに混乱していた。

ディオンはこの言葉を額面通りに受け取り、またもやクレオパトラを非難している。明らかに、彼女はアントニウスを裏切って、艦隊を離反させたのだ。彼女はオクタウィアヌスと手を組んでいた、と。ありえなくはない。彼女も最後の抵抗を用意していたのかもしれない――彼女はまだオクタウィアヌスと交渉中だったが、アントニウスはそうではなかった――彼の抵抗に対する抵抗を。これについては、記録が途切れ途切れであることも、我らが二人の記録者たちの性格よりも問題ではない。二人は見事にクレオパトラについて触れていないからだ。ディオンは裏切りに興奮し、プルタルコスは気持ちが昂りすぎて呆然としている。

そしてパニックの中、アレクサンドリアはオクタウィアヌスのものになった。(38)

アントニウスを裏切ったにせよ、裏切らなかったにせよ、クレオパトラは彼の帰りを待ってはいなかった。彼のわめき声なら前にも聞いていた。それをまた聞きたくはない。彼女は、自分の愛人が、ついに取り返しのつかないほど、慰めの言葉もないほど、完全に破滅したことを知った。彼を避けるために、彼女はメイドと従者を連れて、霊廟に急いだ。中に入ると巨大な扉を下げて閉めた。明らかにこれは城門のような落とし戸だったのだろう。一度閉まると、扉の板はもう動かない。クレオパトラは入口を錠と棒でも閉ざしておいた。ディオンは、この霊廟への逃亡が、すべて芝居だったと考えた。オクタウィアヌスはまた、いつもの安心させるようなメッセージを送ってきた。明らかに、クレオパトラは彼の要求に同意し、エジプトと引き換えに愛人を犠牲にすることにしたのだ。彼女はアントニウスの自殺を促すために、劇的な動きをしているだけだった。アントニウスはなにか策略があるのを警戒したが、「激怒していても、それは信じられず、それどころか、彼女をとても哀れに思っていた、そう、自分自身より、と言っていいかもしれない」[39]。哀れみの理由はいくらでもあった。ディオンはクレオパトラにアントニウスの愛情に応えることだけは許した。彼女は彼をだましたかもしれないが、冷酷ではなかったということだ。しかし、彼はまたクレオパトラがそうした理由を取り違えている。クレオパトラが死んだと思い込めば、アントニウスは生きる望みを失うだろう。霊廟に立てこもりながら、クレオパトラはアントニウスに使者を送り、彼女が死んだと伝えさせた。

彼女は意図的に彼をだましたのか？　彼女はあまりに多くの裏切りで告発されているので、その中でももっとも人間的で、もっとも驚きの少ないこの件が、本当に裏切りだったのかを見極めるのは難しい。けっきょく、二人は死に関してもパートナーだった。アントニウスはすでに、彼女を救うために自分が命を絶つとオクタウィアヌスに申し出ている。オクタウィアヌスはアントニウスにはもう使い道がないし、クレオパトラに近づくためには邪魔だと考えていた。誰かが彼の苦しみを終わらせてやらねばならない。ローマ人の将軍は戦いに敗れると、自ら始末をつけるのが伝統だ。このメッセージは歴史家にひどい扱いを受けるはるか以前から、そもそもちゃんと伝わっていなかったかもしれない。どちらにしても、アントニウスはぐずぐずしなかった。クレオパトラがいなければ、生きている理由がない。それに女に恥をかかされるのが好きというわけではない。彼は自室で従者たちといるときに報せを聞いた。プルタルコスは、彼がその報せを聞いた瞬間に胸当てをはずし、「ああ、クレオパトラ、お前を失うことを嘆いたりはしない。すぐに私もそこへ行くから。けれど私ほど偉大な司令官が、勇気のある女に劣っていたと思われることはつらい」と叫んだと述べている[40]。以前から、いざというときにはエロスという従者が彼を殺すことになっていた。アントニウスは彼に、さあ、自分を殺してくれと命じた。エロスは剣を抜き、主人に背を向けると、自らを突き刺した。彼はアントニウスの足下に倒れた。アントニウスには彼の勇気と手本を示してくれたことをたたえることしかできなかった。そして約七六センチもの長さの刃があり、そこからさらに鋼の剣先が伸びているという自分の剣を振り回すと、まっすぐに肋に突き刺したが、心臓をそれ、下腹部を貫いた。彼は血まみれになって気を失い、寝椅子に崩れ落ちた。しかし目的は達せられておらず、すぐに意識を取り戻した。最後の詰めが甘いのはアントニウスらしいといえるかもしれない。彼は周囲の者たちにとどめの一撃を加えてほしいと頼むが、最期の時になってもまた、見捨てられた。彼の従者たちは一人残らず部屋から逃げ出していた。

彼は叫び声をあげた。その声は霊廟の上階にいたクレオパトラの耳に届いた。彼女は二階の窓か完成していなかった天井——彼女は建設を急がせていたが、間に合わなかったのだ——から、素早くのぞいてみた。しかし素早さが足りなかった。彼女の姿は騒ぎを引き起こした。けっきょく、彼女は死んでいなかったのか！　ディオンが正しければ、アントニウスほど驚いた者は他にいなかったわけだが。ここでまたプルタルコスとディオンの記述は矛盾している。クレオパトラがまだ生きていることをアントニウスが知ったのが先か、アントニウスが瀕死の状態なのをクレオパトラが知ったのが先か、はっきりわからない。それから、アントニウスが使用人に命じて、彼を彼女の許へ運ばせた（ディオン）のか、クレオパトラが彼の許に使用人を送ったのか（プルタルコス）。

アントニウスはすでに大量に出血していた。クレオパトラの書記が発見したとき、彼は床に倒れ、身をよじりながら叫んでいた。

アントニウスの使用人たちが、ひどく出血し、苦しんでいる彼を抱えて霊廟に運んだ。クレオパトラは二階の窓から、この建物の上まで石を吊るし上げるのに使われていた縄や紐を投げ下ろした。それを使って、使用人たちはぐったりとした身体を縛った。クレオパトラは、アントニウスと長年親しかったイラスとカーミオンの助けを借りて、自ら愛人を引き上げた。この試練をプルタルコス以上にうまく描写することはできない。シェイクスピアでさえできなかったのだ。プルタルコスは目撃談を基にこう書いている。「これほど憐れな光景は今までになかっただろう。彼は血まみれで、死の苦しみにのたうち回りながら、引き上げられ、宙吊りになっているときでさえ、彼女に向かって手を伸ばしていた。女たちにとっては難事業であり、アントニウスの手にしがみつかれ、苦しみに歪んだ顔を見ているクレオパトラは特に、ほとんど縄を引き上げることができなかった。その間、下にいる者たちは大声で彼女を励まし、その苦しみを共に味わっていた[41]」

アントニウスを引き上げて寝椅子に寝かすと、クレオパトラはすぐに自分のローブを引き裂きはじめた。彼女がその驚くべき自制心を失ったという記録は二つしかないが、これがそのうちの一つだ。彼女は激しい感情に身を任せていた。「彼女は彼を憐れに思うあまり、自分の身体の不調をほとんど忘れていた」二人はこの一〇年のほとんどを共に過ごした。クレオパトラは彼の身体の血をぬぐい、それを自分の顔に塗りつけた。そして胸を叩き、かきむしる。彼女は、アントニウスを、主人、司令官、夫と呼んだ。彼女はどんなときでも、男にかけるべき言葉を知っていた。アントニウスは泣いている彼女を鎮めると、ワインを一口飲みたいと言った。「喉が渇いていたからなのか、早く解放されたかったからなのか」、ワインを与えられると、彼はクレオパトラに自分の身の安全をはかり、名誉が許すかぎりオクタウィアヌスに協力するようにと勧めた。彼女の意図ばかりでなく、アントニウスの側にも疑いを示唆するような助言だ。オクタウィアヌスの部下の中では、特にガイウス・プロクレイウスを頼るといい、とアントニウスは勧めた[42]。彼はアントニウスの友達でもあった。彼女は彼の運命を憐れむことはせず、彼がその幸せと名誉を得たことを喜んだ。彼は誰よりも華々しく、強い男だった。そしていま立派に死んでいこうとしている。彼を破ったのは仲間のローマ人だけだった。外ではかすかな波音が聞こえていた。アントニウスはクレオパトラの腕の中で死んだ。

降服

アントニウスが霊廟に向かってつらい旅をしている間、護衛の一人がアントニウスの短剣をマントの下に隠して、街のはずれにあるオクタウィアヌスの野営地に走った。そして彼はまだ血に濡れているずっしりとした刃を出してみせ、失敗に終わった自殺をいち早く伝えた。それを聞いたオクタウィアヌスはすぐにテントに駆け込み、カエサルがポンペイウスのために流したのと同じ空涙を流し、「結婚により絆ができ、政治においても戦いにおいても同僚であり、数多くの事業や苦しみを共にした男」のために泣いた。[43] 彼はおそろしくほっとしたことだろう。アントニウスをどう排除するかは問題だった。アントニウスがクレオパトラの腕の中で死を迎えようとしていたとき、オクタウィアヌスは自分を正当化するためのちょっとした儀式を行っていた。この数年の間にかつての義兄と交わした手紙の束を取り出したのだ。続いて彼は集まった友人たちの前でその手紙を朗読した。自分が「どれほど論理的に、正しく書いていたか、アントニウスの返信がいつも、どれだけ無礼で横柄だったか」は明らかではないか？（彼は後に、用心のために、わざわざアントニウスの手紙だけ焼き捨てた）。[44] この劇的な朗読のあと、プロクレイウスが野営地を出た。彼はアントニウスの死の数分後に霊廟のドアの前に立った。

アントニウスは最後まで人を信じすぎていた。プロクレイウスは二つの任務を帯びていた。まず全力を尽くしてクレオパトラを霊廟から連れ出さなければならない。さらに、オクタウィアヌスが自分の問題を解決するために、すぐに必要としている財宝が燃えてしまわぬようにしなければならないのだ。オクタウィアヌスはヘロデから東洋趣味を教えられていた。だから、ホメロスの時代から夢に見られ、誇張して表現されてきた、エジプトの財宝を火葬用の燃料として燃やしてしまうことはできなかった。彼にとって借金は、ローマに残された唯一の障害だった。彼には生きたエジプトの女王も必要だった。「彼の勝利に大きな栄光を加える」と考えていたからだ。[45]ディオンは、この後数日にわたってクレオパトラが行ったたくらみや牽制に非常に注目しているが、彼は自分が描いているのは、どちらも人を欺くことに非常に力を注いでいる狡猾な人物だと知っていた。オクタウィアヌスはクレオパトラを生きたまま捕らえたかった。ディオンは「しかし彼は自分が彼女をだましたように見えることは望まなかった」とディオンは認めている。[46]そこで人当たりのよいプロクレイウスが彼女が気を落とさないように、そして火から手を離しているようにするために派遣されたのだ。

アントニウスに推薦されていたにもかかわらず、クレオパトラはプロクレイウスを霊廟に入れて話をすることを拒否した。自分と話したいのなら、しっかりと錠を締めたドア越しに話せばいい。オクタウィアヌスはこれまでに、彼女にいくつかの約束をしている。彼女は保障してほしかった。保障してくれないのなら、財宝を燃やす、彼女はそう脅した。彼女は何度も子どもたち――三人にはちゃんとした護衛と従者がついていた――にエジプトを継がせてほしいと懇願した。その度にプロクレイウスはその要求への回答を巧みに避けた。彼は彼女に心配しなくていいと言った。オクタウィアヌスを全面的に信じても大丈夫だ。彼女はそれについては納得せず、いろいろと用心していた。彼女は腰のベルトに短剣を挿していた。これはもちろんはじめてのことではなかった。それにずいぶん前に、カエサリオンをナイル川の上流に送っていた。第一子についてはなんの慈悲も望めないことはわかっていた。カエサリオンは家庭教師ロドンと共に、ひと財産を持たされて、徒歩で海岸まで行き、そこから船で、プトレマイオス家が象牙や染料やスパイスや鼈甲を安定して輸入している先であるインドへ渡ることになっていた。

プロクレイウスは、説得ではほとんど効果をあげなかったが、霊廟を十分に観察することはできた。そしてガイウス・コルネリウス・ガルスを連れて、二度目の話し合いのために戻ってきた。ガルスは西からエジプトにやってきた人物で、アントニウスのレギオンの指揮官であり、プロクレイウスより階級が上だった。彼は詩人で、知識人で、語学の才能にも恵まれていた。彼は愛の哀歌の草分けでもあった（皮肉なことに、彼の詩はアントニウスの愛人だった女優に捧げられていた）。ここでまた、彼はアントニウスの女と顔を合わせることになった。おそらく彼は降服するよう交渉しにきたのだろう。ガルスは霊廟のドアの外でクレオパトラと長い話をしている。この話の内容はプロクレイウスとの話とは少し違っていただろう。彼女は相変わらず妥協しなかった。

　その間にプロクレイウスは、霊廟の脇に上るはしごをかけて、アントニウスが運び込まれた二階の窓から中に入った。後から二人の使用人も壁を登ってきた。霊廟に入ると、三人は一階に降り、ドアのところに立っているクレオパトラに忍び寄った。カーミオンとイラスが先に侵入者に気づき、叫んだ。「かわいそうなクレオパトラ、あなたは生きながら捕らえられてしまう！」[47]ローマ人たちの姿を見たクレオパトラは短剣を抜いて、自分を刺そうとしたが、プロクレイウスの方が速かった。彼は短剣をねじり取ると、彼女の服をさぐって毒薬を探しながら、ずっと、指示された通りの言葉で安心させるように、優しく彼女に話しかけていた。せっかちに行動してはいけません。あなたは自分にもオクタウィアヌスにも損になる行動をしている。どうして優しさや高潔さを示す機会を彼から奪うんですか？　彼は「もっとも優しい司令官」なのに。この言葉は以前にも聞いたことがあった、それは離反していった使者が、いま上階で血の海の中に横たわっている男について言った言葉だった。

　オクタウィアヌスはエパフロディトゥスという名の解放奴隷をクレオパトラのそばにつけた。エパフロディトゥスには厳しい指示が与えられていた。彼はエジプトの女王を生かしておくために、「非常に厳しく、寝ずの番をして見張るが、それ以外は、本人を心地よくさせ、喜ばせるためなら、なんでも譲歩すること」と命じられていたのだ。彼女がまた自殺を図るのに使えそうなものはすべて没収された。おそらく財宝の山は、この時点ですでにどこかに運び去られていただろう。しかしクレオパトラは、香やシーダーやシナモンのオイルなど、要求したものをすべて与えられていた。これらはアントニウスの埋葬の準備に必要な品だった。彼女は二日かけて遺体を清めた。礼儀正しいオクタウィアヌスは間違いなく、これは喜んで認めただろう。戦争にまつわる暗黙の了解を守ることでポイントを稼ぎながら、同時にアントニウスが言語道断な葬られ方を指示していたと言いふらすことができる。オクタウィアヌスの部下は、クレオパトラの従者やお付きの者を排除しなかったが、これは「いままで通り、望んだことをすべてかなえることによって希望を与え、彼女が自分を傷つけるのを防ぐため」だった。(48)三人の子どもたちは、優しく地位にふさわしい扱いを受けていたので、彼女は感謝すべきだった。オクタウィアヌスの部下たちはアンティルスの居所をつきとめた。一六歳のアンティルスがトーガの下に身につけている宝石に魂を奪われた家庭教師が裏切ったのだ。アントニウスの息子は神殿に逃れた。おそらくカエサレウムの巨大な建物の中に逃げ込んだのだろう。(49)彼は命を助けてほしいと懇願した。オクタウィアヌスの兵士たちは彼を引きずり出し、首をはねた。家庭教師は即座に死体から宝石を奪ったが、そのせいで後にはりつけの刑にされた。

クレオパトラは自らアントニウスを埋葬したいと求め、許された。イラスとカーミオンに伴われ、彼女は「贅沢で王にふさわしいやり方で」彼を埋葬した。(51)紀元前一世紀の女性は儀式的に、激しく悲鳴を上げたり、のたうち回ったり、肌をかきむしったりすることで悲しみを表現したが、クレオパトラもその例外ではなかった。(50)彼女の悲しみの表現はあまりに激しかったので、八月三日に行われたと思われる葬儀の終わりには、胸が赤く腫れあがってただれるほどだった。そこから雑菌に感染し、熱が出た。彼女は満足した。あとは食べ物を拒絶すれば、静かに、ローマ人の手にかからずに死ぬことができる、と彼女は考えた。オリュンポスにそう打ち明けると、彼は助言を与え、自分も協力するとすぐに彼女が危険な状態にあることを知った。彼には彼女の財宝と同じぐらい強い切り札があった。彼は「彼女の子どもたちに関して、脅したり、怯えさせたりした」プルタルコスは、これは別の形の戦いであり、もっとも効果的な攻撃だったと認めている。クレオパトラは降服し、食事を摂り、治療を受けた。

オクタウィアヌスもいまは多少の善意を持っているということが、クレオパトラを少しは安心させたかもしれない。彼は市民たちを集めた。アントニウスが死んだ八月一日の午後遅く、彼は用意してきた巻物を手に、馬に乗ってアレクサンドリアの街へ入った。彼はいつも自分が言おうとしていることを事前にラテン語で書き出していた。この演説は後にギリシア語に翻訳された。アントニウスとクレオパトラが子どもたちに冠を授けたあの講堂で、オクタウィアヌスはこのために設置された演壇に上った。アレクサンドリア市民たちは怯え、彼の足下にひれ伏した。オクタウィアヌスは彼らに立ってほしいと言った。危害を加えるつもりはない。三つの理由から彼はこの街を赦すことに決めた。アレクサンドロス大王の名誉のため、アレクサンドロス大王が自らの街を「どの街よりもずばぬけて豊かですばらしい街」と賞賛していたため、そして自分の傍らにいるギリシア人の哲学者アレイウスへの感謝のため(52)。本当のところは、オクタウィアヌスがあえて、「ローマ人にとって様々な意味でとても役立つかもしれない、これほど多くの人々に取り返しのつかない危害を加える」つもりがなかっただけだ、とディオンは認めている(53)。

クレオパトラは気づいていたかもしれないが、状況はめまぐるしく動いていた。彼女はすぐにオクタウィアヌスに話し合いを申し込み、八月八日に了承された。この話し合いをめぐる、プルタルコスとディオンの記述は大筋では一致しているが、演出は激しく異なっている。プルタルコスはプッチーニのように、ディオンはワグナーのように描写した。どちらの記述も真実よりも芸術性の方が重視されているだろう。どちらのバージョンもかなりの名場面だ（ヘロデが語った内容とも明らかに異なっている）。

プルタルコス版では、幕が上がると、クレオパトラがマントなしで、チュニックだけを身につけた姿で、弱々しく乱れた姿で質素なマットレスに横たわっている。オクタウィアヌスは彼女を驚かす役に選ばれている。彼女は訪問者の姿を見ると、はじかれたように立ち上がり、彼の足元に身を投げ出した。苦しい日々を送ったせいで、彼女はとても弱っていた。「彼女の髪も顔もひどい状態で、声は震え、目が落ちくぼんでいた。彼女の胸には痛々しい攻撃が加えられた痕もあった。つまり彼女の身体は、その精神よりもいい状態だとはとても言えなかった[54]」

ディオン版では、クレオパトラはこれまでで最高の、王者にふさわしい立派な様子をしている。彼女は豪奢な部屋と、訪問者のための凝った装飾を施した寝椅子を用意する。彼女は完璧に身支度をしていた。「非常に彼女に似合う」、喪服を着た姿はすばらしかった[55]。オクタウィアヌスが入ってくると、彼女は少女のようにぴょんと立ち上がり、長年の仇敵とおそらくほぼはじめて対面した。オクタウィアヌスは魅力的な容姿を手に入れていたか、あるいは賛美者を手に入れたのか。後にダマスカスのニコラウスは、彼は「見る価値が十分にある」ので、女性の目にはとても魅力的だったと書いている[56]。クレオパトラはある意味ほっとしたかもしれない。キケロによると、「非常に長い間恐怖の餌食になっていることは、恐怖の原因そのものよりも確実につらい[57]」。立ち上がったクレオパトラの前にいるのは、身長一七〇センチほどの、髪はくしゃくしゃの金髪で優しい表情をし、ギリシア語よりもラテン語の方がくつろいで話せる、六歳年下のただの男で、その彼は今、血色が悪く、硬い表情をして、居心地が悪そうだった。

誰かが元の事実を脚色したのだが、ディオンの仕業だとしか思えない。彼の記述は疑わしいほど映画的で、ギリシア系の女王であるにしてもクレオパトラが華麗すぎる。しかし逆に、クレオパトラに演劇のセンスがなかったら、こういう運命にはなっていなかっただろう。彼女の横にある寝椅子には、カエサルの胸像や肖像がたくさん並べてあった。彼女はその胸に彼からのラブレターも抱えていた。

彼はオクタウィアヌスを主人と呼んで挨拶をしたが、彼女のかつての立場もわかってほしいと言った。それから彼の父であり、彼女の愛人だった非凡なるカエサルが、彼女にどれだけの敬意を持っていたのかも。それをわかってもらうために、彼女は手紙の中から、もっとも熱烈な部分ばかりを選んで読み上げた。書類からどんな箇所を選んで読むべきかを知っているのはオクタウィアヌスだけではない。彼女は恥ずかしがりながらも、かわいらしく、巧みだった。二人は縁続きなのだ！　もちろん、あなたも、カエサルが彼女に許した様々な名誉のことは聞いているでしょう？　彼女はローマの友人であり味方だ。カエサルは自ら彼女に王位を授けた。クレオパトラはこの演説の間、「嘆き悲しみ、手紙にキスをし、彼の像の前に崩れ落ち、敬意を表し」ていたという[58]。彼女はそうしながら、何度もオクタウィアヌスに目を向け、とろけるようなまなざしで、さりげなく次のカエサルに乗り換えようとしていた。彼女は魅惑的で、雄弁で、大胆だった。

しかしオクタウィアヌスの生来の廉直さにはまったく敵わなかった、というのがディオンの言いたいことだったのかもしれない。オクタウィアヌスはまったく感情を見せなかった。優しい目で見つめられても、反応を示さない。彼は自分の視線が熱く力強いことを誇りにしていたが、このときは目を合わせることさえしようとせず、床をじっと見つめつづけていた。それになんの約束もしなかった。彼はほとんどぎこちないほど無口だったが、愛の言葉も、エジプトについても、クレオパトラの子どもたちについても、なにも言わなかった。

ディオンはオクタウィアヌスの冷静さに注目しているが、この会見にはなにかが明らかに欠けている。クレオパトラはペルシウムを譲り渡した際も、アントニウスの艦隊を引き渡したときも、アントニウスを自殺するように導いたときも、自分の貢献を示すものをなにも要求していない。おそらくかかわっていなかったからだ。過去の取引の見返りをまだ受け取っていなかったとしたら、確実にこのときに、それを要求していたはずだ。

彼女はしまいにはわっと泣き出して、オクタウィアヌスの足下に身を投げ出した。私はもう生きていたくない、と彼女は泣きじゃくった。それにもう生きていられない、と。あなたのお父さんの思い出のために、一つだけお願いをきいてもらえないかしら？　死んでアントニウスのところに行かせてほしいの。「彼と一緒に埋葬されることを嫌がらないでほしい」と彼女は懇願した。「そのために、彼のために私は死にます。冥界でも彼と共に生きるために」しかしこれでもオクタウィアヌスの同情も、約束もまったく得られなかった。彼は彼女を元気づけ、また最初から希望を失わないように安心させようとすることしかできなかった。彼は彼女に生きていてほしかった。彼の勝利のすばらしい装飾品として。

プルタルコス版ではクレオパトラは、身なりは乱れていて、精神的には威厳があった。クレオパトラの医師の記述を基にしていたが、正確とはかぎらなかった。いまや誰もがプロパガンダを流していた。オクタウィアヌスは礼儀正しく、彼女に布団に戻って寝るように言った。彼はその近くに座った。クレオパトラはタルソスで繰り広げたのと同じ弁明をし、自分の行動は「アントニウスが必要だったし、彼をおそれていた」せいだと言った[59]。オクタウィアヌスがその弁明を一つ一つ論破すると、彼女は戦略を変え、憐れみを乞い、言葉を連ねて頼み込んだ。最後には必死で懇願した。彼女は必死ながらも堂々としていた。ディオン版では彼女は必死なだけだったが。誘惑するような声を出したりしなかった。これは後世になってつけ加えられたもので、ありとあらゆる記録者が、クレオパトラにあらゆる男の足下にせっせと身を投げ出させている[60]。もちろん、彼女は現実の人生より文学の中で数多く身を投げ出している。まったくの創作や事実の都合のよい歪曲は別にしても、ディオンとプルタルコスは実質的には同じことを言っている。身なりが乱れていたかどうかは別にして、クレオパトラの容姿はまだすばらしかったということだ。追いつめられた状態でも、「彼女の有名な魅力や際立った美しさ」は輝きを放っていて、「顔の表情によってその美しさが自ずと表われた[61]」。彼女の柔軟さや賢さは変わっておらず、必要とあれば「音楽のような声の強弱」や「とろけるような声音」も駆使して、主張した[62]。半分飢えていて、力のほとんどを奪われても、彼女は変わらずに手強い相手だった。どちらのシナリオでも、彼女はオクタウィアヌスを困惑の渦の中に陥れている。

懇願しても彼の心が変わらないと、クレオパトラは切り札を出した。彼女は財宝の目録を引っ張り出し、オクタウィアヌスに手渡した。降服のしるしだった。オクタウィアヌスがリストに目を通していると、クレオパトラの執事の一人、セレウコスが進み出た。この状況は、誰のよいところも引き出さなかった。セレウコスはクレオパトラが非常に貴重な品をいくつかリストに入れていないのを見過ごせなかったのだ。彼はオクタウィアヌスの前で女王を「いくつかの品を盗んで隠している」と非難した[63]。これに対しクレオパトラは、マットレスから飛び起きると、「彼の髪をつかみ、その顔を何度も殴りつけた」。オクタウィアヌスは思わずにやりとしてしまいながら、立ち上がると彼女を制止した。それに対する彼女の機転の利いた返答は、いかにもクレオパトラらしいもので、まさに臨機応変で巧妙だった。「けれど、これはひどいことではないかしら、カエサル、みじめな状況の私を見舞ってくれることで、あなたが敬意を表してくれようとしたのに、私の奴隷の一人が女物の装飾品をいくつか取っておいたからと言って私を非難するなんて。不幸な私は、本当は自分のために取って置いたんじゃないのに。オクタウィアとあなたのリウィアへのちょっとした贈り物にしようかと思っていたのに。そして二人の取りなしであなたがもっと慈悲深く、優しくなってくれるんじゃないかと思っていたのに」

ディオンも、クレオパトラがオクタウィアヌスの妻と姉を持ち出したとしている。ただし、こんな喜劇的な経過ではないが。クレオパトラは女性同士の団結力に頼るために、リウィアに特にすばらしい装身具を取っておくと約束した。彼女はリウィアに非常に期待していた、というのだ。どちらの話にも、見せかけや茶番や心にもない主張や偽の感情が登場する。細かい食い違いは別にして、どちらもこけおどしの茶番劇ばかりだ。オクタウィアヌスはクレオパトラに彼の捕虜としてローマの通りを歩かせようとしていたが、そんなことは考えていないふりをしていた。クレオパトラはそれを疑っていたが、生きて行く覚悟を決めたと主張していた。彼女は、かつてカエサルの大切な客人として暮らしていたあのローマの街に、鎖につながれて戻る気などなかった。彼女にとって、そんな屈辱は「何千回も死ぬより悪い」ものだった。[64] ローマが捕虜にした王たちをどうするつもりかを、彼女はよく知っていた。生き延びるにはローマの地下牢で生き延びなければならないのだ。ギリシア系の王たちは牢獄で自ら命を断っていた。あるいは、気が狂うか。リウィアの仲裁にとても気をよくしたオクタウィアヌスは、彼女に「たぶん予想もできないほどすばらしい待遇」を約束する。そして彼は非常に満足し、去って行く。彼は「彼女をだましたと思っていたが、実は彼女にだまされていた[65]」。

終　焉

クレオパトラは最後にもう一人の人物を征服するが、それはオクタウィアヌスではなかった。オクタウィアヌスの側近にコルネリウス・ドラベラという貴族の青年がいた。プルタルコスによると、ドラベラがクレオパトラに対して「ある種の優しい感情」を抱いていたという[66]。それは哀れみに近い気持ちだったのかもしれない。彼女はすべての進展を自分に逐一報告するよう促した。ドラベラはそれに同意した。八月九日、ドラベラが彼女に密かに伝言を送ってきた。オクタウィアヌスが三日以内に出発する準備をしているというのだ。クレオパトラと子どもたちは彼と一緒に行くことになっている。彼女はすぐにオクタウィアヌスに使者を送った。アントニウスに捧げ物をすることを許してもらえるだろうか？　この要求は許可された。次の朝、彼女は輿に乗って、彼の墓に向かった。イラスとカーミオンも同行した。プルタルコスはこの墓のそばで、身をよじって泣きじゃくるような文章を披露する。修辞学上の体操のようなこの記述はヘレニズム世界の歴史ではなく、ギリシア悲劇の中の一場面のようだ。彼は表面上のテーマであるアントニウスが死んでからすでに一〇章も費やしており、偶然扱っているテーマにかなりの部分を割いていた。プルタルコス版のクレオパトラは崩れ落ち、両手で墓を抱きしめて、死んだ愛人に、自分は捕虜になったと説明した。その目に涙がわいてくる。彼女は「とても厳重に監視されているから、眉毛や涙さえ、自分の身体を損なうことができない。これは奴隷の身体よ。そして貴方への勝利を飾るために厳重に見張られている」と言った。生きている間、二人はなにものにも引き離されなかった。しかしいま、死が二人を引き離そうとしている。アントニウスは最期の息を彼女の国で引き取った。そして「憐れな女」である彼女は、彼の国で最期を迎えようとしている。天上の神々は二人を見捨てたのだ。死後の世界の神々に力があるのなら、あなたから頼んでもらえないかしら。あなたへの勝利を祝う行列で行進させられることからなんとか救ってもらえないかしら？　彼女は私をこのエジプトに、あなたと離れていることほど、ひどく、おそろしいものはなかった」からと懇願した。この場面には復讐心が欠けていて、愛情はあふれすぎている。プルタルコス版のクレオパトラは、憎しみではなく、愛のために死んでいくのだ。彼女は墓を両手で包み込んでキスをし、ミルラの煙に包まれながら、こうしてワインを捧げるのもこれが最後になる、とアントニウスに優しく告げた。

その日の午後、彼女は霊廟に戻ると、風呂の用意を命じた。その後、彼女はテーブルの前に横たわり、贅沢な食事を楽しんだ。一日が終わる頃に、ドアの外に使用人が現われ、郊外から運んできたイチジクが入ったかごを持ってきた。護衛は中身を注意深く調べた。エジプトのイチジクは非常に甘い。ローマ人はこの汁気が多くて美味な果物に驚嘆したものだ。旅人は微笑みながら周囲の人々に味見を勧め、その後霊廟の中に入っていった。しばらくして、クレオパトラは用意してあった手紙に封印をした。そしてエパフロディトゥスを呼ぶ。しばらく警備をゆるめて、オクタウィアヌスにこの手紙を届けてもらうことはできるかしら？　ちょっとしたことに関する手紙なの。エパフロディトゥスは快諾した。彼は外に出ると、外の砂地を横切っていった。するとクレオパトラは、イラスとカーミオンを残して、付き人を全員退かせた。三人の女性たちは霊廟を出ると、扉を閉めた。棒や錠は財宝と一緒に持ち去られていたことだろう。メイドたちはクレオパトラを女王の正式なローブに着替えさせ、地位を表わす装身具、ファラオの杖と殻竿も渡した。二人は女王の額にダイアデムを巻き、そのリボンは彼女の首に垂らしておいた。

　オクタウィアヌスは手紙を開けた。彼は遠くには行っていなかっただろう。まだ宮殿にいた可能性が高い。手紙にはアントニウスと共に葬られたいという強い要求が記されていた。彼は驚いた。慌てて宮殿を出ようとしたが、思い直し——彼は狼狽していた——事情を調べるために使者を派遣した。使者たちが霊廟に駆けつけてみると、オクタウィアヌスの護衛たちがなにも疑わず、落ち着いて見張りに立っていた。護衛たちも一緒に、ドアを駆け抜ける。遅かった。「そのいたずらは、素早く行われていた」とプルタルコスは伝えている[67]。クレオパトラは黄金の寝椅子に横たわっていた。この寝椅子はおそらく脚がライオンの足になっていて、角にライオンの頭がついているエジプト式のベッドだろう。「持っている中でもっとも美しい衣装」を着て、細部まで行き届いた盛装した彼女はとても堂々としていた[68]。その手には杖と殻竿を握っている。彼女はまったく動かず、完全に息絶えていた。そして彼女の足下ではイラスが瀕死の状態にあった。カーミオンはよろめき、気が遠くなって、ほとんど立てなくなりながらも、クレオパトラの額のダイアデムを直そうとしていた。オクタウィアヌスの兵士の一人が怒った声で叫んだ。「よくやったな、カーミオン！」彼女にはちょうど捨て台詞を言うだけの力が残っていた。彼女は女主人が誇りに思ってくれそうな辛辣な台詞を言うことができた。「本当によくやりました、それにあれほどたくさんの王たちの末裔にふさわしい[69]」それだけ言うと、彼女は女王の横にどっと倒れた。
カーミオンの言葉は文句のつけようのない墓碑銘だった（その後これ以上のものは出てきていない。シェイクスピアも一言一句そのまま使っている）。プルタルコスは「逆境にある者の勇気は敵からも大きな尊敬を集める」と書いている。[70]そしてオクタウィアヌスの野営地ではみな賞賛と哀れみの気持ちに打たれた。クレオパトラはすさまじいほどの勇気を見せた。彼女が最後の離れ業をどうやってやってのけたのかははっきりしていない。オクタウィアヌスは彼女がコブラの助けを借りたのではないかと感じていた――あるいはその印象を広めようとしていた。使者のあとから現場にやってきたオクタウィアヌスは、クレオパトラを蘇生させようとした。彼はプシリという、ヘビの毒を魔術によって無害にできるというリビア人たちを呼んだ。[71]彼らはどんなヘビに嚙まれたかを味で判断できると言われていた。呪文を唱え、傷口を吸えば、冷たくなった死体からも死を抜き取ることができるとも言われていた。やってきたプシリはクレオパトラの前に膝をついたが、奇跡を起こすことはできなかった。エジプトの女王は生き返らなかった。これはまったく驚くことではない。ディオンもプルタルコスも、原因がコブラだとは納得していない。ヘビは間違いなく、クレオパトラが死んだあとになってから、イチジクのかごごと話に紛れ込んだのだ。彼女の死後すぐにエジプトにやってきた、ストラボンでさえ、納得していない。[72]
いくつかの理由から、クレオパトラはコブラを使ったわけではないと考えられる。決断力があり、細心な計画を立てることで知られていた女性なら、自分の運命を野生の獣に任せることは、間違いなくためらうだろう。彼女にはもっと素早くて、苦痛の少ない方法がたくさあった。エジプトの王家の象徴であるヘビに殺されるのも、少し話ができすぎている。ヘビは実用的なものではなく、象徴的な存在だった。それに、どんなに頼もしいコブラでも三人の女性を立て続けに殺すことはできない。コブラは動きがのろいことで知られている。エジプトのコブラはシューという音をたてながら、首を膨らませ、鎌首をもたげると、一・八メートルもの高さになるので、イチジクのかごに隠れることはできないし、そんなに長く隠れていることはできない。ヘビに課せられた任務は大きすぎ、かごは小さすぎる。毒薬の方がありえそうな手段だ、クレオパトラの実験について調べたプルタルコスはそうほのめかしている。一番ありそうなのは、毒入りの飲み物——ソクラテスと同じドクニンジンとアヘンならうまくいきそうだ——を飲んだのか、毒入りの軟膏を塗ったのかだ。一五〇年前、窮地に陥ったハンニバルは毒薬を使ったし、ミトリダテス王も同じ方法を試みた。クレオパトラのおじであるキプロス王は、紀元前五八年にローマがやってきたとき、なにを手にすればいいのかはっきりわかっていた。

クレオパトラがカーミオンと同じ原因で死んだと考え、さらに、発見されたときの状態で死んだと考えると、クレオパトラはそれほど苦しまなかったと思われる。コブラの毒によって死の直前に起こるという激しい痙攣も起こっていないようだ。問題の毒は、痙攣性のものではなく催眠性のもので、素早く、穏やかに、そして基本的に痛みを感じずに死ねるものだった。プルタルコスは何世紀にもわたる、聞く耳を持たない人々に、こう告げている。「事の真実は、誰も知らない[73]」

ヘビは二〇〇〇年近くの間放置されていたが、粘り強く物語から離れなかった。クレオパトラのコブラは古代史版の桜の木のような、便利で簡単な表現方法であり、何世紀にもわたる画家や彫刻家たちに便利に使われた。ヘビは詩的には意味があるし、いい芸術品を生んだ（むき出しの胸も同じだ。元の記述ではクレオパトラはちゃんと服を着ている）。そしてこのヘビはあっという間に広まった。ホラティウスは「鋭い歯のヘビ」を〝頌歌《オード》〟に登場させた[74]。ウェルギリウスとプロペルティウスとマルティアリスもその例にならった。一匹ないし複数のヘビは、当時すぐに書かれた記述には必ず登場している。オクタウィアヌスは、クレオパトラとヘビという構図を示すことによって、自分の勝利をさらに大きなものにしたのだ。ヘビはエジプトの力強いシンボルであり、絡み合ったコブラたちがファラオの額を一〇〇〇年にもわたって飾ってきただけでなく、イシス像にもヘビがはっている。さらにヘビはいつの間にかデュオニュソス信仰にまで潜り込んでいる。図像学は別にしても、高貴な生まれの女性とヘビの組み合わせがなにを伝えようとしているのかはわかりやすい。アレクサンドロス大王の母親は、もっとも残忍で狂気じみたマケドニアの王女だったが、彼女はペットとしてヘビを飼っていたといわれている。彼女はヘビを使って男たちを脅していた。彼女よりさらに前には、イブ、メデューサ、エレクトラ、エリーニュエスがいる。ヘビと手を組んだ女には道徳が乱れているおそれがほのめかされている。オクタウィアヌスはプシリを呼んだとき、この時代を超えた問題を自分の問題と混同していたのかもしれない。彼は思春期の頃、性的衝動を厳しく抑圧していたといわれているが、歴史的な記録も隅々まで同じぐらい厳しく管理していた。彼が我々を二〇〇〇年以上にわたって、間違った方向に追いやった可能性はかなり高い。

彼はわざとそうしたのかもしれない。まったく違うバージョンの死の記録があるのかもしれない。この件についてなにかが失われているのはずっとわかっていた。八月一〇日の茶番劇が別の真実をうまく隠していて、歴史上でもっとも有名な死のシーンは、おそらく見た目通りのものではないこともわかっている。もっとも古い散文の記録では、「クレオパトラは護衛たちの警戒の裏をかいて」コブラを持ち込み、自殺をしたと書かれている。(75) オクタウィアヌスは苛立ち、彼女が自分の手からすり抜けていったことに腹を立てた。しかし彼には膨大な数の献身的な部下たちがいた。八月には、彼への協力をためらう部下は、アレクサンドリアにはほとんどいなかった。これはクレオパトラの執事がいい例だ。クレオパトラがうぶだったのと同じぐらい、オクタウィアヌスは不注意だった。手紙に日付だけでなく時間も記すような男である彼は、戦利品である捕虜を手からすり抜けさせるようなまねはしない。(76) 八月八日に、彼女の許を辞したとき、彼は自分がだまされたと彼女に信じさせ、基本的には彼が彼女の死を演出した。彼が女に出し抜かれるようなまねをするはずがない。もちろん、そうしなければなにかが不利になるなら別だが。それにクレオパトラは敵だったときと同じく、捕虜になっても問題が多かった。オクタウィアヌスは紀元前四六年の凱旋式に出席している。彼は行列の一員として馬に乗って行進してさえいた。このときクレオパトラの妹が人々の同情を集めたのを彼は知っている。彼はアルタウァスデスに鎖をつけて行進させたことでアントニウスを公けに非難してもいる。こういう行動は、ローマの名誉を傷つける、そう彼は叱りつけたのだ。クレオパトラにはさらに別の問題もあった。この捕虜はあの偉大なるカエサルの愛人だったのだ。彼女はカエサルの息子の母親だ。彼女自身が女神であると思っている者もいる。彼女を信頼し、妹がそうしていたように、アジアの辺境のどこかで、静かに余生を暮らさせることもできた。彼女はすでに二度自殺を試みている。注意深く監視していないかぎり、遅かれ早かれ、死ぬことに成功してしまうのは明らかだった。

オクタウィアヌスは、どちらの屈辱の方が大きいのだろうかと考えたかもしれない。女に出し抜かれたことか、問題を起こした張本人を連れずにローマに帰ることか。ときどき非常に優しく繊細なところを見せるローマ市民の反応を予測するのは難しかったかもしれない。自分たちが打ち破った王の子どもたちをあざ笑い、ばかにすることもあったし、こうした無邪気な子どもたちに涙を誘われ、悲しくなり、儀式が台無しになることもあった。クレオパトラはローマの敵と宣言されていたが、過去にローマの敵の人形でうまくいったのと同じように、彼女の人形を凱旋式に出せば十分に事足りるだろう。彼女が死ぬと、勝利の栄光は少し損なわれるが、厄介事の種を排除することはできる。オクタウィアヌスはローマで失敗をするより、アレクサンドリアでクレオパトラを退場させることを選んだのかもしれない。彼は彼女が財宝を破壊することを本当におそれていたが、彼女の自殺はまったくおそれていなかったどころか、そもそもそれに加担していたのかもしれない。そうなるとドラベラ青年はオクタウィアヌスのゲームの道具の一つでしかなかったことになる。そもそも彼の部下の一人が、クレオパトラと親しくなる危険を冒すというのはあまり考えられない。それにドラベラが、慌てて警告したのとは異なり、実際にはオクタウィアヌスは八月一二日にアレクサンドリアを離れていない。ドラベラは事を急がせるためにメッセージ――本当はさらに不吉な内容であったかもしれない――を伝えたのではないか。ディオンもプルタルコスも、オクタウィアヌスがクレオパトラを生かしておくようにと繰り返し指示しているが、これも彼女の死にまつわる他のこみ入った事情よりも強調している。これは込み入った事情がなかったことを意味するわけではない。紀元前三〇年八月一〇日に四番目に死んだ者が真実を示しているのかもしれない。

（これに対する反論は次のようなものだ。クレオパトラはそれまでに餓死と、短剣による自殺を試みている。オクタウィアヌスはなぜこの二度の自殺を阻止し、その後子どものことで脅して彼女を苦しめたのか？　アントニウスの死からクレオパトラの死までの間に九日が過ぎている。すぐに彼女を消してしまった方がよかったのではないか？　そもそも彼女はアントニウスとともに死ぬと宣言している。それに彼女はオクタウィアヌスの悩みを知っていたかもしれない。自分の妹が起こした衝撃を彼と同じように、知っていたはずだ。彼女は、オクタウィアヌスが彼女やローマ人とのハーフである子どもたちを、ローマで行列に出すような危険を冒さない方に賭けたかもしれない。オクタウィアヌスは本当に彼らしくないほど、クレオパトラの死のニュースに動揺したようだ。これまで期待されていて、実際にそうしてきたようには、多くの慈悲を彼女に見せなかった。それどころか彼は、三度の凱旋式で、自分の戦車の前を、様々な王たちと共にアントニウスとクレオパトラの子どもたち九人を行進させたことを自慢した(77)。後世の歴史家の中には誰も、オクタウィアヌスに反感を持つ者の中にさえも、この矛盾について触れた者はいない。事件が終わってから、そもそも真実を知る者はほとんどいなかったと言うことができたのに。けっきょく我々の努力は徒労でしかないのか。我々に言える最大のことは、クレオパトラがすばらしい舞台の上で勇敢に演じた最後の演技は、いくつかの点で歴史とは無関係であり、その大部分は敵がでっち上げたものだったということだ。唯一の慰めはこれとは反対のケースだ。アレクサンドロス大王の死は詳しく記録されていているが、完全な謎だ）。

プルタルコスによると、八月一〇日、オクタウィアヌスは二つの感情に引き裂かれていた。彼は「あの女の死に怒り」ながらも、「彼女の堂々たる魂」には畏敬の念を覚えていた[78]。ディオン版でもオクタウィアヌスは彼女に感嘆し、同情していたが、「非常に嘆いて」いたのは自分自身のためだった[79]。彼の勝利のすばらしさは少し損なわれてしまった。誰の仕業なのかはわからないが、誰かが彼女をヒロインに仕立てあげた。クレオパトラの最期は名誉ある死であり、威厳のある死であり、立派な死だった。彼女は自分の死を自分で取り仕切り、誇り高く、最後までくじけなかった。ローマ人の基準で言えば、彼女は最後になって正しいことをした。女性に期待される行動をようやく成し遂げたからだ。ローマの歴史の中で女性が褒められるのは必ず、熱い石炭を飲み込んだり、自分の髪の毛で首を吊ったり、屋根の上から身を投げたり、「痛くないから」という言葉で静かに促しながら、血まみれの短剣を夫に手渡したりしたときだった（ギリシア演劇にも女性の死体はあふれている。ギリシア悲劇が違うところは、女性にも最期の言葉を言わせているところだ）。なにを褒めているかは明白だ。クレオパトラの自殺の後すぐに書かれた頌歌で、ホラティウスは彼女の愚かさと野心を非難しているが、最後には彼女を褒めたたえている。「臆病な女ではない、彼女は」と彼は結論づけ、その明晰な頭脳と静かな表情と勇気に驚嘆している[80]。クレオパトラの最期の場面は彼女の最高の場面だったと言えるかもしれない。これはオクタウィアヌスが喜んで払った犠牲だ。彼女の栄光は彼の栄光だ。讃えられる敵は価値のある敵だ。

オクタウィアヌスはクレオパトラが「王にふさわしく立派で荘厳に」埋葬されるよう取りはからった[81]。そうしなければアレクサンドリア市民から非難される危険があった。彼らはローマ人がいても、間違いなく、女王の死を公然と悼んだだろう。プルタルコスによると、オクタウィアヌスはアントニウスの傍らに葬られたいという彼女の望みもかなえた。イラスと雄弁なカーミオンも女王とともに、立派に埋葬をされた。この三人がミイラにされたのかどうかはわからない。彼女たちのすばらしい共同の墓は、クレオパトラの祖先である王たちの墓と同じように、贅沢で色鮮やかに飾られていただろう。ローマ式の図像学的な要素も加えられていたかもしれない。ある記述では、イラスとカーミオンの彫像が外に立って見張りをしていたという[82]。プルタルコスは彼女たちの墓はアレクサンドリアの中心部の、プトレマイオス家の先祖たちの墓と同じ場所にあったとほのめかしている。オクタウィアヌスは霊廟も完成させるよう命じた。そして霊廟は、征服され、呆然として不安を抱えた状態のこの街で完成しただろう。アレクサンドリア市民たちはローマの市民になった。クレオパトラの墓はイシス神殿に隣接していたが、これはまったく場所の特定にはつながらない。最近の説では、アントニウスとクレオパトラの永眠の地は、アレクサンドリアの西三二キロのところにある、地中海に臨む、タポシリス・マグナの太陽が降り注ぐ丘の斜面にあるとされている。墓も霊廟も発見されていない（この二つが別々の建物であることはほぼ間違いない）。

クレオパトラの享年は三九歳で、二二年近くにわたってエジプトを統治した。これはアレクサンドロス大王より約一〇年長い。彼女は大王から受け継いだバトンを心ならずもローマ帝国に渡してしまった。彼女の死によってプトレマイオス朝は終焉を迎えた。八月三一日、オクタウィアヌスは正式にエジプトをローマの属州にした。彼の治世の最初の年が、クレオパトラの最後の年だ。彼は新しい暦を八月一日から時計を戻した。これは彼がアレクサンドリアに入った日だった。クレオパトラは一つの時代の幕を下ろしたと言われているが、もちろんエジプト人の視点からみれば、それはアントニウスも同じだ。彼女が彼の破滅の原因になったのとまったく同じように、彼が彼女の破滅の原因になったことは忘れられやすい。

残された者たち

最後になって、プトレマイオス家の家庭教師ロドンは気が変わりやすいことがわかった。カエサリオンは紅海の港にまでたどりついたが、そこでロドンが彼をアレクサンドリアに戻るよう説得した。おそらく彼の母親ではなく、オクタウィアヌスと手を組んだのだろう。当時の古代世界は狭く落ち着かない世界だった。オクタウィアヌスはいとこを生かしておくことも、偉大なるカエサルの息子を見せ物にすることもできなかった。「カエサリオン」という名前だけでも問題だった。あのさんざん宣伝された、成年の儀式もなんの助けにもならなかった。オクタウィアヌスの部下たちは一七歳の彼をアレクサンドリアに戻らせ、そこで彼を殺した。おそらくその前に拷問を加えただろう。アレクサンドロス・ヘリオスとクレオパトラ・セレネ、プトレマイオス・フィラデルフォスは大きな危険の種にはならないので、帰国するオクタウィアヌスに連れられてローマへ行き、いつも従順な姉オクタウィアに育てられた。三人は彼女の広くて居心地のいい家で、アントニウスとオクタウィアの間に生まれた娘たち、アントニウスと前妻との子どものうち生き残っていた者たちと共に育った（アレクサンドロス・ヘリオスの許嫁イオタペはメディアの家族の許に帰った）。クレオパトラの死から一年後、彼女の子どもたちはオクタウィアヌスの凱旋式で行進させられた。まるで彼の実の子であるかのように思いやりをもって育てられていたという三人にとって、これは間違いなく困惑させられる出来事だったはずだ。オクタウィアヌスは後に、クレオパトラ・セレネを、五歳のときにカエサルのアフリカ凱旋パレードで行進させられたユバ二世と結婚させた。ユバ二世はパレードの後、ローマで教育を受け、歴史に情熱を傾けるようになった。夫と妻は境遇も、受けた屈辱も同じだった。ローマの内戦が二人を孤児にしたのだ。教養人で、詩がうまく、オクタウィアヌスのお気に入りであるユバは、花嫁とともに、王になるためにモーリタニア（現在のアルジェリア）に送られた。クレオパトラ・セレネはこのときおそらく一五歳で、ユバは二二歳だった。オクタウィアヌスは若き王たちへのプレゼントとして、クレオパトラ・セレネの兄弟たちを解放した。彼らもアフリカ西部に渡ったかもしれない。凱旋式を最後に、この二人の少年についてはなにも伝わっていない。

モーリタニアで王位に就いたクレオパトラ・セレネは、母の伝統を受け継いだ。硬貨に刻まれた彼女の肖像は母親に似ていたし、硬貨にはギリシア語の文字も刻まれていた（ユバの硬貨にはラテン語が刻まれていた）。二人は共にモーリタニアの首都を文化と芸術の都に変貌させ、立派な図書館まで建てた。この地域からはエジプトの彫刻が数多く出土している。その中には紀元前三〇年七月三一日、オクタウィアヌスがアレクサンドリアに入る前日のものもあった。クレオパトラ・セレネは間違いなくプトレマイオス朝の胸像のコレクションをしていたのだ。彼女はイシスとのつながりも受け継ぎ、息子にはプトレマイオスという名前を付けた。彼女は聖獣ナイルワニを飼っていた(83)。わかっているかぎりでは唯一のクレオパトラの孫、モーリタニアのプトレマイオスは紀元前二三年にユバから王位を受け継いだ。統治をはじめて一七年目に、プトレマイオスはカリギュラの招きでローマを訪れた。どちらもマルクス・アントニウスの血を継いでいる。二人は、半いとこの関係だった。ローマ皇帝カリグラはアフリカの王プトレマイオスを丁重に迎えた。しかしそれは、ある日プトレマイオスが剣闘士の試合に特に華やかな紫色のマントを身につけてやってくるまでの話だった。人々が彼を振り向き、カリグラは不機嫌になった。彼はプトレマイオスを殺すように命じた。最初から過飽和状態の燃えるような色に染まっていた王家にふさわしい終わり方だった(84)＊。

オクタウィアヌスはローマからもアレクサンドリアからも、アントニウスの痕跡をすべて消した。アントニウスの誕生日である一月一四日は、不運な日とされ、公共の取引を行うことを禁じられた。元老院命令により、今後「マルクス」と「アントニウス」という名前を組み合わせることも禁じられた。そして歴史上、非常に不都合なことに、それ以外の彼に関する記録はすべて破棄された。オクタウィアヌスはアクティウムの海戦について書いた文章でも、アントニウスとクレオパトラの名前を一度も出していない。アントニウスの親しい友人数人に死刑を宣告し、その中にはカニディウスやクレオパトラの繊維工場長を務めていた元老院議員も含まれていた。(85) アントニウスやクレオパトラと運命を共にすると誓っていた者たちは、自ら死ぬ必要がなくなってほっとしていたかもしれない。他の支持者たちは姿を消した。大きな影響力を持つメンフィスの司祭長——カエサリオンと同じ年に生まれ、クレオパトラとの個人的なつながりを保っていた——は彼女の死の数日前に謎の死を遂げていた。権威を行使し、人々を集結させ、クレオパトラの王国を復活させようとした者たちが生き残れなかったのは致し方がない。オクタウィアヌスの部下たちは宮殿からプトレマイオス家の財宝を山ほど持ち出し、街中の行く先々で軽罪をでっち上げては、罰金を取り立てた。想像力が尽きたときには、単にその者の財産の三分の一を没収した。これはお行儀のいい略奪だった。ローマ人たちはかなりの金を手にした。オクタウィアヌスはアレクサンドリアの街からすばらしい彫像や貴重な芸術品を取り去った。これはアントニウスとクレオパトラがアジアで略奪してきたものだった。彼はこれらの品を修復すると、ほとんどを元の都市に返した。特にすばらしい数点はローマに運ばれた。その中でも最高の芸術品ははるか昔、紀元前二世紀にコリントスで略奪されたものだった。彼の名誉のために言うと、クレオパトラの死から一七年後、オクタウィアヌスは、エジプトとギリシアの建築様式が融合したすばらしいカエサレウムを完成させた。

クレオパトラには熱心な信奉者がたくさんいたし、女官たちの忠実さはアレクサンドリアじゅうの噂になった。(87) 使用人が女主人のために死ぬのはとても珍しい。女王のために蜂起すると申し出た者たちも変わらずに忠実だった。クレオパトラは国中に愛されていた。彼女の治世の間は反乱が起きなかった。アレクサンドリアじゅうが悲しみの場になった。行列や合唱や捧げ物が行われ、泣き叫ぶ声とむせび泣く声が街中に響き渡り、街中の女たちが服を裂き、胸を叩いていた。エジプトの神官たちを代表して、ある聖職者が二〇〇〇タラントを出すから、あちこちにあるクレオパトラの彫像を保存してほしいとオクタウィアヌスに申し出た。彼女は高貴な存在のままになるかもしれないが、もう死んでいる。魅力的すぎるこの申し出をオクタウィアヌスはとても断れなかった。これでオクタウィアヌスはイシスとのつながりという厄介な問題からも解放される。クレオパトラ信仰はしばらく前から行われていたので、クレオパトラ像なのかイシス像なのか区別がつかない像も多かった。オクタウィアヌスは激しやすいアレクサンドリアの街を、宗教的な彫像をひっくり返しながら回るつもりはなかった。クレオパトラの彫像も、彼女への崇拝も実際に、その後何百年も続いた。ローマに立ち向かった断固とした最期のせいでその信仰が強まったのは間違いない。

オクタウィアヌスはエジプトには長居しなかった。エジプトはローマの属州となったが、有力なローマ人は特に許可がなければそこを旅することはなかった。歴史上でも屈指の帝政主義者の一人であり、アレクサンドロス大王になろうとはしなかったオクタウィアヌス――彼がそうしていたら、クレオパトラとってずいぶん違う展開になっていただろう――は、権力そのものを、それに付随する栄光より、大事にした。彼はエジプトの歴史にはほとんど興味を見せず、クレオパトラの祖先たちの遺跡を熱心に見せようとするエジプト人たちをがっかりさせた。オクタウィアヌスは死んだプトレマイオスの先祖たちには我慢がならないことをはっきりさせた。彼が敬意を示したのはアレクサンドロス大王に対してだけだった。オクタウィアヌスがやってくるので、大王の死体は石棺からひきはがされた。

＊カリグラはマルクス・アントニウス（父方の曾祖父）とオクタウィアヌス（母方の曾祖父）の両方の血を引いている。彼はそのときの目的に応じて、どちらの子孫だともアピールした。彼の治世では、ある日アントニウスの敗北を祝うために犠牲を捧げたことが問題にされたかと思うと、翌日にはアウグストゥスの勝利を祝う犠牲を積極的に捧げなかったことが問題になる状態であり、人々はいつ失敗するかわからなかった。[86]

オクタウィアヌスが、誤って大王の死体をこすってしまい——彼は花をまき散らそうとしていたのかもしれない——、そのときにミイラ化していた鼻が取れてしまったという噂もある。(88)

オクタウィアヌスは日射病に弱かった——彼はどこへ行くときもつばの広い帽子をかぶっていた——ので、アレクサンドリアの八月の溶けるような熱さの中ではあまり楽しめなかった。秋になると、彼はアレクサンドリアを出てアジアに向かった。クレオパトラの死によってもっとも得をしたのはヘロデだった。彼は再びローマ人たちの北へ向かう旅を案内した。オクタウィアヌスはヘロデとの再会に際し、アントニウスがヘロデから取り上げてクレオパトラに与えていた彼の大切なヤシとバルサムの果樹園や沿岸の街を返し、さらにおまけとして別の領地もつけた。ヘロデの王国はついに彼の親切さに釣り合う規模にふくれあがった。ローマ人以外の中で、ローマの新たなお気に入りになったヘロデは、クレオパトラの護衛を務めていた四〇〇人の大柄なガリア人たちも受け継いだ。ダマスカスのニコラウスは彼の教師になり、その後彼の親友になった。彼はヘロデのために王室の歴史を創作した。そしてクレオパトラの人生についての主要な出典元になっている、人生の途中でローマ側に転向したユダヤ人のヨセフスの記述は、このニコラウス作の歴史に基づいている。オクタウィアヌスはガルスをエジプトの総督に任命し、統治を任せた。ガルスもこの同盟国の統治は難しく、ここの富は人を慢心させることを知った。彼は紀元前二九年に「すべての王たちの共通の恐怖」と言われたテーベ周辺の人々を征服した。(89)しかし彼はその権力を濫用し、自分の彫像をあまりにたくさん建て、その偉業をピラミッドに刻み、そして、元老院に告発され、最後は自殺した。

クレオパトラの死からちょうど一年がたとうとしていた頃、オクタウィアヌスの三日間にもおよぶ壮麗な凱旋式の最後に、彼女は人形の姿でローマの通りをパレードした。彼女とともに、本物の金や銀や象牙が、ウィア・サクラから公会場まで川にして流された。ディオンはエジプト人の行列は他の呼び物や「かけた金でも立派さでも」圧倒したと伝えている。(90)金と銀の金庫の後に装身具や武器や芸術品を載せた馬車が続いた。色鮮やかな看板やのぼり、ローマに敗れた兵士たち、重要な捕虜たちの行進には一〇歳の双子と六歳のプトレマイオス・フィラデルフォスが鎖につながれて歩かされていた。クレオパトラの人形はしっくいで白く塗られるか塗料で彩色されている死の床に横たえられていて、その死の原因になったかもしれないコブラもそこにいた。紫のマントをまとったオクタウィアヌスは士官たちに囲まれて、そのあとに続いた。クレオパトラの予想は一つ間違っていた。アントニウスがまったくそこにいなかったことだ。もう一つの予想は当たっていた。凱旋式で行進するアントニウスの味方だった唯一の王族は、すぐそのあとに処刑される、という予想だ。ローマの街はエジプトからの略奪品できらめいた。オクタウィアヌスはプトレマイオス家が持っていた何トンもの金と銀、胸当てや食器、冠や盾、宝石をちりばめた調度品、絵画や彫像を船で持ち帰っていたが、そのときにクロコダイルも数匹連れてきていた。のしのしと歩くカバやサイを凱旋式に参加させている者もいた[91]。オクタウィアヌスは気前よく振る舞えるだけの資金があったので、高価な贈り物があちこちで配られていた。エジプトへの勝利が特に盛大に祝われたのは、それだけの金があったせいだけではない。内戦をカモフラージュする必要があったからだ。

公会場にはまだクレオパトラの彫像があった。これは、彼女の黄金の寝椅子や宝石をちりばめた水差しによって成功するための資金を得られたオクタウィアヌスが、せめてできることだった。彼はクレオパトラのおかげで拘束していた軍人を全員除隊させることができた。彼女はローマの繁栄を保証した。オクタウィアヌスがあまりに莫大な金をローマ経済に注入したので、物価は急騰した。金利は三倍に跳ね上がった。ディオンこの富の移行について、クレオパトラが「ローマ全体を豊かにし、神殿を飾った」とまとめている[92]。彼女のものだった芸術品やオベリスクがローマの通りを飾った。彼女はローマに完敗したが、それでも彼女が統治した異国の街の美しさはたたえられた。金持ちの間には、急にエジプト熱が盛り上がった。スフィンクスや鎌首をもたげたコブラや日輪の像や、アカンサス葉飾りやヒエログリフがローマじゅうにあふれた[93]。オクタウィアヌスの自宅の書斎まで、蓮の葉やグリュプスの像で飾られた。クレオパトラはもう一つ間接的な貢献をしている。彼女の後に続いて、ローマに女性の黄金時代が訪れたのだ[94]。身分の高い女性たちが突然、社会で役割を果たすようになったのだ。ローマの女性たちは大使に嘆願し、夫に助言し、海外旅行をし、神殿や彫像を発注した。芸術や社交界でも女性の姿が目立つようになった。公会場のクレオパトラの像には仲間ができた。リウィアとオクタウィアほどの高い身分を得て、その前例のない特権を楽しんだローマ女性は今までにいなかった。これは彼女たちと敵対する立場にあった、ある外国人女性のおかげだった。リウィアは分厚い紙挟みがいっぱいになるほどの資産を集め、その中にはエジプトの土地も、ユダヤのヤシの果樹園もあった[95]。オクタウィアは非常につつましく、細心で、信心深い、クレオパトラと正反対の存在として、歴史に記憶されることになった。

クレオパトラも昇進をした。彼女はある区切りになったのだ。現代の世界の始まりはいつからなのかを調べていくと、彼女の死がもっとも妥当な境目だとわかるだろう。彼女の死とともに、四〇〇年におよんだローマ共和制とヘレニズム期が終わっている。オクタウィアヌスは、その後もっとも大規模な攻撃をし、歴史の転換点をつくることになるのだ。彼は共和制を昔の栄光そのままに復活させたが、それは一〇年もたたないうちに、実質的には独裁制であることがわかった。カエサルの前例に学んでいるオクタウィアヌスは、さりげなく事を進めたのだ。オクタウィアヌスは「王」になることはなく、常に「プリンケプス」、つまり「第一人者」を名乗った。すぐに問題なく認められて、まったく独裁的なイメージのない新たな称号を求めて、オクタウィアヌスはクレオパトラのかつての友人である、あの青い絵の具を塗って海の妖精に扮したプランクスに相談した。プランクスは「アウグストゥス（尊厳者）」という称号を考案した。これはガイウス・ユリウス・カエサルとして知られていた人物が人間を超えた存在であり、尊く、敬われるべきだということを示す称号だった。

西側の世界が急速にクレオパトラの時代のアジアに似ていったのは、本当に皮肉なことだった。オクタウィアヌスがクレオパトラは共和制に対する脅威だったと喧伝すればするほど、進んでいった。クレオパトラは共和制を脅かそうなどと考えたことなど一度もなかったのに。オクタウィアヌスの周りにはある種の宮廷のようなものが形作られた。彼は近親者のほとんどと仲違いをした。ローマ皇帝は神になったのだ。彼らはセラピス神に扮して肖像に描かれた。これはアントニウスがデュオニュソスに扮した先例に倣ったのだ。そして質素を尊ぶべき役職にあるのを忘れ、立派なマントを着ることが何事もなく受け入れられた。オクタウィアヌスはクレオパトラのすばらしい黄金の食器を溶かしたと言われているが、ヘレニズム式の壮麗さは広まった。(96)「多くの人々を統治している我々にはふさわしい」とオクタウィアヌスの助言者の一人は主張する。(97)「すべての人とすべてのものに勝り、この種の輝かしさは味方に我々への尊敬の念を起こさせ、敵には恐怖を感じさせることが多い」、と。彼はオクタウィアヌスにどんな出費も控えるべきではないと進言した。ローマは贅沢品の新たな市場を代表する街になった。続いて職人たちや産業が生まれた。リウィアには一〇〇〇人以上の専属の従者がいたという。クレオパトラの巨大な霊廟に非常に感心したオクタウィアヌスは、同じものをローマに建てた。アレクサンドリアは〝木のローマ〟から〝大理石のローマ〟への変身の源になったという名誉を認められるべきだ。オクタウィアヌスは七六歳で死んだ。自宅のベッドで亡くなった彼は、これもヘレニズム文化からの影響である、近い親類に殺されるという目にあわなかった数少ない皇帝の一人だった。クレオパトラの二倍にあたる、四四年にわたってローマを統治した彼は、権力の座に就くまでに、起こった出来事を改変する時間は十分にあった。* 彼には「高い地位はねたみや裏切りとは無

＊いつの時代も、有能な女性は疑われる。リウィアが彼を殺したという噂がその後流れた。興味深いことに、彼女が用いたのは毒入りのイチジクだったと言われている。(98)

縁ではいられない。王は特にそうだ」という事実に気づくだけの理由もあった。[99] 敵は悪いものだが、友人たちはおそらくさらに悪い。この地位はとてもひどいものだ、と彼は結論づけている。

伝説へ

歴史の書き換えは、ほぼすぐに始まっている。マルクス・アントニウスの存在が記録から消されただけでなく、アクティウムの海戦も、歴史の転換点となる、大規模で完全な勝利だったと見事に変貌させられている。書き換えは結末から始められている。アウグストゥスがローマを大きな危機から救ったという結論から始まっているのだ。彼は内戦を解決し、一世紀の間不安定だった世界に平和を取り戻した。ここから新たな時代が始まった。お抱えの歴史家たちの記述を読むと、まるで、一世紀におよぶ暴力のあとで傷つき、灰色になっていたイタリア半島が、彼の帰還と同時にぱっと総天然色に色づき、畑の穀物も突然上を向き、金色に豊かに実りはじめたようだ。「法の正当性が復活し、法廷に権威が戻り、元老院が威厳を取り戻した」とウェレイウスは高らかに述べているが、これは紀元前四六年にカエサルが主張しようとした義務をうまく並べているのとほぼ同じだ。[100] アウグストゥスのエゴは暦にも表われている。アレクサンドリアの陥落とローマが異国の脅威から一時的に救われたことを祝した記念が、今日まで残っているのだ。* 当時の暦には二つをまとめて、この日が彼がローマを「もっとも重大な危険から」救った日だと記されていた。[101]

クレオパトラはもっともひどい仕打ちを受けていた。裏切り者が歴史を書いた。デリウスやプランクスやダマスカスのニコラウスらは最初に書いた者たちだった。アクティウムの海戦の後、べた褒めが横行し、どんどん神話が作られた時期だった。彼女が生きた時代は、ちょうどラテン語の文学の誕生と同じ時期だった。クレオパトラにとっては呪わしいことに、ラテン語の偉大な詩人たちが刺激され、彼女の恥を喜んで述べたて、彼女にとっては不親切な言語で著した。しかも彼女の記録はそれがすべてだった。ホラティウスはアクティウムの海戦を生き生きと描写している。オクタウィアヌスのすばらしい勝利を最初に褒めたたえた彼は、クレオパトラがまだ必死でアレクサンドリアを要塞化していた頃に、この記録を書いていた。つまり彼女がまだ実際には敗れていないときに、彼女の敗北を描いたのだ。ウェルギリウスとプロペルティウスはエジプトからの凱旋式の記録を担当したが、ヘビとクレオパトラの組み合わせの悪影響がすでにしっかりと根づいている。どの分析でも、アントニウスがクレオパトラのためにアクティウムから逃亡したことになっている。彼女は〝恋に落ちた男は無力で、恥ずかしいほど愛人の言いなり〟というプロペルティウスのお気に入りのテーマを都合よく表わしている。まるでオクタウィアヌスがローマを、その病からも救ったかのようだ。彼は物事の本来の秩序を取り戻した。男が女を支配し、ローマが世界を支配する。どちらにおいても、クレオパトラは非常に重要な役割を果たしていたのだ。ウェルギリウスは『アイネイス』をクレオパトラの死の一〇年後に書いた。彼はアクティウムの海戦の頃にも、クレオパトラの周りにヘビを登場させている。クレオパトラは、アウグストゥスとオクタウィアの前で朗読される作品の中でよく扱ってもらえる望みはなかった。叙事詩はみな二人の前での朗読を避けられなかった。残りの記述といえば、一度だけ、人生最後の週に会ったことのあるローマ人によるもので、その中で彼女は危険な敵に昇格している。この地位では彼女は濃い霧やあいまいな神話に心地よく包まれている。彼女は間違った理由から、歴史に残る敗者に数えられている。†神話をでっち上げた者たちはみな一つの方向を向いていたのだ。次の世紀になると、アジアの影響と女性の解放が皮肉屋たちを忙しくすることになった。

＊月の名前を変える習慣はティベリウスが終わりにした。一一月を彼の名前に変えてはどうかと提案されたティベリウスは、皇帝が一三人以上になったら、みな大変な問題になると笑いとばした。[102]

クレオパトラの死後も、彼女の運命は、生前と同じように劇的に浮き沈みした。彼女の死後、その力の源は性的な魅力だったとされているが、それがなぜかははっきりしている。カエサル暗殺団の一人が、述べていた通りなのだ。「人は自分のおそれていることよりも思い出に、どれだけ多くの注意を注ぐものか！」[103] ある女性の成功は、彼女の頭脳のおかげではなく美しさのせいだとし、彼女を単に色仕掛けで成功した女にしてしまった方が、いつも好ましいのだ。大きな力を持った魔女には誰も敵わない。ヘビのように賢い頭脳——あるいは真珠の鎖で——で男を誘惑する女には、きっとなにか解毒剤があるはずだ。クレオパトラが誘惑する女というより賢人だったので、落ち着かないのだ。彼女がどうしようもなく魅力的であると思う方が、どうしようもなく知的であるより、脅威を感じない（メナンドロスが記録した四世紀の格言、「女に読み書きを教える男は、ヘビに毒を与えているのだと自覚するべきだ」は、彼女の死後数百年の間、子どもたちに書き写されていた[104]）。それに話をもっと面白くできる。プロペルティウスは物語のトーンを決めた。彼が描くクレオパトラは奔放に男を誘惑する女で、「売女女王」であり、後に「飽くことを知らない性と飽くことを知らない強欲さを持つ女」（ディオン）、肉欲の罪人（ダンテ）、「アジアの王たちの売女」（ボッカチオ）、背徳的な愛の見本（ドライデン）などと書かれた。‡ プロペルティウスは彼女に奴隷との密通までさせている。一世紀のあるローマ人は、「古代の著述家たちは彼女の飽くことのない性欲について繰り返し述べている」と自明の事実として書いているがこれは間違っている。[105] ある古代の記述では、彼女はあまりにみだらだったので、「よく娼婦のまねごとをした」ことになっている[106]（彼女は非常に美しいが危険な女性で、「多くの男性が自分の命と引き換えに彼女との夜を買った」とされている[107]）ある一九世紀の女性は、クレオパトラが、「ぞくぞくするような魔法の産物」ではないかと推測している。[108] フローレンス・ナイチンゲールはクレオパトラについて、「あの不愉快なクレオパトラ」と述べている。[109] セシル・B・デミルは女優クローデット・コルベールにクレオパトラ役を依頼する際、「歴史上で一番の悪女になってみる気はないかい?」と訊ねたという[110]。クレオパトラは一九二八年の『歴史上の罪人たち』という本にさえ登場する。クレオパトラと伝説の戦いはまだ勝負がついていない。

プライベートな事柄は政治的な事柄に勝り、エロティックな情報はすべてを圧倒する。我々はクレオパトラがユリウス・カエサルとマルクス・アントニウスと寝たことを、それによって彼女がなにを成し遂げたのかをとうに忘れてしまったあとも、ずっと覚えている。彼女はトラブルに見舞われ、黄昏の時期を迎えていた広大で裕福で人口が密集した帝国を、誇り高く洗練された王朝の名の下に支えたことも。彼女は当時もっとも偉大だった男性二人を誘惑したことで今でも世に知られているが、本当の彼女の罪は、権力のある男なら誰でも楽しんでいたような「ずるくあやしい」婚姻関係に足を踏み入れたことだ[111]。彼女の場合はこの言葉とは逆に、堂々と行った。このために彼女は、社会から逸脱した破壊的で不自然な女だと言われることになった。さらにローマ人たちの気分を害するようなことがいくつかある。彼女のせいで、ローマ人は自分たちがあか抜けなくて不安定で貧しいと感じた。これはそこに性的な事柄を混ぜたくなるのに十分なほどの不安だ。彼女はしばらくの間、古代人の想像力にしつこく悩まされた。それは主に教訓話の形で表わされた。アウグストゥスの統治下では、結婚制度があらためて見直された。これは権力を振りかざし、国を傾け、家庭を破壊したクレオパトラにとってはよくない前兆だった。

† 彼女はイソップの寓話をよく知っていたのだろう。寓話の中では、ライオンが人間に、「ライオンを虐殺する人間の彫像はたくさんあるが、もし彫刻家がライオンになったら、ずいぶん違った彫像ができるだろうね」と言っている。

‡ 少なくともダンテは、彼女を弟よりも上の地獄の第七圏に置いている。彼女の罪（欲望）は自分自身の問題であり、弟の罪（裏切り）は他人に向けられたものだからだ。

彼女はどちらも歪んだ理由で、あざけりとねたみを同じくらい誘った。彼女の物語のほとんどは男性が抱く恐怖から生まれた幻想でできている。プルタルコス以降、歴史上最大のラブストーリーとして扱われているが、実際のクレオパトラの人生はこうして描かれているように、毒々しいものでもロマンティックなものでもなかった。そして彼女は二度続けて「国を傾けた美女」にされてしまっている。アクティウムの海戦が歴史上でもっとも偉大な戦いであるためには、クレオパトラがローマの崩壊をもくろんだ「無法な女王」でなくてはならない。アントニウスが同国人であるローマ人以外のなにかに負けたのだとしたら、クレオパトラは「すでに彼を破滅させているのに、さらに完全に破滅させようとしている」相手の警戒心を解き、人を惑わす女でなくてはならない[112]。どこまでが仕返しで、どこからが敬意なのかはわからない。彼女の力はすぐに誇張されたが、これはある男の歴史的な意図のために、彼女はまたもや卑しい役割につかされるからだ。彼女は本当は、与えられた義務に忠実で、父親を愛していた娘であり、愛国者であり、国の守護者であり、古代の国家主義者で、勇気の象徴であり、鋼《はがね》の度胸を持った賢い統治者で、自分を巧みに演出できる女性だった。本当ではないのは、アレクサンドリアの灯台を建てたこと、黄金を作り出せたこと、理想的な女だった（ゴーティエ）こと、愛の殉教者だった（チョーサー）こと、「愚かな少女」（ショウ）だったこと、キリストの母親だったこと、だ[113]。一七世紀のコプト教会の司祭は彼女は「もっとも華々しく賢い女性」であり、彼女以前の王たちよりも偉大だったと述べている[114]。彼女は愛のために死んだとたたえられることもあるが、正確にはこれも真実ではない。けっきょく、ミケランジェロからジェロームまで、コルネイユからブレヒトまで、みなが彼女をテーマに取り上げている。ルネサンスはクレオパトラに執着した時代だった。ロマン派による執着は特に強かった。彼女はシェイクスピアにさえ抑制を忘れさせ、その作品の中でもっともすばらしい女性の登場人物を描かせ、もっとも表現力豊かな詩を書かせている。シェイクスピアはアントニウスがまったく登場しない最終幕を書いたし、ある批評家の分析では、中年同士の罪

見失ってしまうが、シェイクスピアも同罪だったのかもしれない。[116]

知的な一騎討ちや哲学のマラソンが行われた都アレクサンドリアは、すぐにその活気を失いはしなかった。その後一世紀ほど、地中海世界の頭脳でありつづけたが、その後姿が消えていく。女性の自治権も同じ運命をたどった。（支払い能力のない）夫が家出し、他の女と子どもをつくったら、持参金を返すよう義父を訴えることができた時代は終わった。五世紀の地震の後、クレオパトラの宮殿は地中海にすべり落ちて沈んだ。灯台も図書館も博物館も、すべて消えてしまった。アレクサンドリアの港はヘレニズム期の規模とは比べものにならない小規模なものになった。ナイル川もコースを変えた。街の地盤は六メートルも沈下した。クレオパトラにとっては忘れられなかったであろう、アクティウムの海岸も変わった。彼女の街アレクサンドリアは長い間、ほとんど見えなくなっていた。水中に沈んだり、ヘレニズム期の出来事をほとんど忘れた活気に満ちた街の下に埋もれていたりしたのだ。プトレマイオス家の文化も霧となって消えた。クレオパトラの知識の大半は、その後一五〇〇年の間に忘れられた。彼女とはまったく違うタイプの女性、聖母マリアがイシス役に起用された。これはエリザベス・テイラーがクレオパトラ役に起用されたのとまったく同じだ。

我々を引きつけるクレオパトラの魅力は結果として、その後も増すばかりだった。本当の姿が伝わっていないから、余計に伝説的な存在なのだ。彼女の物語にある矛盾のせいで、我々は魔法から醒めない。そして彼女は人々の心を揺さぶりつづける。夕食のテーブルを騒がす問題はみな、ヘビの毒のように我々の頭に回り、彼女に結びつく。二〇〇〇年がたった今もなお、彼女はオクタウィアヌスを金のかかったかがり火で侮辱している。桁外れの幸運と破滅的な大惨事ほど人を興奮させるものはない。我々は今も東と西で争っている。キケロのように放縦と自制の間を行ったり来たりしている。セックスと権力は今も目を見張るようなやり方で燃えている。女性の野心や業績や権威に、我々はローマ人と同じように当惑する。ローマ人にとってクレオパトラは怪物というよりも驚嘆すべき存在で、しかしどちらの要素も持っていることは否定できなかった。

二〇〇〇年にわたる悪評と加熱した記述、映画とオペラも、クレオパトラが非常に有能な女王であり、慎重で過度の日和見主義で、第一級の戦略家であったことは隠せない。彼女のすばらしい業績は、ある大胆で挑戦的な行動に始まり、最後も大胆で挑戦的な行動で終わった。「どの女、あるいは古代の一連の男の誰がこれほど偉大だろうか?」と問いかけたのは、ある匿名の作者によるラテン語の詩の断片だが、これは彼女がこの時代の主役だったことを示している[117]。彼女は大胆に身体ごと国際政治の世界に飛び込んでいき、広範な影響をおよぼした。彼女は臣民を、今、自国が置かれている黄昏は夜明けだ、自分が全力を傾けて、そう変えてみせると説得した。絶望的な状況でも、臨機応変で大胆な対応をし、それからさらにまた新たな対応を繰り出した。これはある意味で天才だった。オクタウィアヌスやシェイクスピアが手を加える前から、彼女の物語にはスケールの大きな魅力がある。彼女の存在は気分を引き立ててくれる。プルタルコスが何ページも費やして描写する前から、彼女は彼の国の人々を惹きつけてきた。登場からその最期まで、彼女は巧みな演出で我々を魅了する。最後まで彼女は自立し、目先がきき、生き生きとして、想像を絶するほど裕福で、贅沢な日々を送っていたが、野心的だった。

成人してからのクレオパトラは、自分と同等だと思う人物に何人か会っているだろう。ローマ人にとって彼女は頑固で、どんなルールも超越した存在だった。彼女は今も十分に飛び抜けた存在だ。彼女には前任者はたくさんいたが、後継者はいなかった。彼女と共に、女王の時代は実質的に終わっている。これほど広大な王国を、無制限の権力を持って統治した女性は、その後二〇〇〇年の間に一人か二人しかいない。彼女はいまは男性ばかりのテーブルで、賭けをしたのだ。その手には強いカードも負けにつながるカードもあった。彼女はいいカードをうまく使ったが、もっとも大事なときに過ちを犯した。紀元前三〇年の夏の終わり、オクタウィアヌス軍が近づいてきたとき、もうこれ以上運命がひっくり返ることはなく、すばらしいやり方で未来が救われることもなく、彼女自身もエジプトも今度はただ敗れるのだということが、刻々と明らかになっていったときの気持ちは想像を絶している。「自分の国を失うのはどういうことですか？　とてもつらい？」[118]エウリピデスの作品の中でクレオパトラは息子にそう訊いている。「一番つらい。みなが言っていたよりもひどいです」と息子は答えている。三世紀の記録者が書いたように、[119]自分が「エジプト王国を破滅させた」女になると知ったとき、怒りと恐怖に彼女は打ちのめされただろう。これほどの喪失を慰めるものはなにもない。死後の世界があると信じるのなら、その死後にもすばらしい人生は用意されていなかった。

謝辞

ジェームス・ボズウェル（一八世紀イギリスの伝記作家。『サミュエル・ジョンソン伝』で有名）がリチャード・サヴェジ（一八世紀イギリスの詩人。ジョンソンと親交があった）について述べた、「私はこの件についての証言をできるかぎり公正にまとめるという難事業に乗り出し、そうして出した結論は、それが真実であるかどうか、世界が疑惑に揺れるようなものだった」という言葉は、何世代にもわたって伝記作者に希望を与えつづけた。何人もの学者たちがヘレニズム期に関する謎をかなり減らし、初歩的なものから途方もないもの、そして答えの出ないものまで、様々な疑問に応えてきた。時間と知恵を提供し、辛抱強く明るく対応してくれた、ロジャー・S・バグナル、メアリー・ベアード、ラリッサ・ボンファンテ、故ライオネル・カッソン、モスタファ・エル＝アバディ、ブルース・W・フライアー、ノーマ・ゴールドマン、モナ・ハガグ、O・E・ケイパー、アンドルー・メドーズ、ウィリアム・M・マレイ、デイヴィッド・オコナー、サラ・B・ポメロイ、ジョン・スワンソン、ドロシー・J・トンプソン、ブランコ・ヴァン・オッペンに感謝を捧げる。ロジャー・バグナルにはさらに、本書の原稿に徹底的に目を通してくれたことにもお礼を申し上げたい。不正確な点が残っていたとしたら、それは私の責任だ。

アレクサンドリアについて、それからアレクサンドリアでは、テリー・ガルシア、ジャン・クロード・ゴルヴァン、ニメット・ハバシー、ワラ・ハフェズ、モナ・ハガグ、ザヒ・ハワス、ケイト・ヒユーズ、ヒシャム・フセイン、ウィリアム・ラ・リッシュ、ムハンマド・アベル・マクソード、マグダ・サレー、マリオン・ウッドらにたいへん世話になった。ジャック・A・ジョセフソン、シェルビー・ホワイト、それにアメリカ貨幣協会のリック・ウィチョンクは画像を探し、確認するのを親切に助けてくれた。

並外れて有能な出版人である、比類なきマイケル・ピーチと彼の同僚であるリトル・ブラウン社の方々のすばらしさをやっと述べられるのは喜ばしいことだ。彼らは出版に至るまでのいずれの段階にも高い基準を設けている。マリオ・ピュリス、ヴァネッサ・カーレン、リズ・ギャリガ、トレイシー・ウィリアムズ、ヘザー・フェイン、ヘザー・リッゾ、ベッツィー・ウーリグに感謝している。ジェイン・ヤッフェ・ケンプは本書を丁寧に読み、容赦なく編集してくれた。エリック・シモノフと仕事をできたのは名誉なことだった。この本にかける彼の情熱は、ときに私のそれを凌駕していた。ウィリアム・モリス社のジェシカ・アルモンには、本と著者の両方を導いてくれたことに感謝している。

調査と資料の翻訳については、カリーナ・アターとマシュー・J・ボイラン、ラファエッラ・クリビオラ、ケイト・ダロズ、セバスチャン・ヒース、インガー・クイン、疲れを知らないトム・パクニク、クラウディア・レイダーが手助けをしてくれたことに感謝している。ニューヨーク・ソサエティ図書館のブランディ・タンバスコは、他館との資料の貸し借りといういつもの魔法を使ってくれた。アレクサンドリアの古代図書館と同じく文明世界の賜物である、アルバータ大学のラザフォード図書館とニューヨーク公共図書館のスタッフの方々にも謝意を申し上げる。

私はたくさんの友人がくれるアドバイスや優しい言葉やカフェインに頼っていたが、中でもウェンディ・ベルズバーグ、リス・ベンスレー、アレックス・メイズ・バーンバウム、ジュディ・カッソン、バイロン・ドーベル、アン・アイゼンバーグ、ベニタ・アイスラーとコリン・アイスラー、エレン・フェルドマン、パッティ・フォスター、ハリー・フランクファート、アッザ・カララー、ミッチ・カッツ、サウダッド・クリスカ、カーメン・マリノ、マメヴ・メドウェドとハワード・メドウェド、ヘレン・ローゼンタール、アンドレア・ヴェーセニイ、メグ・ウォリツァー、ストラウス・ツェルニクには特に助けられた。最初に読んでくれた人々の中でも、エリノア・リップマンはもっとも炯眼で、寛大でありながら、はっきりと物を言ってくれた。彼女はずっと本書とその著者である私の人生を高めつづけてくれた。彼女がいなかったら、私は途方に暮れていただろう。

何もないところから鉛筆を取り出し、二〇〇〇年前の貨幣を比べ、アレクサンドリアの港でスキューバダイビングをし、作家と同居しながら平静を保つというような奇跡をやってのける、マルク・ドゥ・ラ・ブリュイエールには計り知れないほどの恩がある。彼は最後の一行を書くのを少し楽にしてくれた。そもそも彼がいなかったら、すべての行は書かれていなかったのだから。

訳者あとがき

クレオパトラはギリシア系の顔立ちをしていた？　本当に美女であったかどうかはわからない？　それどころか、どんな顔をしていたのかさえはっきりしていない？　どこに葬られているのかわからない？　カエサルやアントニウスとの関係は本当に恋愛だったのか？　彼女はどちらを愛していた？　それとも二人とも愛していなかった？　彼女は世界征服を狙っていた？　彼女の一番の望みはなんだったのか？

古代エジプト最後の女王クレオパトラは誰もが知っている歴史上の有名人ですが、実はまだ謎の多い人物です。世界三大美女にも数えられている彼女の名を聞くと、二〇〇〇年の時を隔てた、遠い日本の我々でさえ、真っすぐな黒髪と濃いアイラインという、エキゾチックでセクシーな姿を思い浮かべるのではないでしょうか。また、古代ローマの為政者ユリウス・カエサル、マルクス・アントニウスという二人の男性を魅了した、神秘的な魔性の女というイメージも強いかもしれません。

しかし、容姿をはじめとした彼女のイメージそのものが、後世の人々によって、かなり意図的に作られたものだったとしたらどうでしょう？　シェイクスピアの戯曲やエリザベス・テイラー主演の映画『クレオパトラ』をはじめとする様々な作品で描かれてきた彼女が、すべてそのつくられたクレオパトラ像に基づいた虚像だったとしたら？

　その虚像を壊し、真の姿を明らかにしようと乗り出したのが、著者ステイシー・シフです。古代のものから現代のものまで、豊富な資料を基に綿密な調査と分析を行い、誤ったイメージや思い込みを一つ一つ排除していきます。記述者の意図や性格まで見通すシフの目は冷静で公正なものであり、疑いようのない事実を並べ、真実に迫っていく過程は圧巻です。そして、そこに浮かび上がってきたのは、色仕掛けでローマ世界を混乱させる背徳的な女でも、富や権力を狙う若さと美貌だけが売りの小娘でもなく、たぐいまれなる戦略家であり、エジプト王国の存続と臣民の未来を考える有能な為政者で、子どもたちの将来をなによりも心配していた母親でもあった一人の女性の姿でした。古代世界の知性の都アレクサンドリアで高い教育を受けた彼女は、頭の回転が早く雄弁で、人をそらさぬ魅力の持ち主でした。また、ギリシア人でありながらエジプトを治めたプトレマイオス家のファラオであり、ローマの台頭に怯え、常にうまく立ち回ることを考えていなければならなかった当時のオリエントの王としての苦悩を抱えてもいました。

　また、彼女を取り巻くカエサル、アントニウス、オクタウィアヌスという三人のローマ人の個性の対比が鮮やかで、彼女が愛した知性と文明の都アレクサンドリアの自由闊達な雰囲気などもいきいきと伝わってきて楽しめます。そして彼女に訪れた悲劇的な最期には、冷静な著者も圧倒されたようです。


　ステイシー・シフは一九六一年生まれのノンフィクション作家で、ジャーナリストでもあります。一九九五年に『サン＝テグジュペリの生涯』（檜垣嗣子訳、新潮社）でピュリッツァー賞最終候補になり、二〇〇〇年にロシアの文学者ナボコフの妻の伝記*Véra*（*Mrs. Vladimir Nabokov*）で見事同賞を受賞しました。現在はセーラムの魔女裁判を扱った作品を執筆中のようです。

本書はアメリカでは二〇一〇年一一月に刊行され、その後、長期間のベストセラーリスト入りを果たしました。シフの腕前の見事さもさることながら、クレオパトラが今でも人々の関心を集めている証拠だと思います。アンジェリーナ・ジョリー主演による３Ｄ映画化も決定していて、アメリカではエリザベス・テイラー主演の『クレオパトラ』から五〇年後にあたる二〇一三年に公開される予定です。ジョリーはあるインタビューに答えて、従来の妖艶なクレオパトラではなく、有能な指導者でありタフな母親でもあるクレオパトラ像を作ってみせるという意気込みを語っています。カエサルやアントニウスのキャスティングはまだ発表されていないので、予想してみるのも楽しいかもしれません。

末筆となりましたが、本書に出会わせてくださり、翻訳を担当させてくださった三村純さんをはじめ早川書房の方々、ＤＴＰ作業をしてくださった川端由紀子さん、校正をしてくださった二タ村発生さん、監修をしてくださった早稲田大学文学学術院教授・同大エジプト学研究所所長の近藤二郎さんに厚く御礼申し上げます。

二〇一一年一一月

解説

クレオパトラ伝の困難と魅力

早稲田大学文学学術院教授
早稲田大学エジプト学研究所所長
近藤二郎

「クレオパトラ」という言葉の響きは、私たち日本人でも不思議な魅力と何か甘酸っぱい魅惑的な香りを連想させる。今から二〇〇〇年以上も前に、エジプトのアレクサンドリア市を中心に活躍していた実在の女王であるクレオパトラ七世（紀元前五一～前三〇年）の存在は、現代に生きる私たちとは、二〇〇〇年という長い「時間」とアフリカ大陸北東に位置するエジプトという非常に遠い「空間」を持つことからだけでも、ヴェールに包まれた伝説の世界にある。

それだけではない。この伝説上の女王クレオパトラ七世は、古代エジプト最後の王国であるプトレマイオス王朝最後の支配者であり、ローマのオクタウィアヌスに破れ、毒蛇を使い自らの生命を絶つなど日本人が好む「悲劇性」をも兼ね備えている。また、彼女の周りを取り巻く人びとも華やかなものである。ローマのユリウス・カエサル、マルクス・アントニウス、オクタウィアヌスをはじめとする配役は、それだけでも十分すぎる「演劇性」をはらんでいる。

こうした悲劇性や演劇性だけではなく、クレオパトラ七世が生まれ育ったエジプトは、ヨーロッパ人から見ると魅力に満ち溢れた「オリエント」世界であり、神秘的で異質な、しかし、まぎれもなく「聖書」に描かれた憧れの土地であった。オリエントであるエジプトの魅力は、すでに紀元前四世紀のマケドニアのアレクサンドロス大王の東方遠征やローマのユリウス・カエサル、そして彼らと自分自身を重ね合わせた一八世紀末のナポレオン・ボナパルトに至るまで、多くの人びとを魅了しつづけた。一七世紀のウィリアム・シェイクスピアもまた、その中のひとりであり、この魅力的な題材を見逃さなかった。彼の『アントニーとクレオパトラ』が書かれることにより、また伝説は上塗りされていったのである。

さて、本書の著者であるステイシー・シフは、一九六一年生まれのアメリカのノンフィクション作家で、伝記作家である。彼女が、古代史専門の作家でも、専門研究者でもないところが、このクレオパトラ伝の特徴でもある。シフは、今から一一年前の二〇〇〇年のピュリッツァー賞伝記部門の受賞者でもある。受賞作品の *Véra :Mrs. Vladimir Nabokov*（『ヴェラ：ウラジミール・ナボコフ夫人』）は、残念ながら邦訳はいまだに刊行されていない。この伝記の主人公であるヴェラ（一九〇二〜一九九一年）は、アメリカに亡命したロシア人作家ウラジミール・ナボコフの妻で、ベルリンで知り合い結婚した亡命ロシア人であった。彼女の生涯を描いた伝記は、極めて高い評価を得ている。

そもそも、ステイシー・シフが、伝記作家として注目され始めたのは、彼女が大手出版社を退職後、四年の歳月をかけて書き上げた伝記 *Saint-Exupéry: A Biography*（邦訳『サン＝テグジュペリの生涯』檜垣嗣子訳、新潮社、一九九七年）である。このサン＝テグジュペリの伝記は、一九九五年のピュリッツァー賞伝記部門の最終候補作品に選ばれている。サン＝テグジュペリは、『星の王子さま』で知られる日本でも愛読者の多い人気作家である。彼は、第二次世界大戦中に志願してドイツとの戦いに参戦し、パイロットとして偵察飛行中、地中海上空で行方不明となっていた。近年になって、彼の乗った機体がマルセイユ沖で発見されるなど、今も話題となっている。

ステイシー・シフの『サン＝テグジュペリの生涯』は、この人気作家で飛行機乗りであるサン＝テグジュペリ像を再構築した作品であり、ある意味ではこれまで作り上げられてきたイメージ、神話化されたイメージを破壊したものでもあった。ステイシーの手法は、伝記として書く対象の人物を取り巻く数多くの資料を網羅的に駆使するばかりでなく、関係者への独自のインタヴューはもとより、さらに未刊行の資料などまで使うことによって、従来言われていて、ある意味では固定されているその人物のイメージを再構築し、新たな実像に迫ろうとするものである。

私たちは、本書『クレオパトラ』においても、こうしたステイシーの手法が、遺憾なく発揮されていることに気付くであろう。私たちが持っているクレオパトラのイメージは、固定化され、定形化されたものである。「絶世の美女」、「九カ国語を流暢に話す才女」、「男を誘惑する悪女」、「若きみだらな娘」など虚飾のラベルで覆われている。

ステイシー・シフは、この書物のなかで、クレオパトラの実像に迫るために、次のように記している。「クレオパトラを本当の姿に戻すには、いくつかの事実を掘り起こして、事実を覆い隠す神話や古いプロパガンダをはぎとる必要がある」

クレオパトラ七世の実像に迫る作業は、上記の言葉通りに進んでゆく。しかしながら、「事実を覆い隠す神話」や「古いプロパガンダ」をはぎとっていく作業は、クレオパトラ七世の場合は、そう簡単なことではなかったはずだ。同様な作業は、サン＝テグジュペリやヴェラの伝記をまとめる作業を通じて、ステイシーが使っていた手法であるが、サン＝テグジュペリやヴェラなど、近年まで生存していた人物の場合と異なり、死亡してから既に二〇〇〇年も経過したクレオパトラ七世の場合は、「いくつかの事実を掘り起こす」こと自体に困難をともなうのである。

ステイシーはまず、クレオパトラ七世に関して従来使われている記述を集め、検討を加えることから始めている。その結果、現在、私たちが利用できるクレオパトラ七世に関するまとまった記述は、クレオパトラ七世に実際には会ったことがない、後世の人びとによって記されたものであることを明らかにしている。クレオパトラ七世の記述として、誰もが参考にしているものに、プルタルコスの『英雄伝』がある。このプルタルコスによる記述は、その後の数多くのクレオパトラ七世の伝記においても、重要な資料として位置付けられている。だが、プルタルコスもまた、クレオパトラ七世が自殺した紀元前三〇年から、七六年も後の紀元後四六年頃に生まれた人物なのである。

さらに、ステイシー自身も文中で指摘しているように、プルタルコスの『英雄伝』にある『アントニウス伝』をはじめ、クレオパトラ七世に関する資料の多くがローマ側の資料である。クレオパトラ七世は、ローマの人間にとって、敵対していたエジプトのプトレマイオス朝最後の支配者であり、必ずしも事実をありのままに記述していないという事実に気づかせられる。

同じような例が、古代エジプト新王国第一八王朝の「ヒクソス」に対する叙述にも現れている。第一八王朝と、その前身である第一七王朝の王家は、「ヒクソス」と敵対しており、エジプト解放の戦いをおこなっていた。一般に「ヒクソス」支配時代は、暗黒時代であったとされるが、これは、「ヒクソス」を放逐した第一八王朝時代の王たちが、敵対する勢力を「悪」として捉え、自らを悪なる存在を打ち破った「善」なるものとして描いていることによる。つまり、悪なる「ヒクソス」を善なるテーベの王家が打ち破る物語が意図的に作られたのである。この手法は、現在でも政治宣伝などで利用されるネガティブ・キャンペーンの一種と捉えることができる。このことは、クレオパトラ七世のローマ人による記述にも同様な背景や政治宣伝の要素があったことを類推させる材料になる。

クレオパトラ七世が生まれ育ち、そして最後に自らの生命を絶ったアレクサンドリアは、プトレマイオス朝の都であったばかりではなく、地中海東部を代表する大港湾都市であった。アレクサンドロス大王の名前にちなんで建設された都市はいくつも存在したが、エジプトのアレクサンドリアだけは、現在もエジプト第二の都市として繁栄している稀有な存在となっている。

プトレマイオス朝初代のプトレマイオス一世と彼の息子で後継者であったプトレマイオス二世の時代に、アレクサンドリア市の本格的な建設が実施され、大灯台や大図書館、ムセイオン、神殿、王宮などが存在し、碁盤の目状の街路が交差する大都市が誕生する。当時の古代社会の学問や政治の中心地であり、当代一流の学者など各地から多くの人びとが集まる場所であった。クレオパトラ七世の時代には、プトレマイオス王朝は、最盛期に比べると衰退していたものの、当時の世界七不思議のひとつであるファロス島の大灯台は健在で、港の入口で威容を誇っていたし、クレオパトラ七世自身も大図書館で学んだと伝えられている。往時の面影は薄れたとは言え、この伝説の大都市は、ポンペイウスやカエサル、アントニウス、そしてオクタウィアヌスなどローマの英雄たちにとって、エジプトの底力を意識させるには、十分すぎる場所であったに違いない。

アレクサンドリアを襲った大火災や大地震など度重なる災害の影響を受け、栄華を誇った古代のアレクサンドリア市の姿は、地上から姿を消してしまった。しかしながら、一九九二年から開始された、アレクサンドリア港の潜水調査によって、現海面下六メートルの海底に数多くの古代の遺跡が眠っていることが明らかになっている。アレクサンドリア東港の海底地形の探査によって、クレオパトラ七世の宮殿があった島などが水没していると推定されている。また、三〇〇年続いたプトレマイオス朝の王家の墓は、現在までのところ一例も発見されておらず、もちろんクレオパトラ七世が埋葬された墓も、遺体も未発見である。

クレオパトラ七世の人物としての実像が、虚飾に満ちた後代の記述であるのと同じように、クレオパトラ七世が生きた当時のアレクサンドリアの街並みも、彼女が暮らした宮殿も全てが、この地上からは消滅してしまっている。しかし、古代の遺跡の上に厚く堆積している瓦礫を発掘していくように、クレオパトラ七世や彼女を取り巻く人びとの実際の姿を復元するための作業はまだまだ続いていくであろう。本書『クレオパトラ』が、こうした真実を希求する作業過程に存在していることは間違いない。

二〇一一年一二月

原注

クレオパトラの物語の終幕と失われた断片は逆説的な効果を生んでいる。そのせいで我々はさらに何度も振り返らずにはいられないのだ。エジプト最後の女王に関する何世紀にもわたる文学に、最近のすばらしいヘレニズム期の学術研究の流れが加わっている。二次的な資料のリストは、それだけでゆうに分厚い本になるだろう。私はそれを書くつもりはない。ほとんどの資料の内容はそれぞれの章の冒頭に示した短い前書きに要約されている。その記述全体が内容を表現しているもの――私がもっとも頻繁に棚から引っ張り出したもの――は、主要参考文献に挙げておいた。ここで挙げるテキストは、著者の姓と刊行年で示す。主な引用元と定期刊行物は別に下に挙げた。脚注はその話題から派生する詳細を述べている。

ギリシア語やラテン語の翻訳は特記したもの以外はLoeb Classical Library によるものだが、例外が３つある。アッピアノス、カエサル『内乱記』については、ジョン・カーターの流麗な翻訳（ペンギン版は1996年、オックスフォード版は1998年）を用いた。ルカヌスについては、オックスフォード・ユニバーシティ・プレス、2008年刊行のスーザン・H・ブロンド（Susan H. Braund）訳を用いた。普及しているものと翻訳が大きく異なっていた場合、ぎこちないフレーズを読み解き、矛盾する訳の折り合いをつけてくれたインガー・クイン（Inger Kuin）にとてもお世話になった。クレオパトラ７世、ユリウス・カエサル、マルクス・アントニウスはそれぞれC、CR、Aと略した。主な出典については下記のように略した。

Appian	Appian, *The Civil Wars*
Athenaeus	Athenaeus, *The Learned Banqueters*（アテナイオス『食卓の賢人たち』柳沼重剛訳、岩波文庫）
AA	Augustus, *Res Gestae Divi Augustus* (*The Acts of Augusutus*)（アウグストゥス『西洋法制資料選1 古代』「神皇アウグストゥスの業績録」創文社）
AW	Caesar, *Alexandrian War*（カエサル『内乱記』國原吉之助訳、講談社学術文庫）
CW	Caesar, *The Civil War*（カエサル『内乱記』國原吉之助訳、講談社学術文庫）
Cicero	Cicero's Letters（キケロ『キケロー書簡集』高橋宏幸編、岩波文庫）
Dio	Dio Cassius, *Roman History*
Diodorus	Diodorus of Sicily, *Library of History*
Florus	Florus, *Epitome of Roman History*
JA	Josephus, *Jewish Antiquities*（ヨセフス『ユダヤ古代誌』秦剛平訳／ちくま学芸文庫）
JW	Josephus, *Jewish War*（ヨセフス『ユダヤ戦記』秦剛平訳／ちくま学芸文庫）
Lucan	Lucan, *Civil War*
ND	Nicholaus of Damascus, *Life of Augustus*
Pausanias	Pausanias, *Description of Greece*（パウサニアス『ギリシア案内記』馬場恵二訳、

	岩波文庫）
NH	Pliny, *Natural History*（プリニウス『プリニウスの博物誌』中野定雄、中野里美、中野美代訳、雄山閣出版ほか）
Flatterer	Plutarch, "How to Tell a Flatterer from a Friend," *Moralia*（プルタルコス『似て非なる友について 他三篇』柳沼重剛訳、岩波文庫）（"モラリア／倫理集"）
MA	Plutarch, *Lives*, "Antony"（プルタルコス『プルタルコス英雄伝』村川堅太郎編、ちくま学芸文庫「アントニウス」秀村欣二訳）
JC	Plutarch, *Live*, "Caesar"（プルタルコス『プルタルコス英雄伝』村川堅太郎編、ちくま学芸文庫「カエサル」長谷川博隆訳）
Pompey	Plutarch, *Lives*, "Pompey"（プルタルコス『プルタルコス英雄伝』村川堅太郎編、ちくま学芸文庫「ポンペイウス」吉村忠典訳）
Quintilian	Quintilian, *The Orator's Education*（クインティリアヌス『弁論家の教育』森谷宇一、戸高和弘、渡辺浩司、伊達立晶訳、京都大学学術出版会）
Strabo	Strabo, *Geography*（ストラボン『ギリシア・ローマ世界地誌』飯尾都人訳、龍渓書舎）
DA	Suetonius, *The Deified Augustus*（スエトニウス『ローマ皇帝伝』「アウグストゥス」國原吉之助訳、岩波文庫）
DJ	Suetonius, *The Deified Julius*（スエトニウス『ローマ皇帝伝』「カエサル」國原吉之助訳、岩波文庫）
Valerius	Valerius Maximus, *Memorable Doings and Sayings*
VP	Velleius Paterculus, *Compendium of Roman History*

第一章　あのエジプト女

1. 「あのエジプト女」 Florus, II.xxi.ii.2008,2.Ashton版から。
2. 「人間のもっとも貴重な特質は……」 Euripides, "Helen," *Euripides II: The Cyclops, Heracles, Iphigenia in Tauris , Helen,* David Grene and Richmond Lattimore, eds.; Richmond Lattimore, tr. (Chicago: University of Chicago Press,1959), 1615（エウリピデス『ギリシア悲劇〈4〉エウリピデス（下）』「ヘレネ」松平千秋訳、ちくま文庫）
3. 誰よりも羨望を集めた JA, XV. 101.
4. 「そのためにはすべてを破壊し、 殺すことも厭わなかった」 Sallust, "Letter of Mithradates", 21.
5. あるローマ人の歴史家 JA, XIII. 408vs.XIII.430.
6. ある結婚契約書 Rowlandson, 1998.322.
7. 「身持ちを堅くし、控えめにし……」 Dio, LVIII.ii.5.
8. 「人を欺く生来の才能」 Cicero to Quintus, 2(I.2), c. November 59。キケロはアジア系の「すべての種族」が好きではなかった。「それとは反対に、彼らのくだらないことに時間を浪費し、ちやほやするようなやり方や、目の前の利益のことしか考えていないところ、なに一つ正しいことをしないところに私はうんざりしているのです」
9. 「一六歳のみだらな娘」 James Anthony Froude, *Caesar: A Sketch* (New York: Scribner's 1879),446

10. 「嫌らしいほど贅沢」 Pompey, 24
11. どのようにして歴史を語ったのか　クレオパトラの時代から130年も経ってから書いているヨセフスは、同時代人たちの記述の真偽と方法を攻撃している。「我々がいわゆる歴史と呼んでいるものの中には、実際にその現場を訪れたことも、記されている出来事があった場所の近くにも行ったことのない者が書いているものがあるが、いくつかの伝聞による報告に、宴席の酔っぱらいのような下世話で無礼な解釈を加えてつなぎあわせたものも、彼らは歴史という誤った名で呼んでいる」（*Against Apion*, I.46『アピオーンへの反論』山本書店）ヨセフスは同時に、１つの出来事に矛盾する記述を残した古代ギリシア人たちを非難しているが、その後、彼自身も同じことをしている。
12. 記憶に頼っている　これはスエトニウス『ローマ皇帝伝』のK.R.Bradleyによる序文に記されている。*Lives of the Caesars I*, 14
13. シンプルで率直な語り口などありえない　Andrew Wallace-Hadrill, *Suetonius* (London: Bristol Classical Press, 2004), 19。Fergus Millar, *A Study of Cassius Dio* (Oxford: Oxford University Press, 1999), 28も参照のこと。「無に等しい」事柄からすばらしい歴史を引き出した実例はT. P. Wiseman, *Clio's Cosmetics: Three Studies in Greco-Roman Literature* (Bristol: Bristol Phoenix Press, 1979), 25-23。ヨセフス*Against Apion*, I24-5も参照のこと。これらはみな１世紀のクインティリアヌスの「歴史は詩にとても近いもので、ある意味、散文で書いた詩のように思われているかもしれない」という言葉の説明になっている。
14. 「もっとも不幸な父親」 JW, I.556
15. ヘレニズム期の定義　「ギリシア人が排除されてからのギリシア世界」Daniel Ogden, *The Hellenistic World: New Perspectives* (London：Duckworth, 2002), x
16. 「こうした事実の確認は……」 Thucydides, *History of Peloponnesian War*, I, XXXII.4-XXXIII.3（トゥーキュディデース『戦史』岩波文庫ほか）

第二章　死者は噛みつかない

ローマの内戦の「奇妙な狂気」（Cicero to Tiro, 146[XVI.12], January 27, 49）についてはアッピアノス、プルタルコス『英雄伝』の「カエサル」、ディオン・カッシウス、フロルス、プルタルコスに述べられている。スエトニウスはユリウス・カエサルの人となりを描写している。Cecilia M. Peakの"The Expulsion of Cleopatra VII", *Ancient Society* 38(2008): 105-35では、クレオパトラが権力を奪われたことが違った視点でとらえられている。Peekはクレオパトラが権力の座から追われたのは紀元前48年の春になってからだとしている。

アレクサンドリアについての古典時代の資料の中で頼りにしたのは、アキレウス・タティウス、アミアヌス・マルケリヌス、アリアヌス、ディオドロス、プリニウス、プルタルコス、ポリュビオス、ストラボン、テオクリトス、フィロン、その中でも特に"On the Contemplative Life," "On Dreams, Book 2," "On the Embassy to Gaius"だ。ヨセフスのJW, V.173-225にはヘロデの神殿と宮殿の描写がある。クレオパトラのものはきっともっと豪華だったことだろう。Athenaeus, V.195-7に調度品などの描写がある。私はルカヌスとアリステアスの宮殿の豪華な描写は、額面通りには受け取っていない。現代の記述としては、Inge

Nielsen, *Hellenistic Palaces: Tradition and Renewal* (Aarhus, Denmark: Aarhus University Press, 1999); Maria Nowicka, *La maison privée dans l'Egypte ptolémaïque* (Wroclaw, Poland: Wydawnictwo Polskiej Akademii Nauk, 1969) がある。

現代人によるアレクサンドリアの記述。Pascale Balletのすばらしい*La vie quotidienne à Alexandrie* (Paris: Hachette, 1999)、Diana Delia, "The Population of Roman Alexandria," *Transactions of the American Philological Association* 118 (1988) : 275-292, Jean-Yves Empereur, *Alexandria: Jewel of Egypt* (New York: Abrams, 2002); E.M. Forster, *Alexandria: A History and a Guide* (London: André Deustch, 2004); Franck Goddio, *Alexandria: The Submerged Royal Quarters* (London: Periplus, 1998); William La Riche, *Alexandria: The Sunken City* (London: Weidenfeld, 1996); John Marloweの見事な作品*The Golden Age of Alexandria* (:London: Gollanz, 1971); *Alexandria and Alexandrianism*, J・ポール・ゲッティの許で1993年4月22-5日に発表された論文では、Synposium (Malibu: The J. Paul Getty Museum, 1996); Justin Pollard and Howard Reid, *The Rise and Fall of Alexandria : Birthplace of the Modern Mind* (New York: Viking, 2006); J. Pollitt, *Art in the Hellenistic Age* (Cambridge University Press, 1986); Paul Edmund Stanwick , *Portrait of the Ptolemies: Greek Kings as Egyptian Pharaohs* (Austin: University of Texas Press, 2002)、Theodore Vrettos, *Alexandria: City of the Western Mind* (New York: Free Press, 2001)。アレクサンドリアの街の地形そのものについては 、W. A. Daszweski, "Notes to Topography of Ptolemaic Alexandria", Mieczysław Rodziewicz, "Ptolemaic Street Directions in Basilea(Alexandria)", Richard Tomlinson, "The Town Plan of Hellenistic Alecandiria", in *Alessandria e il Mondo Ellenistico-Romano* (Rome: L'Erma di Bretschneider, 1995); Barbara Tkaczowのわかりやすい*The Topography of Ancient Alexandria* (Warsaw: Travaux du Centre d'Archéologie Méditerranéenne, 1993) 。

アリストテレスが「繁栄の飾りであり、不幸な際の避難所である」と述べた教育についての資料。キケロは、特に『ブルトゥス』と『弁論家について』（岩波文庫／大西英文訳）で、セネカは*Epistulae Morales, II*、スエトニウスは "On Grammarians"と"On Rhetoricians"、クインティリアヌスは "Exersises"、ルカヌスは "Salaried Posts in Great Houses"に書いている。文章教育については、Quintirian, III.8.48-70とセネカ*Epistulae Morales*, LXXXVIII.6-9に記述がある。現代の書物では、Stanley F. Booner, *Education in Ancient Rome* (Berkeley: Universtity of California Press, 1977); Alan K. Bowman and Greg Woolf, eds., *Literacy and Powere in the Ancient World* (Cambridge: Cambridge University Press, 1994)、修辞学の分野については特にすばらしいM. L. Clarke, *Higher Education in the Ancient World* (London: Routledge, 1971); Raffaella Cribioreの中でも、*Gymnastics of the Mind* (Princeton: Princeton University Press, 2001); Bernard Legras, "L'enseignement de l'histoire dans les écoles grecques d'Egypte," in *Akten des* 21. *Internationalen Papyrologenkongresses, Berlin* 1995 (Stuttgart: Teubner, 1997), 586-600; H. I. Marrou'sの見事な*A History of Education in Antiquity* (Madison: University of Wisconsin Press, 1956); Teresa Morgan, *Literate Education in the Hellenistic and Roman Worlds* (Cambridge: Cambridge University Press, 1998); Rawson, 1985。

プトレマイオス朝の結婚と近親結婚についての文献。Chris Bennett, "Cleopatra V Tryphaena and the Genealogy of the Later Ptolemies," *Ancient Society* 28 (1997): 39-66, Elizabeth Carney, "The Reappearance of Royal Sibling Marriage in Ptolemaic Egypt," *La*

Parola del Passato XLII (1987): 420-39、Keith Hopkinsのすばらしい“Brother-Sister Marriage in Roman Egypt,” *Comparative Studies in Society and History* 22, no.3(1980): 303-354、Daniel Ogden, *Polygamy, Prostitutes and Death: The Hellenistic Dynasties* (London: Duckworth, 1999); Brent D. Shaw, “Explaining Incest: Brother-Sister Marriage in Graeco-Roman Egypt, *Man* 27, no.2(1992): 267-99。

関連して、プトレマイオス朝エジプトの女性たちについて。Roger S. Bagnall, “Women's Petitions in Late Antique Egypt,” *Hellenistic an Roman Egypt: Sources and Approaches* (Burlington, VT: Ashgate Publishing, 2006); Bagnall and Cribiore, 2006、J.P. V. D. Balsdon, *Roman Women: Their History and Habits* (London: Bodley Head, 1962)、Joan B. Burton, *Theocritus's Urban Mimes: Mobility, Gender, and Patronage* (Berkeley: University of California Press, 1995), 147-55. Elaine Fantham and others, *Women in the Classical World* (New York: Oxford University Press, 1994); Mary R. Lefkowitz and Maureen B. Fant, *Women's Life in Greece and Rome* (London: Duckworth, 1992); Nori-Lyn Estelle Moffat, *The Institutionalization of Power for Royal Ptolemaic Women* (MA theis, Clemson University, 2005)、Kyra L. Nourse, *Women and the Early Development of Royal Power in the Hellenistic East* (PhD dissertation, University of Pennsylvania, 2002); Pomeroy, 1990、Claire Préaux, “Le statut de la femme à l'époque hellénistique, principalement en Egypte,” *Receuils de la Société Jean Bodin* III (1959): 127-75; Rowlandson, 1998。後世の結婚については、Donald Herring, “The Age of Egyptian Women at Marriage in the Ptolemaic Period,” *American Philological Association Abstracts* (1988): 85。

1. 死者は嚙みつかない Pompey, LXXXVII; Plutarch, “Brutus” XXXIII (ここと ほかで、私はアーサー・ヒュー・クラフが改訂したドライデンの翻訳［New York: Modern Library, 1992］を使っている。今後は“ML訳”と表記)。
2. 「親戚が少ないということは……」 メナンドロス “The Doorkeeper,” *Menander: The Plays and Fragments* (New York: Oxford University Press, 2001), 264
3. 「みすぼらしい小舟」 Appian, II.84. ポンペイウスの最期については、Appian, II. 83-6; Dio, LXII. iii-iv; CW,103; Plutarch, “Pompey”, LXXXVII。
4. 疫病や洪水と比較したたとえ Florus, II. xiii. 5
5. カエサルのエジプト到着について Appian, II.89; Dio, XLII. vi-viii; CW, 106; JC, XLVIII; プルタルコスのPompey, LXXX. 5-6
6. 「彼らの頑固な態度を改めさせ……」 CW, III.10
7. 「見とがめられずに……」 JC, XLIX(ML訳); Plutarch, JC, XLIX。クレオパトラの宮殿への現われ方については、John Whitehorne, “Cleopatra's Carpet,” *Atti del XXII Congresso Internazionale di Papirologia* II (1998): 1287-93。海岸沿いの経路については、Alan H. Gardiner, “The Ancient Military Road between Egypt and Palestine,” *Journal of Egyptian Archeology* 6 no.2 (April 1920): 99-116。アキレウス・タティウスはペルシウムからアレクサンドリアまでナイル川を下って旅したとしている。III. 9。Polybius V.80.3、2009年4月18日の Lionel Casson への取材、2008年9月10日の John Swanson への取材、2008年4月22日の Dorothy Thompson への取材。Roger Bagnall は2010年6月8日の取材で著者に、クレオパトラが沿岸南のデルタ地帯を通ったかもしれないと指摘している。道がある

ので有利だというのだ。

8. 「ずるいほど危険」 Diodorus, I. 30.7. Similarly MA, III
9. 「見事な」 Dio, XLII. xxxiv. 6
10. 「どんな相手にも……」 Dio, XLII. xxxiv. 5
11. 言葉を交わした者はみな、すぐに魅了されてしまう　MA, XXVII; Dio, XLII. xxxiv. 5
12. 「素早さと……」 Dio, XLII. lvi.1
13. 「すでに盛りを過ぎ……」 同書　XLII. xxxiv. 5
14. 「すべての女の男であり……」 スエトニウスが古代ローマの政治家クリオの言葉を引用したもの。DJ, LII. 3
15. 「まだ少年にすぎない」 Dio, XLII. iii.3
16. 奔放で堕落したクレオパトラについて。クレオパトラ個人はこれ以前に性遍歴などまったくなかった。マーガレット・アトウッドがイザベルについて述べた、「この人物にどれだけの性的な悪名が蓄積しているかについては驚くべきものがある。彼女は元々のストーリーでは、わずかでも性にかかわるようなことは、化粧をすること以外、まったくしていないのだから」という言葉の通りだ。"Spotty-Handed Villainesses: Problems of Female Bad Behavior in the Creation of Literature," http://gos.sbc.edu/a/atwood.html.
17. 「すべての人間は……」 Dio, XXXVII. lv. 2
18. ある記録者が指摘しているように。ルカヌスはカエサルにこう語らせている。「王には彼にふさわしいものを返し、そして弟にそんな贈り物をする代わりに、クレオパトラ、あなたは首を送ってもよかったんだ」1069–71
19. 「彼にとって嘆願者を……」 AW, 70
20. アレクサンドロス大王が埋葬されている場所について。大王の墓の見事な再現図と、墓の場所については、Andrew Chugg, "The Tomb of Alexander the Great in Alexandria," *American Journal of Ancient History* 1.2 (2002): 75-108を参照のこと。
21. 家庭にアレクサンドロス大王の像が飾られていた件について。Robert Wyman Hartle, "The Search for Alexander's Portrait," W. Lindsay Adams and Eugene N.Borza, eds., *Phillip II, Alexander the Great and The Macedonian Heritage* (Washington, DC: University Press of America, 1982), 164
22. プトレマイオス家の歴史について。いろいろと問題のあるプトレマイオス家の血統については、Bennett, 1997。ストラボンもこの件については雄弁に語っている。クレオパトラがエジプト人の神官一家の娘である可能性に関する根拠の薄弱な主張は、Werner Huss, "Die Herkunft der Kleopatra Philopater," *Aegyptus* 70 (1990): 191-203に述べられている。そしてプトレマイオス家の権力掌握の不安定さについては、Brian C. McGing, "Revolt Egyptian Style: Internal Opposition to Ptolemaic Rule." *Archiv für Papyrusforchung* 43.2 (1997): 273-314; Leon Mooren, "The Ptolemaic Court System.", *Chronique d'Egypte* LX (1985), 214-22。アンナ・スウィデレクによる、プトレマイオス家の暴力のほとんどユーモラスともいえる概観は "Le rôle politique d'Alexandrie au temps des Ptolémées," *Prace Historyczne* 63 (1980):105-15
23. 「略奪や殺人のやり放題」 François Chamoux, *Hellenistic Civilization* (Oxford: Blackwell,

2003),135

24. 笛吹き王アウレテスについて。プトレマイオス12世は新しいディオニュソス信仰を持っていたので、その意味でもふさわしかったかもしれない。Bianchi, 1988, 156
25. 家にとどまっている権利　Hopkins, 1980, 337で引用されている。
26. 女性と商取引について。Pomeroy, 1990, 125-73を特に参照のこと。エジプトの国家の三分の一を女性が所有していたという見積もりはBowman's, 1986, 98に登場し、そのうちの一部は遺産相続や持参金によるものだ。
27. 「女が立って……」と「これほど多くの不思議を……」 Herodotus, *The Histories*（『歴史』岩波文庫／松平千秋訳など）, George Rawlinson, tr.(New York: Knopf, 1997), II. xxxv。矛盾の多い国エジプトについては、Diodorus, I. 27. 1-2、Storabo, I.2.22, 17.2.5。逆さまの国だといわれたのは、ソポクレスにさかのぼる。ギリシア人のエジプトに対する一般的な見方については、Phiroze Vasunia, *The Gift of the Nile: Hellenizing Egypt form Aeschylus to Alexander* (Berkeley: University of California Press, 2001)
28. 「世界一の立地条件の……」 Philo, On the Embassy to Gaius（フィロン「ガイウスへの反論」『フラックスへの反論、ガイウスへの使節』京都大学学術出版会／秦剛平訳）, XLIII. 338. C. D. Yonge訳 *The Works of Philo* (Peabody, MA: Hendrickson Publishers, 1993)
29. 王位継承権への異議　異議を申し立てたクレオパトラ・セレネは実際はアウレテスの実の母親だったと考える者もいる。どちらにしても、プトレマイオス家の女性たちは自らの主張を知らしめることをためらわない。そのためなら海も渡るのだ。
30. クレオパトラの母親について。Chris Bennettはクレオパトラ６世トリュファイナはアウレテスの姉妹ではなくいとこではないかと考えている。1997, 39-66
31. キリンやサイやクマ　引用されたアテナイオスの言葉。Tarn and Griffith, 1959. 307
32. 死こそ、この街の一番の産業　Thompson が書いている。1988, 78
33. みな遠くまで行かなくても手に入った　E. M. Fosterがそう書いている。Forster, 2004. 34
34. 「若者の耳は……」と「打たれなければ……」 Cribioreによる引用。2001, 69.
35. 「文学界の王子」 NH, II, iv, 13
36. 「ホメロスを学ぶ……」 Heraclitus, *Homeric Problems*, 1.5
37. 「理性は人間の誇り……」 Cicero, *Brutus*, XV.59。Elizabeth Rawsonが「修辞学の行き着くところは、真実ではなく説得になってしまいがちだが、売り出し中の弁論家がその技術を証明するために非現実的な話題をテーマにすることは不可能な話題に関して真剣に考えることより、創意工夫の才を刺激することが多い」と述べているが、その通りだ（*Cicero: A Portrait* [London: Bristol Classical Press, 2001], 9）。
38. ポンペイウス殺害を練習問題にする　Quintilian, 7.2.6.と3.8.55-8
39. 「話し方の技術は……」 同書2. 13. 16。狂人になって支離滅裂なことを言うことに関しては同書2.10.8
40. 「七〇歳になっても……」 George Bernard Shaw, "Notes to Caesar and Cleoptra," *Three Plays for Puritans* (New York: Penguin, 2000), 249（バーナード・ショウ『シーザーとクレオパトラ』山本修二訳、岩波文庫）

41. 「きらきらした目」 Boccaccio, *Famous Women* (Cambridge: Harvard University Press, 2001), 363。ボッカチオはクレオパトラに相反する２つの利点を与えた。「彼女は自分が望めば、ほぼどんな相手でも、きらきらした目と会話の力で虜にすることができた（ので)、好色な君主（カエサルのこと）をベッドに引き込むのにほとんど苦労はなかった」
42. クレオパトラとヒエログリフについて。John Baines, "Literacy and Ancient Egyptian Society", *Man* 18, no.3(1983), 572-99
43. 人口について。300万人（トンプソン 1988）から600万人（Walter Schiedel, *Death on the Nile* [Leiden: Brill, 2001]）から1000万人（グラント　2004）まで様々な概算がある。Loebの編集者たち（Diodorus I）とFraser(1972. II, 171-2)は700万人としていた。１世紀のヨセフスは"アレクサンドリアを含まない"エジプトの人口を750万人と推測している。ディオドロスはアレクサンドリアの人口は50万だろうとしていたが、妥当な数字だと思われる。Fraserは100万人だと考えていた。Roger S. Bagnell and Bruce W. Frier, *The Demography of Roman Egypt* (New York: Cambridge University Press, 1994) を参照のこと。
44. 七カ国の人間　Mostafa El-Abbadi, *The Life and Fate of the Ancient Library of Alexandria* (Paris: Unesco, 1990), 45
45. 「どんな民族の言葉……」 Herodotus, 1997,IV, clxxxii
46. 「彼女の声を聞いている……」 MA, XXVII (ML訳)
47. よく似たギリシア語　クレオパトラとカエサルが話していた標準ギリシア語について 2008年4月22日の Dorothy Thompson への取材、Geoffrey C. Horrocks, *Greek: A History of the Language and Its Speakers* (New York: Longman, 1997), 33-108
48. 「賢い人間は……」 キケロが自分の祖父の言葉を引用したもの。*On the Orator*（「弁論家について」）2:17-18, Gruenの訳より1984, I, 262
49. 性のマニュアル　Andrew Dalby, *Empire of Pleasures: Luxury and Indulgence in the Roman World* (London: Routledge, 2000), 123
50. 「それ自体が手を持っている」 Juveneal, Satire 6,200（ユウェナリス『諷刺詩』国原吉之助訳ほか）
51. 「教室で語ろうとは……」 Quintilian, 1.8.6。これは特にホラティウスについて語ったもの。
52. 「非常に博学だ」 Lionel Casson, *Libraries in the Ancient World* (New Haven: Yale University Press, 2001), 78での引用。
53. 「彼女は夫を愛し……」 M. I. Finley, *Aspects of Antiquity* (London: Chatto, 1968), 142で引用されている。
54. 「高い教育を受け……」 Pompey, LV. 1-2（ML訳）
55. 「彼女はすばらしい……」 Sallust, *War with Catiline*, XXV。キケロがローマのある模範的な既婚婦人をこう褒めたとされている。「彼女は自分はなに一つ十分に知らないと思っていた」アレクサンドリアのクレメンスは The Stormata, 4.19で、聡明な女性たちを列挙しているが、その中には"ケーキを焼いた"という理由で挙げられた女たちもいる。

56. 図書館と博物館について Roger S. Bagnall, “Alexandria: Library of Dreams,” *Proceedings of the American Philosophical Society* 146, no.4(December 2002): 348-62; Casson, 2001、El-Abbadi, 1990、Andrew Erskine, “Culture and Power in Ptolemaic Egypt: The Museum and Library of Alexandria,” *Greece & Rome* 42, no.1 (April 1995): 38-48、Fraser I, 1972, 452、Roy MacLeod, *The Library of Alexandria* (London: Tauris, 2000)、Frederic C. Kenyonは*Books and Readers in Ancient Greece and Rome* (Oxford: Clarendon Press, 1932)で、巻物自体についてのすばらしいガイドをしてくれている。プラトンの『饗宴』の巻物の長さは約6メートルだっただろうとKnyonは述べている。
57. 「彼は死んでいるか……」 Marrou, 1956, 145での引用。
58. カエサルが真珠を好んだこと DJ, XLVII
59. 「同時代のどんな男性……」 Manetho, *The History of Egypt*, Fr. 21b (Armenian version of Eusebius)
60. あるラテン語の詩人一人が Lucan, X. 60-1
61. 「それ自体はそれほど……」と「その存在に触れ……」と「うっとりさせる」MA, XXVII, 2-3 (ML訳)
62. 「人目を引く」、美しさ Dio, XLII. xxxiv. 4。6世紀のビザンチンの年代記作者ヨハネス・マララスもクレオパトラの美しさを激賞している。
63. 「美しさしか……」 ボッカチオ、Walker and Higgs, 2001, 147で引用されている。

第三章 クレオパトラ、魔術で老人を魅了する

アレクサンドリア戦争については、アッピアノス、ディオン、カエサル、ルカヌス、プルタルコスの各作品を注意しながら用いた。現代の文献でもっともすばらしいのは、Paul Graindor, *La guerre d'Alexandrie* (Le Caire: Société Anonyme Egyptienne, 1931)である。アレクサンドリア戦争についての後世の記述の出典元はカエサルとそのゴーストライターしかないということは留意すべきだ。

アウレテスとその苦労については、Mary Siani-Daviesほど優れた研究者はいないだろう。特に“Ptolemy XII Auletes and the Romans”' *Historia* 46 (1997): 306-40は優れている。*Cicero's Speech: Pro Rabirio Postumo* (Oxford: Clarendon Press, 2001), 1-38にはやや形式を変えて収録されている。Dio, XXXIX. xiii-xvとliv-lix; Herwig Maehler, “Egypt under the Last Ptolemies,” *Bulletin of the Institute of Classical Studies* 30 (1983): 1-19も参照のこと。復位については、キケロがもっとも詳しく書いているが、Dio, プルタルコスの各作品も使用した。その他に、Israel Shatzmanの見事な論文“The Egyptian Question in Roman Politics,” *Latomus* 30 (1971): 363-9; Richard S. Williams, “*Rei Publicae Causa*: Gabinius's Defense of His Restoration of Auletes,” *Classical Journal* 81, no.1 (1985): 25-38

カエサルのエジプト滞在とナイル・クルーズについて。Appian、Dio、Diodorus、Pliny、Strabo、Suetonius の各作品、タキトゥスの著作を用いた。Victoria Ann Foertmeyerの非常にすばらしい“Tourism in Graeco-Roman Egypt” (Ph.D. dissertation, Princeton University, 1989)は非常に頼りになった。また、Abdullatif A. Aly, “Cleopatra and Caesar at Alexandria and Rome,” *Roma e l'Egitto nell'antichita classica*, Atti del I Congresso Internazionale Italo-Egiziano (1989): 47-61; Lionel Casson, 1974, 256-91; Casson, *Ships and Seamanship in the*

Ancient World (Baltimore: Johns Hopkins University Press, 1971); T. W. Hillard, "The Nile Cruise of Cleopatra and Caesar," *Classical Quarterly* 52, no.2 (2002): 549-54; Louis E. Lord, "The Date of Julius Caesar's Departure from Alexandria," *Journal of Roman Studies* 28(1930): 19-40; J. Grafton Milne, "Greek and Roman Tourists in Egypt," *Journal of Egyptian Archeology* 3, 2/3 (1916): 76-80; Neal, 1975, 19-33; Thompson, "Hellenistic Royal Barges,"2009年アテネにおける未発表の談話。ナイル・クルーズの滞在地について。Willy Clarysse, "The Ptolemies Visiting the Egyptian Chora," *Politics, Administration and Society in Hellenistic and Roman World*, Leon Mooren, ed., Bertinoro Colloquium (Leuven, Belgium: Peeters, 2000)に収録、33-40。ナイル周辺の風、天候、野生の生物については、Sophia Pooleが生き生きと描いた *The Englishwoman in Egypt* (Cairo: The American University in Cairo Press, 2003)。２世紀のルキウス・メミウスの記述については、George Milligan, ed., *Selections from the Greek Papyri* (Cambridge: Cambridge University Press, 1910), 29-31。

1. クレオパトラ、魔術で老人を魅了する　A variation on Lucan, 360
2. 金払いのいい女は……　Quintilian, V.11.27
3. 「はまり」から「降参した」まで　Plutarch, XVLIX (ML訳)
4. 「とても好きで……」 まで Dio, XLII. xxxiv.ii-xxv-ii
5. 「彼女が弟と共同で……」から「……女性の代弁者になる」まで　JC, XLIX (ML訳)
6. 彼らはペルシウムの海岸で　Florus, II. xiii. 55-6
7. ６世紀の誤った記述　*Chronicle of John Malalas*, Books VIII-XVIII(Chicago: University of Chicago Press, 1940), 25
8. 疲れきった二つの軍隊　A. B. Bosworthは彼らの疲労について教えてくれた。"Alexander the Great and the Decline of Macedon," *The Journal of Hellenic Studies* 106 (1986): 1-12
9. 「彼らの望みを……」 Dio, XLII, xxxv. 4
10. 「聴衆たちの心に……」 Cicero, *Brutus*, LXXX. 279
11. 「友人であり仲裁人して……」 CW, III. 109
12. 「民衆を鎮める……」 Dio, XLII. xxxvi. 3
13. 「忙しく聞き耳……」から「やっかいで困惑するような戦争」まで　JC, XLIX (ML訳)
14. 「たいした度胸を持った男」 CW, III. 104
15. 「人々にとって……」 CW, III. 109
16. アルシノエは野心に燃えていた　ある記述（Strabo, 17.1.11）では、２人の姉妹は以前の暴動の際には一緒に逃げていたとされている。
17. 「一人の忠実な友人は……」 Euripides, "Orestes," *Euripides IV: Rhesus, The Suppliant Women, Orestes, Iphigenia in Aulis*, David Grene and Richmond Lattimore, eds.,: William Arrowsmith, tr.(Chicago: University of Chicago Press, 1958), 805（エウリピデス『オレステス』山形治江訳／れんが書房新社ほか）
18. 「それまでの数十年間」 Graindor, 1931, 79. *"Elle n'eut pas été femme—et une femme de la race des Lâgides—si elle n'avait été à la fois jalouse et humiliée de la séduction qu'exerçait Cléopatra sur César."*
19. ミトリダテスのローマとの壮大な戦いについてはPhilip Matyszak, *Mithridates the Great:*

Rome's Indomitable Enemy (Barnsley: Pen & Sword Military, 2008)とAdrienne Manyor, *The Poison King: The Life and Legend of Mithradates* (Princeton: Princeton University Press, 2010)

20. 「どんな法律も……」から「……敵意をかわしている」 Sallust, "Letter of Mithradates," 12, 17
21. 「属国の防壁」 Polybius, V.34
22. 「破壊されれば損失で……」 Ronald Syme, *The Roman Revolution* (New York: Oxford Univertsity Press, 2002), 260
23. 一貫して外国の法律を採択する理由はまったくなかった　ローマと同盟国の王たちとの関係については、Richard D. Sullivanの見事な*Near Eastern Royalty and Rome* (Tronto: University of Tronto Press, 1990)を参照のこと。また、David Braund, *Rome and the Friendly King* (New York: St. Martin's, 1984); Anssi Lampela, *Rome and the Ptolemies of Egypt: The Development of Their Political Relations, 273-80 BC* (Helsinki: Societas Scientiarum Fennica, 1998); Mayor, 2010も参照のこと。ミトリデスの同じような苦労については、Willy Peremans and Edmond Van't Dack, "Sur les rapports de Rome avec les Lagides," *Aufstieg und Niedergang der römischen Welt* (1972): 660-7: Shatzman, 1971。住宅問題についてはHolbl, 2001, 224-25
24. 「ずっと続いている……」 Dio Chrysostom, "The 32nd Discourse," 69
25. 「彼らは常に……」 CW, III. 110
26. 「彼らは理性のない……」 Clement of Alexandria, "The Exhortation to the Greeks," II. 33p。猫の事件については、Diodorus I.83。当時地中海の北部では、猫は貴重であったようだ。動物崇拝はあらゆる国からばかにされた。それを示す記述は数多くあるが、中でも、Juveneal, Satire 15.1、Philo, "On the Decalogure," XVI.78-80、"On the Contemplative Life," 8; Josephus, *Against Apion*, II. 81を参照のこと。
27. 「ある人々によって……」 Cicero to Lentulus, 13(I.2), January 15, 56
28. 「ねたみによる……」から「……反感のせいだ」 同書12（I.1）, January 13, 56
29. 「怒りと恨みをもって」 MA, III (ML訳)
30. 王位継承について　J. C. Yardley, tr., *Justin: Epitome of the Philippic History of Pompeius Trogus* (Atlanta: Scholars Press, 1994), 16. iiff; Jean Bingen, "La Politique dynastique de Cléopâtre VII," *Comptes Rendus: Académie des Inscriptions et Belles-Lettres* 1 (1999): 49-66; Lucia Criscuolo, "La successione a Tolemeo Aulete ed i pretesi matrimoni di Cléopâtre VII con i fratelli," *Egitto e storia antica dall'ellenismo all'età araba* (1989)に収録、325-39。日付が重複しているパピルスを調べた結果である、Ricketts, "A Chronological Problem in the Reign of Cleopatra VIII," *Buletin of tha American Society of Papyrologists* 16:3 (1979): 213-17は、紀元前50年の春にクレオパトラが下の弟を共同統治者にすることによって、プトレマイオス13世を排除しようとしたという説を発展させている。上の弟との関係が悪くなっていたのは間違いないだろう。Ricketts, "A Dual Queenship in the Reign of Berenice IV," *Bulletin of the American Society of Papyrologists* 27 (1990): 49-60、T. C. Skeat（アウレテスとクレオパトラ共同統治はなかった主張している）"Notes on Ptolemaic Chronology," *Journal of Egyptian Archeology* 46 (Dec. 1960): 91-4、（ベレニケの謎に満ち

た統治について）John Whitehorne, "The Supposed Co-Regency of Cleopatra Tryphaena and Berenice IV," *Akten des 21. Internationalen Papyrologenkongresses* (Stuttgart: B. G. Teubner, 1997), II, 1009-13

31. 「アレクサンドリアの……」 CW, III. 110
32. クレオパトラの即位について　アウレテスが子どもたちの中から２人を選んだ別の理由が挙げられている。Heinen, 2009, 35-6 は、クレオパトラの父親は次女クレオパトラの強い性格と危険な野心を見抜いていたので、あえてローマ人を招いて後ろ盾にならせることで、それを中和しようとしていたと唱えている。
33. メンフィスについて　特にEl-Abbadi, 1990, 58; Lewis, 1986, 69ff; Thompson, 1988も参照のこと。
34. 「一家の誇りが永遠になった」 John D. Ray, "The Emergence of Writing in Egypt," *World Archaeology* 17, no.3 (1986): 311
35. アレクサンドリア図書館の火事について　本が焼けたことについて最初に述べたのはセネカで、４万巻が燃えたとしているが、その後の記述では数が増えつづけ、四世紀には70万冊になっている。ディオンとプルタルコスは図書館そのものが焼けたと信じていた。研究者たちは何世紀にもわたって熱心に議論を続けている。Fraser, 1972, I, 334-5, 476; Edward Alexander Parsons, *The Alexandrian Library: Glory of the Hellenic World* (New York: Elsevier, 1967)も参照のこと。Will, 2003, 533は図書館の被害は伝えられているよりも軽かったのではないかと考えている。資料をまとめたサイトとしてhttp//www.bede.org.uk/library.htmがある。このサイトでの概算では、40キロ近くの長さの棚、あるいは30メートル×30メートルの２階建ての建物を埋め尽くすには50万巻の書物が必要だとされている。
36. 「そしてアレクサンドリアでは……」 AW, 15
37. 執筆を中断したのだろうとされている　John Carter, CW(New York: Oxford University Press, 2008)の序文、xxix。John H. Collins, "On the Date and Interpretation of the Bellum Civile," *American Journal of Philology* 80, no.2 (1959): 113-32
38. 「我々がしているのを見れば……」 AW, 3
39. 「いたるところで……」 Dio, XXXIX. lviii. 1-2
40. 「彼ら曰く……」 同書XLII. xlii.2
41. 「避難民や……」 AW, XXIV。Heinen, 2009, 106-113 はカエサルがプトレマイオスを解放したことを絶望の果ての行動としている。援軍がアレクサンドリアに向かっていることを知らなかったカエサルは、情勢が自分に有利に変わったとは感じていなかった。エジプト人の軍隊の編制については、Polybius, V. 35.13とV. 36.3; G. T. Griffith, *The Mercenaries of the Hellenistic World* (Cambridge: Cambridge University Press, 1935), Marcel Launey, *Recherches sur les armées hellénistiques*, 2 vols. (Paris: Boccard, 1949); Raphael Marrinan, "The Ptolemaic Army: Its Organisation, Development and Settlement," (PhD学位論文, University College, London, 1998)。Marrinanは宮殿の敷地内かその近くに護衛の精鋭部隊の兵舎があったと考えている。
42. 「彼が先祖から受け継いだ……」から「……喜びの涙だった」 AW, 24
43. 「街中の人々が……」 AW, 32

44. 「行動と予測の天才」 Gaston Boissier, *Cicero and His Friends* (New York: Cooper Square Publishers, 1970), 185
45. カエサルがはまりこんだ状況　Volkmann, 1958, 75
46. 「アレクサンドリアから出ようと……」 CW, III. 107
47. 「彼にずっと忠実……」 AW, 33
48. 「快楽にふけっていたせいで」 Dio, XLIV. 46.2。Cicero to Atticus, 226(XI.15), May 14, 47, and 230(XI. 18), June 19, 47も参照のこと。1世紀にはエウセビウスが話を戻し、カエサルが「身体と引き換えに」クレオパトラを王位に復活させたとしている（Eusebius, 183.2）
49. 余計な謝罪　El-Abbadi, 1990, 151 がこのことを述べている。彼は図書館は戦争の犠牲になったと考えている。
50. 「エジプトでの危険で……」 JC, XLVIII（ML訳）
51. 「ために戦い」から「……カエサルとともに過ごしていた」まで　Dio, XLII. 44
52. クレオパトラとの夜ごとのベッド　Pellingm, 1999, 140
53. ヘレニズム期のエジプトを訪れた者はみな　Braund (1984, 79)の以下の言葉のとおり。「賢明な王はローマが訪れた際には気前のいいホストになる」
54. 「カエサルの好意がある……」 Dio, XLI. xxxiv.3
55. 「特に不利な……」 同書　LV.xv. 5-6
56. 「文明世界随一の……」 Diodorus, XVII. 52.4。キケロでもここまでは認めていることについて、De Lege Agraria, II, XVI, 44
57. 「街を見て……」 Achilles Tatius, V. i. 6。彼はアレクサンドリア生まれだった。
58. 「訪問者にとって……」 Dio Chrysostom, "The 32nd Discourse, To the People of Alexandria, 20," *Alexandria: The Site and the History*, Gareth L. Steren, ed. (New York: New York University Press, 1993), 58で引用されている。
59. 「概して言えるのは……」 Athenaeus, V. 196d
60. 食器だけでも三〇〇トンの重さがあったという　同書453
61. 「普段の食器」 Thompsonの "Athenaeus's Egyptian Bacground," David Braund and John Wilkins, eds., *Athenaeus and His World* 83-4 (Chicago: University of Chicago Press, 2000)に収録。Athenaeus, VI. 229dも参照。
62. 「銀の皿の上に……」 Athenaeus, IV. 129b
63. クレオパトラのワードローブについて　2009年2月2日に行ったLarissa Bonfanteへの取材、2009年10月19日のNorma Goldmanへの取材、Cassonm 2001, 24-5、Rowlandson, 1998, 313-34; Stanwick, 2002, 36-7; Dorothy Burr Thompson, *Ptolemaic Oinochoai, and Portraits in Faience* (Oxford: Clarendon Press, 1973), 29-30; Susan Walker and Morris Bierbrier, *Ancient Faces: Mummy Portraits from Roman Egypt* (London,: British Museum Press, 1997), 177-80; Walker and Higgs, 2001,65
64. 「夜明けまで続くパーティ」 DJ, LII（修正した訳文を使用）。Frontinus, Stratagems, I. i. 5も同じ。プルタルコスはカエサルが暗殺を防ぐために明け方前に飲んでいたとしている。
65. ディオニュソス祭の行列　もっとも詳細に分析しているのはAthenaeus, V.197-203。E.

E. Rice, *The Grand Procession of Ptolemy Philadelphus* (New York: Oxford University Press, 1983)も参照のこと。Thompson, "Philadelphus's Procession: Dynastic Power in a Mediterranean Context," in Mooren, 2000, 365-88。Thompson はこうした行列が民衆との絆を作り、市民であるという自覚を強めるために行われていたと強調している。Arrian, XXVIII,では凱旋式にディオニュソス信仰のルーツがあることを記している。

66. 「もっとも賢く富を……」 Appian, preface, 10. The Translation is Macurdy's, 1932, 108。
67. 父王アウレテスが生前にクレオパトラをカエサルと結婚させていたなら　プトレマイオス13世はグラッススの母である（裕福な）ローマ人女性コルネリアを口説こうとして失敗している。Pultarch, Tiberius Gracchus, I（プルタルコス『プルタルコス英雄伝』村川堅太郎編、ちくま学芸文庫「ティベリウス・グラッススとガイウス・グラッスス」長谷川博隆訳）
68. 「クレオパトラは魔術で……」から「ローマを得ようとする」まで　Lucan, X, 359-60
69. 「アレクサンドロスに降伏……」 Justin: *Epitome of the Philippic History of Pompeius Trogus*, J. C. Yardley, tr.
70. 「彼女は一〇〇〇種類の……」 Plutarch, Ma, XXIX（ML訳）
71. 権力というのは反社会的で孤独　Pultarch, "Demetrius," III. 帝国というものは、あきらかに家族関係をめちゃくちゃにし、「悪意と不信」を招く
72. 「仲間たちより……」 Dio, XXXVIII.xxxix.2
73. 「あの川が……」 Lucan, X.189-90。クレオパトラの時代の前も後も、エジプトはもちろんギリシア人をも魅了する、謎の王国だった。Marion Smith, "The Egypt of the Greek Romances," *Classical Journal* 23, (April 1928): 531-7
74. 「扇情的ジャーナリズムの父」 Robert Graves, Introduction to Lucan, *Pharsalia: Dramatic Episodes of the Civil Wars* (New York: Penguin, 1956), 13
75. 「最大限に丁重に迎えられ」 Letter of 112 BC, *Select Papyri*, II, 416（George Milligan訳）
76. ナイル・クルーズ　日付については結論が出ていない。Lord, 1930はそもそもクルーズが行われたかどうかにも疑問を持っている。
77. ある現代の歴史家　Heinen, 2009, 127。「[アレクサンドリア戦争の] 著者はまるでわかっていて読者をだまそうとし、ナイルの旅を隠そうとしたばかりでなく、このエピソードが時間的にも存在できないように考えて、出来事を配置したようだ」
78. 「私はロバが……」ギュスターヴ・フローベールが母に宛てて書いた手紙。1849年11月17日。訳文はEmpereur, 2002, 136より。
79. 平底船　Athenaeus, V.204e-206d。Nowicka, 1969も参照のこと。
80. 物資を隠す　Foertmeyer, 1989, 235
81. 「一度で十分だ」 キケロからアッティクスへ、353 (XIII.52), 12月19日
82. 「水上の宮殿」 Nielsen, 1999, 136
83. 数々の誤解について　ヘロドトスは頭蓋骨について。ディオドロスは原始的なネズミのハーフについて。ストラボンは双子と亀の甲羅と草とヘビと驚くべき繁殖能力について。XV.I.22-3。同様に、NHには２本足で歩くネズミと、短い妊娠期間のことが書かれている。VII.iiiff。こうした誤解の大部分はアリストテレス（*History of Animals*, vii.4）から始まっている。ゲリウスは*Attic Nights*, X.ii.でこのことに触れ、ディオン・ク

リュソストモスは砂漠に住む半分ヘビで、半分セイレーンという神話のような人食い人魚について書いている。*Discourse*, 5.24-7。Ammianus Marcellinus, *Roman History*, XXII.15.14ffにはナイル川にいるイルカのような生き物hipopotamiに驚き、「道理がわからぬ動物たちよりはるかに利口」と書いているし、エジプトのトキがくちばしから卵を産むとも書いている。

84. 「私は見た、そして驚いた」 Casson, *Everyday Life in Ancient Egypt* (Baltimore: Johns Hopkins University Press, 2001), 142
85. マケドニア人との相似 Nepos, *Eumens*, III.4
86. 「彼女と他の方法でも……」 Appian, II.89
87. 「彼女は彼をさらに……」 Dio, XLII.45.I
88. 「信頼を生むような……」 Dio, XLII.47.2

第四章　黄金時代が今であったためしはない

キケロ、プリニウス、プルタルコスの著作はローマやローマ人について知るための貴重な資料である。古代ローマへの旅において、私はLionel Cassonnの、特に*Travel in the Ancient World*（ライオネル・カッソン『古代の旅の物語』小林雅夫ほか訳、原書房）を大変頼りにした。Michael ReddéとJean-Claude Golvinが詳細に描いた*Voyages sur la méditerranée romaine* (Paris: Actes Sud, 2005)も参照のこと。ローマでのクレオパトラについては、Erich Gruenが真実を明らかにしてくれた“Cleopatra in Rome: Facts and Fantasies,” in *Myth History and Culture in Republican Rome*, David Braund and Christopher Gill, eds. (Exeter: University of Exeter Press, 2003); Edmond Van ’t Dack, “La Date de C. Ord. Ptol. 80-83=BGU VI 1212 et le séjour de Cléopâtre VII à Rome,” *Ancient Society* 1 (1970): 36-37がある。エウセビウスは必ずいたはずの従者たちについて証明し、ホラティウスは違ったやり方でそうしている。彼は裕福な女性が文字通り従者たちで武装していることを嘆いている。Satires I.ii.95-100。

エジプトの政府とプトレマイオス朝の支配体制について。Bagnall and Derow, 1981, 253-255; Bingen, 2007, 156-255: Bowman, 1986; R. A. Hazzard, *Imagination of a Monarchy: Studies in Ptolemaic Propaganda* (Tronto: University of Tronto Press, 2000); Maehler, 1983; Leon Mooren *La hiérarchie de cour ptolémaïque* (Leuven, Belgium: Studia Hellenistica 23, 1977); Mooren, 2000; Dominic Rathbone, “Ptolemaic to Roman Egypt: The Death of the Dirigiste State?,” in *Production and Public Powers in Classical Antiquity*, Cambridge Philological Society, 26 (2000), 4-54; Geoffrey Rickman, *The Corn Supply of Ancient Rome* (Oxford: Clarendon Press, 1980); Michael Rostovtzeff, *A Large Estate in Egypt in the Third Century BC* (Madison: University of Wisconsin Studies, 1922); *Select Papyri: Public Documents*, II (Cambridge: Harvard University Press, 1995); Raphael Taubenschlag, *The Law of Graeco-Roman Egypt in the Light of the Papyri* (Warsaw: Panstowowe Wydawnictwo Naukowe, 1955); D. J. Thompson, “Nile Grain Transport under the Ptolemies,” in *Trade in the Ancient Economy*, Peter Garnsey and others, eds. (London: Chatto & Windus, 1983), 64-75。

ローマとその習慣について。キケロ、ホラティウス、ユウェナリス、マルティアヌス、プリニウス、ストラボンの著書。現代の文献は以下の通り。Balsdon, *Life and Leisure in Ancient Rome* (London: Bodley Head, 1969); Casson, *Everyday Life in Ancient Rome*

(Baltimore: Johns Hopkins University Press, 1998); Florence Dupontが生き生きと描いた *Daily Life in Ancient Rome* (Oxford: Blackwell, 1993); Luc Duret and Jean-Pierre Neraudau, *Urbanisme et metamorphoses de la Rome antique* (Paris: Belles Lettres, 2001); Otto Kiefer, *Sexual Life in Ancient Rome* (New York: Dorset Press, 1993); Thomas Wiedemann, *Adults and Children in the Roman Empire* (London: Routledge, 1989); T. P. Wiseman, *Catullus and His World: A Reappraisal* (Cambridge: Cambridge University Press, 1985)

カエサルについて。Matthias Gelzer, *Caesar: Politician and Statesman* (Oxford: Blackwell, 1968); Adrian Goldsworthy, *Caesar: Life of a Colossus* (New Haven: Yale University Press, 2006); Christian Meier, *Caesar: A Biography* (New York: MJF Books, 1982); Stefan Weinstock, *Divius Julius* (London: Oxford University Press, 1971); Maria Wyke, *Caesar: A Life in Western Culture* (Chicago: University of Chicago Press, 2008); Zwi Yavetz, *Julius Caesar and His Public Image* (Ithaca: Cornell University Press, 1983)

1. 黄金時代 Benjamin Franklin, *Poor Richard's Almanack* (1750)
2. 「私が長い間……」 Euripides, "Andromache," in *The Trojan Women and Other Plays*, James Morwood, tr.(Oxford University Press, 2001) 85-87（エウリーピデース「アンドロマケ」『エウリーピデース IV ギリシア悲劇全集（8）』細井敦子、安西眞、中務哲郎訳／岩波書店ほか）
3. カエサルの沈黙。Dio, XLII.iii.3。ローマでは誰もが、カエサルはエジプト人に殺されたと思っていて、「そして実際に、そのような知らせを聞きつづけていた」特にキケロはカエサルがアフリカからの脱出に苦労していることを知っていた。
4. 出産について Rowlandson, 1998, 286-9で引用されているSoranosの言葉、Joyce Tydelsley, *Daughters of Isis: Women of Ancient Egypt* (New York: Viking, 1994), 70-5
5. 「怒りっぽくては……」 紀元前３世紀の手紙。I. M. Pland, ed., *Women Writers of Ancient Greece and Rome* (Norman: University of Oklahoma Press, 2004), 79-80で引用 。乳児の死亡率が高かった考えると、乳母は簡単に見つかったはずだ。
6. カエサリオンの父親について Balsdon, "Cleopatra: A Study in Politics and Propaganda by Hans Volkmann," *Classical Review* 10, no.1 (March 1960):68-71はカエサリオンの問題を見事に要約している。J. Carcopinoが1937年に唱えたカエサリオンの否認に対するHeinenの1969年の反論はHeinen, 2009, 154-75に再録されているので、参照のこと。この問題においても古代の記述はあてにならなかった。スエトニウスはカエサルが父親であることも、カエサルが自分の名前をつけてもいいと伝えた手紙の真偽も疑っている。DJ, LII
7. 何冊もの本を参考にできる Keith Hopkins, "Contraception in the Roman Empire," *Comparative Studies in Society and History* 8, no.1 (1965): 124-51; Angus McLaren, *A History of Contraception* (London: Basil Blackwell, 1990); Sarah B. Pomeroy, *Goddesses Whores, Wives, and Slaves* (New York: Schocken, 1975), 167-9; John M. Riddle's *Contraception and Abortion from the Ancient World to the Renaissance* (Cambridge: Harvard University Press, 1992) を参照のこと。Juvenal, Satire 6.595-6; NH, VI.42; Soranus, I.60-65も参照のこと。
8. ナイル川の増水 Diodorus, I.36.7。生息する動植物については、Poole, 2003を基にした。

ナイル川の状態については、W. M. Flinders Petrie, *Social Life in Ancient Egypt* (Boston: Houghton Mifflin, 1923),129-68; Amelia B. Edwards, *A Thousand Miles up the Nile* (London: Century, 1982), 319ff

9. 誕生祝いの贈り物　Préaux, 1939, 394。Neal, 1975では、タイミングがあまりに完璧なので、カエサリオン誕生は日を選んで発表されたのではないかとしている。クレオパトラはこの年に金貨を発行している。金貨の発行は彼女の生涯で２度しか行われていない。
10. イシスとのつながり　Pelling, 1999, 251-2、Ashton, 2008, 138。Claire Préaux, *Le monde hellénistique* (Paris: Presses Universitaires de France, 1978), II, 650-5; Sarolta A. Takacs, *Isis and Serapis in the Roman World* (Leiden: E. J. Brill, 1995); R. E. Witt, *Isis in the Graeco-Roman World* (Ithaca: Cornell University Press, 1971)を参照のこと。地中海北部でのイシスの運命については、特にSharon Kelly Heyob, *The Cult of Isis among Women in the Graeco-Roman World* (Leiden, Holland: E. J. Brill, 1975) を参照のこと。
11. 執政官が斧を取る　Valerius, I.3.41
12. 儀式の際の服装　O.E.Kaperから著者への手紙。2010年3月16日。
13. 「女王は王よりも……」 Diodorus, I.27。イシスと女性たちとのかかわりについては、Préaux, 1959, 127-75。 イシスと聖母マリアの関連を多くの人が指摘している。Foertmeyer, 1989, 279では、16世紀になってから、フランスの枢機卿が、ある彫像がマリアではなくイシスを表わしていることを知り、それを粉々に打ち砕いている。
14. 神官と国の関係　Thompson, 1988。Guy Weill Goudchaux, "Cleopatra's Subtle Religious Strategy," Walker and Higgs, 2001, 128-41。E. A. E. Reymond and J. W. B. Barns, "Alexandria and Memphis: Some Historical Observations," *Orientalia* 46 (1977): 1-33も参照のこと。神殿の授与については、Kent, J. Rigsby, *Asylia: Territorial Inviolability in the Hellenistic World* (Berkeley: University of California Press, 1996)。神殿に置けるヒエラルキーについては、Gilles Gorré, "Les relations du clergé égyptien et des Lagides," in *Royaumes et cités Hellénistiques des années* 323-55 *av. JC*, Olivier Picard and others eds. (Paris: SEDES, 2003), 44-55
15. シナゴーグへの特権の拡張　Rigsby, 1996, 571-2
16. ナイル川の増水の観測　ナイルについて、NH, X.Li.60、高さについて、V.x.58。ナイルの動きについては、Lewis, 1983, 105-15; Achilles Tatius, IV.11-15。それ以外ではストラボンがもっともよくナイル川について教えてくれる。
17. 「私の治世……」 Jacques Vandier, *La famine dans l'Egypte ancienne* (New York: Arno Press, 1979), 35ff、Peter Garnsey et al., eds., (London: Chatto & Windus, 1983)所収のDorothy Thompson, "Nile Grain Transport under the Ptolemies," 64-75を参照の事。Heinen, "Hunger, Misery, Power," 2009, 258-87は、支配階級が点数を稼ぐために、民衆になにかを与えたり、危機を強調することはよくあったとしている。人々の苦しみを強調するのは為政者たちの気前のよさをたたえるため。
18. 「王に課せられる……」 Flatterer, 790A。数世紀前の賢明なマケドニア王アンティゴノスは息子に、王の仕事というのは、「名誉ある奴隷だ」と語っている。Dio, LII.X.2も同じことを述べている。「いつでもどこでも、不愉快なことばかり見て、聞いて、して、

耐えねばならない」

19. 決まりきった手紙のやり取り　AJ, XII.148, XII.166, XIV.306
20. プトレマイオス家の先輩　Flatterer, 71d。居眠りをしたプトレマイオス５世をたたき起こした教師は褒美に毒杯を与えられた。
21. 詰め込まれたスケジュール　書類仕事については、Peter van Minnen, "Further Thoghts on the Cleopatra Papyrus," *Archiv für Papyrusforschung* 47 (2001): 74-80; Peter van Minne, "An Offcial Act of Cleopatra," *Ancient Society* 30(2000): 29-34
22. 「混じりけなく……」 Thompson, 1983, 71とChristopher Haas, *Alexandria in Late Antiquity: Topography and Social Conflict* (Baltimore: Johns Hopkins University Press, 2006), 40-4。経済における役割一般については、Rostovtzeff, 1998; Préaux, 1939; Tarn and Griffin, 1959; Thompson, 1088; Dominic Rathbone, "Ptolemaic to Roman Egypt: The Death of the *Dirigiste* State?," *Cambridge Philological Society* 26 (2000): 44-54
23. 「自分勝手なことを……」 M. M. Austin, *The Hellenistic World from Alexander to the Roman Conquest: A Selection of Source Materials in Translation* (Cambridge: Cambridge University Press, 1981), 561で引用。
24. 「臣民の一人一人……」 William Tarn, *Hellenistic Civilization* (London: Edward Arnold, 1959), 159
25. 「みなを元気づけ……」 *Select Papyri*, 1995, II.204
26. 「我らがよい役人が……」 Dorothy Crawford, "The Good Official of Ptolemaic Egypt," *Das Ptolemäische Agypten: Akten des internationalen Symposions* 1976 (Mainz, Germany: von Zabern, 1978)に掲載、202
27. 「ロバの窃盗……」 John Bauschatz, "Policing the Chora: Law Enforcement in Ptolemaic Egypt," Ph.D. disssertation (Duke Univeristy, 2005), 68
28. 平等に食い物にした　Bingen, "Les tensions structurelles de la société ptolémaïque," *Atti del XVII Conresso Internazionale di Papirologia III* (Naples, 1984): 921-937; Rathbone, 2000
29. 苦情について　Bagnall and Derow, 2004, Bevan, 1968; Maehler, 1983; Rostovtzeff, 1998。贈り物については、William Linn Westermann, "The Ptolemies and the Welfare of Their Subjects," *American Historical Review* 43, no.2 (1938): 270-87
30. 権利のない父親　*Select Papyri*, II, 233。父親は、娘がのらくら者の恋人と家を出ていき、もう生活の面倒を見てくれないと主張したが、彼は娘が出ていくことを了承する書類にサインしていた。
31. 「朝早くやってきて……」 *Select Papyri*, II.266。M. Rostovtzeff, "A Large Estate in Egypt in the Third Century BC: A Study in Economic History," *University of Wisconsin Studies* 6, 1922, 120の訳を使用。
32. 税金問題を扱うのを禁止する　Rostovtzeff, 1998, II, 1094
33. 「腹と、左の……」 Bagnall and Derow, 1981, 19で引用。
34. 「前任者から……」 Cicero, *The Republic*, V.I.2（キケロ「国家論」)。Everitt, 2003, 180の訳を使用。
35. アウレテスとプトレマイオス家の財宝について　T. Robert S. Broughton, "Cleopatra and 'The Treasure of the Ptolemies,'" *American Journal of Philology* 63, no.3 (1942): 328-32。

これにも異論がある。Maehler, 1983は「なににも乱されない繁栄」派だ。Bowman、Casson、Ricketts、Tarnも同じ意見だ。Rostovtzeff, 1998はクレオパトラにはたしかに個人的な資産はあったが、彼女の治世の経済はそれほど繁栄していなかったのではないかと考えている。III, 1548。Thompson, Broughton, Willは経済は混乱はしていないものの、衰退傾向にあったと考えている。アテナイオスはクレオパトラの父親がエジプトの富を使い果たしたと批判している。Athenaeus, V.206d。キケロは紀元前63年にエジプトがまだ繁栄している国だと考えている。De Lege Agraria, II.XVI.44

36. クレオパトラによる平価切下げについて　Guy Weill Goudchaux, "Was Cleopatra Beautiful? The Conflicting Answers of Numismatics," Walker and Higgs, 2001, 210-14。Chauveau, 2000, 86では、平価の切り下げを「紙幣の発行の古代版」と簡単に述べている。

37. 「前年度のヘッジファンド……」 Roger Bagnallへの取材、2008年11月21日。

38. 宮殿で行われた酒飲みコンテスト　Athenaeus, X.415。Athenaeus(XII.522)には哲学者が年に12タラント稼いだという記述があり、これは高いものだとして扱われている。保釈金はCasson, 2001, 35より。Cassonは当時の15タラントは現代の何百万ドルにも相当するとしている。立派なモニュメントについては、Peter Green, *Alexander of Macedon* (Berkely: University of California Press, 1991), 414。Marrinan, 1998は、１万人の兵士を年に1000タラントで雇えるとしている。16。Diodorusはローマの地位の低い職人にとって、1タラントは17年分の収入に相当すると記していて、ヨセフス（JW, I.483）は100タラントの個人的な収入がある君主はなかなかの人物だと思われると書いている。エジプトとローマの蜜月時代の間、ローマからやってきた要人が80タラント相当の贈り物を差し出され、あまりに高価な物なので受け取れなかったという(Pularch, "Lucullus," 2)。もっと一般的なレベルのたとえでは、1タラントあれば、一人の男の75年分の食料になるだけの小麦が十分に買えたという。Tarn and Griffim, 1959, 112-16も参照のこと。

39. 現代の資料のリスト。http://en.wikipedia.org/wiki/Richest_man_in_history。

40. ローマへの旅　この件についてのもっとも広い知識に基づいた考え、Cassonの説に基づいている。2009年1月26日の取材。Casson, 1971、Casson, *The Ancient Mariners* (Princeton: Princeton University Press, 1991); Casson, 1994も参照のこと。彼は"The Feeding of the Trireme Crews and an Entry in IG ii2 1631," *Transactions of the American Plhilological Association* 125 (1995): 261-9と"The Isis and Her Voyage," *Transactions of the American Philological Association* 81 (1950): 43-56でも、この厳しい道のり全般について述べている。Cassonから著者への手紙、2008年12月9日。同様の記述は、Philo, "Against Flaccus," V.25ff、"On the Embassy to Gaius," 250-3; JW, I.280; Horace, Satires, I.5; Tacitus, *Annals*, II.50（タキトゥス『年代記』国原吉之助訳／岩波文庫）で述べられているゲルマニクスの旅、Casson on Cicero and Pliny, 1994, 149-53。クレオパトラはオスティアに停泊したかもしれない。BagnallとTompsonはもっと説得力のある説を唱えている。カッソンは当時のオスティアにはどんな大きさの船も波止場に着ける設備がなかったので、ポッツォーリに停泊したという説をとっている（Casson, 1991, 199)。クレオパトラがホラティウス（西へ向かった）やキケロ（東へ向かった）と同じよう

に出発も帰着もブリンディシウムだったという説もありえなくはない。クレオパトラはブリンディシウムから丘陵地帯を徒歩で越え、アッピア街道に入ったかもしれないのだ。このルートの場合、7日ほどの時間が必要だ（Casson, 1994, 194-6）。

41. 航海の危険　Achilles Tatiusは船の難破に就いてすばらしい記述（フィクション）をしている。III.2-6。彼はペルシウムに打ち上げられた。
42. ローマへの到着　Eusebius, 183.3
43. 「どこから見ても……」 Dio, XLIII. 23.2-3。Strabo, 16.4.16も参照のこと。
44. 王に対する旅についてのアドバイス　T. A. Sinclair, *A History of Greek Political Thought* (London: Routeledge, 1959), 292で引用されている「アリステアスの手紙」。
45. 「戦車二台……」 仰天したキケロがアッティクスへの手紙に書いている。115, (V.1), February 20, 50,Boissir, 1970, 120の訳を使用。Foertmeyer, 224、Pultarch,"Crassus," XXI.6（プルタルコス『プルタルコス英雄伝』村川堅太郎編、ちくま学芸文庫「クラッスス」伊藤貞夫訳）、Préaux, 1939, 561
46. 空気が汚れ、衛生状態も悪いローマと牧歌的なジャニコロの丘について　Leon Homo, *Rome Impériale et l'urbanisme dans l'antiquité* (Paris: Albin Michel, 1951); Dionysius of Halicarnassus, *Roman Antiquities*, III.xlv; Horace, Odes, II.29, 9-12; Martial, *Epigrams*, IV.64。その他に、キケロはこれについてもローマを最高に詳しくガイドしてくれている。さまよう手と牡牛の話は、Suetonius, "Vespasian," 5-4（スエトニウス『ローマ皇帝伝』「ウェスパシアヌス」国原吉之助訳、岩波文庫）
47. 「時を告げることが……」 JC, LIX (ML訳)
48. 「人類史上唯一の……」 O. Neugebauer, *The Exact Sciences in Antiquity* (Princeton, Princeton University Press, 1952), 71。エジプトの暦（1カ月は30日、1年は12カ月に5日を足したものであり、4年に１度6日足される）については、Strabo, 17.1.29を参照のこと。
49. 「街の生活を……」 DJ, XLII
50. 「二つの時計が……」 Seneca, *Apocolocyntosis*, 2.2（セネカ「アポコロキュントシス――神君クラウディウスのひょうたん化」国原吉之助訳／ペトロニウス『サテュリコン』岩波文庫に収録）
51. ローマの凱旋式　Appian, Dio, Florus, Suetonius, Mary Beardのすばらしい*The Roman Triumph* (Cambridge: Harvard University Press, 2007)。
52. 「史上もっとも幸運な捕虜……」 JC, LV.2
53. 「一度は女王と……」 Dio, XLIII.xix.3-4
54. 子どもや鶏ほどにしか認められていない　女性の政治的、法律的な権利については、Mary Beard and Michael Crawford, *Rome in the Late Republic* (London: Duckworth, 2005), 41
55. 一〇〇人の武装した兵士　キケロからクイントゥスへの手紙、Cicero, 12.2(II.9), June 56
56. 「彼の奴隷が……」から「……伝わっている」 Juveneal, Satire 9, 100ff
57. 「心から崇拝し」から「……盛りを与えられた」 Dio, XLIII.xlii.4
58. 「ローマの友人や……」 Dio, XLIII.xxxviii.1.Gruen, 1984, 259は、この像が設置された時

期に疑問を呈している。彼はこの像はクレオパトラに捧げられたものではなく、15年ほど後に、彼女の敗北を記念するために置かれたものだとしている。

59. 「頭がおかしくない……」 Cicero, *Pro Murena*, 13。Otto Kiefer, *Sexual Life in Ancient Rome* (New York: Dorset Press, 1993), 166の訳を使用した。アテナイオスは対照的に、「アレクサンドリア市民たちほど音楽好きだと記録されている人々はいない」と述べている（IV.176e)。
60. 「ローマで眠りたかったら……」 Juvenal, Satire 3. 326。壺が降ってきたという事件の記述も彼のものだ。同書、270ff。
61. 「そうでなければ」 プルタルコスによるアンティステネスの引用。Pultarch, "Pericles," I.5（プルタルコス『プルタルコスの英雄伝』村井堅太郎編、ちくま学芸文庫「ペリクレス」馬場恵二訳）
62. 「本物の男では……」 Athenaeus, V.206d
63. 「表面だけ洗練された……」 P. F. Widdowの訳によるLucan, (Bloomington: Indiana University Press, 1988), 544
64. 「円形競技場の決定版」 Casson, 1998, 104
65. 「王家の富を……」 NH, XXXVI.xvi.75。Loeb訳では、「富の不必要でばかげたひけらかしとされている」
66. ギリシア語とラテン語　クインティリアヌスは世界はラテン語に対しての方が厳しいことを認識していた。ギリシア語の文字はもっとも心地よいものであり、「この言語だけで、我々は明るい気持ちになり、笑みが浮かぶ」としていた（12.10)。
67. 「持っていない」という意味の言葉がない　Seneca, Epistle LXXXVII.40
68. 「黄金をちりばめた道具」Dalby, 2000, 123。ドルビーはギリシア語のアクセントだけが贅沢な響きを伝えられるとしている。Dio, LVII.xv.3、Valerius, Book IX, 1, "Of Luxury and Lust" 122。ギリシア語の力を借りずに過剰というものを語ることはできないようだ。ドルビーは「古典時代の性行為の実践的なマニュアルはギリシア語で書かれていた」と書いている。
69. 贅沢の流行　Livy, 39.6; NH, XXXVI、Pultarch, "Caius Marius," 34; Athenaeus, XII; Horace, Odes II, xv,Dalby, 2000; Wiseman, 1985, 102ff
70. 盗まれたナプキン　Catullus, Poems, 12 and 25、NH, 19.2
71. 毒蛇が詰まった美しい花瓶　Saint Jerome, Jasper Griffin, "Virgil Lives!," *New York Review of Books* (June 26, 2008): 24での引用。
72. ローマの女性　Richard A. Bauman, *Women and Politics in Ancient Rome* (London: Routledge, 1992); Diana E. E. Kleiner and Susan B. Matheson, eds., *I Calaudia: Women in Ancient Rome* (New Haven: Yale University Art Gallery, 1996); Barbara S. Lesko, "Women's Monumental Mark on Ancient Egypt," *Biblical Archeologist* 54, no.1(1991), 4-51; Rawson, 1985; Marilyn B. Skinnerのすばらしい著作*Sexuality in Greek and Roman Culture* (Malden, MA: Blackwell, 2005); Wyke, *The Roman Mistress* (Oxford: Oxford University Press, 2002)。2009年２月２日のLarissa Bonfanteへの取材。
73. 「よく働き……」 Juvenal, Satire 6, 289ff
74. 「じらし……」 Samuel Butler, *The Humour of Homer and Other Essays* (London: A. C.

Fifield, 1913), 60。Edith Hamilton, *The Roman way* (New York: Norton, 1993), 35には裏切られた夫たちの不在について触れられた言葉がある。

75. 「女性はエメラルドの……」 Juvenal, Satire 6, 460-1
76. クレオパトラの宦官でさえ金持ち　Seneca, Epistle LXXXVII.16
77. 大いに議論されている真珠について　Suetonius, "Caligula," XXXVII（スエトニウス『ローマ皇帝伝』「カリギュラ伝」国原吉之助訳／岩波文庫）、Horace, Satire 2.iii.239（ホラティウス『ホラティウス全集』鈴木一郎訳／玉川大学出版部）、Pausanias, 8.18.6、NH, IX.lviii。クレオパトラの「史上最大の」２粒の真珠については、Pliny, IX.119-21。ルカヌスもクレオパトラがひと財産分の真珠でネックレスを作って首に巻き、髪にも真珠をちりばめていたとしている。X.139-40。Macrobius, *The Saturnalia*, 3.17.14も参照のこと。このかなり後世の記述でも、クレオパトラとアントニウスが贅沢なパーティの途中で、真珠を使った賭けをしているところに到着したと書いている。賭けはいい勝負だった。「この耽溺の奴隷と同じように、［アントニウスは］エジプト王国をローマの一部にしようと願った」プランクスがこの勝負の審判を買って出た。その後何世紀経っても、クレオパトラの名前は贅沢の同義語になっていた。５世紀にSidonius（Letter VIII.xii.8）は非常に贅沢な食事のことを、「クレオパトラの宴席」と同じようだ、と述べている。
78. 「三三分間にわたって……」 B. L. Ullman, "Cleopatra's Pearls," *Classical Journal* 52, no.5 (1957): 196。Prudence J. Jones, "The Cleopatra Cocktail," 1999, http;//www.apaclassics.org/AnnualMeeting/99mtg/abstracts/jonesp.html.も参照のこと。Jonesは真珠が本当に溶けたとしている。キーツは詩"Modern Love"に溶けた真珠の逸話を登場させている。
79. 「イチジクの木の……」 Hesiod, *Works and Days*, 680.1（ヘーシオドス『ヘーシオドス仕事と日』松平千秋訳／岩波文庫ほか）
80. 「たくさんの……」から「……彼女に許した」 DJ, LII.2
81. 「もし彼女が……」 Aly, 1989, 51
82. 個人的に主張する必要があったと感じていた　Roger Bagnallへの取材。2008年11月11日。
83. 情熱的に彼女を賛美した手紙　Dio, LI.xii.3
84. 「これほど放埒な……」 キケロからアッティクスへ、Cicero, 16(I.16.), early July 61。クレオパトラの地盤の広げ方については、Andrew Meadowsから著者への手紙、2010年3月5日。
85. アジア再編に対するクレオパトラの不安　Gruen, 2003, 271

第五章　人間は生まれつき政治的な生き物

ローマの政治情勢全般については、アッピアノス、ディオン・カッシウス、フロルス、ダマスカスのニコラウス、プルタルコス、スエトニウス、そしていつものようにもっとも雄弁なキケロを参照した。キケロ、プルタルコス、スエトニウスについて現代に書かれた資料としては、Everitt, 2003, Elizabeth Rawson, *Cicero: A Portrait* (London: Bristol Classical Press, 2001)。雨のように降り注いだ栄誉については、Appian, Cicero, Dio。灯りの消えたローマについては、the Janiculum Hill, etc.: Homo, 1951、Aly, 1989。クレオパトラと科学については、

Monica Green, "The Transmission of Ancient Theories of Female Physiology and Disease through the Early Middle Ages" (Ph.D. dissertation, Princeton University, 1985), 156-61, 185-9; Albert Neuberger, *The Technical Arts and Sciences of the Ancients* (London: Kegan Paul, 2003); Margaret Ott, "Cleopatra VII: Stateswoman or Strumpet?" (MA thesis, University of Wisconsin, Eau Claire, 1976); Okasha El Daly, "'The Virtuous Scholar': Queen Cleopatra in Medieval Muslim Arab Writings," in Wlaker and Ashton, 2003, 51-6。

伝統的なイデスの日について、Ovid, *Fasti*, iii,523（オウィディウス『祭暦』高橋宏幸訳／国土社）、Martial, *Epigrams*, IV.64。紀元前44年のイデス（3月15日）については、Appian, II, 111-119; Dio, XLIV; Florus, II.xiii.95; ND,25.92, Fr. 130.19ff; JC, LXVI-LXVII; Pultarch, "Brutus," XIV-XVIII; MA, XIII-XIV; DJ, LXXXII; VP, LVI。キケロはもっとも早く詳細を伝えている。*De Divinatione*, II. ix.23。Balsdon, "The Ides of March," *Historia* 7 (1958): 80-94; Nicholas Horsfall, "The Ides of March: Some New Problems," *Greece & Rome* 21, no.2 (1974): 191-99も参照のこと。

1. 「人間は生まれつき……」 Aristotle, *Politics*, I.1253a（アリストテレス『政治学』山本光雄訳、岩波書店ほか）
2. 「ああ、あの、女……」 Euripides, "Cyclops," in *Euripides: Cyclops, Alcestis, Medea*, David Kovacs, ed., tr. (Cambridge: Harvard University Press, 1994), 185（エウリピデス『ギリシア悲劇〈4〉エウリピデス（下）』「キュクロプス」松平千秋訳、ちくま文庫）
3. 「少しでも分別の……」 Cicero to M. Curius, 200(XII.28), C. August 46
4. 「常に動揺し、混乱している」 Cicero to Rufus, 203 (IV.4), c October 46
5. 「終わりなき武力衝突……」 Cicero to A. Torquatus, 245 (VI.2), April 45
6. クレオパトラのファッション　ヘアスタイルについては、Peter Higgs, "Searching for Cleopatra's Image: Classical Portraits in Stone," Walker and Higgs, 2001, 203に所収。当時のエジプト熱については、Carla Alfano, "Egyptian Influences in Italy," 同書, 276-91。Kleiner, 2005, 277-8も参照のこと。
7. 「おしゃべりでも……」 Aulus Gellius, *The Attic Nights*, XIII.xi.2-5。ワロの引用。Balsdon, 1969, 46の訳を使用。
8. 鶏か卵か　食事の席での議論については、Pultarch, *Table Talk (Quaestiones Convivales)*, II.3 (635)-V.9 (684)（プルタルコス『食卓歓談集』岩沼重剛訳、岩波文庫）
9. 「しかし彼は……」 Dio, XLIII.xxviii.i
10. 「たくさん不平をこぼす」 同書, XLVI.xxvi.2
11. 「私の幸せや境遇を……」から「……賢明だと考えた」 Cicero to Cn, Plancius, 240, (IV.14), c.late 46
12. 「文学的なもの……」 Cicero to Atticus, 393.2 (XV.15), c. June 44
13. 「血筋も魂も……」 Cicero, *De Lege Agraria*, II.42.xvii（訳は修正して使用）。
14. 小馬鹿にしたような態度　Cicero to Atticus, 25(II.5), c. April 59
15. 「テヴェレ川の向こう……」 Cicero to Atticus, 393(XV.15), c. June 13, 44
16. 「私はどこか……」 同書, 38 (II.17), c. June 59
17. プルタルコスがもっとはっきり書いている　Pultarch, "Demosthenes and Cicero," II.1
18. 「彼は存命中の……」 Dio, XXXVIII.xii.7

19. 広大な王国を治めてきた　MA, LVI
20. キケロは気にくわなかった　キケロは紀元前50年の夏、アッティクスの手紙、117(VI.3)に「もっとも力のある人物の無礼にも我慢したことはない」と書いている。
21. 「もっとも有名で力のある……」 サルスティウス（Sallust）のものとされる、"Letter to Caesar," XIII.5
22. 「おそれることを知らず……」 Appian, II.150
23. 「彼をけしかけ……」 Dio, XLIV.iii.1-2
24. 「野獣のように……」 Appian, II.117
25. 「血まみれになり……」 同書, III.35
26. 「走れ！……」 Dio, XLIV.xx.3
27. 「街は敵に……」 ND, 25
28. トロイのヘレンを引き合いに出す　Cicero, "Philippic" 2.XII.55。クレオパトラの名前は、Florus, Book IIのカエサルの不品行リストにも載っていない。
29. 「彼が望むかぎりの……」から「……許す」 Dio, XLIV.vii.3-4
30. 「子どもをもうけるために」 Suetonius, DJ, LIIの出典不明の引用。
31. 「国の資産を……」 同書, LXXIX
32. ローマ帝国の創始者　Collins, 1959, 132
33. 「記述に……」 DJ, LVI
34. 「それゆえに……」 ND, 19
35. 「誇りと激しい怒り……」から「……声まで」 Appian, II.144-6
36. 「街のほぼ全体……」 Dio, XLV.xxiii.4-5
37. 血に飢えた野蛮人　ローマ人がアレクサンドリア市民を「軽薄で移り気」(Dio, LI.xxii.1)と考えていたことについては、Reinhold, 1988, 227-8。Dio Chrysostom, "The 32nd Discourse,"; Polybius, The Histories, XV.33; Philo（フィロン自身もアレクサンドリア市民だった）、"Flaccus," V.32-35。フィロンは不服従においてアレクサンドリア市民の右に出る者はいないと考えていて、「常に非常に小さな火種から大暴動に駆り立てられる」と述べている（FLaccus, IV, 16）。ハドリアヌス帝はアレクサンドリア市民について、「反抗的で、なんの役にも立たず、口が悪く」、金銭のことばかり考えていると書き捨てている。1849年に船で到着したフローレンス・ナイチンゲールは、アレクサンドリア人、エジプトでもっとも文明の進んだ人々ではなく、「世界でもっともせわしなくて騒がしい」人々だと感じた。November 19, 1849, Gerard Valleé, ed., *Florence Nightingale on Mysticism and Eastern Religious* (Waterloo: Wilfrid Laurier Universtiy Press, 2003), 144で引用。ローマとアレクサンドリアの出会いについては、M. P. Charlesworth, "The Fear of the Orient in the Roman Empire," *Cambridge Historical Journal* 2, no.1 (1926): 9-16; Jasper Griffin, *Latin Poets and Roman Life* (London: Duckworth, 1985)も参照のこと。
38. 「彼への畏敬の念……」 Dio, XLIV,xv.2
39. 「私はあの女王が……」から「……思っていたのだろう」 Cicero to Atticus, 393 (XV.15), c. June 13, 44（訳文を修正して使用）。
40. 「規制や好意や贈り物」 Appian, II.133

41.「略奪と放火と……」 Hirtius to Cicero, Cicero to Atticus, 386 (XV.6), c. June 44で引用。
42.「権力を持つ……」 Dio, XLV.viii.4
43.「普段の輝きや……」 JC, LXIX（ML訳）
44.「これほどの運命の……」 VP, II.lxxv
45. 外国の君主の訪問　Plutarch, "Lucullus," II.5。ヘロデも要人に付き添われてアレクサンドリアに入った。JW, I.279
46.「アレクサンドリアは……」 Siani-Davies, 2001, 105 ("Pro Rabirio Postumo," 13.35)で引用。アレクサンドリアについて、キケロはこう続けている。「喜劇作家はみなここの住民から話の種を取っている」
47. ごまかしの前例　Arrian, 6.28.3など。
48.「同じ石で……」 Cicero to Plancus, 407 (X.20), May 29, 43
49.「非常に反社会的な……」 Plutarch, "Demetrius," III.3
50. イシスの衣装　Norma Goldmanへの取材。2009年10月19日。Judith Lynn Sebesta and Larissa Bonfante, *The World of Roman Costume* (Madison: University of Wisconsin Press, 2001); Dorothy Burr Thompson, 1973, 30; Elizabeth J. Walters, *Attic Grave Reliefs that Represent Women in the Dress of Isis* (Princeton: American School of Classical Studies at Athens, 1988); Apuleius, *Metamorphoses*, XI.iii-iv（アプレイウス『黄金のロバ』呉茂一訳、国原吉之助訳注、岩波文庫ほか）
51. デンデラ　Goudchaux, "Cleopatra's Subtle Religious Strategy," 2001, 138-9; Bingen, 2007,73; Kleiner, 2005, 85-8; Jan Quaegebeurの各著作、特に"Cléopâtre VII et le temple de Dendara," *Göttinger Miszellen* 120 (1991): 49-73。1900年近くあとに、フローレンス・ナイチンゲールがデンデラを訪れている。彼女は、全体として、プトレマイオス朝には我慢がならなかったようだ。「何アール分もの浅浮き彫り」や何キロも続く彫刻の列には感心しなかった。彼女は神殿全体を悪趣味だと感じた。「ここにある一番古い名前は堕落したクレオパトラのものだ」と彼女は憤慨している。Vallée, 2003, 397。ナイチンゲールはクレオパトラを見落とすはずがなかった。この神殿と教会の壁には彼女の名が73カ所以上刻まれている。
52.「フィラエに……」 Michael D. Calabria, ed., *Florence Nightingale in Egypt and Greece* (Albany: SUNY Press, 1997), 31で引用。
53. カエサレウムについて　Philo, "On the Embassy to Gaius,", C. D. Yonge, tr., *The Works of Philo* (Peabody, MA: Hendrickson Publishers, 1993), 150-1。Ferdinando Castagnoli, "Influenze alessandrine nell'urbanistica della Roma augustea," *Rivista di filologia e di istruzione classica* 109 (1981): 414-23; Ammianus Marcellinus, XXII.16.12も参照のこと。
54. 知的な活動の再興　Gabriele Marascoのすばらしい"Cléopâtre et les science de son temps," *Science exactes et sciences appliquées à Alexandrie*, Gilbert Argoud and others, eds. (1998): 39-53; Fraser, 1972, I, 87, 311-22, 363,490
55. 矛盾することを書いた　Seneca, Epistle LXXXVIII.37。Athenaeus, IV,139も参照のこと。何を書いたのかを忘れた者については、Quintilian, I.8.20-1; Ammianus Marcellinus, XXII.16.16; H. A. Russell, "Old Brass-Guts," *Classical Journal* 43:7, 1948, 431-2
56.「知性を刺激する……」 Rawson, 1985, 81

57.「角が立つまで……」 Galen, Ott, 1976, Appendix A, 33での引用。
58.「ありとあらゆる……」から「……で見ていた」 MA, LXXI
59.「科学に対する……」から「……調べるため」 Ott, 1976, Appendix C, 35での引用。他のクレオパトラ女王について書かれたものかもしれない。科学者クレオパトラについては、Plant, 2004, 2-5, 135-47も参照のこと。
60.「私がいつも……」 Monica Green, 1985, 186での引用。クレオパトラの錬金術とのかかわりについては、F. Sherwood Taylor, “A Survey of Greek Alchemy,” *Journal of Hellenic Studies* 50, I (1930): 109-39を参照のこと。錬金術という言葉はアラビア語に語源を持ち、クレオパトラの時代にはまだなかった。それでもいろいろな錬金術師がクレオパトラの名前で本を書いている。Plant, 2004, 145を参照のこと。
61.「魔術と色香」 Plutarch, MA, XXV.4（ML訳）
62.「社会全体の……」から「……気持ち」 紀元前41年4月12日。Marie-Thérèse Lenger, *Corpus des ordonnaces des Ptolémées* (Brussels: Palais des Académies, 1964), 210-5
63.「怒りと力……」 Plutarch, “Cicero,” XLVI
64.「どんな屈辱と……」 Plutarch, “Cato the Younger,” XXXV.4（ML訳）
65.「カッシウスのことなど……」 Appian, V.8
66.「もっとも好戦的な男」 同書, II.88。彼の荒々しい気性は有名だった。アッピアノスはパルティア人の武装した射手らが、カッシウスの評判に引かれ、彼ら自身の意思でカッシウス軍に加わったとつけ加えている。
67. ブルトゥスが思い出させた　Plutarch, “Brutus,” XXVIII
68.「すべてを破壊した……」 Appian, V.8
69. クイントゥス・デリウスについて　Seneca the Elder, *Suasoriae*, I.8; JA, 14.394, 15-25; JW, 1.290; Seneca the Younger, *De Clementia*, I.x.1（セネカ『セネカ哲学全集〈2〉倫理論集II』「寛恕について」大西英文、小川正廣訳）
70.「彼女の顔を見て……」から「……親切な軍人だ」 MA, XXV（ML訳）
71. イリアスの中のヘラ　ホメロスを持ち出したのはプルタルコスとデリウスのどちらかはわからない。同書。
72.「日ごとに……」 Appian, III.12
73.「虹色の大きな光の輪」 Dio, XLV.iv.4
74.「元老院で……」から「……辛抱強く」 Appian, III.13-14
75.「私を支援し……」から「美しい装飾品」 同書, III.15-17
76.「カエサルに長年……」 Florus, II.xv.2
77.「君が、カエサルの……」から「……私は十分だ」 Appian, III.18-19
78. 二人の反目は歓迎された　Appian, III.21, 85; Dio, XLV.xi.3-4, XLVI.xl.4, XLVI.xli,1
79. 中傷、脅迫、誹謗　Quintus Fufius Calenus , Dio, XLVI.viii3-4での引用。
80.「あの年齢の……」 Cicero to Atticus, 419(XVI.9), November 4, 44
81.「私のすばらしいドラベラ」 Cicero to Atticus, 369 (XIV.15), May1, 44
82.「これほど熱烈な……」 Cicero to Dolabella, 371A (XIV. 17A), May 3.44
83.「あつかましい男だ！」 Cicero to Atticus, 373 (XIV. 18), May 9, 44
84.「憎しみの体系的……」 Henry Adams, *The Education of Henry Adams* (New York:

Library of America 1990), 13。アダムズが述べているのはマサチューセッツ州の政治のこと。

85. アントニウスの痛飲の被害　Suetonius, "On Rhetoricians," V(29)
86. 「彼は金も……」 VP on Curio the Younger, II.xlviii.4。Cicero to Atticus, 14 (I.14), February 13, 61, editor's noteからの翻訳。
87. 「街中に」から「……やめてほしい」 Appian, III.28
88. 「二人が争う……」 Dio, XLVI.xli
89. オクタウィアヌスにもそうするよう命じた　同書,29
90. 何度も激しくののしりの言葉を叫びつづけた　Appian, III.39; オクタウィアヌスの気性について述べたセネカの言葉は*De Clementia*, I.xi.1（セネカ『セネカ哲学全集〈2〉倫理論集II』「寛恕について」大西英文、小川正廣訳）
91. 「一方で……」 Cicero to Atticus, 425.1 (XVI.14), c. November 44
92. 「マルクス・アントニウスを……」 Cicero to Plancus, 393 (X.19), c. May 43
93. 「実際、我々は……」 Cicero, "Philippic," VI.III.7
94. 「堕落した雰囲気」 Cicero, "Philippic," II.xii.30;「げっぷをし……」Cicero to Cornificius, 373(XII.25), c. March 20, 43;「話すよりも吐いている」Cicero to Cassius, 344(XII.2), c. late September 44
95. 「不品行を……」 Cicero, "Pro Caelio," xii,29
96. 「だから……」 同書, xvii.42
97. 「他の田舎の……」 Cicero to Quintus, 21.5(III.1), September 54
98. 「元老院や……」 Cicero, "Philippic," VI.ii.4。なぜアントニウスはそうするのか？　「彼は家では好色を、公会場では殺人を楽しんでいるからだ」とキケロは進んで答えた。
99. 「憎しみを……」 Appian, IV.2
100. 「レピドゥスは……」 Florus, II.xvi.6
101. 「もっとも忠実な……」 Dio, XLVII.vi.1
102. 「さらにリストに……」 Appian, IV.5
103. 「街中に死体が……」 Dio, XLVII.iii.1。首はかけられていた報奨金を得るために持ち去られ、身体は通りで腐るにまかされた。死体に首がついたままだったら、違う人物が殺されたのがわかっただろう。Appian, IV.15。賢い妻については、Appian, IV.40。
104. 「その顔は……」 Pultarch, "Cicero," XLVII.3
105. キケロの死について　Appian, IV.19-20; Pultarch, "Cicero," XLVII; Dio, XLVII.viii; Eusebius, *Chronicles*, 184-3; Livy, "Fragments," CXX
106. ブルトゥスの死について　Florus, II.xvii.14-15; VP, II. lxx; Appian, IV.135; DA, XIII; Pultarch, "Brutus," LII-LIII
107. 「その結果は……」 Dio, XLIV.ii.1
108. 無敵だという評判　Appian, V.58

第六章　港に着くには、帆を何度も変えねばならない

アントニウスの女性関係と結婚について。Elenor Goltz Huzarの非常にすばらしい"Mark Antony: Marriage vs. Careers," *Classical Journal* 81, no.2 (1985/6): 97-111; the indispensable

Pelling, 1999、とPelling, *Pultarch and History: Eighteen Studies* (London: Duckworth, 2002)も忘れてはならない。クレオパトラのタルソス到着については、プルタルコスと共に、Athenaeusの助けも少し借りた。Appianは、全体像を伝えているが、詳細は伝えていない。StraboとXenophon (*Anabasis*, I.2.23)（クセノポン『アナバシス』松平千秋訳、筑摩書房ほか）はタルソスの街の様子を描いている。Françoise Perpillou-Thomasはエジプトの娯楽について生き生きとしたイメージを与えてくれた。"Fêtes d'Egypte ptolémaique et romaine d'après la documentation papyrologique grecque," *Studia Hellenistica* 3 (1993)。6章、7章に登場するヘロデの描写は主にヨセフスのJAとJWによるものだ。現代の伝記としては、Michael Grant, *Herod the Great* (London: Weidenfeld, 1971)、A. H. M. Jonesのすばらしい*The Herods of Judaea* (Oxford, Clarendon Press, 1967)、Samuel Sandmel, *Herod: Profile of a Tyrant* (Philadelphia: Lippincott, 1967)

1. 「港に着くには……」 Cicero to Lentulus, Spinther, 20 (I.9), December 54。（だいたいの）翻訳はBoissier, 1970, 223より。「意見が終始変わらないことは、偉大なる政治家の長所として見なされたことがない」とキケロはヘロデの心変わりを擁護している。
2. 「しかし、女が……」 Aristotle, *The Politics*, II. vi.4-7（アリストテレス『政治学』山本光雄訳、岩波書店ほか）
3. 神出鬼没　Appian, IV.129
4. 「まだ少女で……」から「……最高潮に達していた」 MA, XXV
5. 「美の頂点に……」 Pelling, 1999, 186
6. 「自分自身に……」から「あざけられたからのようだ」 MA, XXV.4-XXVI.1。後者はML訳を使用。Loeb訳では「川をさかのぼって旅しながら、彼を見下し、嘲笑して、拒絶した」となっている。問題はクレオパトラがアントニウスを脅威に感じていたわけでも、いい印象を持っていたわけでもないことだ。彼女の遅れには、戦略以外の説明がある。エジプトの大祭司が7月14日に死んでいるのだ。クレオパトラは、宗教的行事を行わねばならなかったので、エジプトを離れられなかったのだ。
7. 地中海を渡る旅　これもまた、2009年1月26日のライオネル・カッソンへの取材から再現した。カッソンは、「クレオパトラが地元の川船を飾り立てたとしか考えられない」と2009年3月22日付けの著者への手紙で述べている。
8. 「彼女は絵画に……」から「……楽しむために」 MA, XXVI（訳を修正して使用）。
9. 「楽しみや……」 Flatterer, 51e（訳を修正して使用）。France Le Corsuはクレオパトラがタルソスでアフロディーテではなく、イシスに扮したと主張しているが、必ずしも説得力はない。"Cléopâtre-Isis," *Bulletin de la Société Francaise d'Egyptologie*, Paris, 1978, no.82, 22-33
10. 「すると……」 MA, XXVI.4
11. 「美そのものとも……」 同書、XXVI.4 (ML訳)
12. 宝石について　Thompson, 1973, 29、O. E. Kaperから著者への手紙、2010年3月6日。
13. 「ここにあるすべての……」 Athenaeus, IV.147f
14. 「高い地位……」 Plutarch, MA, XXXVI.4
15. 「どんな記述も……」 同書, XXIV
16. 「許には……」 同書、XXXVII

17. 「抗いがたい魅力」から「会話による説得力」 同書、XXVII
18. 誇らしげに並べ上げた 「彼女は自分が彼やオクタウィアヌスのためにしたことを列挙した以外には、自己弁護をしようとしなかった」Appian, V.8
19. 「豪華さで……」から「……貧相」 MA, XXVII (ML訳)
20. 「彼のからかいの……」 同書, XXVII
21. 「彼女は支配者を……」 同書, X
22. 「元老院もローマ市民も……」 Dio, XLVIII.iv.1
23. 「優れた街」 Paul the Apostle, in Acts of the Apostles, 21:39
24. タルソスの混乱について Cassius Parmensis to Cicero, 419 (XII.13), June 13, 43; Appian, IV.1xiv。ディオン・カッシウスはタルソスの人々がカエサルへの強い敬意から、街の名前をユリオポリスに変えたと述べている。XLVII.xxvi.2。Dio Chrysostom, "The 33rd Discourse"も参照のこと。
25. 「奔放な浮気女」 JC, XLIX.2
26. 「アントニウスは……」 Appian, V.8
27. 「善意から従ったが……」 Syme, 2002, 214。Symeの疑問については、274-5。これも推測にすぎない。アントニウスについてもクレオパトラについても、まったく逆の説にも同じぐらいの確信が持たれている。アナトール・フランスはクレオパトラについて、*On Life and Letters* (London: Bodley Head, 1924)で「カエサルがクレオパトラを愛していたのは間違いない」と述べているが、Froude, 1879では「カエサルがこれほどの危険で困難な状況の中で、不義にふけるというさらなる恥辱を重ねるとは思えない」(456) と述べられている。Froudeはクレオパトラがローマのカエサルを訪ねたことも疑問視している。Gruenはローマ滞在からロマンスをいっさい削除している。
28. 「このときの問題……」 Plutarch, "Alexander the Great," XLVII。プルタルコスはアレクサンドロス大王がバクトリアの王女と都合のいい結婚をしたことを記している。
29. 「彼が恋に……」 JA, XIV.324 (William Whistonの訳を使用。[Nashvill, TN: Thomas Nelson, 1998])
30. 「彼が彼女と……」 JA, XV.93
31. クレオパトラへの愛の奴隷 例についてはFlorus, II.XXI.11を参照のこと。
32. 「他人の妻と……」 MA, VI.5 (ML訳)
33. アルテミス神殿について NH, XXXVI.xxi、Livy, *History of Rome*, IXLIV(リウィウス『ローマ建国史』鈴木健史訳、岩波文庫)。プリニウスは神殿建設について詳細な記述をしている。中央のまぐさ石を据え付けるのがあまりに難しかったので、建築家が自殺を考えたという。
34. 「これでクレオパトラは……」 JW, I.360 (Whiston訳)。JA, XV.89にも同じ話が載っている。ヨセフスはこう続ける。自分の親族を次々と殺していって、誰もいなくなってしまったクレオパトラは、「今は外国人の血に飢えている」
35. アルシノエは陰謀を企んでいた P. J. Bicknell, "Caesar, Antony, Cleopatra, and Cyprus," *Latomus* 36(1977): 325-42を参照のこと。アルシノエが復位して、プトレマイオス朝の共同統治者となるという、姉を欺く綿密な計画は、紀元前46年の凱旋式のあとに練られた。Green, 1990もこの説を述べている。669。ストラボンはアントニウスがクレオパト

ラのアルシノエの２人にキプロスを与えたとしている。14.6.6。
36.「即座に影響が……」 Appian, V.9
37.「個人に対しても……」 AW, 65
38. アントニウスの政務の放棄　Appian, V.10
39.「彼はアレクサンドリアに……」 MA, XXVIII
40.「自分自身が統治……」から「……生活様式をもって」 Appian, V.11
41.「遊び好きの……」 MA, XXVII.1
42.「メンバーは……」 同書, XXVIII（ML訳）
43. クレオパトラの台所のぴりぴりした状態　Athenaeus, X.420e
44.「客は多くない……」 Plutarch, MA, XXVIII（ML訳）
45.「物質的な利益に……」 Cicero to Quintus, 1.36(I.1), c.60-59
46. クレオパトラと馬について　Pomeroy, 1990, 20-3、Branko van Oppenへの取材、2010年2月27日。アルシノエ３世はおそらく馬に乗って、プトレマイオス家の軍隊を集めるのに協力した。Polybius, V. 79-80
47.「アントニウスが……」から「……同行した」 MA, XXIX。仮装には別の理由がある。ヘロデは政治情勢を探るために、夜、変装して出かけ、臣民たちに混ざって過ごしていたという。同じような行動をした統治者は他にもいる。
48.「いつまでも……」 Dio Chrysostom, "The 32nd Discourse," I
49.「粗野なウィット」から「……喜劇の仮面」 MA, XXIX
50.「彼のアレクサンドリア……」 Appian, V.I.11
51.「クレオパトラに……」 Plutarch, "Demetrius and Antony," III.3
52.「釣り竿は……」から「……王国や大陸ですよ」 MA, XXIX（訳を修正して使用）
53.「こうした叱責……」 Flatterer, 61b。シェイクスピアは同じテーマを違った言葉で表現している「他の女ならじきに飽きがくるものなのに、彼女はもっとも満足しても、さらに多くを望んでいる」
54.「私は調べてみたが……」 Appian, V.21
55.「熱に浮かされ……」 Dio, XLVIII.xxvii.1
56.「アントニウスに……」 MA, X
57.「臆病者と……」 Appian, V.55
58.「イタリアがずっと……」 同書, V.19
59.「病気の彼女を……」 同書, V.59
60.「クレオパトラと」 Dio, XLVIII.xxviii.3
61.「少なくとも……」 Balsdon, 1962, 49
62.「クレオパトラへの嫉妬……」 Appian, V.59. Dio, XLVIII.xxviii.3-4にも同様の内容あり。
63.「力強く大きな……」から「……水中に潜った」 Dio, XLVIII.xxxvii.2
64.「彼らの船は……」 Appian, V.73
65.「驚異の女性」から「……すべてが丸く収まる」 MA, XXXI。タキトゥスはアントニウスとオクタウィアの結婚は最初から罠であったとしている。Annals, I. X（タキトゥス『年代記』国原吉之助訳、岩波文庫）
66. ゴシップの的　Boccacio, *Concerning Famous Women* (New Brunswick: Rutgers University

Press, 1963), 192
67. 「平和をもたらした……」から「……捧げるように」 Appian, V.74
68. アントニウスによるオクタウィアヌス救出について Appian, V.67-8
69. 「ませた少年」 同書, III.43 (Loeb訳)
70. 「非常に正々堂々とした……」 DA, LXXI。Everitt, 2003, 265の訳を使用。
71. 「守護する精霊」から「……負けてしまう」 MA, XXXIII。Flatterer, "The Fortune of the Romans," 319-220にも同様の内容あり。プルタルコスは、*Moralia*（倫理論集）のアントニウスの友人に占いをさせ、「しばしば彼と親しく話をし、警告していた」という話にクレオパトラを登場させていない。この素人占い師は、アントニウスがオクタウィアヌスより年上で、経験においても、名声においても、軍隊においても勝っているのを考慮したうえで、同じ警告をする。「彼を避けろ！」Neal, 1975は、この警告はオクタウィアヌスについてのあからさまな警告に比べ、あいまいだとしている。クレオパトラはアントニウスがアジアで名をあげることを好んだおかげで、直接対決が避けられたと考えている。102。
72. 「その中に……」から「……照らされた」 Athenaeus, IV.148c
73. 「ほとんどすべてのことが……」から「……さらしたくなかった」 Dio, XLVIII.liv.7
74. 「長年眠って……」 MA, XXXVI。プルタルコスは教訓話を書くとき、「偉大なる本質が、大きな善と同様に大きな悪も表わす」ように描いていた。"Demetrius," I
75. 硬貨について Walker and Higgs, 2001, 237; Jonathan Williams, "Imperial Style and the Coins of Cleopatra and Mark Antony," Walker and Ashton, 2003, 88に所収、Agnes Baldwin Brett, "A New Cleopatra Tetradrachm of Ascalon," *American Journal of Archaeology* 41, no.3 (1937): 461。Theodore V. Buttrey ("*Thea Neotera*: On Coins of Antony and Cleopatra," *American Numismatic Society Notes* 6, [1954], 95-109) は、プトレマイオス家の夫婦が硬貨の表裏に刻まれたことはないとしている。

第七章 世界中のゴシップの的

アジアの装飾過剰さと君主による派手なパレードについては、Sullivan, 1990を参照のこと。アントニウスのアジア政策については、Albert Zwanepoel, "La politique orientale d'Antoine," *Etudes Classiques* 18:1 (1950): 3-15、Lucile Craven, *Antony's Oriental Policy Until the Defeat of the Parthian Expedition* (Columbia: University of Missouri, 1920), Neal, 1975、A. N. Sherwin-White, *Roman Foreign Policy in the East* (London: Duckworth, 1984)。6章と同様に、ヘロデについては、ヨセフスの生き生きとした描写を基にした。アンティオキアについては、A.F. Norman, ed., *Antioch as a Centre of Hellenic Culture as Observed by Libanius* (Liverpool; Liverpool University Press, 2000)、Libanius、Cicero。クレオパトラの称号と遺産については、"Cléopâtre VII Philopatris," *Chronique d'Egypte* 74 (1999): 118-23。アレクサンドリアの寄贈については、K. W. Meiklejohn, "Alexander Helios and Caesarion," *Journal of Roman Studies* 24 (1934): 191-5。

オクタウィアヌスについては、G. W. Bowersock, *Augustus and the Greek World* (Oxford: Clarendon Press, 1965)、Everitt, 2006、Kurt A. Raaflaub and Mark Toher, eds., *Between Republic and Empire* (Berkeley: University of California Press, 1990)

原　注

1. 「女性にとって……」 Thucydides, *History of the Peloponnesian War*, II.xlv.（トゥーキュディデース『戦史』久保正彰訳、岩波文庫）、David Markson, *The Last Novel* (Berkeley: Shoemaker and Hoard, 2007), 107の訳を使用。マークソンはトゥキュディデスが女性たちについてまったくふれていないことが、非常に彼女たちのためになっているとしている。
2. 「こっそりと」 Strabo, 16. 2.46
3. 疲れを知らないヘロデについて　JW, I.238-40, 429-30。奇跡的な脱出についてはJW, I.282-4, 331-4, 340-1など、驚くべき才能についてはJA, XV.5、元老院の承認についてはJW, I.282-85、AJ, XIV,386-7
4. 「貴族の家系は……」 MA, XXXVI
5. 「前任者の寝室のスリッパ……」 Everitt, 2006, 148
6. 「街や属州や……」 Shakespeare, *Antony and Cleopatra*, V.2.III-13（ウィリアム・シェイクスピア『アントニーとクレオパトラ』福田恆存訳、新潮文庫ほか）
7. 「ローマ帝国の……」 MA, XXXVI
8. 「これほどの……」 同書, XLIII
9. 「アジアじゅうを……」 同書, XXXVII
10. 「高貴な出自……」 同書, XLIII（ML訳）
11. 地中海世界でもっとも貴重な人材　Casson への取材、2009年6月11日。Straboはwrites the gift down to cedar, 14.5.3
12. プルタルコスが認めている　MA, XXXVI
13. 治世の一六年目　現代の計算法では15年。古代にはゼロがなかったので。
14. 「私には、……」 Bingen, 1999, 120
15. プルタルコスも間違いとは言えなかった　Plutarch, "Demetrius and Antony," I.2。彼はアントニウスとクレオパトラの結婚について、「彼女は当時の王族たちをはるかにしのぐ権力と名声を持った女性だったが」、嫌悪感を表明している。なお、彼はこの「王族たち」の唯一の例外としてパルティア王を挙げている。
16. アントニウスの恋愛　Appian, V.76。Dio, XLVIII.xxiv.2-3で、アントニウスはクレオパトラへの恋に真っ逆さまに落ちている。
17. エリコについて　Strabo, 16.1.15、Justin, 36.iii.1-7、Florus, I.xl.29-30、JW, I.138-9、JW, IV.451-75、HN, XII.111-24、Diodorus, II.xlviii、JW, I.138-9。香、バルサム、瀝青などの使用については、A. Lucus, *Ancient Egyptian Materials and Industries* (London: Edward Arnold, 1962)。
18. 「荒野の王」 JA, XIV.484。JW, I.355にも同様の記述あり。
19. 「クレオパトラに自分を……」 JA, XV.107。ヨセフスはクレオパトラがシリアの王と同様にナバテア王マルクスの死にも責任があるとしている。
20. 「これで……」 同書, XV.99-100
21. 「油断のならない……」 同書, XV.98 (Whiston訳)
22. 「そんなふうに……」から「欲望の奴隷」 同書, XV.97
23. 「もしも彼女を……」 同書, XV. 101
24. 「世界一高い……」 同書, XV.101（Whinston訳）

25. 「ある夜、彼の……」 JW, I.498。ヨセフスはダマスカスのニコラウスが歴史を改ざんしたとしている。ヨセフスによるとニコラウスは正当化できるはずのない殺人を正当化するために、マリアムメを「みだらだったという嘘の」話をでっち上げて非難したという（JA, XVI.185）。
26. 「自分とは……」 Aristeas, *The letter of Aristeas*, 99。JW, V.231、大神官の服装についてはPhilo, "On the Migration of Abraham," 102-5。
27. 「人間ではなく……」から「……拒否されないでしょう」 JA, XV.26-27
28. 「性的な目的で利用するために」 同書, XV.29
29. 「囚われ……」から「求める」 同書, XV.45-6
30. 「女性が……」 "Helen," *Euripedes II*, 1969所収。325（エウリピデス『ギリシア悲劇〈4〉エウリピデス（下）』「ヘレネ」松平千秋訳、ちくま文庫）。
31. 「彼に対する……」 JW, I.437
32. 宮殿のプール Nielsen, 1999、ヘロデの宮殿について。JA, XV.54-5。
33. 「アントニウスによって……」 JA, XV.63
34. 「王に対して……」から「……非難されたのに」 同書, XV.76-77
35. 「邪悪な女」 同書, XV.91
36. 「女たちは……」 "The Phoenician Women," *Euripides V: Electra, The Phoenician Women The Bacchae*, David Grene and Richmond Lattimore, eds所収、Elizabeth Wyckoff, tr. (Chicago: University of Chicago Press, 1959), 200（エウリピデス『ギリシア悲劇〈4〉エウリピデス（下）』「フェニキアの女たち」松平千秋訳、ちくま文庫）
37. 要塞化されたマサダ JW, VII.300-1
38. 「中傷だけを聞く……」 同書, I.534
39. 「彼を稲妻のように……」から「……脅威を感じた」 同書, I.440
40. クレオパトラの情報収集能力 キケロによると、カッパドキアからローマまで手紙が届くのに47日かかったという。
41. デナリウス銀貨を用意 Andrew Meadowから著者への手紙、2010年5月24日。
42. 「苦痛には他の……」 "The Bacchae," *Euripides V*, 282-3より（エウリピデス『ギリシア悲劇〈4〉エウリピデス（下）』「バッカスの女たち」松平千秋訳、ちくま文庫）
43. 「たくさんの衣服……」 MA, LI。不満に満ちた噂はプルタルコスにもDio, XLIX.xxxi.1にも記述がある。
44. 「ぽっかりと口を……」 Plutarch, "Crassus," XXII.4。アントニウスの兵士たちの悲惨な状況については、Florus, II.xx
45. 「アントニウスはクレオパトラと……」 MA, XXXVII、Livy, "Summaries," 130
46. 「不運な者と……」 MA, XLIII
47. 「裏切られたことを……」 同書, L
48. 「兵士たちの同情を……」 同書, XLIV
49. 「ひどくねじまがった……」 Florus, II.xx。VP, II.lxxxii、Dio, XLIX.32も参照のこと。
50. 「若さも美しさも……」 MA, LVII
51. 「彼女と過ごすと……」から「……嫌いもしない」 同書, LIII
52. 「人生をすり減らし……」 Flatterer, 61b

53. 「あなたに会え……」 MA, LIII。クレオパトラがアントニウスの協力者たちにまでおよぼしていた影響について、Dio, L.v.3
54. 人に従っているときが幸せ　Dio, XLVIII.xxxvii.2
55. 「このもっともらしい……」 Flatterer, 61b
56. 「世界でもっとも……」 MA, LIV
57. 「クレオパトラの情熱と魔術」 Dio, XLIX.xxxiv.1。「ある種の麻薬」についてはMA, XXXVII。
58. 「なるべく面倒に……」 Dio, XLIX.xxxix.2
59. アルタウァスデスについて　Dio, XLIX,xxxx.1-3、VP, II.82,4、MA, L.6、Plutarch, "Crassus," XXXIII、Livy, "Summaries," 131。本当は凱旋式でなかった凱旋式については、Beard, 2007, 266-9を参照のこと。
60. イシスの正装をしたクレオパトラ　Ashton, 2008, 138-9、Baudoin Van de Walle, "La Cléopâtre de Mariemont," *Chronique d'Egypte*, 24, 1949, 28-9、Branko van Oppenへの取材、2010年2月28日。
61. ディオニュソスの扮装　VP, II.lxxxii.4
62. このとき鋳造された硬貨　Buttrey, 1954, 95-109
63. 「世界でももっとも……」 Macurdy, 1932, 205。Bevan, 1968はクレオパトラの黄金期をもっともよく描いている。彼女は10年のうち２度目だが、「世界の皇后の地位が自分の手の届くところにあると感じた」377。
64. クレオパトラの統治とユダヤ人　W. W. Tarn, "Alexander Helios and the Golden Age," *Journal of Roman Studies* 22, II (1932): 142。クレオパトラの時代のユダヤ人全般については、Victor Tcherikover, *Hellenistic Civilization and the Jews* (Peabody, MA: Hendrickson, 1999)。
65. オクタウィアヌスの水面下の工作　Dio, XLIX,xli.6
66. 「芝居じみていて……」 MA, LIV.3
67. 「アジアの売女が……」 Huzar, 1985/6, 108

第八章　不倫と私生児

プロパガンダ戦争については、Dio Plutarch , Suetonius。現存している証拠についての現代の研究は、M. P. Charlesworth, "Some Fragments of the Propaganda of Mark Antony," *Classical Quarterly* 27, no.3/4 (1933): 172-7; Joseph Geiger, "An Overlooked Item of the War of Propaganda between Octavian and Anthony," *Historia* 29 (1980): 112-4: Kenneth Scott, "The Political Propaganda of 44-30 BC," *Memoirs of the American Academy in Rome* XI (1933): 7-49などがある。アクティウムの海戦の真実は誰も解明できていないが、John CarterとWilliam Murrayは真相に近づいている。*Transactions of the American Philosophical Society* 79, no.4 (1989): 1-172に掲載されたMurrayが丹念に出来事を再現したすばらしいWilliam Murray and Photios M. Petsas, "Octavian's Campsite Memorial for the Actium War"、それからCarter, 1970、Carterの*Cassius Dio: The Roman History* (New York: Penguin, 1987),266の中のこの戦いに関する記述を参照の事。アクティウムの海戦の際の風や立地については、2009年10月14日、2010年3月3日のWilliam Murrayへの取材に基づいている。W. W. Tarn, "The Battle of

Actium," *Journal of Roman Studies* 21 (1931): 173-99: Casson, 1991を参照のこと。ダマスクスのニコラウスについては、Plutarch, *Table Talk*, VIII.iv.723（プルタルコス『食卓歓談集』柳沼重剛訳／岩波文庫）、Bowersock, 1965, 124-5, 134-8、Mark Toher, "The Terminal Date of Nicolaus's Universal History," *Ancient History Bulletin* 1.6 (1987): 135-8。Angelos Chaniotis は女性と戦争については非常に詳しい。*War in the Hellenistic World* (Oxford: Blackwell, 2005) 110ff。

ギリシア滞在については、Christian Habichtの著作の中でも特に、"Athens and the Ptolemies," *Classical Antiquity* 11, no.1 (April 1992): 68-90。セネカの*Suasoriae*, 1.7には、アテナイのアントニウスを皮肉った諷刺文についての言及がある。

1. 「不倫」 Lucan, X.76. Jones訳を使用。2006, 66。
2. 「噂はたちが……」 Hesiod, *Works and Days*, 760（ヘシオドス『仕事と日』松平千秋訳／岩波文庫）. Achilles Tatius, VI.10、Virgil's *Aeneid*, IV.240-265（ウェルギリウス『アエネーイス』泉井久之助訳／岩波文庫）も参照のこと。「中傷はどんな剣よりも鋭く、火よりも強く、セイレーンよりも人の心を変える力がある。噂は水よりもつかみどころがなく、風よりも早く広まり、どんな鶏よりも速く飛ぶ」
3. 「豪奢な宮殿に……」 Theocritus, Idyll 17（修正した訳を使用）（テオクリトス『牧歌』古沢ゆうこ／京都大学出版会）。
4. 「画廊、図書館……」 Philo, "On the Embassy to Gaius," 151. Forster訳, 2004, 133
5. 「有能な指導者が……」 Diodorus, XXXIII.28b.3
6. 安心して残りを任せられる人物 JA, XVII.99-100. Also on ND, Plutarch, *Table Talk*, VIII.iv.723（プルタルコス『食卓歓談集』柳沼重剛訳／岩波文庫）
7. 海の妖精のまね VP, II.lxxxiii
8. 「これを全部……」 MA, XXVIII
9. 玄武岩に刻まれた文字 See P. M. Fraser, "Mark Antony in Alexandria—A Note," *Journal of Roman Studies* 47:1-2 (1957): 71-3
10. ローマ人警備兵 Dio, L.v.1
11. 免税について Peter van Minnen, "An Official Act of Cleopatra," *Ancient Society* 30 (2000): 29-34、van Minnen, "Further Thoughts on the Cleopatra Papyrus," *Archiv für Papyrusforschung* 47 (2001): 74-80、van Minnen, "A Royal Ordinance of Cleopatra and Related Documents," Walker and Ashton, 2003, 35-42を参照のこと。
12. 「もっと得ようとするだけ」 同書 79
13. 「彼と一緒に……」 Dio, L.v.1-2
14. 若き日のカニディウス Plutarch, "Brutus," III
15. 「アントニウスとオクタウィアヌスが……」 Appian, V.144. For Sextus Pompey generally, Appian, V.133-45
16. アントニウスの数々の不品行について Dio, XLVI.x.3
17. 「和気あいあいと……」 MA, XXXII.
18. 「本物の弱虫」 Dio, L.xviii.3.
19. スエトニウスによると DA, LXIX. セヤヌスはずっと後の時代になって、同じことを言われている。「著名の男の妻のほとんどと不倫の関係を続け、その夫たちの言動を探

っていた」Dio, LVIII.3
20. 「揺るぎなく充実した……」から「……独裁制への欲望」 Cicero, "Philippic," V, xviii.50
21. 「女王とやる」から「……問題ではあるまい？」 DA,LXIX.Andrew Meadowsの粗野に訳した文を借りた Walker and Higgs, 2001, 29
22. 「恋の冒険……」 Dio, LI.viii.2
23. エフェソスについて　Hopkins, *A World Full of Gods* (New York: Plume, 2001), 200-205。Strabo, 14.1.24; NH, V.xxxi.15.。Craven, 1920, 22では、エフェソスがローマのアジア属州総督の領地ではないことを指摘している。公的な記録と金庫がエフェソスにあった。アントニウスが本拠地を置くのにふさわしい場所だ。
24. 「いくつかの書類によると」 Dio, L.ii.6
25. 「船でエジプトに……」 MA, LVI
26. 帝国は金で買える　Plutarch, "Aemilius Paulus," XII.9
27. 「アントニウスの協力の……」から「知的に劣る」 MA,LVI
28. 「アジアの芸人……」 MA, XXIV
29. 「その一方で……」から「……競い合った」　同書 LVI
30. ディオニュソスに扮したアントニウス　神話の力についてはH. Jeanmarie, "La politique religieuse d'Antoine et de Cléopâtre," *Revue Archéologique* 19 (1924): 241-61を参照のこと。
31. アテナイ人が建てた彫像　Nepos, XXV Atticus, 1ii.2
32. プトレマイオス家の人々の彫像　Pausanias, 1.8.9; Habicht, 1992, 85. NH, 34, 37
33. 「すばらしい贈り物を……」 MA,LVII.
34. ペルガモンの図書館についてはCasson, 2001, 48-50. Cassonはこれが経済的な負担を回避するうまいやり方だったとしている。ローマの統治下に入ってからすでに1世紀近くたっていたペルガモンに図書館を寄贈する必要はそれほどなかった。
35. 「裁判長として……」から「エスコートして去った」 MA,LVIII
36. 「みだらな短文」 Plutarch,"Brutus,"V;"Cato the Younger," XXIV
37. 公共の場で妻にキスをした　Plutarch, "Marcus Cato," XVII.7
38. 「二人の間で決めた……」 MA, LVIII
39. まるで宦官のようなことをしている　Dio, L.xxv.2; Horace, Epodes, IX
40. 離婚について　Nealはこの件について特に明快に述べている 1975, 110
41. 「これまで二人の……」 Plutarch, "Pompey,"LIII
42. 「しらふな頭の……」から「……下品な振る舞い」 MA, LIX.ゲミニウスの胸の痛みについては, Plutarch, "Pompey," IIを参照のこと。
43. 「裏切りとは……」 VP,II.lxxxiii. 離反については Dio,L.iii.2-3; デリウスの移り気については Appian, V.50, 55, 144
44. アントニウスの遺言　ディオンが順序を間違っているのか、我々がみな間違っているのか。 彼は オクタウィアヌスが少なくとも1年は前に、アレクサンドリアの寄贈以前に、遺言状を見つけていたとほのめかしているようだ(L.xx.7)。その場合、祝典の行われた状況がまったく違ってくる。
45. 「遺体を……」 MA, LVIII
46. 「蜂蜜をからめた……」 Petronius, *Satyricon*, I（ガイウス・ペトロニウス『サテュリコ

ン』国原吉之助訳／岩波文庫）
47. 東方世界と性 「オリエントとセックスというほぼ画一的な連想」とその「性的な期待（と脅威）、絶えることのない官能性と際限ない欲望、強い生殖力」については、Edward W. Said, *Orientalism* (New York: Vintage, 1994), 188（エドワード・W・サイード『オリエンタリズム』今沢紀子訳／平凡社）、Flatterer, 56eを参照のこと。19世紀半ば、フランスの小説家フローベールは、古代の高級娼婦を「抱擁し、絞め殺すナイルの毒蛇」だと考えていた。
48. 「彼は黄金の錫を……」 Florus, II.xxi.11
49. 「あの呪われた女に……」 Dio, L.xxvi.5
50. 「そして彼の……」 VP, II.lxxxii
51. 「彼をとろけさせ……」 MA, LIII（ML訳）
52. 「クレオパトラへの……」 Florus, II.xxi.11;「……ことばかり考えて」 Dio, XLVIII.xxiii.2
53. 「自立心さえなくなる」 MA, LX. Plutarch on Omphale, "Demetrius and Antony," III.3
54. 「あのエジプト女は……」 Florus, II.xxi.11
55. 「彼女は彼ばかり……」 Dio, L.v.4. 241
56. 報告も出回った Straboはアントニウスがサモス島などの神殿で最高の芸術品を見つけてはクレオパトラのために略奪したと述べている。13.1.30, 14.1.14、NH, XXXIV 8.19.58
57. 「ローマも統治したい……」 Eutropius, VII.7.
58. 「もっとも大きな戦いは……」 Athenaeus, XIII.560b 彼はさらに、エジプトの女性たちは、「他国の女性たちよりも多情だ」とつけ加えている。
59. 「私は有力な家の出の……」 Plautus, "The Pot of Gold," 167-9. The translation is from Skinner, 2005, 201
60. 「女、それも」 Lucan, X.67
61. クレオパトラだけに宣戦布告をした Livy, 1.32.5-14.伝統的な宣戦布告の方法については, Meyer Reinhold, "The Declaration of War against Cleopatra," *Classical Journal* 77, no. 2 (1981-2): 97-103、R. M. Ogilvie, *A Commentary on Livy, Books* 1-5 (Oxford: Clarendon Press, 1978), 127-8、Thomas Wiedemann, "The Fetiales: A Reconsideration," *Classical Quarterly* 36, no. 2 (1986): 478-90。Wiedemannはオクタウィアヌスが儀式を創作したと考えている。
62. 「自らの意思で……」 Dio, L.vi.1
63. 「彼はいったいなにを言っているのか」 同書 L.xxi.3
64. 「私と戦っていて……」 同書 L.xxi.1
65. 「私は彼女が……」から「積極的にではなく……」 同書 L.xxvi.3
66. 「これまでに……」 同書 L.vi.2-3
67. 「彼は属州よりも……」 Florus, I.xlv.19
68. 「互いに探り合い……」 Dio, L.xi.1
69. アクロポリスの彫像 同書 L.viii.1-5, L.xv.3
70. 「カエサル万歳……」 Macrobius, *Saturnalia*, 2.4.29.
71. 「ローマばかりでなく……」 Nepos, "Atticus," XX.4

72. アントニウスのエジプトでの地位　アレクサンドロス大王がファラオになり、女性が王として統治し、複数の神が1つになることもあるエジプトは、概してカテゴリーに関して柔軟だ。ローマは明確に分類することを求める。ラテン語が、「ギリシア語に比べて、複合語や造語の受け入れにまったく適していない」のは偶然ではない。Rawson, 2001, 232.
73. 二〇世紀の偉大な歴史学者　Tarn (and Charlesworth), 1965, 96-7
74. 「我々ローマ人は……」 Dio, L.xxiv.3
75. 「王族のような贅沢な……」 同書L.xxvii.4. 彼はキケロの「堕落していて、みだらで、女々しく、おそれているときでさえ、酒に酔っている」男を非難する言葉を引用することもできた。"Philippic," III.v.12
76. 「もっとも奔放な」 ND, Fr. 129. On the costly furniture, DA, LXX
77. こうした争い　Dio, L.xxviii.6
78. 「この悪疫のような女」 Dio, L.xxiv.5（Penguin訳）
79. 「人類を征服し……」から「……誰一人許さない」 同書 L.xxviii.3-4
80. 「カエサルのまねをして……」 MA, LXII
81. 女性に統治されることになるのだとしたら　Propertius, *Elegies*, 3.11.47-68。小規模な成功例としてのクレオパトラについて、*Elegies* 4.6.64-6. Nourse, 2002, 128は、ギリシア人が「女性は権力の座に就くには、危険なほど感情的で、破滅的なほど劣っている」と認識していたと述べている。アリストパネス『女の平和』の中で、リュシストラテと対決する役人は考えを述べている。「しかし男は女に負けることは、永遠に、絶対にない」と叫んだ彼の思いはルカヌスとプロペルティウスにそのまま受け継がれている。
82. 野営地よりも戦場にする方が、はるかに向いていた　Dio, L.xii.8
83. カラフルなアクティウム野営地について　メディア人の胴衣については、Plutarch, "Paulus," XVIII and XXX-XXXII、プトレマイオス家の軍服についてはAthenaeus, V.196f.より。サルスティウスによると、アルメニア軍はそのよろいの豪華さで有名だった。装飾のある武器については、Mayor, 2010, 11-12, 206、Walker and Higgs, 2001, 264。プルタルコスはブルトゥスの伝記の中で、軍の野営地を描写している。ヨセフスはJW, III.77-102で、生き生きと詳細に描写している。アントニア号の紫の帆については、NH, XIX.VとCassonは間違いないと主張しているが、まだ異論がある。2009年1月26日のCassonへの取材。William Murrayは彼らが作品を派手にするための創作だと考えている（2010年3月3日の取材)。どちらにしてもアントニア号には立派な彫刻が施されていた。
84. 「他の飾り物では……」 Plutarch, "Philopoemen," IX.3.7
85. おなじみの助言　JW, I.389-90.
86. 「みなさん、私が……」 Antonia Fraser, *The Warrior Queens* (New York: Knopf, 1989), 190で引用。
87. クレオパトラに対するアントニウスの士官たちの反応　Suetonius, "Nero," III; Appian, IV.38（スエトニウス『ローマ皇帝伝』「ネロ」国原吉之助訳、岩波文庫）
88. パルティアでのアヘノバルブスとアントニウスの関係　MA,XL.
89. かたいパンをかじる　Plutarch, "Caius Marius," VII。将軍は質素なわら布団で眠ることも期待されていたが、クレオパトラと共にいる野営地では、アントニウスはそんなこ

とはしなかっただろう。

90. 「のぼせあがって……」 JW, I.390

91. 「クレオパトラに罵倒された」 MA, LVIII

92. 「よい将軍に課せられた……」 Plutarch, "Agesilaus and Pompey," IV

93. アントニウスのクレオパトラに対する不信　NH,21.12

94. デリウスの離反　VP, II.lxxxiv、Dio, L.xiii.8

95. 取り返しのつかない大失策　Plutarch, "Pompey," LXXVI, Appian, II.71。哀れな結果 JC, XLV

96. 「初戦は船で……」 Dio,L.xix.5

97. 「人間の生まれ持った……」 同書 L.iii.2-3

98. 「みすぼらしい丸太の集まり」から「……戦わせてください」 MA, LXIV

99. 「同時代の誰よりも……」 同書 XL

100. 「ということは……」 Dio, L.xxx.3-4

101. ディオンはアントニウスが逃げたとしている　同書 L.xxxiii.3-4.

102. 「一人で舳先に……」から「食事も眠るのも……」 MA,LXVII。アントニウスがすねたというのは、プルタルコスの創作であるか、後の出来事をこの時期のものとして書いている可能性がある。クレオパトラの裏切りと共に、あとからつけ加えられた可能性もある。VP, II.lxxxvも参照のこと。

103. 紫や金の飾り　Florus, II.xxi.

104. 花輪で飾られていたこと　Dio, LI.v.4

105. オクタウィアヌスの勝利の大きさ　Murray, 1989, 142の、アクティウムの海戦の前後にオクタウィアヌスは350隻の船を捕らえ、その中にはクレオパトラの旗艦と同じ規模の船も数隻含まれていたと主張する説がある。

第九章　歴史上で一番の悪女

クレオパトラの最期の日々については、ほぼDioとプルタルコスしか資料がない。Eusebius、Eutropius、Horace、Suetonius、Velleiusは2人の記述に基づいて書いている。クレオパトラの死をプルタルコスがどう扱ったかについては、Pelling, 2002は特に優れている。106ff。J. Gwyn Griffiths, "The Death of Cleopatra VII," *Journal of Egyptian Archeology* 47 (Dec. 1961): 113-8、Yolande Grisé, *Le suicide dans la Rome antique* (Montreal: Bellarmin, 1982)、Saul Jarcho, "The Correspondence of Morgagni and Lancisi on the Death of Cleopatra," *Bulletin of the History of Medicine* 43, no. 4 (1969): 299-325、W. R. Johnson, "A Quean, A Great Queen? Cleopatra and the Politics of Misrepresentation," *Arion* VI, no. 3 (1967): 387-402、Gabriele Marasco, "Cleopatra e gli esperimenti su cavie umane," *Historia* 44 (1995): 317-25、Francesco Sbordone, "La morte di Cleopatra nei medici greci," *Rivista Indo-Greco-Italica* 14 (1930): 1-20、T. C. Skeat'sがクレオパトラの最後の日々を時系列に沿って整理した、すばらしい "The Last Days of Cleopatra," *Journal of Roman Studies* 13 (1953): 98-100; Tarn, 1931を参照のこと。クレオパトラの子どもたちのその後については、Meiklejohn, 1934。

凱旋式からアクティウムの海戦からの逃亡までを表現力豊かに記したRobert Alan Gurval, *Actium and Augustus: The Politics and Emotions of Civil War* (Ann Arbor: University of

Michigan Press, 1998) も参照のこと。

クレオパトラのイメージが後世にどのように残り、変化していったか、あるいはどのような経過で現代の神話と化していったのかについては、Mary Hamer, *Signs of Cleopatra* (London: Routledge, 1993)、Lucy Hughes-Hallett, *Cleopatra: Histories, Dreams and Distortions* (New York: Harper & Row, 1990)、Richardine G. Woodall, "Not Know Me Yet? The Metamorphosis of Cleopatra" (PhD dissertation, York University, 2004); Wyke, 2002, 195-320。

1. 「歴史上で一番の悪女」 MichelleLovric,*Cleopatra's Face* (London: British Museum Press, 2001), 83で引用されたセシル・B・デミルの言葉。
2. 「私は神と同じだ」Euripides, "Hekabe," in *Grief Lessons: Four Plays by Euripides*, Anne Carson, tr. (New York: New York Review of Books, 2006), 371-2（エウリピデス『ギリシア悲劇〈3〉エウリピデス』松平千秋訳／ちくま文庫）
3. 不幸に関することわざ　Euripides, "Heracles," in *Euripides II*, 560（エウリピデス『ギリシア悲劇〈3〉エウリピデス』松平千秋訳／ちくま文庫）
4. 「彼らが彼女の……」 Dio, LI.v.5
5. 「もっとも大胆で……」から「……はるかに遠い」 Plutarch, LXIX (ML訳)。アクティウムの海戦後のアントニウスとクレオパトラの興味深い計画については、Claude Nicolet's "Où Antoine et Cléopâtre voulaient-ils aller?," *Semitica* 39 (1990): 63-6
6. 巨大な船　Athenaeus, V.203e-204d
7. ナバテア人について　ストラボンは彼らの領地を南ヨルダンからエイラート湾の岬までだとしている。Strabo, 16.4.21-6
8. 「魂と身体と財産のすべて」 JA, XV.190。これほど劇的ではないが、同様の内容の記述が、JW, I.388-94にもある。ヘロデがオクタウィアヌスに近づいたことは、振り返ってみると、高潔なことのように見えてくる。ヨセフスは、「ローマ人が世界中のすべての王国に宣戦布告をしたときに、我らの王だけは、彼らへの忠誠のために、味方であり友人でありつづけた」と述べている。*Against Apion*, II, 134
9. 「新しいハンニバル」 セルトリウスについては、Plutarch, "Pompey," XVII-XIX、Plutarch、"Cato the Younger," LIX、Dio, LI.viii.6
10. 「なにも成し遂げていなかった」 Dio, LI.v.6
11. オクタウィアヌスの暗殺　同書LI.vi.4
12. アントニウスの小さな小屋　Strabo, 17.1.9
13. 「彼自身も友人たちに……」 MA, LXIX
14. ディオンは苦い同情の言葉を差し挟んでいる　Dio, LI.vii.2-3
15. 「こうしたときには……」 Flatterer, 69a
16. 「抑えられない勇気」 Appian, IV.112
17. 「街中を……」 MA, LXXI（ML訳）
18. 「この少年たちを……」 Dio, LI.vi.1
19. カエサリオンがファラオと呼ばれている　Walker and Higgs, 2001, 175
20. 「彼がアントニウスを……」 Dio, LI.vi.6
21. 「恋の冒険」から「……救われるというのなら」 同書 LI.viii.2-3
22. 地位と軍隊を維持できた　同書 LI.iii.4

23. 「横柄で……」 MA, LXXIII
24. 「自分は全人類に……」 Dio, LI.viii.7。クレオパトラが征服したローマ人のリストに、プルタルコスは無造作にCnの名前を加えているが、これは筋が通らない。Pompey, MA, XXV.4
25. 「吊るして、むちで……」 MA, LXXII.
26. 「転落した運命……」から「……裕福になって帰る」 同書 LXXIII (ML訳)
27. 「輝きと豪華さと……」 同書 LXXI (ML訳)
28. 「非常に高くそびえた……」 同書 LXXIV
29. 「アントニウスとクレオパトラは……」 Dio, LI.v.2
30. 「王国は彼が……」 その歓待についても、JW, I.394-6。JA, XV.199-202も参照のこと。
31. 「奇妙で荒れた生活」 Macurdy, 1932, 221
32. クレオパトラの買収を記した記録 MA,LXXIV
33. オクタウィアヌスがペルシウムを急襲した Dio,LI.ix.5
34. 「彼女が赦しや……」 同書 LI.ix.6
35. 「そして、自らの……」 MA, LXXIV
36. 「単なるやせこけた……」 同書 LXXV
37. 「あのクレオパトラが……」 同書 LXXVI (修正した訳を使用)
38. そしてパニックの中、アレクサンドリアは Paulus Orosius, *The Seven Books of History Against the Pagans* (Washington, DC: Catholic University of America Press, 1964), 274
39. 「激怒していても……」 Dio, LI.x.5-6; Livy, 133.30、MA, LXXVI
40. 「ああ、クレオパトラ……」 MA, LXXVI (修正した訳を使用)
41. 「これほど憐れな……」 同書 LXXVII
42. ガイウス・プロクレイウスについて アントニウスは彼のことを完全に見誤っていたわけではない。プロクレイウスは兄弟にすばらしい寛大さを見せている。Horace, Ode 2.2。Tacitus (*Annals*, IV.40) は彼の人となりをさらに詳しく述べている。Juvenal (Satire VII.94) は彼が芸術の守護者だと述べている。
43. 「結婚により絆が……」から「……横柄だったか」 MA, LXXVIII
44. アントニウスの手紙を焼き捨てた Dio, LII.xlii.8
45. 「彼の勝利に……」 MA, LXXVIII
46. 「しかし彼は……」 Dio, LI.xi.3
47. 「かわいそうなクレオパトラ……」から「……譲歩すること」 MA, LXXIX (著者訳)
48. 「いままで通り……」 Dio, LI.xi.5.
49. カエサレウムの巨大な建物 Goudchauxは壁の厚さが2.5から3.5メートルはあっただろうと推測している。"Cleopatra's Subtle Religious Strategy," in Walker and Higgs, 2001, 136
50. 儀式的な悲しみの表現について、Branko Fredde van Oppen de Ruiter, "The Religious Identification of Ptolemaic Queens with Aphrodite, Demeter, Hathor and Isis." (PhD dissertation, The City University of New York, 2007), 274-370.にさらに詳しく述べられている。
51. 「贅沢で王にふさわしい……」から「……怯えさせたりした」 MA, LXXXII

52.「どの街よりも……」 Orosius, 1964, 274.
53.「ローマ人にとって……」 Dio, LI.xvi.3-4.
54.「彼女の髪も顔も……」 MA, LXXXIII
55.「非常に彼女に似合う」 Dio, LI.xii.1
56.「見る価値が……」 ND, 5.
57.「非常に長い間……」 Cicero to Atticus, 206 (X.14), May 8, 49.
58.「嘆き悲しみ……」から「……生きるために」 Dio, LI.xii.3-7
59.「アントニウスが必要……」 MA, LXXXIII.
60. あらゆる男の足下に身を投げ出させている　ディオンはオクタウィアヌスの足下に身を投げ出させたが、その後紀元前48年にフロルスも同様のことを述べている。セレウコスの来訪については、II.13.56,and again at Octavian's, II.21.9
61.「彼女の有名な……」 MA, LXXXIII.
62.「音楽のような……」 Dio, LI.xii.4
63.「いくつかの品を……」から「……思っていたのに」 MA, LXXXIII（著者訳）
64.「何千回も死ぬより……」 Dio, LI.xiii.2
65.「たぶん予想も……」から「……だまされていた」 MA, LXXXIII
66.「ある種の優しい……」から「……おそろしいものはなかった」 同書 LXXXIV (著者訳)。コルネリウス・ドラベラは紀元前44年から43年にかけて、クレオパトラの味方に近い存在だったP・コルネリウス・ドラベラの息子であったのかもしれない。*Prosopographia Imperii Romani*, 2nd edition
67.「そのいたずら……」 MA, LXXXV. コブラについてのさらなる詳細は、Nicander, *Poems and Poetical Fragments* (London: Cambridge University Press, 1953)
68.「持っている中で……」 Dio, LI.xiii.5。寝椅子と王家の象徴物について、2010年3月18日付のO. E. Kaper から著者への手紙。杖と殻竿について、2010年5日3日のRoger Bagnallへの取材。
69.「よくやったな……」から「……ふさわしい」 MA, LXXXV
70.「逆境にある者……」 Plutarch, "Aemilius Paulus," XXVI.12。これもまた自害した女性、アレクサンドロス大王の母親については、息子の偉大さが母親の死にも表われているといわれている。
71. プシリについて　Lucan, IX.920-38、NH, VII.ii.13-5。Plutarch, "Cato the Younger," LVI.3-4、Dio, LI.xiv.4も参照。
72. ストラボンでさえ　Strabo, 17.1.10
73.「事の真実は……」 MA, LXXXVI.
74.「鋭い歯のヘビ」 Horace, Ode I.37.
75.「クレオパトラは……」 VP, II.lxxxvii（著者訳）
76. 日付だけでなく時間も　DA, L.
77. それどころか王たちを行進させたことを自慢した　AA, 4
78.「あの女の死に怒り」から「彼女の堂々たる魂」 MA, LXXXVI
79.「非常に嘆いて」 Dio, LI.xiv.6
80.「臆病な女ではない……」 Horace, Ode I.37（Louis E. Lord訳）

81. 「王にふさわしく……」 MA, LXXXVI（Modern Library訳）
82. イラスとカーミオンの彫像 Lindsay, 1998, 337
83. クレオパトラ・セレネがワニを飼っていた NH, 5.51.
84. プトレマイオスの殺害 Suetonius, “Caligula,”（スエトニウス『ローマ皇帝伝』「カリギュラ」国原吉之助訳、岩波文庫）XXXV、Dio, LIX.25。この死の詳細についての推測はJean-Claude Faur, “Caligula et la Maurétanie: La fin de Ptolémée,” *Klio* 55 (1973): 249-71
85. アントニウスの友人たちの死 Orosius, 1964, 274.
86. カリグラの日ごとに変わる立場 Dio, LIX.xx.1-2、Suetonius, “Caligula,” XXIII.1（スエトニウス『ローマ皇帝伝』「カリギュラ」国原吉之助訳、岩波文庫）
87. アレクサンドリアじゅうの噂になった忠実さ Hölbl, 2001, 249.を参照のこと。
88. アレクサンドロス大王のミイラとオクタウィアヌス DA, XVIII; Dio, LI.xvi.5
89. 「すべての王たちの……」 Gallus dedication of April 15, 29, Robert K. Sherk, *Rome and the Greek East to the Death of Augustus* (Cambridge: Cambridge University Press, 1993), 94で引用。
90. 「かけた金でも立派さでも」 Dio, LI.xxi.7-8。子どもたちについては187-94
91. ノシノシと歩くカバ Gurval, 1998, 29.
92. 「ローマ全体を豊かにし……」 Dio, LI.xvii.8。オベリスクについては NH XXXVI. xiv.70-1
93. エジプト熱について Carla Alfano, “Egyptian Influences in Italy,” in Walker and Higgs, 2001, 286-8. これより前の時代に、キケロはローマのエジプトをまねる流行をあざけっている（*De Legibus*, II.2）。アントニウスとは違い、後のローマ皇帝たちはエジプト文化を喜んで取り入れた。René Preys, “Les empereurs romains vus de l’Egypte,” in *Les Empereurs du Nil* (Leuven, Belgium: Editions Peeters, 2000), 30-3を参照のこと。
94. 女性の黄金時代 Reinhold, 1988, 72、Kleiner and Matheson, 1996, 36-9. 295を参照のこと。
95. リウィアの地位 Dio, LVII.12。現代の研究者による優れた記述としては、Anthony A. Barrett, *Livia: First Lady of Imperial Rome* (New Haven: Yale University Press, 2002)、Ruth Bertha Hoffsten, “Roman Women of Rank of the Early Empire in Public Life as Portrayed by Dio, Paterculus, Suetonius, and Tacitus” (PhD dissertation, University of Pennsylvania, 1939)。リウィアの使用人については Balsdon, 1962, 93, 276。Kleiner, 2005, 251-7はリウィアが地位の向上に際し、クレオパトラを意識し、まねていたとしている。
96. 黄金の食器を溶かした DA, LXXI。ディオンはオクタウィアヌスが「瑪瑙の杯１つだけ」しか、クレオパトラの調度品を持ち出していないとしている。
97. 「多くの人々を……」 Dio, LII.xxx.1-2。クレオパトラは真珠の消費者としても打ち負かされた。カリグラの３人目の妻、ロリア・パウリナは「エメラルドと真珠を交互に織り込んだ衣装を着て、合わせて40,000,000セステルシウス相当を頭、髪、耳、首、指にも輝かせていた」姿で宴席に表われたという。これはクレオパトラの真珠の4倍の額であり、さらにロリアはそれを証明する領収書まで用意している。NH, IX.lviii.
98. リウィアに関する噂 Tacitus, *Annals*, I.10.
99. 「高い地位は……」 Dio, LV.xv.1-2.

100.「法の正当性が……」 VP, II.lxxxix.
101.「もっとも重大な危険から」 J.H.C. Williams,"'Spoiling the Egyptians': Octavian and Cleopatra," in Walker and Higgs, 2001, 197
102. ティベリウスは一笑に付した　Dio, LVII.xviii.2.
103.「人は自分の……」 Brutus to Cicero, 25 (I.16).
104.「女に読み書きを……」 Menander, Lefkowitz and Fant, 1992, 31で引用。
105.「古代の著述家たち……」 このポルノ小説のような文の著者はわかっていない。Hughes-Hallett, 1991, 68
106.「よく娼婦の……」 Propertius, *Elegies*, 3.11.30. Skinnerは貪欲さを非難され、その機知をたたえられる有名な娼婦というイメージが、歴史でも伝記でもすでに、決まり文句になっていたと指摘する。2005, 167
107.「多くの男性が……」 Aurelius Victor, *De Viris Illistribus*, 86.2. プーシキンは「エジプトの夜」でそこから熱心に想像の翼をはばたかせている。
108.「ぞくぞくするような……」 Anna Jameson, *Memoirs of Celebrated Female Sovereigns* (New York: Harper, 1836), 55.
109.「あの不愉快なクレオパトラ」 ナイチンゲールの1850年の手紙。Vallée, 2003, 244で引用。クレオパトラの罪は、自身とカエサリオンの存在をヘルモンティス神殿の彫刻に残して、永遠のものにしたことにある。*The Way We Live Now* の中でアンソニー・トロロープは、衝動的なマチルド・カーバリーにクレオパトラの人生を「なんて小娘かしら！」と気軽に片づけさせている。カーバリーはトロロープの作品 *Criminal Queens* でも、さらに熱心にクレオパトラを非難している。
110.「歴史上で一番の悪女」 セシル・B・デミルの言葉。Lovric, 2001, 83より。
111.「ずるくあやしい」 Plutarch, "Pompey," LXX.4（著者訳）。ML版では、「ごまかしの状態」の結婚、Loeb版では「あやしく人を欺く」関係と訳されている。アレクサンドロス大王は異文化の王に出会うたびに結婚していた。戦争より結婚の方が手軽だったのだ。
112.「すでに彼を……」 MA,LXVI。クレオパトラはヨセフスに最悪の攻撃を受けている。彼は過呼吸を起こしそうな勢いで、彼女の罪を数え上げた。*Against Apion*, II, 57-9。クレオパトラは「自らの親族や、献身的な［原文のまま］夫と、ローマ全体と、ローマの皇帝、それに自らの庇護者に、ありとあらゆる悪事と罪を働いた。純真な妹アルシノエを神殿で虐殺し、陰謀を企てて弟を暗殺した。自らの国の神や聖墓を略奪した。大カエサルのおかげで王位に就いたのに、その息子と後継者に反乱を企て、アントニウスを肉欲で堕落させて自国に敵対させて彼らの友人たちを裏切らせ、王位を奪ったり、解任させたり、犯罪に走らせたりした」
113. キリストの母親　Jack Lindsay, *Mark Antony: His World and His Contemporaries* (London: Routledge, 1936)を参照のこと。
114.「もっとも華々しく……」 *Chronicle of John, Bishop of Nikiu*, 67.5-10。Lindsay, 1998, 333で引用。彼はクレオパトラをプトレマイオス王朝最高の王だとしている。同時に、クレオパトラの業績は本人の力によるものではないとしているが。
115. 中年同士の罪悪感のない不倫への陽気な賛辞　René Weis, *Decoding a Hidden Life:*

Shakespeare Unbound (New York: Holt, 2007), 355-8。Weisは『アントニーとクレオパトラ』を執筆していたときのシェイクスピアが43歳であったことに注目している。幕が上がったときのアントニウスと同じ年齢なのだ。

116. シェイクスピアも同罪　『アントニーとクレオパトラ』は、19世紀のほとんどの間、みだらな作品とされ、顧みられなかった。この作品にはシェイクスピアの全戯曲中で女性にとって最高の役柄が登場するにもかかわらず、大々的に上演されることもなく、ファンもいなかった。1938年、サマセット・モームがこの不人気の原因を分析している。「観客は女のために国を投げ出すことを見下げ果てた行動だと感じる。実際、もしこの話がよく知られた伝説に基づいていることを知らなかったら、こんなことは信じられないとみな一致して言うだろう」(*The Summing Up* [Garden City: Doubleday, 1938], 138-9)。アントニウスとクレオパトラの誇り高く絶望的な愛情は、「多情な人種ではない」イギリス人には伝わらなかったのだろう。さらに、彼らは概して、性的な事柄に嫌悪を感じるというのがモームの意見だ。彼らは女で身を持ち崩したりしない。エミリー・ディキンソンがこの作品を気に入っている理由を、このことから説明できるのかもしれないし、できないのかもしれない。Judith Farr, “Emily Dickinson's ‘Engulfing' Play: *Antony and Cleopatra*,” *Tulsa Studies in Women's Literature* 9, no. 2 (1990): 231-50を参照のこと。サミュエル・ジョンソンとウィリアム・ハズリットも高得点をつけていない。ジョンソンはこの戯曲はふくらませすぎで、構成もしっかりしていないとしている。ジョージ・バーナード・ショウは、この作品のせいで消化不良を起こした。コールリッジだけはシェイクスピア一番の傑作だとしている。

117.「どの女……」 Hebert W. Benario,“The ‘Carmen de Bello Actiaco' and Early Imperial Epic,” *Aufsteig und Niedergang der römischen Welt* II, 30.3 (1983): 1661で引用。この断片的な文章については、Bastien Pestel, “Le ‘De Bello Actiaco,' ou l'épopée de Cléopâtre” (MA thesis, Université de Laval, 2005)を参照のこと。

118.「自分の国を……」から「……つらいです」 Euripides, “The Phoenician Women,” in *Euripides* V, 388-90（エウリピデス『ギリシア悲劇4 エウリピデス（下）』「フェニキアの女たち」松平千秋訳、ちくま文庫）

119.「エジプト王国を破滅させた」 Athenaeus, VI.229c（著者訳）。クレオパトラの死から35年後に、アレクサンドリアのフィロンは、富や権力が永久でないことを考えていた。彼の国がそのなによりの例だ。*On Joseph*, 135-6。「エジプトはかつて、多くの国々を至上の権力をもって支配していたが、今では奴隷にすぎない……プトレマイオス家は、あるときは限りなく広がる陸にも海にも輝いていた、アレクサンドロス大王の唯一の後継者という栄光はどこへいったのか？」クレオパトラはプトレマイオス朝最後の王となった。

主要参考文献

Ashton, Sally-Ann. *Cleopatra and Egypt*. Malden, MA: Blackwell, 2008.

Bagnall, Roger S., and Raffaella Cribiore. *Women's Letters from Ancient Egypt:* 300 *BC–AD* 800. Ann Arbor: University of Michigan, 2006.

Bagnall, Roger S., and Peter Derow, eds. *Greek Historical Documents: The Hellenistic Period*. Chico, CA: Scholars Press, 1981.

——. *The Hellenistic Period: Historical Sources in Translation*. Malden, MA: Blackwell, 2004.

Beard, Mary, and Michael Crawford. *Rome in the Late Republic*. London: Duckworth,1999.

Bevan, E. R. *The House of Ptolemy*. Chicago: Argonaut, 1968.

Bianchi, Robert S., and others. *Cleopatra's Egypt: Age of the Ptolemies*. New York: The Brooklyn Museum, 1988.

Bingen, Jean. *Hellenistic Egypt: Monarchy, Society, Economy, Culture*. Berkeley: University of California Press, 2007.

Bouché-Leclercq, Auguste. *Histoire des Lagides*. 4 vols. Aalen, Germany: Scientia Verlag,1978.

Bowman, Alan K. *Egypt After the Pharaohs*. Berkeley: University of California Press, 1986.

Braund, David. *Rome and the Friendly King*. London: Croom Helm, 1984.

Braund, David, and John Wilkins, eds. *Athenaeus and His World: Reading Greek Culture in the Roman Empire*. Exeter, UK: University of Exeter Press, 2003.

Burstein, Stanley. *The Reign of Cleopatra*. Norman: University of Oklahoma Press, 2004.

Carter, John M. *The Battle of Actium*. New York: Weybright and Talley, 1970.

Casson, Lionel. *Ships and Seamanship in the Ancient World*. Princeton: Princeton University Press, 1971.

——. *Travel in the Ancient World*. Baltimore: Johns Hopkins University Press, 1994.（ライオネル・カッソン『古代の旅の物語——エジプト、ギリシア、ローマ』小林雅夫監訳、野中春菜、田畑賀世子訳／原書房／1998年）

Chamoux, François. *Hellenistic Civilization*. Oxford: Blackwell, 2003.（フランソワ・シャムー『ヘレニズム文明』桐村泰次訳／論創社／2011年）

Chauveau, Michel. *Cleopatra: Beyond the Myth*. Ithaca: Cornell University Press, 2002.

——. *Egypt in the Age of Cleopatra*. Ithaca: Cornell University Press, 2000.

Everitt, Anthony. *Augustus: The Life of Rome's First Emperor*. New York: Random House,2006.

——. *Cicero: The Life and Times of Rome's Greatest Politician*. New York: Random House,2003.（アントニー・エヴァリット『キケロ——もうひとつのローマ史』高田康成訳／白水社／2006年）

Foertmeyer, Victoria Ann. "Tourism in Graeco-Roman Egypt." PhD thesis, Princeton University, 1989.

Fraser, P. M. *Ptolemaic Alexandria*. 3 vols. Oxford: Oxford University Press, 1972.

Grant, Michael. *Cleopatra*. Edison, NJ: Castle Books, 2004.

Green, Peter. *Alexander to Actium: The Historical Evolution of the Hellenistic Age*. Berkeley:University of California Press, 1990.

——. *The Hellenistic Age: A Short History*. New York: Modern Library, 2007.

Green, Peter, ed. *Hellenistic History and Culture*. Berkeley: University of California Press, 1993.

Gruen, Erich S. *The Hellenistic World and the Coming of Rome*. 2 vols. Berkeley: University of California Press, 1984.

Heinen, Heinz. *Kleopatra-Studien: Gesammelte Schriften zur ausgehenden Ptolemäerzeit*. Konstanzer Althistorische Vorträge und Forschungen. Vol. 49. Konstanz, Germany: UKV, Univ.-Verlag Konstanz, 2009.

Hölbl, Gunther. *A History of the Ptolemaic Empire*. New York: Routledge, 2001.

Huzar, Eleanor Goltz. *Mark Antony: A Biography*. Minneapolis: University of Minnesota Press, 1978.

Jones, A. H. M. *The Greek City: From Alexander to Justinian*. Oxford: Clarendon Press, 1984.

Jones, Prudence J. *Cleopatra: A Sourcebook*. Norman: University of Oklahoma Press, 2006.

Kleiner, Diana E. E. *Cleopatra and Rome*. Cambridge, MA: Belknap Press, 2005.

Lewis, Naphtali. *Greeks in Ptolemaic Egypt*. Oxford: Clarendon Press, 1986.

——. *Life in Egypt under Roman Rule*. Oxford: Clarendon Press, 1983.

Lindsay, Jack. *Cleopatra*. London: Folio Society, 1998.

Macurdy, Grace Harriet. *Hellenistic Queens*. Baltimore: The Johns Hopkins Press, 1932.

Neal, Linda Ricketts. "Cleopatra's Influence on the Eastern Policy of Julius Caesar and Mark Antony." MA thesis, Iowa State University, 1975.

Pelling, C. B. R., ed. *Plutarch: Life of Antony*. Cambridge: Cambridge University Press, 1999.

Pomeroy, Sarah B. *Women in Hellenistic Egypt*. Detroit: Wayne State University Press, 1990.

Préaux, Claire. *L'Economie royale des Lagides*. Brussels: Édition de la Fondation Egyptologique Reine Elisabeth, 1939.

——. *Les grecs en Égypte, d'après les archives de Zénon*. Brussels: J. Lebegue & Co., 1947.

Rawson, Elizabeth. *Intellectual Life in the Late Roman Republic*. Baltimore: Johns Hopkins University Press, 1985.

Reinhold, Meyer. *A Historical Commentary on Cassius Dio's Roman History*. Atlanta: Scholars Press, 1988.

Ricketts, Linda Maurine. "The Administration of Ptolemaic Egypt Under Cleopatra VII." PhD thesis, University of Minnesota, 1980.

Rostovtzeff, M. *The Social and Economic History of the Hellenistic World*. 3 vols. Oxford: Clarendon Press, 1998.

Rowlandson, Jane, ed. *Women and Society in Greek and Roman Egypt: A Sourcebook*. Cambridge: Cambridge University Press, 1998.

Sacks, Kenneth S. *Diodorus Siculus and the First Century*. Princeton: Princeton University Press, 1990.

Shipley, Graham. *The Greek World After Alexander*. London: Routledge, 2000.

Sullivan, Richard D. *Near Eastern Royalty and Rome: 100-30 BC*. Toronto: University of Toronto Press, 1990.

Syme, Ronald. *The Roman Revolution*. New York: Oxford University Press, 2002.

Tarn, William W., and M. P. Charlesworth. *Octavian, Antony and Cleopatra*. Cambridge: Cambridge University Press, 1965.

Tarn, William W., and G. T. Griffith. *Hellenistic Civilization*. London: Edward Arnold, 1959.（ウィリアム・ウッドソープ・ターン『ヘレニズム文明』角田有智子、中井義明訳／思索社／1987年）

Thompson, Dorothy. *Memphis under the Ptolemies*. Princeton: Princeton University Press, 1988.

Tyldesley, Joyce. *Cleopatra: Last Queen of Egypt*. London: Profile Books, 2008.

Van't Dack, E., ed. *Egypt and the Hellenistic World: Proceedings of the International Colloquium, Leuven, 24–26 May* 1982. Studia Hellenistica 27. Leuven: Studia Hellenistica, 1983.

Volkmann, Hans. *Cleopatra: A Study in Politics and Propaganda*. New York: Sagamore Press, 1958.

Walbank, F. W. *The Hellenistic World*. Cambridge; MA: Harvard University Press, 1981.（F・W・ウォールバンク『ヘレニズム世界』小河陽訳／教文館／1988年）

Walker, Susan, and Sally-Ann Ashton. *Cleopatra Reassessed*. London: British Museum,2003.

Walker, Susan, and Peter Higgs, eds. *Cleopatra of Egypt: From History to Myth*. Princeton:Princeton University Press, 2001.

Whitehorne, John. *Cleopatras*. London: Routledge, 1994.

Will, Edouard. *Histoire politique du monde hellénistique*. Paris: Seuil, 2003.

口絵クレジット

見返し：Nimatallah / Art Resource, NY
カノープス通りの水彩画：Jean-Claude Golvin
アレクサンドリアの水彩画：Jean-Claude Golvin
クレオパトラの時代にわかっていたかぎりの世界の地図：Cram's 1895 Universal Atlas
クレオパトラかもしれない彫像　パロス島大理石製：Sandro Vannini / Corbis
クレオパトラかもしれない彫像　きっちりと髪を結った女性像：Bildarchiv Preussischer Kulturbesitz / Art Resource, NY
クレオパトラかもしれない彫像　ダイアデムをしていない女性像：© The Trustees of the British Museum
クレオパトラかもしれない彫像　ほお骨が突き出た女性像：© Hellenic Republic / Ministry of Culture / Delos Museum
動物の骨で作ったさいころで遊ぶ女性たち：© The Trustees of the British Museum
書字板を持つ少女：Erich Lessing / Art Resource, NY
アウレテスことプトレマイオス王：Courtesy of the Brooklyn Museum
プトレマイオス14世の肖像が刻まれた象牙製のゲームの駒：Bibliothèque nationale de France
カエサリオンと思われる彫刻　花崗岩製：Araldo de Luca
花崗岩に刻まれた、イシスに扮したクレオパトラ像：© Musée royal de Mariemont
プトレマイオス・フィラデルフォスの半身像：Jack A. Josephson
玄武岩製のクレオパトラの彫像：Image courtesy of the Rosicrucian Egyptian Museum, San Jose, California
アレクサンドロス・ヘリオスと思われる彫像：Photo © The Walters Art Museum, Baltimore
クレオパトラの石碑: Louvre, Paris, France /Lauros / Giraudon / The Bridgeman Art Library
カエサルの胸像：Scala / Art Resource, NY
聖牛ブキスの石碑：Cairo, Egyptian Museum
玉髄製のカエサルの浮き彫り：Bibliothèque nationale de France
マルクス・アントニウスの胸像：akg-images
赤碧玉製のマルクス・アントニウスの浮き彫り：© The Trustees of the British Museum
キプロスの銅貨：© The Trustees of the British Museum
アレクサンドリアの銅貨：Hunterian Museum, University of Glasgow
アンティオキアの4ドラクマ銀貨：Courtesy of the American Numismatic Society
アスカロンの4ドラクマ銀貨：By courtesy of The Fan Museum, Greenwich, London
プトレマイオス家の女王の浮き彫りのある黄金の指輪：V&A Images, Victoria and Albert Museum
青いガラス製の浮き彫り：© The Trustees of the British Museum

口絵クレジット

デンデラのハトホル神殿：Erich Lessing / Art Resource, NY
キケロの胸像：Galleria degli Uffizi, Alinari / The Bridgeman Art Library
オクタウィアヌスの彫像：National Archaeological Museum, Athens
オクタウィアの半身像：The Granger Collection / GetStock.com
ヘレニズム期のモザイク画：© Bibliotheca Alexandria Antiquities Museum, photo by Mohamed Nafea
金、石、ガラス製のイヤリング：Art Resource, NY
ナイルワニが刻まれているデナリウス銀貨：TopFoto / GetStock.com

クレオパトラ
2011年12月20日　初版印刷
2011年12月25日　初版発行
＊
著　者　ステイシー・シフ
監修者　近藤《こんどう》二郎《じろう》
訳　者　仁木《にき》めぐみ
発行者　早川　浩
＊
印刷所　中央精版印刷株式会社
製本所　中央精版印刷株式会社
＊
発行所　株式会社　早川書房
東京都千代田区神田多町2－2
電話　03-3252-3111（大代表）
振替　00160-3-47799
http://www.hayakawa-online.co.jp
定価はカバーに表示してあります
ISBN978-4-15-209264-9　C0022
Printed and bound in Japan
乱丁・落丁本は小社制作部宛お送り下さい。
送料小社負担にてお取りかえいたします。

ハヤカワ・ノンフィクション

第三帝国のオーケストラ

——ベルリン・フィルとナチスの影

Das Reichsorchester

ミーシャ・アスター
松永美穂・佐藤英訳
46判上製

困難な時代、フルトヴェングラーは何を追い求めていたのか

一九三三年、ベルリン・フィルの指揮者フルトヴェングラーは、苦境のもとでゲッベルスに援助を求め、ナチス・ドイツのプロパガンダの道具になっていく。音楽の理想と戦争の影の葛藤のなかの音楽家たちの姿を、様々な原資料から再現した傑作ノンフィクション。